Frank Goldammer

Zwei fremde Leben

Ricarda Raspe und ihr Verlobter freuen sich auf ihr erstes Kind. Doch dann geht bei der Geburt in der Dresdner Klinik etwas schief und das Baby wird angeblich tot geboren. Laut Vorschrift dürfen die Eltern es nicht einmal mehr sehen. DDR-Alltag im Jahr 1973. Doch Ricarda glaubt nicht an den Tod ihres Kindes. Sie hat einen schrecklichen Verdacht: Vieles deutet darauf hin, dass ihre kleine Tochter Opfer einer staatlich angeordneten Kindesentführung wurde. Auch der junge Polizist Thomas Rust, zufällig Zeuge des dramatischen Vorfalls, hegt Zweifel an der offiziellen Version der Ärzte und stürzt sich eigenmächtig in eine höchst gefährliche Spurensuche.
Es ist der Sommer 1989, als die sechzehnjährige Claudia erfährt, dass sie nicht das leibliche Kind des hochrangigen SED-Parteifunktionärs Eberhardt Behling und seiner Frau ist. Wenige Wochen später fällt die Mauer, und Claudia macht sich auf die Suche nach ihrer Vergangenheit und nach der Frau, die sie nach der Geburt weggegeben haben soll.
Eine packende und bewegende Geschichte über das nach wie vor nicht aufgearbeitete Thema von staatlich organisiertem Kindesentzug und Zwangsadoption in der DDR.

Frank Goldammer, Jahrgang 1975, ist gelernter Handwerksmeister. Er begann früh mit dem Schreiben und landet mit seinen Kriminalromanen regelmäßig auf den Bestsellerlisten. Bei dtv erscheint u. a. seine erfolgreiche historische Krimi-Reihe über den Dresdner Kommissar Max Heller, der zuzeiten des Kalten Krieges ermittelt. Goldammer lebt als freier Autor in seiner Heimatstadt Dresden. www.frank-goldammer.de

Frank Goldammer

Zwei fremde Leben

Roman

dtv

Von Frank Goldammer
sind bei dtv u. a. erschienen:
Die Max-Heller-Reihe:
Der Angstmann
Tausend Teufel
Vergessene Seelen
Roter Rabe
Juni 53
Verlorene Engel
Feind des Volkes
In Zeiten des Verbrechens

Die Gustav-Heller-Reihe:
Tod auf der Elbe
Haus der Geister
Die Bestie von Dresden

Im Schatten der Wende
Die Verbrechen der anderen

MIX
Papier | Fördert gute Waldnutzung
FSC® C019821

Ungekürzte Ausgabe 2022
4. Auflage 2026

Tumblingerstraße 21, 80337 München
produktsicherheit@dtv.de
Umschlaggestaltung: dtv nach einem Entwurf von Wildes Blut –
Atelier für Gestaltung Stephanie Weischer
Umschlagmotiv: Elisabeth Ansley/Arcangel Images
Satz: C.H.Beck.Media.Solutions, Nördlingen
Gesetzt aus der ITC Giovanni Std
Druck und Bindung: Druckerei C.H.Beck, Nördlingen
Printed in Germany · ISBN 978-3-423-21967-9

1

Dresden, März 1973

Der junge Mann trat aus dem Eingang des Frauenklinikums der Medizinischen Akademie in die kalte Morgenluft. Er war schlank, mit etwas zu langem dunklem Haar und einem Oberlippenbart. Er blieb stehen und schloss die für diese Jahreszeit eigentlich zu dünne Jacke aus grauem Dederonstoff. Alles hatte plötzlich schnell gehen müssen. Jetzt war ihm kalt. Zumindest schützte ihn der braune Rollkragenpullover ein wenig vor der Kälte. Er holte aus der Jackentasche eine zerknitterte Schachtel F6 und schüttelte sich eine der noch verbliebenen Zigaretten heraus.

Es war sehr früh am Morgen, erst kurz nach fünf, und noch dunkel. Große Straßenlaternen beleuchteten den Eingangsbereich. Thomas Rust drehte dem aufkommenden Wind den Rücken zu und versuchte, die Zigarette mit seinem Feuerzeug anzuzünden. Weil es nicht funktionierte, schüttelte er es, doch es schien leer zu sein. Er steckte es weg und klopfte seine Jacke nach Streichhölzern ab. Nur mit Mühe gelang es ihm schließlich, die Zigarette in seinen hohlen Händen zu entzünden. Dann nahm er einen tiefen Zug und noch einen, er sah zu Boden. Mit der Schuhspitze schnippte er ein paar Steinchen weg. Als sich zwei Krankenschwestern dem Eingang näherten, machte er ihnen Platz und nickte ihnen beiläufig zu. Sie erwiderten sein Nicken und verschwanden im Gebäude.

Schon drei Mal hatte Rust auf der Station nachgefragt, ob es Neuigkeiten gäbe. Doch er erhielt weder eine Auskunft, noch ließ man ihn zu Heike vor. Besuchszeit war erst am Nachmittag, das wusste er. Sie hätten ihm aber doch wenigstens sagen können, wie es ihr ging, ob noch akute Gefahr bestand. Noch einmal nahm er einen tiefen Zug und blickte nach oben. Das Fenster über ihm war nur angelehnt. War das das Zimmer, in dem Heike nun lag? Er wusste nicht einmal, wo sie sie hingebracht hatten.

Er fror immer mehr. Das lag nicht nur an der zu dünnen Kleidung. Er machte sich Sorgen. Es wird schon nichts sein, zwang er sich zu denken. Vielleicht waren es nur Krämpfe. Aber vielleicht auch schon Vorwehen. Das Kind sollte erst in fünf Wochen kommen. Sein erstes. Ihr erstes.

Rust zog noch einmal an der Zigarette und bemerkte, wie seine Finger zitterten. Ein Kaffee würde ihm guttun. Aber wo sollte er den jetzt herbekommen?

Er lief los, um sich ein wenig die Beine zu vertreten. Langsam wurde es betriebsamer auf dem weitläufigen Krankenhausgelände. Als er die Hupe eines Multicar hörte, tat er einen Schritt zur Seite und ließ den Kleinstlaster passieren. Der Mann am Steuer tippte dankend an seine Schirmmütze. Rust hob knapp die Hand und ging dann langsam weiter, bis zur Rückseite des großen Gebäudes. Die Lichter eines Wagens, der hinter dem Haus hervorkam, trafen ihn. Aus irgendeinem Grund blendete der Fahrer die Scheinwerfer auf. Rust kniff die Augen zusammen und sah dann dem Wagen nach, der um die nächste Ecke bog und verschwand. Es war ein grauer Moskwitsch 408 mit einem I am Anfang des Kennzeichens. Ein Auto aus Berlin, Rust wunderte sich. Nachdenklich ging er weiter und hatte für wenige Sekunden einmal nicht an Heike und das Kind gedacht.

Auf der Rückseite des Gebäudes musste er feststellen, dass das Gelände von einem Bretterzaun umgeben war. Er kehrte um und nahm wenige Minuten später wieder seinen Platz vor der großen Eingangstür ein. Er beschloss, seine letzten drei Zigaretten in der Schachtel unangetastet zu lassen, und sah missmutig auf die Uhr. Halb sechs. Ihm war noch immer kalt.

Eine Krankenschwester kam aus der großen Tür, sah sich um und blieb abwartend unter einer der Laternen stehen. Sie musste um die fünfzig sein und wirkte erfahren und routiniert. Rust erkannte sie als diejenige, die bei Heikes Aufnahme dabei gewesen war und dem Chefarzt assistiert hatte. Hoffnungsvoll trat Rust ins Licht der Laterne. Als die Schwester ihn erkannte, zog sie sich die weiße Strickjacke fest um den Oberkörper und verschränkte die Arme.

»Ich rate Ihnen, fahren Sie nach Hause«, sagte sie, noch bevor Rust das Wort an sie gerichtet hatte. »Es hat keinen Zweck hierzubleiben. Die Untersuchungen dauern noch an, und ich kann Ihnen zum jetzigen Zeitpunkt keinerlei Auskunft geben. Ihre Frau hat leichte Blutungen, wir kümmern uns darum. Kommen Sie heute Nachmittag zur Besuchszeit wieder.« Sie blickte ihn müde an und zitterte in der Kälte.

»Können Sie mich nicht anrufen? Wir haben daheim ein Telefon.«

»Kommen Sie zur Besuchszeit!« Die Schwester blieb hart.

»Können Sie mir nicht wenigstens …«, versuchte er es noch einmal.

»Nein!« Die Schwester machte kehrt und ließ ihn stehen.

Rust blickte ihr wie erstarrt hinterher.

»Was stehen Sie denn hier?«, fragte plötzlich eine Stimme hinter ihm. Es war der Fahrer des Multicars, der auf dem Weg in das barackenähnliche Gebäude gegenüber der Frauenklinik war. Rust schätzte ihn auf sechzig. Ein untersetzter Mann mit Schnauzer, der über seinem blauen Arbeitsanzug eine graue gesteppte Wattejacke trug.

Rust hob die Schultern. »Meine Frau ist heute früh mit Beschwerden eingeliefert worden.«

»Und Sie wollen nicht heimgehen.« Das war keine Frage gewesen, eher eine Feststellung. Der Mann wandte sich ab und schloss die Tür zu der Baracke auf. »Kaffee?«

»Ja, ja, sehr gern.« Rust nickte, überrascht und erfreut. Er folgte dem Mann in das niedrige Gebäude. Durch einen schmalen, trüb beleuchteten Gang gelangten sie in ein kleines Zimmer, in dem es nach Kaffee, Werkzeugöl und Linoleum roch.

»Ich geh mal Wasser kochen. Setz dich nur hin!«

Der Mann duzte ihn ganz selbstverständlich. Die vertrauliche Anrede störte Rust nicht.

Der Hausmeister deutete auf einen Holzstuhl, nahm sich den kleinen Wasserkessel, der auf dem Tisch gestanden hatte, und verließ den Raum. Rust setzte sich, rückte noch näher an den gusseisernen Heizkörper, der Geräusche von sich gab, als klimperten kleine Kieselsteine durch die Röhren. An den Wänden hingen Holztafeln mit Zangen und Schraubenziehern verschiedenster Größen, auf dem Tisch stapelten sich Dutzende Glühbirnen in Wellpappschachteln. Der Hausmeister kam zurück und bemerkte Rusts Blick.

»Tja, erst gibt's monatelang gar keine, dann bekommst du zweihundert auf einmal und weißt nicht, wohin damit. Brauchst du eine? Sind aber nur dreißig Watt.«

Aber er wartete nicht auf Rusts Antwort und widmete sich der Kaffeezubereitung mit einem Nylon-Filterbehälter, den er auf die Kanne setzte. »Im Schwesternzimmer haben sie eine Kaffeemaschine. Aber denkste, du kriegst mal einen?«

Er holte das kochende Wasser aus dem Nebenzimmer und goss auf.

»Was hat deine Frau denn für Beschwerden?«, fragte er, als sie wenige Minuten später in ihren heißen Tassen rührten. Rust tat einen zweiten Würfelzucker hinzu. Er fragte sich, ob er hier drinnen rauchen durfte, doch solange der andere selbst keine Anstalten machte, ließ er es bleiben. Irgendwie tat es gut, hier zu sitzen, so verging Zeit, und der Hausmeister strahlte eine unerschütterliche Ruhe aus.

»Das Kind soll eigentlich erst in fünf Wochen kommen, aber sie hat bereits Schmerzen und Blutungen. Das ist viel zu früh.«

Der Hausmeister nickte bedächtig und trank von dem heißen Kaffee.

»Mario«, sagte er plötzlich und streckte die Hand über den Tisch aus.

»Thomas«, revanchierte sich Rust.

Noch einmal trank der Mann und schlürfte leise. Dabei tunkte sein Schnauzer in den Kaffee. Mit einer routinierten Bewegung streifte er mit der Unterlippe die Feuchtigkeit ab. Rust ertappte sich dabei, dass er schmunzeln musste und fasste sich unwillkürlich an seinen eigenen Oberlippenbart. Erst gestern Abend hatte ihn Heike noch gestutzt.

»Es passieren so viele Dinge«, sagte Mario und sah ihm dabei in die Augen, als müsse er seine nächsten Worte genau überdenken. »Der menschliche Körper, der ist wie eine Maschine, in der alles funktioniert. Aber sobald mal etwas fehlt, sobald ein Rädchen sich nicht mehr dreht, schon bricht die Produktion zusammen …« Nun hielt er inne. »Aber dann!«, jetzt deutete er auf den Stapel Glühbirnen, als erklärte der alles. »Manchmal zwickt es eben, das geht meistens alles gut aus am Ende«, philosophierte er weiter.

Rust nickte dankbar. Es war nicht wirklich tröstlich, was der Mann ihm erzählte, doch trotzdem war seine Aufregung merklich abgeflaut.

»Aber sie haben mich nicht zu ihr gelassen, und gesagt hat auch keiner etwas«, beschwerte er sich nach einigen Momenten des Schweigens.

»Na, überleg mal, da könnte jeder rein und raus, wie er wollte«, brummte der Hausmeister.

Auch wieder wahr, dachte Rust.

Wieder schwiegen sie und der Heizkörper blubberte.

»Und Sie … Und du hast Nachtschicht?«, fragte Rust nach einer Weile.

»Nee, bin nur eher gekommen. War noch was zu erledigen.« Der Hausmeister schlug für einen Moment die Augen nieder.

Rust fragte nicht weiter. Wer weiß, was der Mann mit dem Multicar transportiert hatte. Vielleicht hatte er ein bisschen Kohle abgezweigt. Man musste sich zu helfen wissen, wenn man etwas haben wollte.

»Vorhin stand hinten am Haus ein Moskwitsch. Mit Berliner Kennzeichen«, begann Rust, um die unangenehme Stille zu durchbrechen.

»Hinterm Haus, an der Rampe?«

Rust nickte. »Ein Arzt vielleicht?«

»Aber keiner von denen fährt hier einen Moskwitsch. Wirklich Berlin?«

Rust nickte wieder. Eine Weile saßen sie wieder stumm da und nippten am Kaffee.

»Und«, brach jetzt der Hausmeister das Schweigen. »Was machst du sonst so?«

»Bin Busfahrer.«

»Ah«, der Hausmeister hob das Kinn. So reagierten die

meisten. Das war Rust recht so. Busfahrer. Da wussten die meisten nichts dazu zu sagen. Das war kein Beruf, an dem man etwas festmachen konnte. Nichts, womit man jemandem helfen konnte. Niemand, der an Bauholz kam oder Heizkörper oder Zement oder an einen Multicar.

Augenblicklich schien der Hausmeister das Interesse an ihm zu verlieren, vielleicht war er aber auch nur abgelenkt.

»Was ist denn mit dem da los?«, rief er, reckte sich und zwang Rust, ebenfalls aus dem Fenster zu sehen. Ein hellbeiger Wartburg war vor das Haus gefahren, hielt mitten auf dem Weg und blockierte die Zufahrt. Ein junger Mann sprang heraus, schloss das Auto nicht ab und rannte ins Haus.

»So kann der aber nicht stehenbleiben, eigentlich darf der hier auch gar nicht rein«, murmelte der Hausmeister. Dann sah er auf die Uhr.

Rust trank den letzten Schluck Kaffee. »Vielen Dank, hat gutgetan.« Er erhob sich. »Schönen Dienst noch!«

»Wird schon werden, wirste sehen«, versuchte der Hausmeister ihn aufzumuntern.

Rust stand nun wieder draußen vor der großen Eingangstür, wagte sich aber immer noch nicht hinein. Er hatte sich überlegt, dass es vielleicht besser war, auf die neue Schicht zu warten. Vielleicht gab es da eine Schwester, die umgänglicher war. Er rauchte seine vorletzte Zigarette, nahm sich wie immer vor, dass dies dann die letzten gewesen sein sollten, und wusste doch schon, dass er sich im Tabakladen neue holen würde.

Ihm war wieder kalt. Er hätte in der Hausmeisterbude seine Jacke ausziehen sollen. Nun fror er mehr als vorher. Noch zehn Minuten gab er sich, dann würde er hineingehen. Außerdem musste er mal zur Toilette. Das würden sie ihm nicht verwehren können. Und vielleicht gelang es ihm, Heikes Zimmer zu finden. Warum dauerte der Schichtwechsel nur so lang? Er nahm seine letzte Zigarette heraus, zerknüllte die Schachtel und steckte sie in die Jackentasche.

Endlich wurde die große Eingangstür aufgestoßen. Aber es war keine der Schwestern, sondern der junge Mann aus dem Wartburg. Er taumelte mehr, als dass er lief. Die kalte Luft ließ ihn förmlich zurückprallen. Er verharrte, schwankte ein wenig. Rust zog sich noch weiter zurück, bis er die Hauswand hinter sich spürte. Der andere griff nun in seine Hosentasche und holte seine Autoschlüssel hervor. Rust hatte er noch nicht bemerkt. Mit unsicherem Schritt lief er nun wieder los, die Jacke offen, spürte aber die Kälte offensichtlich nicht.

Rust beobachtete, wie der junge Mann unsicheren Schrittes zu seinem Wagen ging. Er hatte Mühe, den Schlüssel ins Türschloss zu stecken, und hatte wohl auch vergessen, dass er gar nicht abgeschlossen hatte.

Ob er betrunken war? Rust warf die Zigarette auf den Boden und drückte sie mit den Schuhspitzen aus.

»Warten Sie mal!« Das konnte er nicht zulassen, dass der Mann in diesem Zustand fuhr.

Der junge Mann richtete sich auf und sah sich nach der Stimme um. Als er Rust erblickte, drehte er sich um und lehnte sich an seinen Wagen.

»Haben Sie getrunken?«, fragte Rust.

»Getrunken?«, fragte der junge Mann zurück und sah aus, als verstünde er die Frage nicht. Rust trat so nah an ihn heran, dass dieser zur Seite auswich. Doch Alkoholgeruch konnte Rust nicht wahrnehmen.

»Was ist denn mit Ihnen? Geht es Ihnen nicht gut?«, fragte Rust.

»Ich weiß nicht, nein …« Der junge Mann wirkte verwirrt.

»Wenn Sie mich jetzt bitte …, ich muss …, es ist schon …« Er sprach den Satz nicht zu Ende, drängte Rust beiseite und versuchte erneut, den Schlüssel ins Schloss zu stecken.

»Die Tür ist offen«, sagte Rust. Der junge Mann starrte ihn an, als hätte er ihn schon wieder vergessen. Dann riss er die Wagentür auf. Rust drückte sie wieder zu.

»Sie können so nicht fahren. Sie bringen sich ja um. Oder jemand anderen.«

Der andere wollte protestieren, doch dann aber ergab er sich, stützte seine Unterarme auf das Autodach und ließ den Kopf nach vorn sinken.

»Was ist denn passiert?«, fragte Rust und hatte bereits eine dunkle Ahnung, wie die Antwort lauten würde.

»Ich habe einen Anruf bekommen auf Arbeit«, sagte der Mann tonlos. »Ich solle ins Krankenhaus kommen. Hab ja schon darauf gewartet. Ricarda ist schon seit gestern Nachmittag da. Aber dann hieß es, das Kind sei tot. Ich solle etwas unterschreiben.«

»Unterschreiben?«

»Ja, für die Bestattung.« Der junge Mann nickte. Plötzlich musste er würgen und beugte sich vor. »Meiner Mutter muss ich das noch erzählen«, keuchte er und bezwang den Brechreiz.

Rust wusste einen Moment nichts zu sagen. Ihm war plötzlich selbst übel geworden. Was so ein Anruf bedeuten musste.

»Gab es denn Schwierigkeiten?«, fragte er leise.

»Gar nicht, nein, alles war gut. Genau zum Termin setzten die Wehen ein. Gestern Nachmittag hat sie das Fruchtwasser verloren.« Dem Mann verzog es wieder das Gesicht.

»Und jetzt?«, fragte Rust weiter und sah dabei verstohlen zu den Fenstern hinauf. Irgendwo da oben musste Heike liegen.

»Ich weiß nicht. Ricarda ist gar nicht richtig bei sich, ich glaube, sie weiß es noch gar nicht. Ich durfte nur ganz kurz zu ihr. Das Kind ist nicht mehr da. Man hat gesagt, es wird untersucht, und ich soll nachmittags wiederkommen. Aber ich kann doch Ricarda nicht …« Der Mann stockte und sah Rust plötzlich in die Augen. Er blinzelte die Tränen weg. »Vor einer Stunde noch, da war alles in Ordnung, weißte?«

Rust nickte still.

»Und nun ist unser Kind tot, und Ricarda liegt da oben, und ich darf nicht mal bei ihr bleiben und das Kind nicht sehen. Unterschreiben darf ich auch nicht mehr.«

»Warum denn das?«

»Weil sie bemerkt haben, dass wir nicht verheiratet sind.« Der Mann verzog verächtlich den Mund.

»Wann ist es denn geschehen? Gerade eben?«

»In der Nacht irgendwann.«

Eine Weile standen sie einfach da und langsam wurde es heller. Der Himmel im Osten färbte sich von Schwarz zu Grau. Aber um sie herum war noch immer alles in das orangegelbe Licht der Straßenlaternen getaucht.

Rust war der Erste, der wieder sprach. »Was machen Sie jetzt?«

»Ich weiß es nicht. Nach Hause fahren vielleicht. Das Auto zurückgeben. Ist ja gar nicht mein Auto, hab ich mir geborgt. Der Kinderwagen steht noch hier. Unten im Keller. Wir hatten ihn gestern schon mitgebracht.« Seine Augen wurden wieder feucht.

»Diese Untersuchung …«, begann Rust zögernd. »Wird eine Obduktion durchgeführt?«

»Ich weiß es nicht. Die Schwester sagte, es ist besser, man sieht es gar nicht erst. So was passiert.« Auf einmal zögerte er. »Wer sind Sie überhaupt?«

»Ja, bitte entschuldigen Sie. Rust ist mein Name.«

»Sind Sie Arzt, oder so?«

»Nein, meine Frau liegt auch da drin. Eigentlich ist es bei ihr noch nicht so weit ...« Rust wollte den Mann nicht weiter mit seiner Geschichte behelligen.

Der andere schwieg.

»Brauchst auch nichts zu sagen.« Er hielt dem Mann die Hand hin. »Ich heiße Thomas.«

»Steffen«, stellte der andere sich vor und nahm kurz seine Hand. »Steffen Weber. Ich muss jetzt.« Er öffnete die Wagentür, setzte sich ins Auto und startete den Motor. Dann kurbelte er das Fenster hinunter.

»Viel Glück«, sagte er, hebelte ungeübt an der Lenkradschaltung und fuhr davon.

Rust sah ihm nach.

»Na, immer noch da?«, fragte eine Stimme hinter ihm und ließ Rust herumfahren.

Es war der Hausmeister. Er hielt einen Straßenbesen in der Hand.

»Sag«, fragte Rust nachdenklich, »wenn ein Kind stirbt, bei der Geburt, oder wenn es zu einer Totgeburt kommt, was passiert mit dem Leichnam?«

»Kommt drauf an. Manche werden beerdigt. Manches landet im Müll, geht wohl nach Gewicht. Aber mach dir mal keinen Kopf. Das wird schon wieder!«

Der Hausmeister klopfte Rust kurz auf die Schulter, hob die Hand zum Gruß und ging davon.

»Wenn Sie meiner Mutter das bitte sagen?« Rust atmete tief ein und lauschte der aufgeregten Stimme am Telefon. »Nein, bitte, es besteht kein Grund zur Sorge, wir können nur nicht zum Geburtstag kommen, wollen Sie das bitte ausrichten!«

Ihm war nicht wohl. Die Enge der gelben Telefonzelle bedrückte ihn. Dass die Frau am anderen Ende der Leitung so begriffsstutzig war, raubte ihm die Geduld. *Fasse dich kurz*, mahnte eine angenietete kleine Metalltafel. Ungehalten stieß er die schwere Tür der Telefonzelle auf, um Luft in die Zelle zu lassen.

»Sie soll sich keine Sorgen machen! Ja, bitte, ich muss jetzt … Auf Wiederhören«, bemühte Rust sich um Freundlichkeit und hängte den Hörer unsanft in der Gabel des Fernsprechautomaten ein. Draußen atmete er noch einmal tief durch. Ihm war, als wäre erst jetzt zu ihm durchgedrungen, was dem anderen Mann geschehen war. Die Angst, sein Kind zu verlieren, übermannte ihn, und noch viel mehr die Sorge um Heike. Er fürchtete, sie würde das nicht verkraften. Fünf Jahre hatten sie versucht, ein Kind zu bekommen. Heike war so glücklich gewesen, als es endlich geklappt hat. Gestern Abend, als die Schmerzen begannen, da hatte sie noch gelacht und gemeint, sie hätte nicht so viele Bohnen essen sollen. Und heute Nacht, ihr bleiches Gesicht, als sie ihn geweckt hatte. Ohne einen Ton, einfach nur berührt und er hatte gewusst, etwas stimmt nicht. Er musste wissen, wie es ihr jetzt ging. Kurzentschlossen änderte Rust seine Pläne wieder. Nachdem ihn auch die Oberschwester der neuen Schicht deutlich abgewiesen hatte, war es ihm eigentlich sinnlos erschienen, noch länger dort zu warten. Er hatte nach Haus fahren wollen. Nun kehrte er doch zur Frauenklinik zurück. Es war schon fast hell.

»Waren Sie vorhin nicht schon da?«, fragte die Oberschwester ungehalten. Zwei weitere Schwestern sahen auf und blickten Rust an.

»Hören Sie«, bat Rust und kam sich wie ein Bittsteller vor,

im Türrahmen des Schwesternzimmers stehend, unter dem strengen Blick dreier Frauen, »ich will doch nur wissen, wie es meiner Frau geht. Ich habe sie vor über zwei Stunden hergebracht.«

»Es hat sich noch nichts geändert.«

»Kann ich sie sehen, nur kurz? Ich gehe dann auch gleich.«

Auf dem Gang erschien ein Arzt in weißem Kittel. Er war Mitte vierzig, groß, glattrasiert, das blonde Haar färbte sich grau an den Schläfen. Eine Autoritätserscheinung. Die Schwestern nahmen unverzüglich eine gerade Haltung an.

»Schwester Martha, guten Morgen«, sagte der Arzt mit müden Augen. Seine Hände steckten in den Kitteltaschen.

Rust gab die Tür frei.

»Was gibt es denn?«

Die Oberschwester deutete auf Rust. »Dieser junge Mann will nicht verstehen, dass er zur Besuchszeit wiederkommen soll.«

»Ich will nur kurz meine Frau sehen«, sagte Rust leise.

»Herr Rust?«, fragte der Arzt. »Kommen Sie mit.« Der Arzt wies mit dem Kopf den Gang hinunter, ohne die Hände aus den Taschen zu nehmen.

»Aber Herr Doktor!«, entrüstete sich die Oberschwester.

Rust folgte dem Doktor, der stumm und ohne Eile ausschritt. Beim Treppenhaus bogen sie ab und stiegen noch eine Etage höher.

Auf den Gängen grüßten die Schwestern den Arzt und sahen Rust verwundert an. Der konnte sich nicht von dem Gefühl freimachen, dass er fehl am Platze war. Unvermittelt blieb der Arzt stehen. Er war einen Kopf größer als Rust, sein Äußeres tadellos. Doch seine Augen waren trüb.

»So ein Körper, der ist keine Maschine. Immerzu wird er Belastungen ausgesetzt, werden Hormone ausgeschüttet, will ein Organ nicht so, wie es soll. Der Blutdruck steigt und sinkt, ebenso verhält es sich mit den Blutwerten. Ständig ist er um Ausgleich bemüht. So eine Schwangerschaft ist eine Ausnahmesituation. Da kommt es schon mal zu kleineren Komplikationen.«

Genauso unvermittelt wie er stehen geblieben war, lief er weiter. Rust folgte ihm, sah auf den Boden, wollte nicht versehentlich in eine der offen stehenden Zimmertüren blicken. Eine hochschwangere Frau kam ihnen entgegen. Eine Hand hatte sie auf den Bauch gelegt, mit der anderen stützte sie sich an der Wand ab. Eine junge Schwester begleitete sie und grüßte den Arzt schüchtern.

»Hier!«, sagte der Arzt, nahm endlich eine Hand aus dem Kittel und öffnete eine Tür. Er ging voraus, Rust zögerte einen Moment. Hinter sich hörte er eilige Schritte.

»Sie können hier nicht einfach ...«, rief eine Schwester halblaut, dann sah sie den Arzt und verstummte. »Herr Doktor«, grüßte sie.

»Das geht in Ordnung, Schwester Silke.« Der Doktor winkte Rust heran. Der hatte Heike schon in einem der hinteren Betten beim Fenster ausgemacht. Drei andere Frauen lagen noch im Zimmer, die ihn alle anschauten. Heike stemmte sich im Bett hoch, als sie ihn erkannte. Sie war weiß im Gesicht, lächelte aber verhalten. Es schien ihr peinlich zu sein, dass er da war, und fast schämte Rust sich, dass er so hartnäckig gewesen war. Er blieb wie angewurzelt in der Tür stehen.

»Guten Morgen, die Damen«, grüßte der Arzt freundlich, aber routiniert. Er ging zielstrebig zu Heikes Bett. »Haben Sie noch Schmerzen, Frau Rust?«

Heike nickte schüchtern. Der Arzt schlug die Decke zurück, tastete den Bauch ab. »Hier?«, fragte er. Heike nickte.

»Es besteht wohl kein besonderer Anlass zur Sorge. Möglicherweise liegt das Kind nur ungünstig und drückt einen Harnleiter ab. Konnten Sie Wasser lassen?«

Heike schüttelte den Kopf.

»Wir behalten Sie hier, zur Beobachtung. Wollen Sie noch mal?«, fragte er zu Rust gewandt. Verlegen nickte dieser, ging zu Heike, beugte sich hinunter und gab ihr einen Kuss auf die Wange.

»Hab meiner Mutter ausrichten lassen, dass wir nicht kommen. Soll ich deiner etwas sagen?«, fragte er leise.

»Nein, erst mal nicht.« Heike lächelte, und es war ihr anzusehen, dass sie sich genierte vor den anderen im Zimmer. Rust richtete sich auf. Er nickte dem Arzt dankend zu und gab ihm gleichzeitig zu verstehen, dass er fertig war.

»Bis nachher zur Visite«, verabschiedete sich der Arzt bei den Frauen, als sie das Zimmer verließen.

»Sagen Sie, darf ich Sie etwas fragen?«, sagte Rust, als sie wieder im Treppenhaus angelangt waren.

Der Arzt nickte.

»Wenn es zu einer Totgeburt kommt, was geschieht dann mit dem Kind?« Gerade hatten sie das Halbpodest erreicht. Der Arzt blieb stehen. Frühes Tageslicht fiel durch das riesige Fenster, ein Schwarm Krähen kreiste über den Bäumen.

»Warum wollen Sie das wissen?«, fragte der Arzt und verzog ein wenig das Gesicht.

»Es hat mich interessiert«, sagte Rust vage.

»Nun, sie werden bestattet.« Der Arzt sah Rust noch einen Moment an. Dann lief er weiter.

Doch offenbar beschäftigte ihn die Frage. Im Erdgeschoss nahm er ihn noch einmal beiseite. »Fragen Sie aus einem speziellen Grund?«

Rust hatte damit gerechnet und die wenigen Augenblicke genutzt, darüber nachzudenken, was er sagen sollte.

»Ich musste mich die letzten Stunden mit dem Gedanken auseinandersetzen, dass so etwas geschehen könnte. Und deshalb frage ich mich, wie man damit umgeht.«

Eine Tür öffnete sich und Babygeschrei wurde laut. Dann schloss sich die Tür wieder. Der Arzt hob den Kopf ein wenig. Ihm war anzusehen, dass ihm diese Antwort nicht genügte. »Ihr Name ist Rust, nicht wahr?«

Rust nickte. »Und Ihrer, wenn ich fragen darf?«

»Raspe, Doktor Raspe. Hören Sie, Herr Rust … Genosse?«

Rust nickte wieder und wurde stutzig. Hatte der Mann geraten?

»Hören Sie, Genosse Rust. Vergessen Sie das. Solche Dinge können geschehen, aber wir werden schon für Ihre Frau und das Kind sorgen. Machen Sie sich keine Gedanken.«

Wieder öffnete sich eine Tür und mehrere Krankenschwestern erschienen mit je zwei Neugeborenen auf dem Arm, fest in Decken gewickelt und mit winzigen Mützchen auf den Köpfen.

Der Arzt nahm die entstehende Unruhe zum Anlass, sich zu verabschieden. »Wenn Sie mich jetzt entschuldigen, es gibt noch viel zu tun. Sie finden alleine hinaus?«

2

Am frühen Nachmittag stand Rust wieder vor der Frauenklinik. Er hatte einen kleinen Koffer dabei, in den er einige Unterwäsche, zwei Pullover, eine Haarbürste und diverse andere Dinge gepackt hatte, um die Heike ihn gebeten hatte. Diesmal wollte er nicht auffallen und wartete, bis die Besuchszeit begann. Er war nicht der Einzige. Einige ältere Frauen und zwei Männer in etwa seinem Alter warteten ebenfalls. Niemand sprach. Als eine der Frauen auf die Uhr schaute und sich dann in Bewegung setzte, folgten ihr alle anderen ins Gebäude.

Das Krankenzimmer war voll, zwei der anderen Frauen hatten ebenfalls Besuch. Alle flüsterten. Und Heike zeigte sich zurückhaltend.

»Ich muss bleiben. Vielleicht sogar bis zur Entbindung. Du musst im Betrieb Bescheid geben. Es entscheidet sich aber erst morgen oder übermorgen.«

»Sind sie nett hier?«, fragte Rust. Gern hätte er Heike gefragt, ob sie etwas von der Frau wusste, die ihr Kind verloren hatte. Doch er wollte seine Frau nicht damit konfrontieren.

»Ja, ganz freundlich. Eine mehr, die andere weniger. Morgen ist Reistag. Zum Entwässern.«

Heike mochte keinen Reis, wusste Rust.

»Hast du nach dem Kinderwagen sehen können?«, fragte Heike.

»Daran hab ich gar nicht gedacht«, gab Rust zu.

»Dabei hättest du doch Zeit gehabt«, schimpfte Heike leise. Rust nickte. Sie hatten eine Anzeige in der Zeitung gefunden und sich telefonisch vormerken lassen. Er hätte die Gelegenheit nutzen sollen, sich den Kinderwagen heute noch anzusehen, bestimmt war er bald anderweitig vergeben. Interessenten würde es genug geben.

»Mach das gleich noch. Ruf an und fahr hin, wenn möglich. Und wenn er halbwegs in Ordnung ist, nimm ihn. Falls wir einen besseren bekommen sollten, können wir den immer noch verkaufen.«

Rust nickte nachdrücklich, er wollte nur ungern von Heike zurechtgewiesen werden. »Ja, ich mach das schon«, brummte er.

»Na, dann los!« Heike zog ihn zu sich heran und gab ihm einen schnellen Kuss auf den Mund.

Seltsam beschwingt eilte Rust die Treppen hinab. Heikes Geschäftigkeit beruhigte ihn, strahlte sie doch damit wieder Zuversicht aus. Alles würde gut werden.

Als er mit Schwung das Haus verließ und in die Kälte kam, die noch keinerlei Frühling versprach, stieß er beinahe mit Steffen Weber zusammen.

Am liebsten hätte Rust so getan, als habe er den Mann nicht erkannt. Aber dieser hatte ihn schon gesehen und grüßte mit einem müden Nicken.

Rust brauchte ein paar Momente, bis er wusste, was er sagen sollte. »Kann ich helfen? Soll ich dich irgendwo hinfahren?«, fragte er.

Weber winkte ab.

Das wäre die Gelegenheit gewesen, einfach weiterzugehen, wusste Rust, doch etwas hielt ihn zurück.

»Weiß es deine Frau eigentlich schon?«, fragte er. »Deine

Verlobte, meine ich«, korrigierte er sich. Versehentlich war er selbst ins Du gewechselt.

Weber nickte. »Sie haben es ihr heute Morgen gesagt.«

»Wie geht es ihr?«, fragte Rust weiter. Jetzt waren die ersten Hemmschwellen überwunden.

»Nicht gut.« Weber zuckte mit den Achseln.

»Hat man denn herausgefunden … also, weiß man den Grund?«

Der andere schüttelte ganz knapp den Kopf.

»Und hast du es sehen können?«

»Was geht dich das denn an?«, fragte Weber und klang auf einmal ungehalten.

»'tschuldige. Es geht mich nichts an.« Rust hob die Hand zum Gruß und wandte sich ab.

»Und wenn du es genau wissen willst: Wir können es nicht sehen. Es ist nicht mehr hier, sagen sie. Es ist schon weg«, rief Weber ihm hinterher.

»Wie meinst du das, nicht mehr hier?« Rust war stehen geblieben und hatte sich noch einmal umgedreht.

Weber zuckte wieder mit den Achseln. »Na, nicht mehr hier. Es ist besser so, sagen sie. Ricarda soll morgen entlassen werden. Ich wollte nur den Kinderwagen holen.« Weber deutete mit dem Kopf auf eine schmale betonierte Schräge, die zu einem Kellereingang führte.

Rust sah dem Mann nach, wie er die Rampe hinablief und durch die braun lackierte Tür verschwand. Er wollte nicht zusehen, wie der Mann den leeren Kinderwagen davonschob. Rust warf einen Blick zur Baracke rüber, doch niemand war zu sehen. Stattdessen öffnete sich wieder die Krankenhaustür. Eine Krankenschwester kam heraus, hatte sich eine Steppjacke übergeworfen. Eilig überquerte sie den Platz vor der Klinik. Er hatte sie oben im Gang schon einmal gesehen.

»Entschuldigen Sie!«, rief er und holte mit schnellen Schritten auf.

»Ich habe keine Zeit«, sagte die junge Frau, »muss zur Kaderleitung!«

»Ich habe nur eine Frage. Wie wird denn mit Kindern verfahren, die tot geboren werden?«

Die Schwester stockte im Laufen und sah ihn verwundert an. Rust fühlte sich genötigt, sich zu erklären.

»Heute Nacht gab es wohl einen Vorfall. Eine Totgeburt, und man sagt, das Kind sei schon weg.«

»Davon weiß ich nichts!« Die Schwester beschleunigte ihren Schritt.

»Von der Totgeburt?«

»Es ist ein großes Krankenhaus, so was geschieht. Wenden Sie sich an die Oberschwester oder an den Chefarzt.«

»Und was geschieht mit den Kindern?« Rust blieb hartnäckig.

»Die werden beerdigt. Würden Sie mich jetzt bitte in Ruhe lassen.«

»Eines nur noch, gibt es jemanden im Haus, der aus Berlin kommt, oder wissen Sie von jemandem mit Berliner Verwandtschaft?«

Die Krankenschwester sah ihn erneut verblüfft an, geriet dabei aber ins Stolpern. Rust fasste instinktiv nach ihr und packte sie am Ellbogen. Unwirsch entriss sie ihm den Arm.

»Ich weiß gar nichts. Ich weiß auch gar nicht, wer Sie sind. Magda!«, rief sie plötzlich und ein wenig zu schrill, und in einiger Entfernung blieb eine andere Frau stehen.

Rust ließ es gut sein. Es hatte keinen Zweck mehr. Nachdenklich kehrte er zur Frauenklinik zurück. Der Trabant parkte auf der Straße hinter dem Haus. Motorengeräusch näherte sich. Rust sah sich um und entdeckte den Hausmeister auf dem Fahrersitz des Multicar. Auf der kleinen Ladefläche standen Eimer mit zusammengefegtem Splitt. Der Mann hielt an, öffnete seine Tür einen Spalt.

»Komm, steig ein!«

Rust zögerte nicht, lief ums Fahrzeug und nahm auf dem Beifahrersitz Platz. Schon fuhren sie an.

»Ich hab mal gefragt, wie das ist mit den Kindern. Es heißt, wenn sie unter tausendsiebenhundert Gramm wiegen, dann werden sie mit dem Krankenhausmüll entsorgt, alles darüber bekommt eine Bestattung«, begann der Hausmeister unvermittelt.

Rust schürzte die Lippen. »Wen hast du denn gefragt?«

»Jemanden, der es weiß. Ich frage mich nur, warum du das so genau wissen willst? Hast den Raspe schon gefragt und die gerade doch auch, oder?« Er deutete vage über die Schulter.

Rust hob an zu sprechen, doch der Hausmeister ließ es nicht dazu kommen. »Warum sagst du denn nicht, dass du bei der Polente bist? Schämst du dich?«, fragte er geradeaus.

Rust fühlte sich ertappt, wollte sich aber keine Blöße geben. »Sobald ich das sage, halten sich immer alle zurück. Da erzähle ich lieber, dass ich Busfahrer bin.«

»Hat aber nichts genutzt. Ich hab's dir angesehen. Hast so 'ne Art .... Wo biste denn?«

»Bei der Kripo. Leutnant.«

Der Hausmeister warf ihm einen prüfenden Blick zu. »Und wie alt biste?«

»Siebenundzwanzig.«

»Ich war früher auch ein paar Jahre bei dem Verein. Bis zweiundfünfzig, dann wurde ich rausgekegelt, weil denen aufgestoßen war, dass ich im Krieg beim Ami in Gefangenschaft war. Dabei habe ich drei Urkunden für meine Leistung beim Aufbau des Sozialismus bekommen.« Der Mann lachte ehrlich belustigt auf. »Nun baue ich den Sozialismus im Heizungskeller auf. Wie geht es deiner Frau?«

»Ganz gut.«

Sie hatten die Baracke erreicht. Der Hausmeister rangierte den Kleinlaster vor einen großen Holzkasten, auf dem mit schwarzer Farbe *Streugut* geschrieben stand, und stellte den Motor ab.

Dann wurde er ernst. »Du, mit dem Raspe sei vorsichtig. Mit dem ist nicht zu spaßen. Der hat Kontakte.«

»Ich habe nicht vor, dem Mann zu nahe zu treten.«

»Mein ja nur, die sind sehr empfindlich, wenn man ihnen Fehler vorwirft.«

»Du meinst, das Kind ist durch einen ärztlichen Fehler gestorben?«

Der Hausmeister hob die Hände. »Ich sag immer, nur wer nichts macht, macht keine Fehler. Aber das sollte jetzt gar nicht bedeuten, dass etwas schiefgelaufen ist. Eigentlich wollte ich dich nur warnen. An den Raspe kommt man nicht so leicht ran. Der hat mich kürzlich mal mitgenommen, hab was gebaut auf seinem Grundstück. Hat ein ziemlich großes Haus in Radebeul gekauft. 'ne richtige Villa, sag ich dir. Kann man gar nicht gebrauchen heutzutage. Aber so jemand hat ja keine Probleme, an Zement oder Steine zu kommen, wenn der was bauen will. Der darf ja auch in den Westen.«

Rust wusste nicht, worauf der Mann hinauswollte.

»Ich will nur mal klarstellen, ich bin nicht wegen Doktor Raspe hier. Meine Frau liegt wirklich da oben!«

Der Hausmeister nickte beschwichtigend, hob dann aber gleich wieder zu sprechen an. »Jedenfalls hab ich mich mal sachte umgehört. Keiner wusste irgendwas von einem Berliner Kennzeichen. Vor allem nicht mitten in der Nacht. Geklaut wurde jedenfalls nichts. Was auch?«

3

Wenig später stand Rust in seinem Wohnungsflur, den Telefonhörer am Ohr. Er hatte seinen Chef angerufen, ihm die Lage geschildert und um Rat gebeten.

»Was Sie mit Ihrer Freizeit anstellen, Genosse Rust, darüber habe ich nicht zu verfügen. Solange es sich mit unseren Richtlinien vereinbaren lässt, wenn Sie verstehen, was ich meine«, sagte sein Vorgesetzter.

»Das verstehe ich schon, Genosse Hauptmann. Ich will nur ein paar von der Nachtschicht befragen.«

»Vergessen Sie aber nicht, dass keinerlei Ermittlungsauftrag vorliegt. Die betroffenen Eltern müssten eine Strafanzeige stellen. Es sei denn, Sie wollen Anzeige erstatten. Aber das würde auch nicht unsere Abteilung betreffen. Da muss man Experten zu Rate ziehen.«

Rust nickte schweigend vor sich hin. Das Telefonat zog sich schon unnötig in die Länge, und die Angelegenheit mit dem Kinderwagen hatte er dabei ganz vergessen. Hoffentlich war es nicht zu spät. Er nutzte die kurze Pause, um einzuhaken.

»Wie gesagt, ich will nur fragen. Ich wollte Sie nur um Ihre Meinung bitten.« Er sprach nur halblaut, in der Wohnung über ihm rumorte es. Der Plattenbau übertrug jedes Geräusch in alle Etagen. Jeder würde etwas vom Babygeschrei abbekommen, ob er wollte oder nicht. Doch beschweren sollte sich keiner, waren doch die Kinder der anderen auch nicht gerade leise.

»Also, fragen kostet ja nichts. Urlaub haben Sie sowieso. Aber gemach, Genosse, keinen Übereifer! Bei solch heiklen Angelegenheiten stößt man schnell in ein Wespennest.«

Irgendwie kam es Rust vor, als ob sein Chef sich über ihn lustig machte. Aber vielleicht war es nur seine Art.

»Ich werde Vorsicht walten lassen. Vielen Dank erst mal!«

Rust legte auf und musste kurz überlegen, was er noch vorgehabt hatte. Dann fiel es ihm ein. Im Wohnzimmer fand er die ausgeschnittene Anzeige auf dem Couchtisch. Er ging wieder zum Telefon.

»Guten Tag, Rust hier, wir hatten gestern schon wegen dem Kinderwagen …« Rust wurde unterbrochen.

»Schon weg«, wiederholte er das Gehörte. »Gerade eben.« Das zu sagen war unnötig gewesen, auch wenn die Frau damit nur ihr Bedauern zum Ausdruck bringen wollte. Heike würde sich ärgern. Rust ging durchs Wohnzimmer in die kleine Küche und warf den Zettel in den Mülleimer. Er musste seiner Frau ja nicht sagen, dass sie den Wagen knapp verpasst hatten. Dann würde sie ihm wenigstens nicht allzu böse sein.

Rust sah zum Fenster hinaus. Vor seinen Augen breitete sich das stetig wachsende Wohngebiet aus. Plattenbauten, wohin er sah, Fundamente, Rohbau oder auch schon Häuser, fast zum Bezug bereit. Zehntausende Wohnungen sollten entstehen, wusste Rust, überall in der DDR. Schwarze Rußwolken stiegen hinter dem nächsten Block auf, einmal alle zwei Wochen verbrannten die Bauarbeiter ihren Müll in großen Gitterboxen. Rust wusste von gigantischen Bebauungsplänen. Am Rande der Stadt, mitten auf dem Feld, sollten riesige Wohngebiete entstehen. Bezahlbarer Wohnraum für zehntausende Menschen. Schon erstaunlich, was dieser kleine Staat stemmte. Da konnte man über die verschlammten Wege im Neubaugebiet schon mal hinwegsehen oder darüber, dass ein Fernseher ein halbes Jahresgehalt kostete. Die Leute sollten das viel mehr zu schätzen wissen, dachte er sich.

Trotz der schlechten Akustik waren sie heilfroh gewesen, eine Wohnung in einem der ersten fertigen Wohnblöcke bekommen zu haben. Sie hatten Zentralheizung, ein schönes kleines Bad mit Wanne, ein Kellerabteil mit Trockenraum, ein Zimmer für das Kind und sogar einen Balkon. In der Nähe sollte ein Kindergarten eröffnet werden, eine Poliklinik gab es auch und eine Kaufhalle. Der reinste Luxus im Vergleich zu seiner alten Bude in der Neustadt, in der sie zwei Jahre gelebt hatten.

So viele Leute warteten auf eine Wohnung wie diese. Rust wusste, dass sie bevorzugt behandelt worden waren, weil Heike schwanger war und hauptsächlich, weil er Polizist und SED-Mitglied war. Genauso war er zu seinem Trabant gekommen. Er wusste von Freunden, die schon Jahre auf ihr bestelltes Auto warteten. Er hatte kein schlechtes Gewissen deshalb. Jeder nahm, was er bekommen konnte. Auch in seine alte Wohnung, kaum mehr als zwei feuchte Zimmer, mit Toilette auf der Halbtreppe, war gleich wieder jemand eingezogen.

Rust sah auf die Uhr. Er hatte noch Zeit, wollte die Gelegenheit nutzen, um sich ein wenig auszuruhen, sich von dem Schreck zu erholen und etwas zu tun, was er sonst kaum tat. Aus dem Wohnzimmerschrank holte er eine Schallplatte, legte sie vorsichtig auf das Abspielgerät, setzte ebenso behutsam die Tonnadel auf. Heike mochte die Musik von Manfred Krug nicht besonders, jetzt war also eine gute Gelegenheit. Rust legte sich auf die Couch, sah noch einmal auf die Uhr. Vier Stunden hatte er noch, ehe im Krankenhaus die Nachtschicht begann.

4

Er hatte noch den seltsamen Geschmack des Kaffees auf der Zunge, als er den Motor seines Trabants startete. Der Wagen reagierte nicht. Rust erinnerte sich, dass er den Choke ziehen musste. Er war noch nicht an das Fahrzeug gewöhnt. Beim zweiten Versuch sprang der Motor an, und nun hallte sein munteres Kläffen an den Hauswänden wider. Rust hatte sich eine Zigarette zwischen die Lippen geklemmt, zündete sie an und kurbelte das Fenster ein Stück runter, ehe er anfuhr. Der Kaffee war wirklich seltsam in letzter Zeit. Ihm war schon länger aufgefallen, dass die Leute aus einem nicht erklärbaren Grund den Aufstieg und Niedergang der DDR an der Qualität des Kaffees festmachten. Kaum jemand, der nicht vom Geschmack des Kaffees auf die Zustände in der Republik schloss.

Rust schob den Ganghebel hinter dem Lenkrad nach oben und fuhr los. Immerhin hatte es in den letzten Jahren einige Veränderungen gegeben. Die Versorgungslage hatte sich eindeutig verbessert und die Hysterie der ersten Jahre, nach dem Bau des antifaschistischen Schutzwalls, hatte sich gelegt.

Er bog von der Försterlingstraße stadteinwärts auf die Pirnaer Landstraße ab. Die Räder des Wagens ratterten über das Kopfsteinpflaster. Übervorsichtig wich Rust einem Schlagloch aus. Viel war nicht mehr los um diese Zeit. Wie fliegende Untertassen huschten die orangegelben Laternenlichter über ihn hinweg.

Er parkte außerhalb des Krankenhausgeländes, in der Nähe der Straßenbahnhaltestelle der Linie 6, und stieg aus. Auf der Straße zündete er sich noch eine Zigarette an und ging über das Gelände auf die Frauenklinik zu. Es war noch viel zu früh, aber er konnte nur ahnen, wann die Nachtschicht eintreffen würde.

In der Kälte und der Dunkelheit fühlten sich die Minuten wie eine Ewigkeit an. Was ging es ihn eigentlich an, fragte er sich. Solche Dinge passierten nun mal. Vermutlich öfter als man glaubte. Schrecklich für die Betroffenen. Er konnte froh sein, wenn bei ihnen alles gut ging. Sollte er Steffen Weber nach dem Kinderwagen fragen? Ob sie ihn vielleicht ausleihen könnten oder gar kaufen? Rust schämte sich für den Gedanken. Wie konnte er so pietätlos sein? Aber andererseits würden die Webers den Kinderwagen in den nächsten Monaten nicht brauchen oder vielleicht sowieso verkaufen wollen, falls ihnen die Lust am Kinderkriegen vergangen war.

Rust schnippte die Zigarettenkippe weg und mit ihr seinen kleinen, üblen Gedanken. Schritte näherten sich. Eine junge Frau steuerte genau auf die Klinik zu. Rust ging ein Stück parallel und bog dann rechts ab, damit sich ihre Wege wie zufällig kreuzten.

Die Schwester schrak auf, als er vor dem Haus neben ihr ins Licht trat.

»Sie schon wieder!«, sagte sie und verlangsamte ihren Schritt. »Haben Sie denn Ihre Frau noch immer nicht sehen dürfen?« Nun blieb sie stehen.

»Doch, schon …« Rust nestelte die Zigaretten aus seiner Jackentasche. Seine Finger waren klamm. »Mögen Sie?« An diese Schwester konnte er sich gar nicht erinnern.

Die junge Frau schaute rasch auf ihre Uhr, dann nickte sie und nahm sich eine Zigarette. Rust, der nicht daran gedacht hatte, sein Feuerzeug aufzufüllen, strich ein Zündholz an, schützte die kleine Flamme mit der Hand. Die Schwester beugte sich vor und nahm einen tiefen Zug. Rust entzündete mit derselben Flamme seine Kippe.

Ein paar Sekunden standen sie schweigend da und rauchten.

»Darf ich Sie etwas fragen?«, begann er schließlich.

»Umsonst stehen Sie ja wohl nicht hier.« Die junge Schwester verzog den Mund zu einem kleinen Lächeln.

»Ich will nicht neugierig erscheinen, aber können Sie mir erzählen, was gestern Abend geschehen ist?«

Sofort verlor sich das Lächeln im Gesicht der jungen Frau. »Hier, im Krankenhaus?«

»Ja, also, ein … Freund von mir, besser gesagt dessen Verlobte hat gestern bei der Geburt ihr Kind verloren.«

»Das ist schlimm. Aber so etwas kommt vor.« Die Schwester verzog den Mund.

»Aber ist es normal, dass man das Kind nicht sehen darf?«

Jetzt erst vernahm er die Schritte hinter sich. Er sah sich um.

»Hören Sie mal!« Die Oberschwester vom Vortag stand hinter ihm und blickte ihn streng an. »Was sind Sie denn für einer? Sie haben gar keine Veranlassung, hier zu sein und komische Fragen zu stellen.«

Im ersten Moment wollte es Rust auf eine Konfrontation ankommen lassen, denn es war weder verboten, sich hier draußen aufzuhalten noch mit jemandem zu sprechen. Doch dann dachte er an Heike, die oben auf Station lag. Er wollte es nicht riskieren, dass die Oberschwester ihren Unmut an ihr ausließ.

Die Oberschwester gab ihm eine Sekunde zu antworten, doch Rust schwieg und trat einen Schritt zurück. Mit einem leisen Schnauben setzte sich die Frau wieder in Bewegung.

Die junge Krankenschwester hatte sich inzwischen in Richtung des Hauseingangs entfernt und ihre Zigarette in einem Ascher ausgedrückt. Sie hielt ihrer Kollegin die Tür auf, was diese mit einem Nicken quittierte. Dann gab sie Rust ein Handzeichen, hob Zeige- und Mittelfinger an. Rust konnte das nur so deuten, dass sie bei nächster Gelegenheit noch einmal herauskommen würde, entweder in zwei Stunden oder um zwei Uhr in der Nacht. Er nickte ihr zu, doch das sah sie schon nicht mehr.

Die Zeit zog sich endlos hin, und er musste gegen das ständige Verlangen zu rauchen ankämpfen. Zwar gab es in der Nähe eine Kneipe, dort wäre es warm gewesen und vielleicht hätte er sogar noch eine Kleinigkeit zu essen bekommen. Doch dann verpasste er vielleicht die Krankenschwester. So lief er mehrere Runden auf dem Gelände, immer in Sichtweite der Klinik, teilte die Zeit in Zwanzig-Minuten-Abstände, in denen er sich eine Zigarette gönnte. Immerhin regnete es nicht und die Temperatur sank nicht unter null.

Endlich war die Zeit um und Rust bezog Posten. Da öffnete sich die Tür und eine Frau kam heraus. Ihrem Verhalten nach musste es die junge Schwester sein, denn sie sah sich um, ging ein paar Meter nach links, dann nach rechts. Rust verließ seine Deckung, und die Schwester kam auf ihn zu. Ungefragt bot Rust ihr eine Zigarette an. Sie nahm sie dankbar an.

»Wie heißt du denn? Ich meine mit Vornamen«, fragte sie Rust und blies den Rauch gen Himmel aus.

»Thomas.«

»Monika.« Sie reichte ihm die Hand. Rust war etwas überrascht von dieser förmlichen Geste.

»Die Olle macht sich hier immer zum Obermacker. Die lässt nichts auf ihre Klinik kommen. Bist du Polizist, oder so?«

Rust wusste, »oder so« hieß Stasi. »Ich bin bei der Kripo«, sagte er.

Schwester Monika hob den Kopf und zog die Mundwinkel herunter. »Muss ich jetzt Angst haben?«, fragte sie und zwinkerte verschwörerisch.

Aber Rust hatte keine Lust auf Spielchen. »Was ist denn passiert gestern Nacht?«

»Ich weiß es nicht ganz genau, aber es gab wohl unerwartet Schwierigkeiten bei einer Entbindung und das Kind kam tot zur Welt.«

»Wird überprüft, was da geschehen ist?«

»Ja, klar.«

»Und wenn sich herausstellt, dass es einen Behandlungsfehler gab, was geschieht dann?«

»Das kannst du dir ja sicher denken, dass die das nicht an die große Glocke hängen werden. Aber das ist eben so. Wenn ein Lokführer einen Fehler macht, sterben auch Menschen.« Die junge Frau sah sich um und warf einen prüfenden Blick auf die Fenster über ihnen. Einige standen einen Spalt offen. »Aber das heißt ja nicht, dass da gestern Fehler gemacht wurden. Es gibt so viele Dinge, die bei einer Geburt unvorhergesehen passieren können. Siehste ja, sogar einen wie Raspe erwischt es. Ich kann dir aber sagen, wer die Hebamme war. Dagmar Krüger heißt sie. Sie ist vorerst suspendiert, also vom Dienst freigestellt. Aber das weißt du nicht von mir! Ich muss jetzt auch wieder rein.«

»Warte noch kurz!« Rust winkte sie noch ein Stück heran. »Du meinst, Doktor Raspe war an der Entbindung beteiligt?«, fragte er leise. Das würde dessen verhaltene Reaktion erklären.

»Aber nicht nur das. Es war ja seine Tochter, die hier entbunden hat. Es war sein Enkelkind, das gestorben ist.«

Für einen Moment schnürte es Rust die Kehle zu.

»Wenn er aber dabei war, wieso ist die Hebamme dann suspendiert? Hat sie gepfuscht?«

»Nein, das will ich doch gar nicht sagen«, ruderte Schwester Monika zurück. »Ich meine nur, es passieren immer mal Fehler. Ist doch ganz logisch.«

»Aber wenn es sein Enkel war, müsste dann Doktor Raspe nicht erst recht ein Interesse daran haben, Ursachenforschung zu betreiben?«

Schwester Monika kam noch etwas näher zu Rust, bevor sie antwortete.

»Das wird ja auch gemacht. Aber es geht hier auch um seine eigene Abteilung, und er hat einen Ruf zu verlieren.« Sie hob vieldeutig die Augenbrauen. »Jetzt muss ich aber!«

Rust hielt sie ein weiteres Mal zurück. »Warte noch mal, ganz kurz. Ich habe hinter dem Haus einen Moskwitsch gesehen, Berliner Kennzeichen. War da jemand im Krankenhaus? Jemand, den du nicht kennst?«

Die Frau runzelte die Stirn. Dann schüttelte sie den Kopf. »Keine Ahnung, davon weiß ich nichts. Ich muss jetzt! Und wie gesagt, von mir weißt du nichts!« Sie winkte, eilte dann mit schnellen Schritten zum Hauseingang und verschwand.

Rust blieb zurück. Er fuhr sich mit der Hand durch die Haare. So leicht trat man ins Fettnäpfchen, dachte er bei sich. Erstaunlich, dass der Arzt so gefasst geblieben war. Er hatte ja sicherlich schon einiges gesehen, doch wenn es einen selbst betraf, war es schon noch etwas ganz anderes.

Das Telefonklingeln ließ ihn aus dem Schlaf hochschrecken. Für die Jahreszeit kam es ihm ungewöhnlich hell vor, doch ein Blick auf den Wecker brachte Klarheit: Es war kurz vor zehn am Morgen. Erschrocken fuhr er hoch. War etwas mit

Heike? Rust sprang aus dem Bett, taumelte von leichtem Schwindel übermannt in den Flur und nahm den Hörer ab.

»Rust«, meldete er sich.

»Seidel hier. Rust, hören Sie«, raunte sein Chef, »was auch immer Sie machen, es zieht schon weite Kreise.«

»Wie meinen Sie das?« Rust wischte sich die Müdigkeit aus den Augen.

»Gerade bekam ich einen Anruf von höherer Stelle. Sie würden in der Nacht in der Klinik dem Personal auflauern und ungebührliche Fragen stellen.«

»Wer hat sich beschwert?«

»Nicht von Belang. Wichtig ist für Sie, Ihr Name wurde erwähnt.«

»Genosse Hauptmann, möglicherweise ist da etwas vorgefallen. Schlamperei womöglich oder eine andere Art von Fehlverhalten.«

»Dann ist es aber nicht Ihr Bier, Rust, dafür gibt es andere Stellen. So etwas wird nachgeprüft. Soweit ich weiß, wird obduziert. Das geht Sie nichts an. Nutzen Sie den Urlaub, ruhen Sie sich aus. Wenn erst Ihr Kind da ist, werden Sie die Ruhe und den Schlaf vermissen. Verstanden, Rust?«

»Hm, hab ich.«

»Sie klingen nicht zufrieden. Aber vertrauen Sie mir. Es ist besser für alle Beteiligten. Schönen Tag noch. Bis nächste Woche!«

Rust legte auf. Seidel hatte ja recht. Er hatte keinerlei Kenntnisse von den Vorgängen in einem Krankenhaus und seine wenigen Informationen hatte er von einem Hausmeister und einer redseligen Krankenschwester. Da klingelte sein Telefon erneut.

Rust nahm ab. »Rust!«

»Ja, ich höre!«

Schnell nahm er seinen Notizblock und den Bleistift, um sich etwas zu notieren.

»Danke schön«, murmelte er. »Ja, ich weiß schon«, fügte er noch hinzu. »Ja, nein, ich sage niemandem etwas!« Dann legte er auf. Nachdenklich blieb er noch einige Augenblicke stehen, sah sich selbst im Spiegel, mit wirrem Haar und im viel zu weiten Schlafanzug. Dann knöpfte er das Oberteil auf, zog es sich aus und ging ins Bad.

Ohne etwas gegessen zu haben, nur mit einer Tasse Kaffee im Bauch, startete er eine Viertelstunde später seinen Trabant, zündete sich eine Kippe an und kurbelte das Fenster runter. Er sah noch einmal auf dem Zettel nach, den er sich aus dem Notizblock gerissen hatte.

Rust war zur Polizei gegangen, um seinen Dienst an der DDR zu leisten, einen Sozialismus zu schaffen, der ein angenehmes, sicheres Leben versprach, in dem Arbeit wertgeschätzt wurde und jeder gleichgestellt war. Es interessierte ihn, was das für ein Fahrzeug gewesen war, das nachts hinter der Klinik gestanden hatte. Dessen Nummer er sich notiert hatte. Und es interessierte ihn, was es mit dem Arzt auf sich hatte, dessen eigene Tochter in seiner Klinik ein Kind verloren hatte.

Er konnte jetzt entscheiden, sich entweder nicht in Dinge einzumischen, die vielleicht zu groß für ihn waren, von denen er nichts verstand, oder seiner Neugier und einem dumpfen Gefühl zu folgen, das ihm sagte, dass hier ein Unrecht geschehen war.

Es gab genügend Dinge in diesem Staat, die nicht funktionierten, genügend Zahlen, die gefälscht wurden, und Menschen, die ihre Posten missbrauchten, um sich zu bereichern. Das war nur menschlich, und es zeigte, dass der Weg in eine sozialistische Gesellschaft ein steiniger war und noch viel Mühe und Willen bedurfte. Man konnte nicht gegen alles ankommen. Aber diese Sache hier zehrte an seinem Gewissen.

Rust überlegte noch kurz, dann legte er den ersten Gang ein. Er hatte eine Entscheidung getroffen.

Die Böhmische Straße in der Dresdner Neustadt lag gar nicht weit von seiner alten Adresse. Sechs Monate war er nicht hier gewesen, seit seinem Umzug. Doch nun, da er den Anblick der schlichten hellen Plattenbauten gewöhnt war, erschien ihm das Viertel noch düsterer und baufälliger als zuvor. Wahrscheinlich wäre es das Beste, man risse es ganz ab und baute neue Häuser.

Das Kläffen seines Wagens war unnatürlich laut zwischen den engen Hauswänden. Bei einer Polsterei stellte er den Trabant ab und stieg aus. Laut seinem Zettel musste er am Ziel sein. Auf dem Gehweg türmte sich ein Berg aus Kohlebriketts. Aus der Polsterei tönte schnelles Hämmern, es roch nach Müll. Mit leisem Quietschen näherte sich ein älterer Mann mit einer Schubkarre aus der Hausdurchfahrt. Er hatte schwarze Flecken im Gesicht. Ohne Rust zu beachten, begann er die Briketts in die Schubkarre zu schaufeln. Er schnaufte angestrengt. Rust wusste, was diese Arbeit bedeutete, er hatte genug Kohlen geschleppt, seit seiner frühesten Kindheit.

»Ich möchte zu Weber«, sprach er den Mann an.

»Hinterhaus«, bekam er als knappe Antwort.

Rust durchquerte den offenen Hausflur und stand in dem ersten, von hohen schwarzgrauen Mauern umfassten Hinterhof. Linker Hand war ungefähr ein Dutzend blecherne Mülltonnen zu sehen, zwischen Wäschestangen hingen Bettlaken auf der Leine. Irgendwo klopfte jemand einen Teppich, es hallte rhythmisch und dumpf. Auch die Tür zum Hinterhaus stand offen. Ihn schauderte. Hier war alles düster, kalt und feucht. Kaum besser als die Mietskasernen, die früher das Stadtbild geprägt hatten, dachte er. Wohnraum für unzählige billige Arbeitskräfte, für die Kriegsindustrie der Großkapitalisten.

Rust studierte die Namen an den Briefkästen, wurde aber nicht fündig. Er durchquerte das Hinterhaus, um in einen nächsten Hof zu gelangen. Dort hockte ein junger Mann auf dem sandigen Boden und schraubte an seinem Moped herum, einer mitgenommen aussehenden braunroten Simson Star. Zuerst drehte er sich nur um, weil er sehen wollte, wer gekommen war. Dann erhob er sich. Er trug Schlaghosen und eine braune Lederjacke.

»Wer sind Sie denn?«

»Ich suche Steffen Weber. Er gab mir diese Adresse.«

Der junge Mann wischte sich seine schwarzen Finger an einem ebenso schwarzen Lappen ab. »Heute hat schon mal jemand nach ihm gefragt.«

Rust kommentierte das nicht. »Ich komme vom Kombinat. Ich bin delegiert, sozusagen. Seine Frau sollte entbinden.« Er wusste, das war ein Schuss ins Blaue. Er hatte keine Ahnung, wo Steffen Weber arbeitete. Doch offenbar genügte die Aussage dem Mann als Legitimation. Er entspannte sich etwas.

»Steffen wohnt da oben.« Er deutete auf das zweigeschossige Haus hinter sich, das irgendwie eingezwängt zwischen den anderen Häusern wirkte. Der Dachstuhl hing durch, und der Putz hatte sich großflächig von der Wand gelöst. Es war nur eine Frage der Zeit, dass das ganze Haus in sich zusammenfallen würde. Dagegen war selbst Rusts frühere Wohnung noch gut erhalten gewesen.

»Da wohnen sie? Ich meine …« Er hatte fragen wollen, ob das Kind dann auch da aufgewachsen wäre. Der junge Mann verstand die unvollendete Frage falsch. »Sind halt nicht verheiratet. Da kannst du ewig auf 'ne Wohnung warten.«

»Weiß schon«, kommentierte Rust. »Ist Steffen da?«

»Na, wenn er nicht im Kombinat ist …« Der junge Mann deutete auf die Eingangstür, warf den Lappen zu seinem Moped und holte eine Zigarettenschachtel aus seiner Jackentasche. Rust, der das als Aufforderung verstanden hatte, drückte die Klinke an der Tür herunter, doch sie war verschlossen. Er klingelte an dem oberen der zwei metallenen Klingelknöpfe. Im Haus schrillte eine Klingel. Weiter geschah nichts.

»Manchmal ist er Billard spielen in der Kneipe auf der Rothenburger«, meinte der junge Mann.

»Um diese Uhrzeit?«, fragte Rust. »Sie wohnen doch da, können Sie mir bitte aufschließen?«

Nun veränderte sich die Haltung des Mannes. »Sind Sie ein Polizist oder so was?«

Was hatte er an sich, dass die Leute ihm den Polizisten immer gleich ansahen, fragte sich Rust. War es die Kleidung oder sein Auftreten? »Ja, ich bin Polizist, aber ich bin in privater Sache hier. Wollen Sie mich bitte reinlassen.« Rust warf einen raschen Blick auf das Moped. Gut möglich, dass es gestohlen war oder wenigstens Teile davon.

Der Mann hob die Schultern, zog einen großen Bartschlüssel aus der Jackentasche und schloss die Tür auf.

»Danke.« Rust schob sich an dem Mann vorbei ins Haus.

In einer kleinen Nische vor der Treppe stand der Kinderwagen. Blau mit großen schmalen Reifen. Rust streifte ihn mit prüfendem Blick und ging dann die Treppe hinauf. Von innen machte das Haus einen noch schlechteren Eindruck. Auf halbem Absatz warf Rust einen Blick aus dem Fenster.

Ringsum nur Hausrückwände, Mauern, Verfall, Birken, die aus Dachrinnen wuchsen.

Oben stand er vor einer Tür. Er klopfte.

»Steffen? Herr Weber? Thomas Rust hier. Der Mann aus dem Krankenhaus«, rief er halblaut und lauschte. Es blieb ruhig. »Ich weiß, dass Sie da sind. Ich würde gern mal kurz mit Ihnen sprechen.«

»Moment«, rief Weber und öffnete die Tür.

»Wie geht's?«, fragte Rust. Weber sah übernächtigt aus. Als hätte er getrunken. Es roch nach Zigarettenrauch aus der Wohnung. »Müssten Sie nicht auf Arbeit sein?«

»Schon«, murmelte Weber. Er machte keine Anstalten, Rust hineinzulassen.

»Wie geht es denn?«, wiederholte Rust.

»Wie schon.« Mehr sagte er nicht.

»Kann ich nicht kurz reinkommen?«

Weber verzog das Gesicht, als hätte er Zahnweh. Dann nickte er und gab den Weg frei. Rust streifte die Schuhe ab, stand nun in Socken im Flur und sah Weber abwartend an. Der war irgendwie verlegen und hielt noch immer die Tür auf.

»Wollen wir hier im Flur sprechen?«, fragte Rust. Ein Brett mit Haken an der Wand diente als Garderobe. Durch ein kleines Fenster fiel Licht und reflektierte in einem großen, gerahmten Spiegel. Ein Foto war in die Ecke geklemmt und zeigte Weber mit einer jungen, hübschen Frau, etwas kleiner als er, mit lockigem hellem Haar. Sie lachte fröhlich überrascht in die Kamera, konnte zu diesem Zeitpunkt noch nicht ahnen, welches Unheil auf sie zukommen würde.

»Ist sie das? Ihre Frau?« Rust deutete auf das Bild.

Weber schloss die Tür und nickte. »Meine Verlobte, ja.«

»Gab es denn Probleme während der Schwangerschaft? Hatte Ihre Frau Beschwerden?«

Weber schüttelte den Kopf. »Nein, nichts.«

»Ich habe gestern erfahren, dass Doktor Raspe der Vater Ihrer Frau ist. Sind Sie deshalb in diese Klinik gefahren? Wollten Sie das?«

»Wir wollten das beide nicht, er hat aber darauf bestanden.« Steffen Weber sah ihn nun beinahe emotionslos an.

»Kommt Ihre Frau bald aus dem Krankenhaus?«

»Morgen … Nein, übermorgen.«

»Wie geht es dann weiter für Sie?«

»Wie denn schon?«, murrte Weber ungehalten. »Wir werden auf Arbeit gehen und das Leben geht weiter.«

Dann klapperte etwas leise hinter einer der geschlossenen Türen. Weber sah auf, und erst diese Bewegung ließ Rust aufmerksam werden.

»Haben Sie Besuch?«

»Ja … Also … das ist Barbara, Ricardas Freundin.« Weber zögerte noch einen Moment. Dann öffnete er die nächstliegende Tür, die in eine kleine Küche führte. Neben der Anrichte und einem Holzofen stand ein Esstisch unter der Dachschräge. An der anderen Wand war eine Badewanne, abgedeckt mit einem Brett, dazu ein Badeofen, den man anheizen musste. Auf dem Tisch stand ein Aschenbecher voller Zigarettenkippen. Verschiedene Gläser und eine fast leere Flasche Goldbrand standen herum. Das Küchenfenster war offen. Eine junge Frau erhob sich von ihrem Stuhl. Entschuldigend sah sie Weber an. Sie war blond, und am Haaransatz erkannte Rust, dass es gefärbt war. Ihr Rock reichte nur bis knapp übers Knie, darunter trug sie Nylonstrumpfhosen. Ihr Gesicht war gerötet vom Alkohol, die Kälte durch das offene Fenster schien sie nicht zu spüren. Einige Knöpfe ihrer Bluse standen offen. Vermutlich hatte sie Rusts Blick wahrgenommen, verlegen knöpfte sie die Bluse zu.

»Barbara«, stellte sie sich dann vor und reichte Rust die Hand. Ihm war, als habe er sie schon einmal gesehen.

»Sie kam mich besuchen, als sie von der Angelegenheit erfuhr«, erklärte Weber ungefragt.

»Ich bin Ricardas Freundin. Wir kennen uns schon ewig. Seit dem Kindergarten. Ich wohne nicht weit von hier. Und Sie?«

»Bis vor Kurzem habe ich auch in der Gegend gewohnt. Vorn, Alaunstraße.« Bestimmt war sie ihm deshalb schon mal begegnet. »Ich habe ein paar Fragen an Herrn Weber. Ich bin Polizist, aber nur in privater Sache hier.« Rust sah sich nach Weber um.

Weber machte keinerlei Anstalten, seine Bekannte aus der Wohnung zu komplimentieren.

»Ich möchte nur wissen, ob es Schwierigkeiten gab, ob Ihre Frau etwas erzählt hat. Hat sie vielleicht falsche Medikamente bekommen? Angeblich ist die Hebamme suspendiert, die das Kind entbunden hat. Ich möchte nur in Erfahrung bringen, ob vielleicht Fehler gemacht wurden, die man jetzt unter den Teppich zu kehren versucht.«

»Aber es macht das Kind nicht wieder lebendig«, sagte Weber leise.

»Ist es Ihnen denn egal?«, fragte Rust.

»Natürlich nicht. Aber gestern, da war ich wie unter Schock und weiß auch gar nicht, was ich zu Ihnen gesagt habe. Ich habe ja gar nicht verlangt, dass die Polizei nachforscht.«

»Ich mache das auch eher inoffiziell.«

Nun wurde Weber wieder aggressiver. »Aber das Kind ist und bleibt tot, egal, was Sie jetzt rausfinden. Was habe ich denn davon, wenn sie jetzt die Hebamme einsperren?«

Rust hatte keine Antwort darauf. Es wurde so viel vertuscht, das wusste er selbst. Ging es nach den Meldungen der Zeitungen und der Aktuellen Kamera im Fernsehen, müssten die Kaufhallenregale voll sein, doch die Wahrheit sah anders aus. Allein die Selbstmorde, die nicht offiziell gemeldet wurden, sprachen für sich.

»Und Ricarda hat nichts erzählt?«

»Nein, und sie wird Ihnen nichts erzählen, weil ich das nicht erlaube. Sie ist völlig am Ende!«

Rust sah Weber noch einen Moment an. Er war es nicht gewohnt, so abgewiesen zu werden. Doch es half ja niemandem, mit dem Finger immer wieder in der Wunde zu bohren. Auch dass Weber seine Verlobte schützen wollte, schien logisch und vernünftig. Der einzige Umstand, der Rust seltsam erschien, war die junge Frau, die sich allem Anschein nach schon Stunden hier aufgehalten hatte, wenn nicht sogar über Nacht. Aber was ging es ihn eigentlich an? Er kannte Weber erst seit einem Tag.

»Also gut«, sagte Rust und begann, sich die Schuhe wieder anzuziehen. Weber beobachtete ihn regungslos und stumm dabei.

»Ich wünsche Ihnen alles Gute.« Rust hob die Hand zum Abschied. Dann verließ er die Wohnung.

Der junge Mann im Hof war verschwunden, ebenso die Simson Star mit ihrer seltenen Farbvariation. Rust durchquerte den Hausflur des Hinterhauses. Im nächsten Hof war der Mann immer noch dabei, die Kohlen in ein Fensterloch zu schippen. Dass dicht daneben Wäsche hing, kümmerte ihn nicht. Er schaute kurz zu Rust auf, ließ dessen Nicken aber unkommentiert.

Rust passierte auch die Durchfahrt zur Straße und war schon bei seinem Trabant angekommen, als er schnelle Schritte vernahm. Abwartend sah er sich um. Es war die junge

Frau aus Webers Wohnung, Barbara, die auf ihren hohen Absätzen fast angerannt kam. Im Laufen streifte sie sich ihre glänzende blaue Jacke über und warf sich einen Schal um den Hals.

»Warten Sie mal!«, rief sie mit gezwungener Fröhlichkeit, obwohl Rust keine Anstalten machte, in den Wagen zu steigen.

»Puh!«, meinte sie kokett, als sie bei ihm angelangt war, und hängte sich eine kleine Handtasche über die Schulter.

»Also, dass kein falscher Eindruck entsteht, ich habe den Steffen nur besucht. Er war sehr niedergeschlagen, deshalb haben wir einen gehoben. Bin auch ganz beschwipst.«

Ihr künstliches Kichern sollte wohl die peinliche Situation überspielen, passte aber nicht zum traurigen Anlass ihres Besuches.

»Immerhin hat er sich die Mühe gemacht, Ihre Schuhe und die Jacke vor mir zu verstecken. Und vermutlich sollten Sie sich in der Küche still verhalten«, sagte Rust.

»Er wollte eben nicht, dass Sie schlecht von ihm denken.«

Rust wusste nicht, was er von der Frau halten sollte, von ihrer anzüglichen Kleidung, von der Tatsache, dass sie am frühen Morgen schon trank. Er hatte Gelegenheit genug gehabt, Frauen wie sie kennenzulernen. Stets auf ihren Vorteil bedacht, ging ihnen sozialistischer Gemeinschaftsgeist völlig ab. Dass sie ihm so aufdringlich nahekam, gefiel ihm nicht. Er roch den Schnaps und das süßliche Parfüm.

»Diese Heimlichtuerei hat es nicht besser gemacht.«

»Das habe ich ihm auch gesagt«, sagte Barbara und lächelte jetzt verlegen.

»Und Ricarda ist Ihre Freundin?«

Barbara nickte beflissen. »Sie hat sich ja so auf das Kind

gefreut, auch wenn ihr Vater ganz dagegen war, dass sie es bekam.«

»Doktor Raspe?«

»Ja, ein toller Mann. Also, eigentlich. Früher war ich mal ganz verschossen in den. Aber als Ricarda schwanger wurde, da hat er sich schrecklich aufgeregt. Sie sollte es wegmachen lassen. Ricarda war fix und fertig deshalb. Für mich war das aber klar, dass ihr Vater eine Abtreibung wollte. Sie ist ja noch so jung. Und der hat den Steffen noch nie gemocht. Von Anfang an nicht.«

»Aber warum? Steffen macht doch einen ganz patenten Eindruck.«

»Das liegt doch auf der Hand. Ricardas Vater wollte, dass sie Medizin studiert, und dann schleppt sie diesen Monteur an. Steffens Eltern sind beide Invalide. Das passte dem Raspe nicht in den Plan. Ricarda hat auch immer gespurt, schon in der Schule. Immer nur Einsen, Klassenratsvorsitzende, im Schulchor, überall ganz vorne dabei. Dann lernt sie Steffen kennen und verliebt sich bis über beide Ohren. Ich glaube nicht, dass das Kind geplant war, aber gefreut hat sie sich wie Bolle.«

»Hat Steffen sie schlecht beeinflusst?«

»Ach was, der ist ganz artig. Ricarda hat einfach ein bisschen die Freiheit genossen.«

»Und Doktor Raspe wollte, dass sie das Kind abtreiben lässt?« Das war illegal, bestenfalls geduldet, man konnte unter besonderen Umständen eine Abtreibung vornehmen lassen, wusste Rust.

»Klar, aber sie hat es ihm erst so spät gesagt, dass man nichts mehr machen konnte. Da hat man es ja schon gesehen.« Barbara verzog das Gesicht. »Na ja, jedenfalls ist sie dann zu Steffen gezogen, ist einfach abgehauen von daheim.

Sie hat nichts bekommen von ihren Eltern, die Mutter spricht nicht mehr mit ihr. Und ihr Vater meinte, sie brauche gar nicht wieder heimkommen. Und weil sie nicht an ihre Unterlagen kommt, kann sie nicht heiraten. Und weil sie nicht verheiratet sind, bekommen sie auch keine Wohnung.«

Rust war verwundert. Dass die Fronten so verhärtet waren, hatte er nicht gewusst. »Immerhin bestand er wohl darauf, dass sie in seiner Klinik entbindet.«

Barbara sah ihn erstaunt an. »Er hat darauf bestanden? Dem war es doch ganz egal.« Die junge Frau schwieg und starrte nachdenklich vor sich hin.

»Ganz schön angeschmiert ist Ricarda jetzt. Mit den Eltern verkracht, kein Geld und kein Kind.« Plötzlich standen ihr Tränen in den Augen. »Sagen Sie ihr bitte nicht, dass ich Steffen besucht habe«, bat sie unvermittelt und ging dann davon, ohne eine Antwort abzuwarten.

Rust sah ihr nach, bis sie um die nächste Ecke verschwunden war. Der schweigsame Mann mit der Schubkarre kam wieder aus dem Hauseingang.

»Sagen Sie bitte«, sprach er den Mann an, »war heute schon mal jemand da, den Sie hier noch nie gesehen haben?«

»Kann schon sein«, knurrte der Mann im Vorbeigehen.

»Könnten Sie ihn beschreiben?«

»Teurer Mantel. Groß. Grau an den Schläfen. Genügt das?« Der Mann stellte die Karre ab und begann, die letzten Reste des Brikettberges einzuschaufeln. Rust nickte und beeilte sich, dem hässlichen Kratzgeräusch zu entkommen, das die Schaufel auf dem Gehsteig verursachte. Er setzte sich wieder in seinen Trabant und schloss die Tür.

Das konnte Raspe gewesen sein, überlegte Rust. Was konnte das bedeuten? Alles und nichts. Vielleicht hat er Weber einfach nur über die Einzelheiten unterrichtet.

Was sollte er jetzt tun? Vielleicht wäre es das Beste, er entspannte sich, wie es sein Chef gesagt hatte. Er könnte Heike besuchen, müsste ihr dann allerdings den missglückten Kinderwagenkauf beichten. Er hoffte, sie würde ihm nicht böse sein, vielleicht nur so tun als ob.

5

Rüdersdorf bei Berlin, August 1989

Es war noch früh am Sonntag. Die Sonne schien, es versprach ein heißer Sommertag zu werden. Auf der Straße war es ruhig. Auf den großen Grundstücken ringsum waren die Eigenheime zwar alle von der gleichen Bauart, lagen aber großzügig verteilt und hatten gepflegte große Gärten mit Äpfel- und Birnbäumen. Die Rasen waren ordentlich, die Beete sauber mit Steinen und Dachziegeln eingefasst. Auf lackierten Autofelgen waren Gartenschläuche aufgewickelt. Sogar gemauerte Swimmingpools gab es hier. In den Garagen standen Ladas oder Moskwitschs. Hinter den Häusern ragten Kiefern auf. Dahinter lag ein See. Kleine Motorboote schaukelten im seichten Wellengang, festgemacht an schmalen Stegen. Es war eine herrliche Gegend, idyllisch und ruhig, abgelegen und doch nahe genug an Berlin. Wer hier wohnte, konnte es sich eindeutig leisten und nicht nur das: Wer hier wohnte, verfügte über Beziehungen jeglicher Art.

Dass jedoch an einem frühen Sonntagmorgen ein hellgrauer Wartburg um die Ecke bog, im Schritttempo die Straße weiter hinabfuhr, um dann vor einem Haus stehenzubleiben, war ungewöhnlich. Der Fahrer studierte noch einmal die Hausnummern, hielt offensichtlich Zwiesprache mit seinem Beifahrer, der nickte. Dann lenkte der Fahrer den Wagen auf die andere Straßenseite und parkte am Bordstein, entgegen der Fahrtrichtung. Nun stiegen sie aus. Der blonde Fahrer wartete auf den anderen Mann mit den brünetten Haaren, gemeinsam traten sie ans Tor. Der Blonde presste seinen Zeigefinger auf die Klingel am Gartentor. Vom Haus her ertönte ein kurzes schrilles Klingeln.

Unterdessen öffnete sich die Hecktür des Wartburgs und ein weiterer Mann stieg aus. Er zog dabei grob eine junge Frau mit sich und zwang sie aus dem Wagen, indem er sie fest am Oberarm fasste. Teilnahmslos ließ diese das mit sich geschehen, rutschte umständlich über die Sitzbank aus dem Auto. Der Mann ließ sie dabei nicht einen Augenblick los, als fürchtete er, sie könnte fliehen. Nun drängte er sie zum Tor, und je näher sie kamen, desto größer schien ihr Widerstand.

Die Frau, eher noch ein Mädchen, trug das dunkle Haar kurz. Jetzt stand es wirr nach allen Seiten ab. Sie fröstelte in ihrer hellblauen Latzhose aus Jeansstoff und ihrem ärmellosen Nicki, an den Füßen trug sie nur Sandalen. Es war nicht kalt. Sie hatte nur kaum geschlafen in den letzten drei Tagen. Nun stand sie zwischen den drei Männern und der eine hielt sie noch immer fest, dabei schien sie keinen Gedanken an eine Flucht zu verschwenden. Sie war bleich im Gesicht, die Augen blickten starr durch alles hindurch.

Die drei Männer waren alle etwa um die dreißig. Sie trugen Stoffhosen mit Bügelfalte, Hemden in verschiedenen Farben, darüber dünne Stoffjacken. Ihre Frisuren waren gepflegt. Jeder von ihnen wusste, was zu tun war.

Inzwischen drückte der Blonde ein zweites Mal auf die Klingel und ließ sie lange nicht wieder los. Vom Haus tönte wieder das schrille Klingeln. Endlich öffnete sich die Tür von dem kleinen Vorhaus. Eine Frau mittleren Alters erschien, die dauergewellte Frisur vom Schlaf zerdrückt, und verschloss den Bademantel mit den Händen vor dem Körper, während die Enden des Stoffgürtels rechts und links herunterbaumelten. Man sah ihr an, dass sie wütend war, geweckt worden zu sein. Ihr Gesichtsausdruck sprach Bände. Doch schlagartig änderte sich ihre Miene.

»Claudia?«, fragte sie erstaunt und besorgt zugleich.

»Sie sind Frau Behling?«, fragte nun einer der Männer.

In dem Moment drängte sich ein großer, beleibter Mann an der Frau vorbei aus dem Haus. Er trug nur eine kurze blaue Sporthose und ein weißes geripptes Unterhemd, das über seinem Bauch spannte und einen Streifen Haut freigab. Trotz des fast lächerlichen Aufzugs, strahlte er eine Selbstsicherheit aus, wie sie nur Menschen besaßen, die es gewohnt waren, Befehle zu erteilen.

»Was ist denn los?«, donnerte er.

Nun erschien auch ein Junge von etwa zwölf Jahren in der Haustür und lugte zwischen seinen Eltern hindurch.

»Genosse Behling?«, fragte der Blonde, machte sich aber nicht die Mühe, sich vorzustellen.

Behling antwortete nicht, sondern lief in seinen kunstledernen Pantoffeln direkt zum Gartentor und schloss es auf.

»Ist etwas geschehen?«, fragte er jetzt besorgt und musterte das junge Mädchen.

»Ist das Ihre Tochter, Claudia Behling?«, fragte der Blonde, die anderen beiden Männer schwiegen.

Behling nickte. Er saß im Rat des Bezirkes, war außerdem Bezirksparteisekretär und in einer weiteren Funktion dem Ministerium für Staatssicherheit unterstellt. Er war es gewohnt, Anweisungen zu erteilen. Aber diese drei Männer hier gaben sich nicht wie Befehlsempfänger. Eher schien es, als hätten sich nun die Rollen vertauscht. Behling schwante nichts Gutes.

Der blonde Mann packte das Mädchen grob am Oberarm,

schob sie nach vorn. Widerwillig tat sie zwei, drei Schritte, sah ihrem Vater nicht in die Augen. Der dritte Mann hatte unterdessen aus dem Kofferraum des Autos einen großen vollgestopften Rucksack herausgezogen. Er trug ihn zum Tor und lehnte ihn dort an. Inzwischen war auch Claudias Mutter zum Tor gekommen, war jedoch einen Schritt hinter ihrem Mann geblieben.

Der Blonde schob das Mädchen noch weiter nach vorn, über die steinerne Schwelle des Gartentors auf das Grundstück. Dort ließ er sie los. Fast ein symbolischer Akt.

»Ihre Tochter Claudia wurde mit einer Gruppe Jugendlicher beim Versuch, ins nicht sozialistische Ausland zu fliehen, von den ungarischen Behörden festgenommen und unseren Grenztruppen übergeben. Über Ungarn hatte sie versucht, die Grenzanlagen nach Österreich zu überwinden«, erklärte der Blonde kühl.

Claudia starrte weiter zu Boden, deshalb sah sie nicht, wie sich das Gesicht ihres Vaters veränderte, er die Lippen zusammenkniff, die Kaumuskeln hervortraten und sich die Augen zu Schlitzen verengten.

Der Junge, der noch immer reglos in der Tür stand, riss die Augen auf. Trotz seiner jungen Jahre schien er zu wissen, dass gerade etwas Ungeheuerliches geschehen war, etwas, das ihrer aller Leben verändern würde.

Claudia Behling, sechzehn Jahre alt, war eine überdurchschnittlich gute Schülerin. Sie war eine begeisterte Jungpionierin gewesen, eine ausgezeichnete Thälmannpionierin und eifrige FDJlerin. Die Stellung ihres Vaters hatte keineswegs zur Ausgrenzung in der Schule geführt, da an ihrer Schule die meisten Schüler Kinder von Parteifunktionären waren. Aufgrund ihrer hervorragenden Leistungen war ihr der Platz im Ferienlager in der Sächsischen Schweiz zugeteilt worden, im Kirnitzschtal. Dort hatte sie sich einer Gruppe Jugendlicher angeschlossen, die sie in der fünften Nacht in ihren Plan eingeweiht hatten, über die Tschechoslowakei nach Ungarn zu fahren und von dort aus nach Österreich zu fliehen. Maik, ein großer blonder Junge aus Rostock, in den sie sich ein bisschen verliebt hatte, hatte die Flucht von langer Hand geplant, kannte sogar einen Tschechen, der sie bis nach Ungarn bringen sollte.

Claudia hatte bis dahin noch keinen einzigen Gedanken an eine Flucht aus der DDR verschwendet. Es war ihr buchstäblich gar nicht in den Sinn gekommen, obwohl sie schon viele Szenarien durchgegangen war, wie sie ihrer Familie entfliehen konnte. Über ein Studium in einer anderen Stadt hatte sie nachgedacht, über einen Beruf; der sie möglichst weit von daheim wegführte, weg vom strengen Regiment ihrer Mutter, von den Vorstellungen ihres Vaters, all den Zwängen und Pflichten, die ihr auferlegt waren. Sie wäre sogar Landwirtin geworden oder Textilfacharbeiterin, wenn sie nur von zu Hause wegkommen würde. Auf das Schwimmbecken im Garten, das Motorboot und die wöchentlichen Besuche im Intershop hätte sie dafür ohne zu zögern verzichtet.

Claudia Behling führte kein glückliches, sorgenfreies Leben, wie viele glaubten, die sie als aufgeschlossene, hilfsbereite Schülerin kannten. Sie war nicht zur Klassenbesten geworden, weil sie besonders schlau und talentiert war oder ihr das Lernen leichtfiel. Sie musste so sein, musste ihre Zeit und Energie darauf verwenden, zu pauken und keinen Fehler zu machen. Es war die einzige Möglichkeit, dem ständigen Terror ihrer Mutter zu entkommen. Einsen und Belobigungen nach Hause zu bringen, machten das Familienleben leichter, garantierten ein zufriedenes Nicken der Mutter, brachten die Erlaubnis, sich gelegentlich mit Freunden zu treffen. Jegliches Abweichen von diesem Weg, eine Zwei unter einer Arbeit, eine fehlerhafte Hausarbeit wurden mit Stubenarrest und stundenlangem Üben bestraft. Bei ihrem Bruder dagegen wurden selbst Dreien oder gar Vieren noch geduldet und hatten keinerlei Strafen zur Folge. Auch Claudias politischen Aktivitäten, die Organisation von Schulveranstaltungen, ihre Funktionen als Klassenratsvorsitzende, als Wandzeitungsagitatorin, als FDJ-Vorsitzende ihrer Schule erfüllten nur den Zweck, den Ansprüchen ihrer Eltern gerecht zu werden, dem Namen des Vaters, der Familie alle Ehre zu machen.

Die Begegnung mit Maik hatte Claudia völlig neue Perspektiven eröffnet. Und es war ihr leichtgefallen, dem Fluchtplan zuzustimmen. Da hatte sich plötzlich eine Gelegenheit aufgetan, die ein ganz neues Leben versprach, nicht nur weit weg von daheim, sondern sogar fernab des alles kontrollierenden und reglementierenden Staates. Über die Konsequenzen ihres Handelns war sie sich von Anfang an bewusst gewesen. Sie wusste, was es für ihren Vater bedeuten musste, wenn ausgerechnet eines seiner Kinder ein Republikflüchtling war, einer von jenen, die das Land verrieten, sich dem Klassenfeind ergaben, den Kriegstreibern und Ausbeutern. Es hätte ihr leidgetan um ihn. Auch um ihren Bruder und natürlich um ihre Mutter, die sie in vielen Momenten abgrundtief hasste. Aber immerhin war sie ihre Mutter.

Trotzdem war Claudia mit Maik und drei anderen in der Nacht aufgebrochen, war ihnen in einem Gewaltmarsch auf gefährlichen Pfaden, durch schmale Schluchten und an Felswänden entlang über die grüne Grenze nach der Tschechoslowakei gefolgt, war in den Lada eines Fremden gestiegen und hatte Stunden in bedrückender Enge auf der Rückbank ausgehalten. Da war immer die Gefahr, von der tschechoslowakischen Polizei angehalten zu werden, bis sie Ungarn und einige Stunden später das Grenzgebiet nach Österreich erreicht hatten, von dem Maik wusste, dass von dort schon vielen die Flucht gelungen war. Dort hatten sie sich eine Nacht in einem Wald versteckt, schon halb verrückt vor Durst, waren in der nächsten Nacht nach Kompass und Karte losgelaufen. Sie war sehr aufgeregt gewesen, jedoch nicht ängstlich. Sie war aufgeregt gewesen wegen des unbekannten neuen Lebens, das in greifbare Nähe gerückt war. Wegen der Freiheiten und Möglichkeiten, die es versprach. Lernen wollte sie, studieren, sie würde zurechtkommen, ohne fremde Hilfe. Sie hatte nichts weiter dabei als den Rucksack, in dem sich einige wenige Habseligkeiten befanden. Aber mehr brauchte sie nicht. Sie träumte vom Reisen, von Ländern, von denen sie bisher nur gehört hatte. Musik wollte sie hören, die zu Hause gar nicht existierte, nicht erlaubt war. Und reden wollte sie, mit wem auch immer, über jedes Thema, und sie wollte alles sagen und denken dürfen, was ihr in den Sinn kam, ohne Angst zu haben, dass es das Falsche sein könnte.

Im ungarischen Grenzgebiet nach Österreich sollten die Kontrollen der Grenzsoldaten besonders lasch sein, hatte Maik gesagt. Schweigend waren sie durch den Wald gelaufen, ohne zu wissen, wann sie den rettenden österreichischen Boden erreicht haben würden. Und dann war es doch passiert. Ein Trupp ungarischer Soldaten hatte sich ihnen entgegengestellt, mit Kalaschnikows im Anschlag, deren Mündungen auf sie gerichtet waren, und Schäferhunden, die knurrend an ihren Leinen zerrten.

Sie hatten nichts tun können, nichts sagen oder erklären können, auch Flehen hatte keinen Sinn gehabt. Die Soldaten, kaum älter als sie, taten ihre Pflicht. Vielleicht hätten sie sie sowieso nicht verstanden. Stumm und fassungslos waren sie vor den Maschinenpistolen hergelaufen und dann auf einen Laster verladen worden. Auf der ungarischen Polizeistation trennte man sie und steckte sie in einzelne Zellen. Kein Wort hatten sie mehr wechseln dürfen. Von Maik wusste sie nicht viel mehr als seinen Namen und woher er kam.

Einen Tag später, in einem Bus voller fremder Menschen, von denen die meisten bleich und stumm waren und einige hemmungslos weinten, hatte man sie, bewacht von bewaffneten Soldaten, bis zur Grenze der DDR gebracht und dort NVA-Soldaten übergeben. Claudia hatte zu denen gehört, die nach Dresden gebracht worden waren. Dort, im Stasigefängnis in der Bautzener Straße, hatte man sie verhört. Das war etwas, woran Claudia nicht mehr denken wollte. Dort hatte sie die schlimmsten Ängste ihres Lebens ausgestanden. In den langen Stunden, die sie in dem kleinen kargen Raum saß, war die Angst vor dem, was geschehen könnte, Folter genug gewesen. Schließlich hatte sie alles verraten, was sie wusste, hatte jeden Namen genannt, den sie kannte. Claudia wusste, dass sie etwas Verbotenes getan hatte. Sie wusste, dass sie in den Augen der Grenzsoldaten, der Stasimänner und in den Augen ihrer Eltern eine Verräterin war, eine Verräterin am Sozialismus, an ihrer Familie und an allen, die geglaubt hatten, sie sei eine vorbildliche sozialistische Bürgerin. Wäre die Flucht geglückt, hätte sie gut leben können mit dieser Last auf dem Gewissen. Aber jetzt war die Situation eine andere. Sie waren erwischt worden. Sie staunte über sich selbst, dass ihr gar nicht in den Sinn gekommen war, dass so etwas geschehen konnte. Nun stand sie hier, vor ihrem Elternhaus, und beinahe wünschte sie sich, die Stasimänner würden nicht gehen und sie allein lassen mit ihren Eltern. Denn ihr war klar, was geschehen war, konnte nicht nur mit Stubenarrest beglichen werden.

»Aufgrund Ihrer Position, Genosse Behling, wurde entschieden, von einem Ermittlungsverfahren und einer Anklage gegen Ihre Tochter abzusehen. Sie können sich jedoch gewiss sein, dass Sie von nun an unter besonderer Beobachtung stehen werden. Ganz offenbar waren Sie nicht in der Lage, dem einfachen Erziehungsauftrag, Ihre Kinder zu sozialistischen Menschen zu erziehen, nachzukommen. Guten Tag noch!«

Die drei Männer drehten sich wie auf Kommando um und stiegen in den Wartburg. Der Blonde startete den Motor und das Auto fuhr los.

Ernst Behling wartete, bis der Wagen um die Kurve verschwunden war. Sekunden der Stille und Reglosigkeit vergingen. Nur hinter den Fenstern der Nachbarhäuser bewegten sich hie und da die Vorhänge. Es war nicht unbemerkt geblieben, dass bei Familie Behling etwas vor sich ging.

Behling war wie erstarrt am Gartentor stehengeblieben. Dann drehte er sich um. »Ins Haus!«, sagte er nur.

Nein, wollte Claudia sagen, nicht ins Haus, klären wir es hier, hier vor den Augen der neugierigen Nachbarn. Doch sie wagte keinen Widerspruch und ging ins Haus, an ihrer Mutter vorbei, die bleich und stumm war. Jetzt sah sie auch ihren Bruder, der sich an die Wand presste, um keinem im Weg zu sein, dabei starrte er sie an, mit einer Mischung aus Erstaunen, Mitleid und bodenloser Angst.

»Andreas, aufs Zimmer!«, knurrte der alte Behling, und der Junge flitzte die Treppe hoch. Aber er ging nicht in sein Zimmer, sondern blieb oben auf dem Absatz hocken.

Weil Claudia nicht wusste, wohin, zögerte sie, bekam aber von ihrem Vater einen so heftigen Stoß zwischen die Schulterblätter, dass sie fast stürzte und es ihr die Tränen in die Augen trieb.

»Setz dich dorthin!«, befahl Behling und deutete auf den

Sessel gegenüber der Couch. Claudia wollte nicht sitzen, wollte sich stehend verteidigen, wollte nicht zu ihm aufsehen müssen. Doch noch wusste sie nicht einmal, ob sie überhaupt ein Wort herausbringen würde. Sie setzte sich also, wagte es aber nicht, sich anzulehnen. Mit kerzengeradem Rücken saß sie auf der vordersten Kante, die Handflächen auf den Oberschenkeln. Sie registrierte, dass ihre Eltern sich nicht ihr gegenübersetzten, sondern hinter ihrem Rücken stehen geblieben waren. Und sie vernahm Laute, die sie nicht deuten konnte, wagte es aber nicht, sich umzudrehen. Weinte ihre Mutter? Hielt sie den Vater zurück, dem durchaus zuzutrauen war, dass er zuschlug, obwohl er sie noch nie geschlagen hatte? Ihre Mutter war diejenige, die in diesem Haus für Ohrfeigen und Kopfnüsse zuständig war und sie auch regelmäßig und äußerst ungerecht verteilte.

Claudia war so angespannt, dass ihre Muskeln schmerzten. Sie fühlte sich steif. Fast wäre es ihr lieber gewesen, sie hätten sie genauso eingesperrt wie die anderen. Man hätte sie anklagen sollen, verurteilen, in ein Gefängnis stecken. Sie konnte sich nicht vorstellen, dass es da schlimmer sein würde als hier. Wie lang sollte sie so dasitzen, ohne dass etwas geschah?

Endlich stellte sich der Vater vor sie hin. Er war gar nicht im Zimmer gewesen, hatte sich offenbar die Zeit genommen, etwas anzuziehen. Seine Rüstung, wie er es früher manchmal genannt hatte. Er trug jetzt seinen Anzug, die Hose, das Hemd, sogar das Jackett. Nur den Schlips hatte er weggelassen. Das war ihr Vater, wie sie ihn kannte. Wie sie ihn täglich sah. Aber das war nicht der Vater, den sie einst gehabt hatte. Irgendwann war er aufgestiegen, hatte das gemacht, was man im Westen Karriere nannte. Es hatte ihm das Grundstück eingebracht, das Auto, das Motorboot, die Urlaube an der Schwarzmeerküste und diverse andere Privilegien. Doch es hatte ihn verändert, hatte aus dem Mann, der immer für einen Spaß zu haben war, einen ernsten, verbissenen Mann gemacht, dem die Meinung anderer nichts wert war, wenn sie nicht seine Meinung deckte. Vor allem aber hatte es aus ihm einen Mann gemacht, der kaum noch daheim war und sie dadurch der Tyrannei ihrer Mutter ausgeliefert hatte, die in seiner Abwesenheit noch strenger regierte als zuvor. Was die Nachbarn denken würden, die Eltern der Mitschüler, das Lehrerkollektiv, das war stets die größte Sorge der Mutter gewesen.

Nun setzte sich ihr Vater auf die Couch, öffnete in gewohnter Manier die Jackettknöpfe, zupfte sich die Hosen zurecht und zog den Couchtisch ein Stück zu sich heran. Claudia konnte sehen, wie es in ihm arbeitete.

»Was ist nur in dich gefahren?«, fragte er sie dann und überraschte sie damit, dass er nicht schrie. Aber sein Kopf war hochrot, die Adern an seinen Schläfen pulsierten.

Er hat Angst, erkannte Claudia. Mein Vater hat Angst.

Er beugte sich vor, ballte die Fäuste und legte sie auf die Tischkante. »Was, um Himmels willen, ist nur in dich gefahren? Sag mir das!«

»Ich weiß es nicht«, hauchte Claudia.

»Du weißt es nicht? Du weißt nicht, warum du diesen Staat, der dir alles gibt, der alles für seine Menschen tut, hintergehst? Du weißt nicht, warum du dich in der Nacht davonstiehlst, alles verrätst, wofür ich mein ganzes Leben lang gekämpft habe, wofür dein Großvater umgebracht wurde und seine Brüder, wofür Millionen von Menschen gestorben sind? Du weißt es nicht?«

Ernst Behlings Zähne mahlten, er stierte Claudia an, als wolle er ihr in den Kopf sehen.

»Was fällt dir ein, mich, deine Mutter, deinen Bruder zu

verlassen? Zu verschwinden auf Nimmerwiedersehen, um unserem Feind, seiner Propaganda in die Arme zu laufen? Haben wir dich nicht richtig erzogen, hast du nichts gelernt über diese reaktionären Imperialisten? Diese Ausbeuter? Diese Kriegstreiber, die Millionen Menschenleben auf dem Gewissen haben? Ronald Reagan mit seinen Atomraketen? Was hattest du denn vor? Dich zu prostituieren? Ist es dir nichts wert, was die DDR für dich getan hat? Ist es dir nichts wert, was wir für dich getan haben?«

Claudia wusste, dass ihr Vater die immer wieder gleichen Phrasen drosch, um nicht die Wahrheit sagen zu müssen. Außerdem war nicht mehr Reagan Präsident der USA, sondern George Bush.

Behling hatte sich jetzt in Rage geredet, war kurz davor, die Fassung zu verlieren. Claudia sollte ihm antworten, doch sie zwang sich zum Schweigen, denn die Worte, die ihr auf der Zunge lagen, hätten ihm nicht gefallen.

»Fällt dir nichts ein?«, knirschte Behling. »Dir sollte etwas einfallen, denn morgen werde ich mich erklären müssen. Morgen werde ich dastehen und erklären müssen, wie ich auf meinem Posten bleiben kann, wie ich ein sozialistisches Kollektiv leiten soll, wenn ich nicht einmal meine Tochter zu einer Antifaschistin erziehen kann.«

»Aber ich bin doch …«, entfuhr es Claudia.

»Was?«, donnerte ihr Vater. »Was bist du? Eine Antifaschistin? Nein, das bist du nicht, eine Verräterin bist du. Zu den Faschisten wolltest du rennen, die Sache verraten, für die Millionen gestorben sind! Zu den Faschisten, die Grenada und Nicaragua überfallen haben!«

»Ich wollte doch nur …«, sagte sie leise, doch weiter kam sie nicht.

Die Ohrfeige ihrer Mutter kam so hinterrücks und unerwartet, dass ihr schwarz vor Augen wurde und sie beinahe über die Sessellehne kippte. In ihrem rechten Ohr klingelte es. Es fühlte sich an, als stünde es in Flammen. Das Klingeln ließ nicht nach, und vor ihren Augen tanzten buchstäblich Sterne.

»Du wolltest nur?«, keifte ihre Mutter. »Hast du einmal darüber nachgedacht, wie wir jetzt dastehen?«

Claudia beugte sich weit nach vorn, die Hände erhoben, um ihren Kopf zu schützen, doch ihre Mutter hatte sich über die Rücklehne des Sessels gebeugt und schlug mit beiden Händen zu.

»Heidrun, hör auf!«, rief Behling. Doch seine Frau hörte nicht auf. Wie eine Furie lief sie um den Sessel herum und riss Claudia an den Haaren.

»Willst du, dass wir alles verlieren? Willst du, dass wir wieder in den Plattenbau ziehen müssen, dass ich wieder nähen muss, willst du das?«, kreischte sie hysterisch.

Claudia entriss sich mit einem Ruck dem Griff ihrer Mutter. »Das ist es nämlich«, lachte sie unter Schmerzen, »ihr seid auch nicht besser, ihr denkt nur an euch, ans Haus, ans Geld, an das Auto, es geht doch gar nicht um mich!«

Der nächste Schlag traf sie noch heftiger. Claudia taumelte zurück.

»Heidrun!«, donnerte Behling. Aber seine Frau schlug noch einmal zu.

Doch nun war Claudia aufgesprungen. Die lähmende Angst war auf einmal verschwunden. Es gab keinen Grund mehr, zu schweigen, und sie stellte sich ihrer Mutter entgegen.

»Ich bin euch doch sowieso egal«, schrie sie. »Ich muss immer funktionieren, muss in der Schule gut sein, zu Hause darf ich putzen und aufwaschen und artig sein und darf keinen Ton sagen. Die perfekte Tochter. Und Andreas kann machen, was er …«

Diesmal erkannte sie den Schlag rechtzeitig und hob den linken Arm zur Abwehr. Wutentbrannt packte ihre Mutter sie am Handgelenk und bog es zur Seite. Ein hässlicher Schmerz, wie ein Messerstich, fuhr Claudia in den Arm. Sie schlug zu.

Ihre Mutter taumelte zurück, fasste sich beinahe erstaunt an die Wange. Ihr Mund stand offen, erstarrt in Fassungslosigkeit.

»Mutti …«, stammelte Claudia und hielt ihre rechte Hand von sich, als sei sie eine gefährliche Waffe. Ihre Handfläche kribbelte, so hart war der Schlag gewesen.

»Mutti, das wollte ich nicht«, flüsterte sie.

Die Mutter wich zurück, die Hand noch immer an der Wange. »Jetzt sag ich dir was!«, keuchte sie.

»Nicht, Heidrun!«, mahnte Behling, der nach wie vor hinter dem Tisch stand und hilflos den beiden kämpfenden Frauen zugesehen hatte.

»Ich sag dir was! Du bist gar nicht unser Kind!«, zischte es in diesem Augenblick aus dem Mund seiner Frau.

»Heidrun! Hör auf!« Behling versuchte, seine Frau zu packen, doch sie wich ihm aus, schlug seine Hand weg, ohne Claudia aus den Augen zu lassen.

»Du bist nicht unser Kind, verstehst du? Adoptiert bist du. Angenommen haben wir dich, weil wir dir ein schönes Leben bieten wollten. Alles haben wir geopfert für dich, alles, und das ist der Dank.«

»Heidrun!«, versuchte es Behling noch einmal, doch es war schon gesagt.

»Was?«, fragte Claudia. In ihrem Kopf rauschte es, es war ihr, als stürzte sie rücklings, als kippte die Welt nach vorn. »Was?«

Ihre Mutter antwortete nicht, starrte sie nur an, schüttelte den Kopf und Tränen liefen ihr über die Wangen.

»Was? Vati? Was?« Claudia sah ihren Vater entsetzt an. Ihre Fingerspitzen waren auf einmal wie taub, in ihrem Kopf wurde alles dumpf.

Behling hob die Hände an, ließ sie wieder fallen. Er öffnete den Mund, doch dem sonst so wortgewaltigen Mann fiel nichts ein.

»Was hat das zu bedeuten?«, rief Claudia. Doch sie kannte die Antwort. Mit einem Schlag war alles klar. Die vielen Momente und Situationen, die sie sich nicht erklären konnte. Die vielen Ungerechtigkeiten, die offenen Fragen. Warum sie Andreas immer bevorzugt hatten, den eigenen Sohn. Denn das war er, sie hatte ja als kleines Kind selbst gesehen, wie er in Mutters Bauch herangewachsen war. Nun endlich löste sich auf, was ihr so lange zu schaffen gemacht hatte, was sie nicht hatte einschlafen lassen, was sie immer wieder antrieb, ihre Mutter zu hassen und ihr doch gleichzeitig immer alles recht machen zu wollen, um nur einmal ein lobendes Wort zu ergattern. Nun waren alle Fragen beantwortet, alle Unklarheiten geklärt. Und ihre Welt lag in Trümmern. War es das wert gewesen?

»Vati, sag was!«, schrie sie ängstlich und wütend zugleich und sah ihren Vater, wie sie ihn noch nie erlebt hatte: apathisch, regungslos, hilflos.

»Sag du es mir!«, wandte sie sich an ihre Mutter. Doch sie stand nur da, die Hand noch immer an der Wange, obwohl der Schmerz längst verflogen sein musste.

Abwechselnd blickte Claudia zwischen den beiden Menschen hin und her, von denen sie sechzehn Jahre geglaubt hatte, sie seien ihre Eltern.

»Wer bin ich?«, fragte sie. »Wer bin ich?«, fragte sie noch

einmal und ballte die Fäuste. So fest biss sie die Zähne aufeinander, dass sie ihr bald zerspringen wollten. Dass die beiden dastanden und schwiegen, dass sie nicht einmal den Anstand hatten, sie aufzuklären, dass sie sie allein ließen in diesem Moment, das machte sie fassungslos.

»Ich gehe auf mein Zimmer«, sagte sie schließlich, tonlos und erschöpft. Sie verließ das Wohnzimmer und stieg die Treppe zu ihrem Zimmer hinauf. Nun war sie frei, ahnte sie. Doch zu welchem Preis? Sie schwebte im Vakuum, hatte keinen Halt, hatte keinen Menschen. Alles, was sie sah, alles, was sie besessen hatte, von dem sie glaubte, ein Teil gewesen zu sein, war plötzlich grau und fern, selbst das Haus verlor an Farbe.

6

Claudia war weiterhin fleißig in der Schule. Sie behielt ihre guten Zensuren, doch sie nahm sich zurück im Umgang mit den anderen. Sie kam sich vor wie eine Betrügerin, als gäbe sie vor, jemand zu sein, der sie nicht war. Und das stimmte ja auch. Sie war nicht die junge Frau, die sie hätte werden können. Sie war zu einem anderen Menschen erzogen worden, von Menschen, die glaubten, alles unter Kontrolle zu haben und die bei der ersten großen Schwierigkeit versagt hatten. Welche Bücher hätte sie lesen, welche Musik hören können? Welche Menschen hätte sie treffen können? Sie trauerte all den verpassten Möglichkeiten nach.

Und noch eine Frage quälte sie, der sie sich nicht entziehen konnte. Warum war sie von ihren Eltern weggegeben worden? Wer waren sie überhaupt, lebten sie noch? Warum hatten sie nie versucht, mit ihr in Kontakt zu treten? Vielleicht hatten sie es ja und waren abgewiesen worden? Sie wusste nicht, welche Wahrheit schmerzlicher wäre.

Immer wieder suchte Claudia ihre Erinnerungen ab, nach Gesichtern von Fremden, die vielleicht ihre echten Eltern gewesen waren, und fand doch immer nur ein Spiegelbild von sich, das zu keiner Erinnerung passen wollte und sich ihr doch eingebrannt zu haben schien.

Diejenigen, die sich ihre Eltern nannten, schwiegen unerbittlich. Heimlich durchsuchte sie immer wieder die Schränke und Schubladen nach Hinweisen auf die Vergangenheit, aber sie fand nichts. Claudia fühlte sich so allein und fremd wie noch nie. Es kam ihr vor, als wäre ihr bisheriges Leben nur eine Projektion, als wäre sie nur eine Statistin in einem Film. In ihren Erinnerungen war das nicht mehr sie, die hier lebte. Alles war fremd. Und sie war gefangen in dieser Familie, in diesem Haus, in dieser Welt.

Sie spürte, wie ihr Bruder litt unter der Situation. Sie wollte so gerne nett sein zu ihm, der doch nichts dafürkonnte, aber sie schaffte es nicht. Die Wut und Enttäuschung über ihre Eltern übertrugen sich auf ihn, dabei war der Junge verzweifelt bemüht, die Familie irgendwie beieinanderzuhalten, zu retten, was noch zu retten war.

Doch nicht allein ihr Leben, die ganze Welt war scheinbar dabei, auseinanderzudriften. Zuerst waren es nur kleine Dinge, Gerüchte, die sich verbreiteten. Es war Claudia natürlich nicht verborgen geblieben, dass es unruhig war im Land, dass die Menschen in Leipzig und anderswo auf die Straße gingen, dass es am Dresdner Hauptbahnhof zu Zusammenstößen mit der Polizei kam, dass im Westfernsehen die Rede war von Tausenden, die in den Westen flohen. Immer wieder waren Männer zu sehen, die versuchten, die Demonstrationen aufzulösen, den Demonstranten Plakate aus den Händen rissen und sie verhafteten. Genau solche Männer wie jene drei, die sie schweigend durch das halbe Land wieder nach Hause gebracht hatten.

Ihr Vater war nervös in diesen Tagen. Er kam immer erst sehr spät heim oder manchmal gar nicht, telefonierte viel und leise. Ihre Mutter ging oft weg, bepackt mit schweren Taschen, und kehrte ohne sie wieder zurück. An manchen Tagen gingen sie zusammen fort und kamen erst lange nach Mitternacht heim. In der Schule tuschelten die Kinder. Immer häufiger blieb ein Schüler weg und kam auch nicht mehr, bis es hieß, die Familie sei in den Westen abgehauen.

Es war Andreas, der sie eines Abends ins Wohnzimmer rief. Der Fernseher lief, es gab Nachrichten auf ARD. Claudia setzte sich neben ihren Bruder auf die Couch. Sie waren mal wieder allein im Haus. Im Fernsehen beantwortete gerade Günter Schabowski, der schon hin und wieder Gast bei den Behlings gewesen war, Fragen der Journalisten. Dem Mann ging es nicht gut, das sah man ihm an. Claudia hatte fast Mitleid mit ihm. Sie wusste nur zu gut, wie es sich anfühlte, wenn man sich nicht mehr auf die Leute verlassen konnte, denen man ein Leben lang vertraut hatte. Aber heute sah er besonders mitgenommen aus.

»Was ist denn los?«, fragte sie ihren Bruder.

»Ich weiß nicht, aber der hat gerade gesagt, dass man reisen darf, egal wohin.«

»Quatsch«, murmelte Claudia. Doch plötzlich spürte sie, wie ihr Herz wieder schlug, das zwei Monate lang stillgestanden hatte.

»Der hat das aber gesagt!«, sagte Andreas trotzig und kaute auf der Unterlippe.

»Schalt mal um«, sagte Claudia, und Andreas lief zum Fernseher und schaltete von ARD auf ZDF, dann auf das DDR-Fernsehen.

Auf allen Sendern liefen die üblichen Programme. Alles war wie immer. Trotzdem war irgendetwas anders. Die Geschwister blieben unverwandt vor dem Fernseher sitzen. Später machte Claudia ein paar Brote für sie.

Erst spät am Abend, die Eltern waren noch immer nicht zurück, wurde dann gezeigt, was geschehen war, im Westfernsehen. Plötzlich sahen sie Tausende von Menschen, die auf den Straßen unterwegs waren, die die Grenzposten in Berlin bedrängten, die aufgebracht diskutierten, Reisefreiheit forderten und sich immer wieder auf Schabowski bezogen. Und als sich dann die Mauer öffnete, die Grenzbeamten das Tor freigaben und auf dem Bildschirm all die Menschen zu sehen waren, die nach Westberlin strömten, da griff Andreas nach Claudias Hand. Sie entzog ihm ihre Hand nicht. Es tat ihr gut, dass er sich in seiner Angst an ihr festhielt. Obwohl er noch ein Kind war, ahnte er sicherlich, was das für die Familie, für das ganze Land bedeutete. Er tat ihr leid, doch in dem Moment, als sie die Menschen auf der Straße springen, jubeln, lachen und weinen sah, da fasste sie einen Entschluss.

Sie war noch wach, als ihre Eltern in der Nacht gegen zwei Uhr heimkamen.

Am nächsten Morgen, als alle noch schliefen, stand sie auf, zog sich an, nahm ihren Rucksack, den sie noch in der Nacht gepackt hatte. Leise stieg sie die Treppe hinunter. Im Wohnzimmer stand noch der Teller vom Vortag auf dem Tisch, und ihr wurde bewusst, dass sie gestern ihrem Bruder das letzte Mal etwas zu essen gemacht hatte. Eine Sekunde lang drohte sie schwach zu werden. Sie besaß nichts als ihren Ausweis, ein paar DDR-Mark und einen Rucksack mit etwas Kleidung, und sie hatte keine Ahnung von der großen weiten Welt da draußen. Doch dann riss sie sich los und verließ das Haus. Am Gartentor verharrte sie noch einmal und sah sich um, sah das Haus, den Garten, die Bäume. Dann ging sie los, ohne das Tor zu schließen, ging die Straße hinab und verschwand aus dem Leben der Behlings, ohne eine Nachricht hinterlassen zu haben.

7

Dresden, April 1990

Unentschlossen stand Ricarda vor der Tür ihrer Tochter. Wie so oft in den vergangenen Monaten dröhnte laute Musik aus Ines' Zimmer. Ricarda hob die Hand, um anzuklopfen, doch sie zögerte. Ines hatte sich verändert in letzter Zeit. Sehr vieles hatte sich geändert. Nach der Wende. Die Ware in den Kaufhallen, der Geruch von Obst und Waschmittel, die Kleidung, die Autos auf den Straßen, die Musik, das Fernsehen. Einfach alles. Die DDR war verschwunden und mit ihr auch alles Vertraute und Bekannte. Sie waren jetzt frei. Doch das Wort Freiheit hatte schnell einen faden Beigeschmack bekommen. Unter all den neuen Düften lag ein fauliger Geruch. Als Diplom-Ingenieurin für Industrieelektronik arbeitete sie seit fast fünfzehn Jahren bei der PGH Elektrobau. Nun sollte der Betrieb in eine GmbH umgewandelt werden. Sie musste entscheiden, ob sie sich ihre Gesellschafteranteile auszahlen lassen sollte. Sie könnte das Geld gebrauchen, doch vielleicht war es gut, sie behielt die Anteile, als eine Art Garantie. Es gab deutliche Anzeichen, dass Personal abgebaut werden würde.

Ricarda klopfte endlich an die Tür. Erst zaghaft, dann heftiger. Die Musik schien noch eine Nuance lauter zu werden. Zum Glück war ihre Altbauwohnung in Pieschen nicht so hellhörig wie die Plattenbauwohnungen ihrer Kolleginnen.

Dafür war sie heruntergekommen. Im Bad schimmelte es. Noch immer mussten sie mit Kohle heizen. Schon wenige Wochen nach dem Mauerfall hatte sich jemand aus dem Westen gefunden, der das Haus gekauft und eine Sanierung versprochen hat. Fragte sich nur, wann damit begonnen werden sollte. Die Miete war jedenfalls schon erhöht worden.

Ricarda klopfte noch einmal.

Es war nicht einfach mit Ines und schwer, Geduld zu bewahren. Natürlich machte sie sich Sorgen. Ines, mit ihrer düsteren Musik, der schwarzen Kleidung, dem ewig langen Gesicht, das kaum noch lächelte. Wieder klopfte Ricarda, doch Ines reagierte nicht. Nun reichte es ihr. Sie war immerhin die Mutter und dem pädagogischen Anstand war Genüge getan. Sie öffnete die Tür.

Ines saß auf ihrem Bett und fuhr herum, als ihre Mutter unvermittelt in der Tür stand.

»Was?«, fragte sie gereizt.

»Willst du nicht zum Essen kommen?«, fragte Ricarda.

»Keinen Hunger!«, blaffte Ines und drehte sich wieder weg. Vom Kassettenrekorder, den sich Ines von ihrem Jugendweihegeld gekauft hatte, ertönte eine dieser neuen Bands, düster und melancholisch und kaum geeignet, um auf heitere Gedanken zu kommen.

»Was ist denn das?«, fragte Ricarda und stand jetzt in dem kleinen Zimmer. Die Wände waren bis zur Decke mit Postern aus der ›Bravo‹, ›Popcorn‹ und der ›Poprocky‹ gepflastert. Eine Ansammlung von dunklen Gestalten, die mit schwarz geschminkten Augen und wüsten Haaren auf sie herunterblickten.

»Kennste eh nicht!«

»Na, sag halt mal«, bat Ricarda betont freundlich. Sie wollte nicht so schnell aufgeben.

»›Sisters of Mercy‹«, murmelte Ines genervt.

»Sind das die mit dem Lullaby?«

»Nein, Mutti, das ist von ›The Cure‹, und tu nicht so, als weißte Bescheid, du kennst nur das eine Lied von denen. Was willst du denn?«

»Hör mal, kannst du nicht ein bisschen leiser machen?«

Ines stöhnte genervt auf, doch dann beugte sie sich vor und drehte die Lautstärke auf ein erträgliches Maß.

»Was ist denn nur mit dir, Ini? Hab ich dir irgendwas getan?«

»Nix, ich will nur Mucke hören!«, sagte Ines gequält und wollte wieder lauter drehen. Schnell berührte Ricarda sie am Arm und hielt sie sanft fest.

»Du hast dich so verändert«, sagte Ricarda und bemühte sich, ruhig zu bleiben. »Und du weißt, ich hab dich gelassen. Ich gebe dir Geld für deine Kassetten und Schallplatten, und ich sag auch nichts wegen deiner Haare. Aber seit zwei Wochen bist du so frech und unfreundlich zu mir!«

Ines verdrehte nur die Augen und sah zum Fenster.

»Wir haben doch früher auch immer über alles geredet.«

»Mensch, Mutti, ja, früher … blablabla.«

»Ines!«, ermahnte Ricarda sie scharf und sprach dann aus, was sie die ganze Zeit über schon vermutet hatte. »Ist es wegen der Jugendweihe?«

»Natürlich ist es wegen der Jugendweihe!«, platzte es aus Ines heraus. Dann schwieg sie wieder.

Ricarda seufzte. Sie hatte sich wirklich bemüht, sich nicht aufzuregen, als Ines bei der Jugendweihe unbedingt ein schwarzes Kleid tragen wollte. Obwohl es ihr dann doch peinlich gewesen war, ihre Tochter so zu sehen zwischen all den festlich gekleideten Mädchen und Jungen. Sie waren schön essen gegangen, Steffen war dabei gewesen, und hinterher hatten sie sich noch ›Pretty Woman‹ im Kino angesehen.

Und obwohl Ines so getan hatte, als nervte sie der schmalzige Film, hat er ihr gefallen, da war sich Ricarda sicher. Und genügend Geschenke hatte es auch gegeben, immerhin war das immer noch sehr teure DDR-Kassettenradio dabei herausgesprungen.

»Hat es dir nicht gefallen?«, fragte Ricarda.

»Doch, klar hat es mir gefallen. Aber weißte, was mir klar geworden ist?«

»Was denn?«, fragte Ricarda leise, doch sie ahnte, was folgen würde.

»Alle anderen aus der Klasse hatten Riesenfeten. Die ganze Verwandtschaft war bei denen da. Und wir rennen zu dritt rum, bestenfalls zu fünft. Wir sind ganz allein!«

»Wir sind nicht allein«, widersprach Ricarda reflexartig.

»Doch, Mutti, das sind wir. Kaum jemand redet noch mit uns.«

»Aber das hat Gründe!«

»Ja, deine Gründe. Aber was ist denn mit mir?«

»Was heißt denn das jetzt? Du weißt, was passiert ist, ich habe es dir erzählt.«

»Ja, ich weiß, was du mir erzählt hast, aber …« Ines verstummte.

»Was, aber?«, fragte Ricarda misstrauisch. Ines antwortete nicht, zuckte stattdessen mit den Achseln und verzog den Mund.

»Du hast mit Großvater gesprochen?«, fragte Ricarda, einer plötzlichen Ahnung folgend.

»Das ist nicht verboten!«, verteidigte sich Ines augenblicklich.

»Nein, das ist nicht verboten. Warst du bei ihm?«

Ines schüttelte den Kopf.

»Er war hier?«

»Ja, am Montag nach der Jugendweihe. Er und Oma. Sie haben mir mein Geschenk gegeben.«

Ricarda kniff die Lippen zusammen und bemühte sich, ihren aufkommenden Unmut zu unterdrücken. Sie wusste, dass ihre Eltern absichtlich zu einem Zeitpunkt gekommen waren, als sie arbeiten war. Und dann hatten sie offenbar genau das Thema angeschnitten, welches sie selbst einst zum Tabu erklärt hatten.

»Was haben sie denn gesagt?«

Ines verzog das Gesicht, hob wieder die Schultern. Ricarda sah ihr in die Augen und wusste, sie musste nur beharrlich bleiben. Endlich gab ihre Tochter nach.

»Na ja, ich habe gefragt nach der Sache damals, du weißt schon. Was denn da eigentlich passiert ist. Es muss ja einen Grund haben, dass ihr alle nicht mehr miteinander sprecht.«

Ricarda hasste es, wenn jemand um den heißen Brei herumredete. »Na, sag es nur. Ich weiß schon, was er gesagt hat.«

»Also, Opa sagte, damals sei etwas schiefgelaufen. Du hast das Kind verloren. Dein erstes. Es war ein Unglück, sagte er, und dass solche Dinge eben vorkommen, dass auch die Tochter des Klinikleiters nicht davon verschont bleibt.«

»Das war aber nicht alles, was er dir erzählt hat. Ines, glaubst du, ich weiß nicht, was er über mich sagt?« Ricardas Stimme zitterte.

»Er sagt, dass du nicht akzeptieren kannst, dass dein Kind gestorben sei. Du würdest sogar behaupten, man habe es dir weggenommen und dass er davon gewusst habe.«

Ricarda wollte nicht wütend werden, schließlich wusste sie, was ihr Vater darüber dachte und dass Ines eines Tages davon erfahren würde. Nun war es so weit, und sie war wütend.

»Niemand hat mir je das Gegenteil bewiesen«, sagte sie und benötigte all ihre Beherrschung.

»Aber muss man nicht jemandem eine Schuld beweisen können, wenn man so etwas behauptet?«, warf Ines ein.

»Hat er dir gesagt, ich sei verrückt? Eine Irre?«

»Nein, natürlich nicht, aber …«

»Aber was?«

»Nichts …«, hauchte Ines heiser.

»Das ist seine Methode, das hat er auch schon früher so gemacht. Er erzählt den Leuten, dass ich verrückt geworden bin. Dabei will ich nur wissen, was damals geschehen ist.«

Ines sah auf, und in ihrem Gesicht spiegelte sich ihre Zerrissenheit wider. »Aber er hat dir gesagt, was geschehen ist«, flüsterte sie.

Ricarda wollte auffahren, doch sie fing sich wieder. Stattdessen setzte sie sich auf die Bettkante. »Er hat dir gesagt, was er mir seit siebzehn Jahren erzählt. Ich glaube es nur nicht!«

Ines, die wieder zu Boden gesehen hatte, sah auf. »Was willst du damit sagen?«, fragte sie misstrauisch.

»Nichts, Ines, ich kann nur vermuten.«

Sie schwiegen jetzt und die Musik spielte leise weiter. Erst als die Kassette zu Ende war und die Play-Taste hochschnappte, blickte Ines ihre Mutter wieder an.

»Warum habt ihr euch scheiden lassen, du und Vati?«

Ricarda holte tief Luft. Offensichtlich war dieser Tag zum Tag der Tabuthemen geworden.

»Dein Vater hielt es nicht mehr aus mit mir. Das hat er mir gesagt, ins Gesicht. Du warst gerade zehn geworden.«

»Was hielt er nicht aus?«

»Dass ich dieses Kind nicht vergessen konnte und immerzu nachgefragt habe. Ich habe einfach keine Ruhe gegeben, und das war nicht erwünscht. Von allen Seiten hat man versucht, mich ruhigzustellen. Sogar die Stasi hatte mich vorgeladen.«

»Die Stasi?«

»Das weißt du wohl zum Glück nicht mehr. Ich war vier Nächte nicht daheim. Sie sagten mir, ich sollte akzeptieren, was geschehen sei. Meine haltlosen Vermutungen, mein Misstrauen würden nur konterrevolutionären Kräften dienen und dem Ansehen unserer Republik schaden.«

Ricarda sah die Skepsis ihrer Tochter. Ihr Vater schien ganze Arbeit geleistet zu haben, wenn es ihm in nur einem Gespräch gelungen war, diese Zweifel bei Ines zu säen.

»Und Vati hielt es nicht mehr aus?«

»Er arbeitete viel, musste Überstunden machen, immerzu Schichtbetrieb, Weiterbildung. Dann kam er heim und wollte von dem Thema nichts mehr hören. Aber ich konnte und kann es eben nicht abschließen.«

»Aber ihr hattet doch mich, oder?«, fragte Ines leise.

»Ja, natürlich hatten wir dich«, erwiderte Ricarda schnell und ahnte im nächsten Moment, was Ines eigentlich meinte. »Aber es ist trotzdem mein Kind gewesen!«

Ines nickte und senkte wieder den Kopf. »Weißt du, wie das ist«, sagte sie ganz leise, »immer das zweite Kind zu sein? Immer hinter dem toten Kind an zweiter Stelle zu stehen?«

»Was?«, rief Ricarda empört. Sie hatte Ines immer alles gegeben, ihre ganze Liebe und Aufmerksamkeit.

»Das war immer schon so. Von Anfang an, als ich noch ganz klein war, da war immer etwas zwischen uns.«

»Zwischen uns ist gar nichts!«, sagte Ricarda heftiger, als sie vorgehabt hatte.

»Doch, Mutti. Ich wusste schon immer, dass da dieses Kind war und dass die Leute nicht mit uns sprachen, weil sie dich für komisch hielten. Ich weiß, dass ich dein Kind bin, trotzdem fühlt es sich immer an, als sei ich weniger wert.«

Mit dieser Wende des Gesprächs hatte Ricarda nicht gerechnet. Von allen Vorwürfen, die sie sich machen lassen wollte, war dieser der gewaltigste. Sie streckte ihre Hand nach ihrer Tochter aus, doch Ines wich zurück.

»Ich frage mich immer, was gewesen wäre, wenn das Kind noch leben würde, wenn damals alles gut gegangen wäre? Würdest du mit Opa reden, wärt ihr noch zusammen, Vati und du? Und gäbe es mich dann überhaupt? Ich bin doch bloß so was wie ein Ersatz.«

»Ines! Das reicht jetzt!«, fuhr Ricarda auf. »Das ist einfach nicht wahr!«

»Doch, aber du willst es nicht einsehen. Es ist so lange her, siebzehn Jahre. Kannst du nicht endlich mal damit abschließen, egal, was passiert ist? Können wir nicht versuchen, eine ganz normale Familie zu sein? Wie andere Familien auch. Können wir nicht ein Fest mit allen feiern?«

Ricarda schüttelte den Kopf. Es tat ihr weh. Es tat ihr doppelt weh. Diese Worte aus dem Mund ihrer Tochter, und der Schmerz, der niemals vergehen würde. Sie hätte nur zu gern abgeschlossen mit diesem Thema, für eine bestimme Zeit war das auch schon mal möglich gewesen, da hatte sie nicht daran gedacht, da konnte sie leben und arbeiten und feiern, aber genau jetzt stiegen die Erinnerungen wieder auf, wie giftige Gasblasen in einem Moor. »Ines, du verstehst das nicht!«

»Das ist es ja! Ich verstehe es nicht, niemand versteht es. Und Vati hat die Nase voll gehabt. Du glaubst ja sogar, dass er seine Hände mit im Spiel gehabt hat. Er hat wirklich viel ausgehalten, das aber nicht.«

Beinahe wäre Ricarda die Hand ausgerutscht. Sie konnte sich gerade noch zurückhalten. Aber Ines hatte es bemerkt.

»Mit ihm hast du also auch darüber gesprochen?«, fragte Ricarda atemlos. Es kam ihr vor, als wäre sie wieder in der Zeit, als sich alles gegen sie verschworen hatte. Nicht nur, dass sie ihr Kind verloren hatte, sie musste ihr Studium abbrechen und konnte erst später etwas ganz anderes studieren, sie hatten keine Wohnung bekommen und die Leute tuschelten hinter ihrem Rücken. Sie hatte den Rückhalt ihrer Familie verloren, und auch Steffen hatte es kaum geschafft, seinen Unmut und Unwillen zu unterdrücken.

Sie saß auf dem Bett ihrer Tochter und konnte keinen Ton mehr sagen. Es war, als hätte man ihr den Boden unter den Füßen weggerissen. Wenigstens von Steffen hatte sie erwartet, dass er sich neutral verhielt, wenn er schon nicht gewillt war, sie zu unterstützen. Sie stand auf und musste sich am Schrank abstützen, als sie Ines' Zimmer verließ.

»Mutti!«, rief Ines ihr besorgt hinterher, blieb aber auf dem Bett sitzen.

»Ich muss mich nur mal kurz ausruhen«, sagte Ricarda. Doch etwas war gerade geschehen mit ihr. Sie spürte es und hatte keine Kraft, dagegen anzukämpfen. Schon vor langer Zeit war sie verraten worden von ihren Eltern und von ihrem Staat. Und auch die neue Freiheit erschien ihr wie ein Verrat zu sein. Sie ließ zu viel Platz für Geschäftemacher, Betrüger, Scheinheilige und fraß das Vertrauen der Leute, die geglaubt hatten, jetzt ihres eigenen Glückes Schmied zu sein, und ließ alles wertlos erscheinen, was bisher geschaffen worden war. Doch nun war sie auch noch von ihrer eigenen Tochter verraten worden.

In diesem Moment fragte sie sich, was die Zukunft eigentlich noch bereithalten konnte, für das es sich zu leben lohnte.

8

Dresden, Oktober 1993

Ricarda überprüfte ihre Tasche, ob sie alles dabeihatte, vor allem die abgestempelten Bewerbungen, die sie vorlegen musste. Noch einmal sah sie sich um. Das Licht war überall aus. Sie zögerte trotzdem und lief dann zum wiederholten Mal durch das Wohnzimmer in die Küche und sah nach der Kaffeemaschine, die sie vor zwei Jahren als Werbegeschenk erhalten hatte. Natürlich hatte sie sie ausgeschaltet, wie immer. Doch es war zu ihrem Tick geworden, immer noch einmal nachzusehen. Vor dem Spiegel richtete sie noch einmal ihre Frisur. Jetzt wurde es Zeit. Die Bahn kam in vier Minuten. Ricarda wollte pünktlich auf dem Arbeitsamt in der Budapester Straße sein. Sonst würde sie wieder stundenlang warten müssen.

Das Warten selbst machte ihr nichts aus. Sie hatte genügend Zeit. Aber sie mochte die Atmosphäre dort nicht. Drei, vier Jahre hatten genügt, um alle zu konsternieren. Viele Betriebe hatten schließen müssen, viele hatten ihren Arbeitsplatz verloren, nichts war mehr von Wert. Keine Maschine, kein Produktionsverfahren, keine Ausbildung, keine Besitzurkunde. Wer einen Job haben wollte, musste Glück haben oder in den Westen gehen. Das hatte viele verbittert. »Ist eben so« war eine geläufige Floskel. Doch die Zukunft hatten sie sich so nicht vorgestellt.

Vor zwei Jahren war auch Ricarda gekündigt worden. Gerade als sie aus ihrer alten Pieschener Wohnung in die Wohnung im riesigen Plattenbaugebiet Gorbitz eingezogen war. Ein Jahr später hatte der gesamte Betrieb schließen müssen, ihre Anteile hatten sich in Luft aufgelöst. Einzig der Insolvenzverwalter schien noch etwas verdient zu haben. Im Arbeitsamt traf sie immer mal wieder auf ehemalige Kollegen. Es war kein Trost. Arbeit gab es nicht.

In den vergangenen zwei Jahren hatte Ricarda hunderte Bewerbungen geschrieben, Dutzende Vorstellungsgespräche gehabt, wobei sie oft gleich von der Sekretärin nur gefragt wurde, wo sie den Stempel aufdrücken sollte, als Beweis für ihre Anwesenheit. Niemand wollte etwas von ihrem Diplom wissen oder von den fast zwanzig Jahren Berufserfahrung.

Ricarda hatte sich ganz gut arrangiert. Sie las viel und telefonierte oft mit Ines, die jetzt in Freiburg studierte, so weit weg, dass sich die Heimfahrt am Wochenende kaum lohnte. Eine Stunde am Tag studierte Ricarda die Anzeigen in den Zeitungen, doch nie war etwas dabei, was wenigstens annähernd zu ihrem Berufsbild passte. Putzen gehen könnte sie, was sie aber erst tun würde, wenn das Amt sie zwang. Doch welche Aussichten auf einen guten Job würde sie mit diesem Eintrag im Lebenslauf haben? Steffen war das beste Beispiel dafür. Er hatte die erstbeste Stelle auf dem Bau angenommen, nur zur Überbrückung, um ja nicht arbeitslos zu bleiben, nachdem auch sein Großbetrieb aufgelöst worden war. Nun arbeitete er seit vier Jahren als ungelernter Hilfsarbeiter, mit manchmal zwanzig Überstunden in der Woche und einem lächerlichen Stundenlohn und bekam manchmal vier Monate lang kein Geld ausgezahlt, weil die Großkunden seinem Chef die Rechnungen nicht bezahlten. Wer arbeitslos war, musste bereit sein, in den Westen zu pendeln, und all diejenigen, die einen Job hatten, die sich Urlaub und Kleidung, Autos und Fernseher leisten konnten, waren so damit beschäftigt, dass kaum Zeit für anderes blieb. Sah so die ersehnte Freiheit aus?

Und plötzlich wollte keiner mehr bei Kohl an der Ruine der Frauenkirche gestanden und die Wiedervereinigung gefordert haben. Ricarda war Pragmatikerin und hatte sich arrangiert. Die DDR war kein Paradies gewesen, nicht einmal eine richtige Heimat. Besser so und besser die Hoffnung, es würde sich alles irgendwann regeln, einpendeln, sortieren.

Auch mit Steffen hatte sie sich arrangiert. Sie mussten ja miteinander auskommen. Zu Ines' Abifeier waren sie gemeinsam gegangen. Auch die Großeltern waren eingeladen gewesen. Alle. Ricarda hatte sich ihrer Tochter zuliebe zurückgenommen und war ihrem Vater entgegengekommen. Das heikle, leidige Thema wurde nicht angesprochen und alle waren zufrieden. Ines, die ihre schwarze Kleidung nicht aufgegeben hatte, sich jetzt aber nicht mehr Grufti nannte, sondern Goth, hatte das zu schätzen gewusst. Sie hatte die Anwesenheit der Familie genossen und sich unter Tränen von ihrer Mutter verabschiedet, als sie das erste Mal nach Freiburg fuhr. Das war ein Trost, von dem Ricarda noch immer zehrte.

Natürlich hatte sie selbst nie aufgehört, über das Thema nachzudenken. Sie sprach bloß nicht mehr darüber. Warum war sie nicht schon früher darauf gekommen? Sie hätte nicht darüber reden sollen, dann hätten alle ihre Ruhe gehabt, dann wären alle zufrieden gewesen. Stattdessen hätte sie sich auf eigene Faust kümmern sollen.

Das tat sie jetzt. Zeit genug hatte sie. Erst letzte Woche hatte sie jemand auf den Gedanken gebracht, bei der Stasiunterlagenbehörde Akteneinsicht zu verlangen. Nun wartete sie jeden Tag darauf, einen Brief im Briefkasten zu finden. Es könnte Monate dauern, bis der Antrag bearbeitet werden würde, hatte man sie gewarnt.

Gerade als sie die Wohnungstür schloss, begann das Telefon zu klingeln. Ricarda hatte eigentlich keine Zeit, die Bahn kam jeden Augenblick. Aber vielleicht war es Ines? Hatte sie Schwierigkeiten? Oder die Stasibehörde? Schnell schloss Ricarda wieder auf und eilte ins Wohnzimmer, wo der Apparat stand.

»Raspe!«, meldete sie sich.

Ein kurzes raues Husten verriet ihr, wer am Telefon war. »Barbara?«, fragte sie.

»Ja!« Barbara lachte. »Hab mich gerade an mir selbst verschluckt«, erklärte sie, hustete und lachte dabei.

»Ist was?«, fragte Ricarda. So kannte sie ihre Freundin. Aufgekratzt, manchmal bis zur Unerträglichkeit, doch die Uhrzeit war ungewöhnlich. Normalerweise schlief ihre Freundin um diese Zeit, weil sie bis in die Nacht kellnerte.

»Wie geht's dir denn?«, fragte Barbara.

»Ganz gut so weit, aber ich muss gleich los, ich muss zum Amt.« Ob sie vielleicht getrunken hatte, fragte sich Ricarda. Das kam häufiger vor in letzter Zeit.

»Ja, deshalb ruf ich an. Also, zu uns in den Laden kommt doch alle Woche mal so ein Typ. Ich weiß gar nicht, ob der Vertreter auf Durchreise ist, oder so. Der hat einen schrecklichen Westdialekt, ich vermute mal Schwäbisch. Jedenfalls baggert der mich immer an und lässt schön die Scheinchen fliegen. Ich lass ihn aber immer abblitzen. Ist gar nicht mein Typ, ganz groß, mit Mantel. Der kommt sich wohl wie ein Geheimagent vor.« Barbara lachte.

»Bärbel!«, sagte Ricarda.

»Also, wie gesagt, gestern haben wir geredet. Man muss ja trotzdem nett sein. Man weiß ja nie, ob man den nicht doch mal gebrauchen kann.«

»Du, ich muss …«, drängte Ricarda. Das war wieder typisch für Barbara. So hatte sie ihr ganzes Leben schon verbracht. Ein einziges großes Palaver.

»Jedenfalls hat er mir erzählt, dass die wohl Leute für die Verwaltung suchen. Soll ein ganz guter Job sein. Auf jeden Fall ist es einer. Bissel außerhalb, und man muss vor Ort wohnen, aber die Unterkunft wird wohl bezahlt!«

Ricarda seufzte. »Barbara, wer denn? Wer sucht Leute?«

»Ach so, so eine große Möbelbude. Ich habe es aufgeschrieben, zumindest die Nummer. Wirst ja hören, wer rangeht, wenn du anrufst. Du musst aber sagen, dass du eine Empfehlung von Herrn Maier hast. Mit ai, okay? Ich sag dir mal die Nummer. Hast du einen Stift?«

»Hab ich.« Ricarda nahm sich einen Kugelschreiber und notierte sich die Nummer auf ihrem kleinen Notizblock.

»Das ist ja die Leipziger Vorwahl«, sagte sie erstaunt.

»Ja, sag ich ja, ist ein bisschen weiter weg. Das musst du dir überlegen, ob sich die Fahrerei lohnt oder ob du unter der Woche dortbleibst.«

»Danke«, sagte Ricarda und sah zur Uhr.

»Wie geht's dir sonst so? Was macht die Stasisache?«

»Bärbel, ich muss los …!«

»Mensch, du immer mit deinen Plänen. Zum Amt kannst morgen auch noch. Läuft dir nicht weg. Und wenn du dir selbst einen Job besorgst, bekommst du vielleicht sogar noch einen Orden. Also, sag, was ist denn mit der Stasi?«

Ricarda gab auf, knöpfte ihren Mantel auf und setzte sich in den Sessel.

»Ich habe einen Antrag auf Akteneinsicht gestellt. Die

müssen jetzt erst mal rausfinden, ob überhaupt eine Akte angelegt wurde. Da bin ich mir aber sicher, denn ich war ja damals einbestellt. Nicht nur einmal.«

»Hm, weiß ich gar nicht!«

Ricarda schüttelte den Kopf, natürlich wusste Bärbel das. Doch sie hatte es schon immer gut verstanden, das Unangenehme zu verdrängen. Sie lebte und feierte gern, auch mit ihren Gästen in der Gaststätte. Ob es dabei immer nur beim Alkohol blieb, war fraglich. Ricarda mochte diesen Lebenswandel nicht, auch nicht, dass Barbara immer mal wieder mit einem der Gäste mitging oder sich sogar auf Beziehungen mit Geschäftsleuten einließ, die dann auch mit einer gewissen finanziellen Vergütung verbunden waren. Barbara hatte früher schon immer mal Westgeld gehabt und konnte im Intershop einkaufen. Aber sie war eben Ricardas Freundin, schon seit frühester Kindheit.

»Ich muss jetzt auf einen Bescheid und einen Termin zur Einsicht warten.«

»Ich habe ja gehört, dass man die Akte gar nicht sehen darf. Jemand anderes guckt da für dich rein.«

»Aha?« Davon wusste Ricarda noch nichts.

Barbara hustete bestätigend. »Wegen Datenschutz oder so. Sonst könntest du ja auch was über andere Leute lesen, das du nicht wissen darfst. Aber wer weiß. Die Schweine haben so viel Zeug vernichtet nach der Wende, da wird am Ende gar nichts mehr da sein.«

Ricarda schwieg dazu, denn das war auch ihre größte Befürchtung. Eine kleine Pause entstand.

»Also, Bärbel, ich muss dann …«

»Weißt du, was du machen musst?«, rief Barbara in diesem Moment. »Kamelhaardecken verkaufen. Oder irgend so einen anderen Mist. Dann haust du dir den Bus voller alter

Leute, karrst die in eine Kneipe und schließt die Türen zu, so lange, bis der ganze Pfeffer verkauft ist. Das machen die hier in der Kneipe bei mir. Mieten den großen Saal und verkaufen Decken wie bekloppt.«

Barbara war nicht zu bremsen. Ricarda wurde das jetzt zu viel.

»Gut, ich ruf jetzt gleich mal da an.«

»Ja, mach das mal«, sagte Barbara. »Und wenn du mal Zeit hast, ich hab im Otto-Katalog ein Kleid gesehen, würde dir bestimmt gefallen, können ja eine Sammelbestellung machen. Wir sollten uns eh mal wiedersehen.«

»Barbara, ich muss jetzt wirklich. Ich rufe dich am Nachmittag noch mal an.«

»Einfach nur telefonieren?«, fragte Ricarda nach. Sie schwitzte, und ihre Armbeuge schmerzte, weil sich der Mantelstoff hineinpresste. Sie hätte sich vor dem Telefonat den Mantel ausziehen sollen.

»Ja, Kundengespräche führen, im Beratungssektor«, sagte die freundliche Frau mit bayrischem Dialekt.

»Und ein Vorstellungsgespräch gibt es nicht?«

»Also, das geht ganz unkompliziert. Sie kommen her, wir führen noch ein kurzes Personalgespräch, Sie unterschreiben den Arbeitsvertrag und können auch gleich anfangen.«

»Und ab wann?«

»Gleich nächste Woche. Ich kann Ihnen einen Termin Montag früh um neun anbieten.«

»Nächste Woche?« Nun war Ricarda doch überrascht. Die Bedingungen schienen zu passen. Sie hatte ja sowieso keine Auswahlmöglichkeit. Unter der Woche von daheim weg zu sein, würde ungewohnt sein, aber im Grunde hielt sie hier nichts weiter.

»Also gut, ja, tragen Sie den Termin ein. Ich komme. Vielen Dank!«

»Wunderbar, wir können flexible Leute wie Sie gut gebrauchen. Flexibilität fehlt den meisten hier in der Zone. Wir freuen uns auf Sie!«

Ricarda bedankte sich und legte auf. Sie war irritiert. Das war wirklich unangebracht gewesen, die angeblich fehlende Flexibilität zu beklagen und dann auch noch von der »Zone« zu sprechen. Wie wenn man bei einem guten Essen auf ein Pfefferkorn biss.

Nun würde sie also auch pendeln, wenn auch nur zwischen Dresden und Leipzig. Sie würde sich Bücher mitnehmen, und wer weiß, vielleicht fand sich in einem neuen Kollegenkreis auch eine nette Bekanntschaft.

Das vermisste sie zunehmend, seit Ines aus dem Haus war. Da half auch die Freundschaft mit Barbara nicht oder mit Yvonne, einer jungen Frau, der sie vor einer Weile begegnet war und mit der sie ein gutes Verhältnis verband. Es war oft still in der Wohnung. An den neuen Fernsehsendungen hatte sie sich schnell sattgesehen. Seltsam, dass sie früher von der Westwerbung im Radio und Fernsehen nicht genug haben konnte. Da war die Werbung wie ein Blick in ein schönes Schaufenster gewesen, so viele Produkte, die man niemals oder nur ganz selten in die Hände bekam und auch nur, wenn man Westverwandtschaft hatte. Nun hingen ihr die andauernden Werbespots zum Hals heraus.

Sie war im Sessel sitzen geblieben, hatte sich noch immer nicht ausgezogen, sah aus dem Fenster hinaus, wo sich unterhalb des riesigen Plattenbauviertels die Stadt im Tal ausbreitete. Was fing sie nur an mit dem Tag, der so ungewöhnlich begonnen hatte? Zum Arbeitsamt würde sie trotzdem fahren, nahm sie sich vor, noch war nicht unterschrieben, dass sie den

Job bekam. Jetzt würde sie zwar länger warten müssen, doch nun hatte sie wenigstens etwas in Aussicht. Natürlich würde es eine Menge Dinge zu beachten geben. Jemand müsste ihren Briefkasten regelmäßig leeren. Steffen würde das wohl übernehmen müssen. Sie pflegten seit einigen Jahren wieder ein gutes freundschaftliches Verhältnis zueinander, was vor allem an ihr lag. Das Thema nicht mehr anzusprechen, war ein Zugeständnis an Ines gewesen. Geändert hatte sich für Ricarda deshalb nichts. Offenkundig war Steffen sehr erleichtert und glaubte wirklich, sie hätte sich ihrem Schicksal ergeben, was sehr naiv war von ihm.

Jetzt fühlte sich Ricarda Raspe auf einmal wieder hellwach. Es wurde Zeit, und es gab einiges zu tun. Die ersten Monate ihrer Arbeitslosigkeit hatte sie in einer schrecklichen Lethargie verbracht, die einer Depression gleichkam. Es war genau das eingetreten, was die Propaganda der DDR jahrzehntelang vorgebetet hatte, zuerst Arbeitslosigkeit, dann Armut, dann der Verlust der Wohnung und der sozialen Kontakte. Die neue Freiheit wurde teuer bezahlt, der bunte Lack der BRD schien schon nach wenigen Jahren abzuplatzen.

Dann aber war etwas mit Ricarda geschehen. Nach einiger Zeit hatte sich ein gewisses Vertrauen bei ihr eingestellt. Das Arbeitslosengeld genügte gerade zum Leben, wenn man keine Ansprüche hatte. Niemand schien ihr die Wohnung streitig machen zu wollen, selbst ihr kleines Auto konnte sie behalten, wenn sie es nicht zu oft nutzte. Sie bekam langsam den Kopf frei und hatte wieder begonnen, sich Gedanken über ihr verlorenes Kind zu machen. Das war sie dem Kind schuldig, und es war ihr gutes Recht, die Wahrheit zu erfahren, egal wie viele Jahre vergangen waren. Mit ihrer Familie hatte sie es sich sowieso verdorben. Viel mehr zu verlieren hatte sie nicht.

Sie hatte ganz vorsichtig begonnen, tastete sich behutsam an alles heran. Nicht nur an die Fakten, auch an ihre Erinnerungen und Gefühle. Seit dem schrecklichen Vorfall damals, dreiundsiebzig, war sie nicht mehr in die Nähe der Klinik gekommen. Ines hatte sie Jahre später in einem anderen Krankenhaus zur Welt gebracht, weit weg vom Einflussbereich ihres Vaters. Sie wusste nicht, wie sie reagieren würde, wenn sie das Gelände wieder betrat, wenn vor ihr das Haus auftauchte, in dem ihr Kind verschwunden war und mit ihm ihr ganzes vorheriges Leben.

Sie hielt es aus, diese erste Begegnung. Wie sie auch den ersten Besuch auf dem Friedhof aushielt, wo ihr Kind unter einem schlichten Grabstein liegen sollte. Kein einziges Mal war sie hier gewesen in den zwanzig Jahren. Es war ein Mädchen, hatte man ihr gesagt. Deshalb hatte sie den Namen Katrin auf den Grabstein meißeln lassen. So hätte ihre Tochter heißen sollen. Aber Ricarda hatte keine Trauer empfunden. Denn sie war überzeugt davon, dass es keinen Grund gab zu trauern. Etwas Schlimmes war geschehen, doch sie war sich sicher, ihre Tochter lebte, irgendwo. Deshalb hatte sie es nie für nötig erachtet, das Grab zu besuchen. Ihre Eltern taten es gelegentlich, das wusste sie, und davon zeugten auch die kleinen Blumentöpfe.

Natürlich wäre es leichter gewesen zu akzeptieren, was geschehen war, auch jetzt noch hätte sie die Möglichkeit, abzuschließen, sich abzufinden mit der Tatsache, so wie es sich ihre Eltern und wie es sich auch Steffen und Ines wünschten. Doch das ging nicht. Sie war nicht bereit dazu. Noch nicht. Erst musste sie Antworten auf all ihre Fragen erhalten. In der DDR waren ihr die Hände gebunden, alle Recherchemöglichkeiten verwehrt gewesen. Sollte die neue Zeit mit all ihren Unsicherheiten und Unwägbarkeiten ihr wenigstens diese

Chance geben. Sie lebte jetzt in einem freien Land, in dem man tun und lassen durfte, was man wollte.

Es hatte Ricarda einige Überwindung gekostet, die Klinik zu betreten. Inzwischen waren die Regeln längst nicht mehr so streng wie früher. Man konnte beinahe jederzeit in das Gebäude hinein oder hinaus.

Sie war die Stufen zum Hauptportal hinaufgestiegen, hatte sich umgesehen, nach bekannten Plätzen und Gesichtern gesucht, hatte in sich hineingehorcht. Vergebens. Weder hatte sie jemanden erkannt noch angesprochen noch hatte es ihr emotional geholfen. Alles war wie immer, als sie das Gebäude wieder verließ. Sie war nicht stärker und nicht schwächer geworden. Sich der Vergangenheit zu stellen, seine Gefühle zuzulassen, das hörte sich immer gut an, dieses Gerede der Psychologen. Seinem Schmerz nachspüren. Sie hatte lang genug Schmerz gespürt.

Es war ihr klar, sollte sie jemals ihr Kind finden, würde es ein ganz anderes Leben geführt haben, sie nicht kennen, sie nicht vermissen. Vermutlich würde sie nur Unheil in das Leben der unbekannten Tochter bringen, Zwietracht säen und Zweifel. Doch darum ging es ihr längst nicht mehr. Vielleicht würde sie sich gar nicht zu erkennen geben. Sie wollte lediglich Gewissheit und sie wollte wissen, was damals geschehen war.

Ihr Vater war ein angesehener Arzt und konnte auf eine beachtenswerte Medizinkarriere zurückblicken, die auch unter der Wende nicht gelitten hatte. Er war Professor mit Lehrstuhl an der Medizinischen Akademie und ein gern gesehener Gast auf großen Kongressen, hatte sich in der Frauenheilkunde und der Endokrinologie verdient gemacht, mit empirischen Forschungen und Entwicklungen von neuen Therapien. Sein Grundstück, das er in den Siebzigerjahren erworben hatte, war nach neuesten Schätzungen mehrere Millionen D-Mark wert. Der Versuch des ehemaligen Besitzers, das Grundstück zurückzubekommen, war gescheitert. Ihr Vater galt als rechtmäßiger Besitzer. Seine jahrzehntelange SED-Mitgliedschaft, seine Privilegien zu DDR-Zeiten und Reisen ins nicht sozialistische Ausland hatten seiner Karriere nach der Wiedervereinigung nicht geschadet. Er hätte in der Tat einiges zu verlieren.

Ricarda war es langsam angegangen. Zeit hatte sie genug, allerdings nur beschränkte Mittel. Sie hatte sich entschlossen, regelmäßig die öffentliche Kantine des Krankenhauses zu besuchen, die es seit der Wende gab. Sie trank dort Kaffee, aß ein belegtes Brötchen, und es dauerte keine Woche, da hatte sie Yvonne aus der Verwaltung kennengelernt. Beinahe musste sie über sich selbst lachen, denn diese Vorgehensweise hatte sie sich aus einem Agentenroman, den sie gelesen hatte, abgeschaut.

Über die nächsten Wochen und Monate entwickelte sich eine enge Freundschaft zwischen den beiden Frauen, so dass Ricarda es bald wagte, sich ihrer neuen Freundin anzuvertrauen. Yvonne war jung und aufgrund der umfangreichen Medienberichterstattungen schon ganz ohne Ricardas Zutun zu der Meinung gelangt, dass den Machthabern in der DDR alles zuzutrauen war. Ein Staat, der seine Bürger an der Grenze erschoss, der jeden bespitzeln ließ und Bürger mit unliebsamen Gedanken und Verhalten beseitigte, dem traute sie auch zu, Kinder gestohlen zu haben.

Ricarda war jetzt aufgestanden, hatte endlich den Mantel ausgezogen und über die Sofalehne gelegt. Sie nahm sich die Liste mit Namen und Adressen vor, die Yvonne ihr heimlich besorgt hatte. Es war eine Liste der Belegschaft, die in der besagten Nacht, als ihr Kind verschwand, Dienst hatte. Es waren mehr als dreißig Namen. Die meisten hatte sie in den letzten zwei Wochen streichen können, da sie offensichtlich nichts mit der Entbindungsstation zu tun gehabt hatten. Auch dabei half ihr Yvonne, die bei Gelegenheit im Personalarchiv des Krankenhauses stöberte.

Nun standen noch acht Namen auf der Liste. Allesamt Frauen. Sieben von ihnen waren in Rente gegangen oder hatten aus anderen Gründen die Klinik verlassen. Es würde ihr nichts anderes übrigbleiben, als die zwanzig Jahre alten Adressen zu überprüfen. Eines jedoch stimmte sie hoffnungsvoll. Laut Yvonnes Angaben gab es eine Frau, die noch immer dort arbeitete, mittlerweile in der Kinderklinik. An diese würde sie sich zuerst wenden. Ricarda nahm den Telefonhörer ab und wählte Yvonnes Arbeitsnummer.

»Guten Morgen, Yvonne, ich bin's, Ricarda. Sag mal, kannst du herausfinden, ob diese Monika Schade heute Dienst hat?«

Ricarda sah auf die Uhr. Sie wartete nun schon seit fast einer Stunde vor dem Klinikgebäude. Ihr war kalt. Sie wusste nicht, wie Monika Schade aussah und hatte die Oberschwester gebeten, ihr auszurichten, dass sie hier auf sie wartete. Nun war der Dienstschluss schon seit einer Viertelstunde verstrichen, eine ganze Anzahl Frauen hatte das Gebäude einzeln oder in Grüppchen verlassen, doch keine hatte sie auch nur eines Blickes gewürdigt. Hatte sich Frau Schade an ihr vorbeigeschmuggelt?

»Was wollen Sie denn von mir?«, sprach sie plötzlich jemand von hinten an.

Ricarda fuhr herum. Eine Frau, etwa in ihrem Alter, mit rot gefärbten Haaren, stand auf dem Gehweg unterhalb der Eingangstreppe. Für einen Moment war Ricarda so verblüfft, dass ihr die Worte fehlten.

»Sie wollten doch mit mir sprechen. Sind Sie Ricarda Weber?«, fragte die Frau misstrauisch. Sie trug einen Trenchcoat, der fast bis zum Boden reichte, mit weiten Kragenaufschlägen, darunter einen modischen Rollkragenpullover.

Ricarda nickte, ging die Treppe hinunter, blieb aber in einigem Abstand stehen, um die Frau nicht zu bedrängen.

»Ich wollte Sie etwas fragen. Ich will Sie auch gar nicht aufhalten. In welche Richtung müssen Sie?«, fragte Ricarda.

Die Frau deutete in Richtung Fetscherstraße. Gemeinsam gingen sie los. Auch das hatte Ricarda in Agentenromanen gelesen: immer in Bewegung bleiben.

»Weber ist der Name meines Exmannes. Mein Geburtsname ist Raspe.« Ricarda warf der Frau einen Blick zu und wollte ihre Reaktion sehen.

Die erwiderte den Blick. »Haben Sie was mit *dem* Raspe zu tun?«

»Das ist mein Vater«, erklärte Ricarda knapp.

Die Frau sah sie neugierig von der Seite an. »Und was wollen Sie?«

»Können Sie sich an einen Vorfall im März dreiundsiebzig erinnern? Ich lag hier in der Klinik und habe in der Nacht ein Mädchen entbunden.«

Die Frau blieb stehen. »Und was wollen Sie dann genau von mir wissen?«

Zwangsläufig musste Ricarda auch stehenbleiben. Sie antwortete nicht gleich, ließ erst ein Paar vorbeigehen, das ihnen mit einigem Abstand gefolgt war.

»Ich möchte etwas wissen, was mir mein Vater nicht erzählen will.«

Monika Schade zeigte keinerlei Regung und blickte durch Ricarda hindurch. »Was soll das denn sein?«, fragte sie.

Ricarda war enttäuscht, sie hatte gehofft, die Frau würde

sofort von allein auf den Vorfall von damals zu sprechen kommen. Nun musste sie ihrer Erinnerung auf die Sprünge helfen und lief damit Gefahr, ihr Gegenüber zu verschrecken.

»Vielleicht erinnern Sie sich an die Nacht zum 12. März 1973? Bei der Geburt meines Kindes lief nicht alles, wie es sollte«, begann sie vorsichtig. Vielleicht wollte Schwester Monika nur einen Hinweis darauf, wie weit sie sich vorwagen durfte. Immerhin kannten sie sich nicht.

Die Frau zögerte. »Ja, es gab einige Schwierigkeiten in dieser Nacht«, deutete sie vage an. Erneut gingen Leute an ihnen vorbei und die Frauen schwiegen.

»Können Sie mir Genaueres sagen?«, hakte Ricarda nach.

Monika Schade stöhnte genervt auf. »Hören Sie, ich will meine Arbeitsstelle nicht verlieren. Am besten wäre es, wir lassen das jetzt.« Mit einer schnellen Bewegung schob sie den Riemen ihrer Handtasche hoch und ging weiter.

Ricarda wartete einen Moment und folgte der Frau dann mit ein paar Schritten Abstand. Die Schade sah sich nicht um, aber sie musste gehört haben, dass Ricarda ihr folgte. Sie protestierte nicht dagegen. Die beiden Frauen überquerten das Klinikgelände, bis sie das Tor zur Fetscherstraße erreicht hatten. Monika Schade bog nach links zur Straßenbahnhaltestelle ab. Ricarda schloss wieder auf.

»Denken Sie, ich sei im Auftrag meines Vaters hier?«, brach Ricarda das Schweigen. »Das bin ich nicht. Im Gegenteil, ich fürchte, mein Vater ist an der Sache mit beteiligt.«

Die Krankenschwester lief eiligen Schrittes weiter, hatte Ricarda aber für einen Moment angeschaut. »Sie haben Ihr Kind verloren damals, oder?«

Ricarda nickte andeutungsweise.

»Und Sie denken, Ihr Vater hat Schuld daran?«

»Sie wissen also etwas?« Ricarda sah sie erwartungsvoll an.

Die Frau rang mit sich, das sah man ihr an. »Ich hatte Nachtschicht auf der Etage, ich war aber ganz neu und sehr jung, ich hatte gerade ausgelernt. Ich habe nur mitbekommen, dass etwas passiert sein musste. War viel los in dieser Nacht. Ich habe mich rausgehalten, mir wurde eindrücklich befohlen, dass ich meinen Mund zu halten hätte.«

»Ach ja, warum denn?«, fragte Ricarda und hatte jetzt Mühe, Schritt zu halten.

»Die wollten einfach nicht, dass davon etwas publik wurde. Wer will schon Fehler zugeben? Damals war man schnell weg vom Fenster. Na ja, ist ja heute auch nicht anders. Nur dass dir nicht die Partei, sondern dein Arbeitgeber die Kündigung verpasst.«

»Ist Ihnen in der Nacht vielleicht noch etwas Ungewöhnliches aufgefallen?«

»Ja, jetzt, wo Sie mich fragen, fällt es mir wieder ein. Beim Rauchen sah ich hinter dem Haus ein Auto stehen, bei der Müllrampe. Ich weiß noch, das war ein Moskwitsch. Und der Motor lief.«

»Ach ja?«, Ricarda konnte ihre Aufregung nicht verbergen. »Ein fremdes Auto?« Das war eine völlig neue Information für sie.

»Ja, kein Dresdner Kennzeichen, Berlin, glaub ich. Ich stand nicht lange draußen, da rief mich die Oberschwester rein. Sie war ziemlich ungehalten und hat mich angeblafft, was ich da zu suchen habe.«

»Wirklich?« Ricarda wurde beinahe schwindlig. Nachdem sie zwanzig Jahre lang nur Vermutungen angestellt hatte, bis sie von der gesamten Familie als verrückt erklärt worden war, waren das die ersten konkreten Hinweise darauf, dass wirklich etwas nicht mit rechten Dingen zugegangen war.

»Ja, mehr weiß ich aber auch nicht.« Monika verzog das

Gesicht. Ihr war deutlich anzumerken, dass sie jetzt in Ruhe gelassen werden wollte. »Ich will aber keinen Ärger, ja? Hier sitzen überall Wendehälse, in der Verwaltung und den Chefetagen, die haben nur ihre Parteinadel abgenommen und sonst ist nichts weiter passiert.«

Aber Ricarda konnte jetzt nicht aufhören. Sie musste mehr wissen. »Verstehen Sie, ich muss wissen, was mit meinem Kind passiert ist. Ich habe es nie gesehen. Sie haben es mir einfach weggenommen.« Ricarda verschlug es fast die Sprache, so aufgewühlt war sie.

Die Frau legte ihr besänftigend die Hand auf den Arm. »Das war so damals, alle Totgeburten oder Frühverstorbenen wurden obduziert, die wollten ja wissen, woran es lag, ob ein Infekt vorlag oder so etwas. Was danach geschah, weiß ich nicht. Hören Sie, ich muss jetzt. Es tut mir leid, aber Sie müssen das verstehen. Die haben schon massig Leute entlassen hier, ich will nicht dazugehören.«

»Eine Frage noch, bitte. Die Oberschwester, wie hieß die?«

»Ja, das weiß ich noch. Schwester Irmgard. Die hab ich gehasst damals. Aber ich glaube, die ist gestorben. Sie ist fünfundachtzig in Rente gegangen.«

»Und die Hebamme? Die bei der Geburt dabei war. Ich glaube, sie hieß Dagmar mit Vornamen.« Dieser Name war Ricarda soeben in den Kopf geschossen. Aber sie konnte sich nicht erinnern, ihn auf der Personalliste gelesen zu haben.

Monika Schade verzögerte noch einmal ihren Schritt. »Ja, Daggi. Dagmar. Ich glaube, sie hieß Krüger. Die war aber dann gleich weg. Ich habe sie nie wiedergesehen.«

»Nie wieder?«

»Nee, tut mir leid. Und ich fürchte, es wird auch keiner von denen sich an etwas erinnern wollen. Wie gesagt …« Monika

Schade zuckte entschuldigend mit den Achseln und wandte sich ab. Die Straßenbahn näherte sich der Haltestelle.

Ricarda schüttelte enttäuscht den Kopf. Doch wenigstens hatte sie jetzt einen konkreten Namen. Dagmar Krüger.

»Eine Dagmar Krüger kann ich überhaupt nicht finden«, flüsterte Yvonne ins Telefon.

»Gar nicht? Kann das ein Fehler sein? Immerhin hat sich die Schade genau an den Namen erinnert.« Ricarda erhob sich aus dem Sessel, um aus dem Fenster zu sehen. Es war dunkel geworden. Vor ihr breiteten sich die Lichter der Stadt aus. Es waren deutlich mehr geworden in den letzten vier Jahren. Überhaupt war alles heller und bunter geworden. Doch es hatte nichts zu bedeuten, wie der süße Geschmack von Kaugummis, der verschwand, wenn man sie eine Weile kaute.

Yvonne atmete hörbar in den Hörer. »Vielleicht hat sie sich geirrt.«

Ricarda verzog abschätzend den Mund. »Geirrt? Überleg mal, ich kann mich auf jeden Fall noch an die Namen von Kollegen erinnern, mit denen ich vor zwanzig Jahren zu tun hatte. Lehrer, Schulkameraden, Studenten.«

»Hm.« Yvonne war schweigsam heute.

»Was ist denn? Hat dich jemand bei der Suche gesehen?«

»Nee, aber mir kam es so vor, als sei mir jemand nachgelaufen nach Feierabend.«

Ricarda erstarrte. »Quatsch, oder?«, fragte sie leise.

Yvonne schwieg. Das war Antwort genug.

»War das nur so ein Gefühl oder hast du jemanden gesehen?«

»Ein Gefühl, aber zweimal hatte ich wirklich den Eindruck, jemanden gesehen zu haben. Eine Frau, glaube ich. Gleich beim Krankenhaus.«

»Das kann ein Zufall gewesen sein. Wie sollen die denn darauf kommen, dass du für mich etwas suchst? Du machst das doch nicht im Computer, oder?«

Ricarda traute Computern nicht. Für die Stasi, da war sie sich sicher, wären diese Kisten ein gefundenes Fressen gewesen. Garantiert speicherten die alles ab, was man tat.

»Nein, aber du sagst ja selbst, die alten Kanäle funktionieren noch.«

Dem konnte Ricarda nicht widersprechen, das war es, was sie vermutete.

»Dann suchst du erst mal nicht weiter und beobachtest deine Umgebung genau«, riet Ricarda. War es nicht unverantwortlich von ihr, Yvonne in die Sache hineinzuziehen, vor allem aber auch, sie mit ihrem Misstrauen anzustecken?

»Und du hast wirklich gar nichts gefunden?«

»Nein, aber es könnte ja auch bedeuten, dass die Personalakte entfernt wurde. Ich müsste versuchen, an alte Dienstpläne zu gelangen. Es gibt ja ein Archiv, aber ich weiß gar nicht, wie man da reinkommen soll.« Der Unwillen war deutlich aus Yvonnes Stimme herauszuhören.

»Nein, lass gut sein«, bestimmte Ricarda, obwohl sie genau das Gegenteil wollte. »Mach dir erst mal einen schönen Abend. Und ruf mich an, wenn etwas ist.«

Ricarda legte auf und sortierte gedankenverloren das verdrehte Telefonkabel. Sie blickte wieder zum Fenster. Es hatte zu regnen und zu stürmen begonnen. Jetzt hätte sie gern Ines hiergehabt. Einfach nur so. Eine Weile überlegte sie, ob sie ihre Tochter anrufen sollte. Dann aber entschied sie anders. Noch einmal griff sie zum Hörer.

»Raspe?«, meldete sich ihre Mutter.

»Ich bin's, Mutti«, sagte Ricarda und hoffte, die Müdigkeit wäre ihr nicht anzuhören.

»Bist du krank?«, fragte Mutter sofort. Ricarda verdrehte die Augen. Sie wollte ihrer Mutter nichts unterstellen, doch dieses Besorgtsein wirkte immer aufgesetzt, eine willkommene Ablenkung, um ja kein heikles Thema zu tangieren.

»Nein, ich wollte nur sagen, ich fahre Montag in Richtung Leipzig, ich habe da Aussicht auf eine Stelle. Vermutlich werde ich die Woche über immer dort übernachten. Dass ihr euch nicht wundert.« Mit einem Schlag wurde Ricarda bewusst, dass sie von nun an mindestens vier von sieben Tagen der Woche nicht in ihrem Bett schlafen würde. Ihr wurde übel, und der Wunsch, das Ganze abzublasen, wurde beinahe übermächtig.

»Eine neue Stelle, schön! Sollen wir in deinen Briefkasten sehen?«

Beinahe hätte Ricarda belustigt aufgeschrien. Das Bild, wie ihre Mutter im Neubaugebiet aus dem Mercedes stieg, um mit spitzen Fingern die Haustür aufzuschließen, den Briefkasten zu öffnen und ihre Post herauszuholen, war einfach absurd.

»Nein, das macht Steffen. Wie gesagt, ich wollte nur …« Ricarda unterbrach sich. »Sag mal, Dagmar Krüger. Sagt dir das etwas?«

Ihre Mutter zögerte. »Kommt mir geläufig vor, ja. War das nicht eine aus deiner Schule?«

Ricarda bekam eine Gänsehaut. Zwar hatte ihre Mutter den Namen falsch assoziiert, doch dass sie sofort auf ihn angesprungen war, musste etwas bedeuten. Ricarda antwortete nicht. Es war keine Einbildung. Es hatte eine Dagmar Krüger gegeben und nun war sie aus den Akten verschwunden.

»Dein Vater kommt gerade, warte mal.«

Ricarda öffnete den Mund, um ihre Mutter daran zu hindern, ihren Vater zu fragen. Schon bereute sie, überhaupt gefragt zu haben.

»Eberhardt, kannten wir eine Dagmar Krüger?«, sagte ihre Mutter gedämpft. Dann war plötzlich ihr Vater am Apparat.

»Ricarda?«, meldete er sich. »Wer soll das sein?«

»Der Name ist mir zufällig untergekommen, ich überlege, ob das eine aus dem Studium war«, log Ricarda und war froh, dass ihr überhaupt etwas eingefallen war.

»Ich kenne keine. Du hast eine neue Stelle, habe ich gehört?«

»Das entscheidet sich am Montag. Aber die Aussichten sind gut.«

»Dann viel Glück. Und fahr vorsichtig!«

Nachdenklich blieb Ricarda noch einen Moment sitzen. So barsch und schnell wie ihr Vater geantwortet hatte, war sie sicher, dass er log. Nun erhob sie sich und ging zur Schrankwand, in der ihre neue Stereoanlage stand. Sie mochte dieses schwarze kompakte Gerät, das Schallplatten und Kassetten abspielen konnte und sogar noch einen CD-Wechsler besaß, der nacheinander drei CDs abspielen konnte. Sofern es ihre Finanzen zuließen, kaufte sie sich die Musik, die sie in der DDR nur gelegentlich im Radio hatten hören können. Lindenberg zum Beispiel.

Auf einmal kam ihr ein Gedanke.

Sie schob den Sessel beiseite und nahm aus der unteren Ablage des Telefontischchens das Telefonbuch heraus. Noch auf dem Boden kniend schlug sie den Buchstaben K auf. Sie fuhr mit dem Zeigefinger die einzelnen Zeilen ab, bis sie Krüger gefunden hatten. Leise stöhnte sie auf. Da stand ihr einiges an Arbeit bevor. Erschreckend viele Leute in Dresden hießen Krüger.

Ricarda überlegte noch einen Moment. Dann ging sie in die Küche, um einen Tee zu machen. Es war eine gute Zeit zum Telefonieren, spät genug, dass die meisten Menschen Feierabend hatten, aber noch nicht zu spät am Abend.

Sie telefonierte gern und mochte den Gedanken, ein eigenes Telefon zu haben. Jahrzehntelang war das nicht möglich gewesen. Man musste umständlich zur Telefonzelle laufen oder beim Nachbarn fragen, ob man das Telefon nutzen durfte, wenn der eines hatte. Wie schön es jetzt war, Ines einfach anzurufen, wenn man Lust hatte.

Während das Wasser zu kochen begann, öffnete Ricarda ihren Küchenschrank und betrachtete ihre Auswahl an Teesorten. Selbst das war Luxus, verglichen zur DDR-Zeit. So viele Sorten gab es, sie konnte sich gar nicht entscheiden. Sie ertappte sich dabei, wie sie auf die Teeschachteln starrte und ihre Gedanken ganz woanders waren. Da war er wieder, der latente Schmerz, der seit zwanzig Jahren tief in ihr steckte. Es war nicht allein der Schmerz über den Verlust. Es war das Gefühl, verraten worden zu sein, von ihrem Vater, von ihrer Mutter, die dem Vater keine Widerrede leistete, von dem Staat, dem sie vertraut hatte. Gerade der sozialistische Staat, der versprochen hatte, seine Bürger zu behüten, vor allen Unbilden zu schützen, hatte ihr gezeigt, wie schnell man durch das Raster fiel und zur Unperson wurde. Aber über diesen latenten Schmerz und über das neue, ungute Gefühl, das ihre Arbeitslosigkeit mit sich gebracht hatte, hatte sich etwas Neues gelegt. Eine Idee von Aufbruch, eine neue Kraft, beinahe eine Euphorie. Wenn schon ihre Ausbildung und ihre Berufserfahrung nichts mehr wert sein sollten, wenn schon ihre Ersparnisse kaum mehr betrugen als drei, vier Monatsmieten, so war sie doch in der Lage, etwas zu tun. Und sie würde es tun.

9

Dresden, März 1973

Thomas Rust parkte seinen Trabant in der Augsburger Straße und stellte den Motor ab. Im trüben Licht der Gaslaternen versuchte er, die Adresse auf dem Zettel zu lesen. Es war kurz nach 18 Uhr und schon dunkel. Schwere Wolken waren über der Stadt aufgezogen. Immerhin war es nicht mehr so kalt, fast angenehm, nach den frostigen Nächten der letzten Wochen.

Er stieg aus, schloss die Fahrertür ab, sah sich um. Es war ruhig und sehr düster. Die Gaslaternen standen in großen Abständen zwischen den Bäumen. Er konnte die gesuchte Hausnummer nicht finden und ging deshalb die Straße ein Stück weiter hinunter. Ein Wartburg näherte sich. Er fuhr schnell, seine Räder lärmten über das Kopfsteinpflaster. Im Scheinwerferlicht konnte Rust endlich eine Hausnummer am brüchigen Putz ausmachen.

Das Nachbarhaus musste das richtige sein. Es hatte nur zwei Stockwerke und wirkte zwischen den höheren und größeren Jugendstilvillen und Gründerzeithäusern eher klein. Im Verfall stand es ihnen jedoch in nichts nach. Rust öffnete das brusthohe Tor und betrat das Grundstück. Im Dunkeln konnte er das Klingelschild nicht erkennen und suchte mit Hilfe seines Feuerzeuges die Namensschilder ab. Den Namen Krüger fand er nicht. Im Licht der kleinen Flamme sah er noch einmal auf seinen Zettel.

Schließlich kehrte er langsam zu seinem Wagen zurück und zündete sich eine Zigarette an, die er, ans Auto angelehnt, rauchte. Er könnte es auf sich beruhen lassen. Es ging ihn nichts an. Erstaunlich, dachte er weiter, wie nahe Unheil und Glück beieinanderlagen. Im Großen wie im Kleinen. Keine zwei Kilometer weiter, die Augsburger Straße stadteinwärts, waren vor dreißig Jahren Tod und Zerstörung vom Himmel gefallen. Dieses Viertel war jedoch verschont geblieben. Und die einen gehen mit ihrem neugeborenen Kind nach Hause und beginnen ein neues Leben als Familie, setzte er den Gedanken fort, für andere bricht eine Welt zusammen. Rust schickte ein Stoßgebet zum Himmel, dass dieser Kelch an Heike und ihm vorübergehen mochte. Natürlich glaubte er nicht an Gott, der nur dafür gut war, die Arbeiterklasse dumm und gefügig zu halten. Doch manche Dinge, die man noch aus seiner Kindheit kannte, übernahm man dann eben doch.

Rust rauchte zu Ende, warf die Kippe auf die Straße und wollte gerade einsteigen, da bemerkte er eine Gestalt. Es war eine Frau im schwarz-weiß gefleckten Kunstfellmantel, wie auch Heike ihn besaß. Sie trug zwei Stoffbeutel und steuerte auf das Tor zu.

Rust trat unter das nächste Laternenlicht, damit sie ihn sehen konnte. Er wollte sie auf keinen Fall erschrecken, indem er sie aus der Dunkelheit ansprach. Jetzt sah sie ihn, zeigte aber keine Reaktion und drückte mit dem Ellbogen die Klinke am Tor herunter, stieß das Tor hinter sich mit dem Fuß zu und ging rasch zur Haustür.

»Frau Krüger?«, fragte Rust.

»Ich war nur einkaufen!«, sagte die Frau schnell. Rust war irritiert, sie war ihm doch keine Rechenschaft schuldig. Sie stellte einen der Beutel ab, klemmte ihn sich zwischen die Füße, um eine Hand freizuhaben. Trotzdem kippte der Beutel um, als sie nach dem Schlüssel suchte. Eine Milchtüte und ein weiße Plastikdose CAMA-Margarine fielen heraus. Rust wollte die Sachen aufheben, aber gleichzeitig bückte sich die Frau mit ihm. Dann hielt Rust den Beutel auf und die Frau packte Milch und Margarine wortlos wieder hinein.

»Rust ist mein Name. Ich bin Polizist, bitte erschrecken Sie nicht. Ich bin in eigener Sache hier.«

»Aha«, sagte die Frau. Sie hielt den Schlüssel in der Hand, schloss jedoch nicht auf.

»Wollen wir nicht hineingehen?«, fragte Rust.

»Ach so, ja!« Die Frau war nervös und verlegen und schloss umständlich die Haustür auf. Im Licht der Treppenhausbeleuchtung konnte Rust die Frau richtig betrachten. Sie war noch jung, höchstens so alt wie er, hatte langes glattes Haar und dunkle Augen, die gerötet waren, als seien sie entzündet.

»Frau Krüger, ich möchte nur reden mit Ihnen. Wohnen Sie hier?« Rust versuchte sich vergeblich im Plauderton, um ihr die Anspannung zu nehmen.

»Ja«, antwortete sie und nickte verschüchtert.

»Ihr Name steht nicht an dem Klingelschild.«

»Wir wohnen bei Frau Meyer. Wir teilen uns die Wohnung. Ich habe einen kleinen Zettel an das Klingelschild geklebt, aber er fällt immer wieder ab.«

»Ist es eine Verwandte?« Rust deutete auffordernd zur Treppe, und gemeinsam stiegen sie die Treppe hinauf.

»Nein, ich habe eine Wohnung beantragt, aber ich warte schon seit zwei Jahren auf eine Zusage. Durch Zufall erfuhr ich, dass hier eine alte Dame in einer Dreiraumwohnung wohnt. Ich habe sie gefragt, ob sie uns ein Zimmer abtritt, dafür erledige ich ihre Einkäufe und mache die Treppe. Na ja, und irgendwann …«

Frau Krüger sprach nicht weiter. Rust wusste, was sie sagen

wollte. Sie hoffte, bleiben zu können, wenn Frau Meyer einmal starb. Das war nicht unüblich. Genauso wie man auch im Bekanntenkreis und unter der Hand Wohnungen tauschte.

Schweigend gingen sie die letzten Stufen hinauf. Überall im Treppenhaus platzte der braune Vorkriegslack von der Wand, die Stufen waren ausgetreten, der Handlauf speckig. Unvermittelt ging das Licht aus. Aber Rust hatte den nächsten Lichtschalter schon anvisiert und tastete in der Dunkelheit nach ihm.

»Sie sehen sehr mitgenommen aus«, sagte Rust, nachdem das Licht wieder angeschaltet war.

Frau Krüger zuckte mit den Achseln und nickte dabei. »Ich habe halt viel zu tun. Die Arbeit, der Schichtdienst, nebenbei Weiterbildung, der Haushalt und die alte Dame.« Wieder zuckte sie mit den Achseln, doch diesmal hatte die Geste etwas Zynisches an sich.

»Hier?«, fragte Rust und deutete auf die Wohnungstür. Durch die Ritzen der Briefklappe drang Licht.

Frau Krüger nickte und ließ sich den zweiten Beutel abnehmen, um aufschließen zu können.

»Frau Meyer, ich bin's!«, rief sie, kaum dass sie geöffnet hatte. »Kommen Sie«, sagte sie an Rust gewandt. Gleich vorn im Flur streifte sie sich die Schuhe ab und schlüpfte in Filzhausschuhe.

»Ziehen Sie bitte die Schuhe aus, Frau Meyer nimmt es da sehr genau.«

Rust nickte, übergab ihr den Einkauf und trat in die Wohnung. Dumpfer Geruch schlug ihm entgegen, eine Mischung vielerlei Aromen, die nicht alle einzuordnen waren. Alte Leute, schlechte Lüftung, Salben, alte Möbel. So hatte es gerochen, als Heike und er damals ihre erste Wohnung bezogen hatten, kaum dass der Vormieter gestorben war. Nach einer Weile war der Geruch wahrscheinlich verflogen oder aber man hatte sich daran gewöhnt.

Jetzt allerdings, hier im trüben Licht des alten Hauses, hatte es eine deprimierende Wirkung auf Rust. Er folgte Frau Krüger in die Küche.

»Sie sagten ›wir‹. Sind Sie verheiratet?«, fragte er.

Frau Krüger tat, als hätte sie nichts gehört, und begann, ihre Einkaufsbeutel auszupacken. Rust sah, dass es keinen Kühlschrank gab, nur einen alten, weiß lackierten Vorratsschrank, in dem die Frau die Lebensmittel verstaute. Ein Holzofen in der Ecke strahlte noch ein wenig Wärme aus.

Rust bemerkte hinter sich eine Bewegung, sah sich um. Eine alte Frau blickte vorsichtig in die Küche.

»Frau Meyer, das ist Herr Rust. Er bleibt nur kurz«, sagte Frau Krüger mit lauter Stimme

»Guten Tag«, grüßte Rust. Die Frau nickte nur und zog sich wieder zurück.

Endlich zog Frau Krüger ihren Mantel aus, hängte ihn in den Flur an die Garderobe und schloss dann die Tür hinter sich, als sie wieder in die Küche zurückkam.

»Ich kann Ihnen gar nichts anbieten«, sagte sie knapp.

»Das ist auch nicht nötig. Ich möchte nur gern etwas über den Vorfall im Krankenhaus wissen. Das Enkelkind von Doktor Raspe starb bei der Entbindung?«

»Deshalb sind Sie hier?«, fragte Frau Krüger mit einer Mischung aus Erstaunen und Entsetzen.

»Wieso? Gibt es noch einen Grund, weswegen man nachfragen könnte?«

Frau Krüger öffnete den Mund, überlegte es sich jedoch anders und schüttelte schnell den Kopf.

»Hat Raspe Sie geschickt?«

»Nein, im Gegenteil.«

Sie hob wissend das Kinn. Dann atmete sie durch. Sie hatte die Arme vor der Brust verschränkt. Ihre Haltung war eine Spur aggressiver, seit sie wusste, warum er hier war.

»Es sterben bei der Geburt etwa fünfzehn Kinder von tausend beziehungsweise werden bereits tot geboren. Früher waren es noch mehr. Man bemüht sich, die Sterberaten weiter zu senken. Die Ursachen sind vielfältig. Und manchmal, da geschieht es eben. Wenn das alles ist?«

Rust hob beschwichtigend die Hand. »Ich bin nicht hier, um Ihnen etwas anzulasten oder vorzuwerfen. Ich möchte einfach nur wissen, ob Sie selbst gesehen haben, dass das Kind tot war. Ist das sicher?«

Die Frau runzelte die Stirn. Ihr schien etwas eingefallen zu sein. »Ihr Name ist Rust, ja? Ihre Frau liegt doch gerade auf der Station.« Sie lächelte auf einmal leise. »Sie machen sich Sorgen, nicht wahr? Glauben Sie mir, Sie müssen keine Angst haben. In den meisten Fällen geht alles gut.«

Rust schüttelte den Kopf. »Nein, nein, deshalb bin ich nicht hier. Es geht hier ausschließlich um diesen besagten Vorfall. Ich möchte wissen, ob bei dieser Geburt alles seinen üblichen Lauf genommen hat, ob es Abweichungen gab. Haben Sie selbst gesehen, dass das Kind tot war?«

Frau Krüger trat jetzt dicht an Rust heran. In ihrem Gesicht spiegelte sich der Zorn. »Ich möchte wissen, was Sie das angeht?«, fragte sie in scharfem Ton.

Rust blieb gelassen. »Und warum sind Sie beurlaubt worden?«

»Ich habe darum gebeten!«, zischte die Frau. »Das Kind war tot, ja! Sind Sie jetzt zufrieden? Irgendwann erlebt das jeder von uns mal. Bei mir war es das erste Mal. Gehen Sie jetzt, bitte!«

»Was genau ist mit dem Kind geschehen? Wurde es aus

dem Kreißsaal gebracht? Haben Sie es der Mutter gleich gesagt?« Rust zeigte sich unbeeindruckt von der Aufforderung der Frau.

Frau Krüger streckte den Rücken durch. »Also, ich sage es noch mal: Es gab bei der Geburt Komplikationen, das Kind blieb im Geburtskanal stecken. Für einen Notkaiserschnitt war es aber zu spät. Mit viel Mühe gelang es uns dann doch, das Kind herauszuziehen. Aber es atmete nicht mehr, sein Herz schlug nicht. Es wurden lebensrettende Maßnahmen eingeleitet, von Raspe selbst, aber sie blieben wirkungslos. Dann wurde es aus dem Saal gebracht.« Frau Krüger stockte. »Ich darf Ihnen das gar nicht erzählen, aber Sie zwingen mich dazu. Vielleicht war es mein Fehler! Ich hätte früher entscheiden müssen, ich hätte merken müssen, dass etwas nicht stimmte. Glauben Sie, ich denke nicht darüber nach?« Frau Krüger sah ihn fragend an. Ihr war die Erregung anzusehen.

Rust schwieg und ließ ihre Worte nachklingen. Nach einer Weile entspannten sich die Gesichtszüge der Frau wieder ein wenig.

»Ich möchte Ihnen noch eine Frage stellen. Dann werde ich gehen.«

»Dann fragen Sie«, seufzte die Frau schicksalsergeben.

»Ist Ihnen jemand Fremdes aufgefallen an diesem Tag? Jemand, der um diese Zeit nicht auf der Station sein sollte?«

Frau Krüger hatte schon begonnen, den Kopf zu schütteln, als Rust die Frage noch gar nicht zu Ende formuliert hatte.

»Niemand, nein. Mir ist niemand aufgefallen. Alles war wie immer. War's das? Lassen Sie mich nun bitte endlich in Ruhe?«

Rust nickt. »Ja. Danke. Bitte verzeihen Sie meine Aufdringlichkeit.« Er verließ die Küche, zog sich seine Schuhe wieder über und schloss die Wohnungstür hinter sich.

Als er auf die Straße trat, empfing ihn ein feiner Nieselregen. Er schlug den Jackenkragen hoch, holte sich eine Zigarette heraus und zündete sie an. Seit seinem Vorhaben, das Rauchen einzuschränken, wenn das Kind da wäre, kam es ihm vor, als ob das Verlangen danach noch größer geworden wäre. Als ob er sich einen Vorrat anrauchen könnte. Was für ein absurder Gedanke. Vielleicht sollte er auf die stärkeren »Karo« umsteigen, damit es ihm den Genuss vergällte?

Langsam ging er zu seinem Auto und dachte noch einmal über die Begegnung mit Frau Krüger nach. Woher wollte diese Monika wissen, dass Frau Krüger beurlaubt worden war beziehungsweise selbst um Urlaub gebeten hatte? Auch eine Hebamme musste erst einmal verarbeiten, dass ihr ein Kind unter der Hand gestorben war. Er kannte das aus seinem Beruf, der ihn auch immer wieder mit dem Tod konfrontierte. Das konnte er auch nicht einfach so abschütteln. Und so manches Mal hatte er sich schon gefragt, ob er den richtigen Berufsweg eingeschlagen hatte.

Jetzt stutzte Rust und blieb hinter einem Baumstamm stehen. Stand da jemand an seinem Auto? Nun kauerte sich die Person auch noch hin, direkt vor die Motorhaube.

»Hallo!«, rief Rust und lief los. Wollte ihm jemand das Nummernschild klauen? Die Person erhob sich und lief über die Straße zu einem Auto, einem Wartburg, wie Rust erkannte. Schnell stieg der Fremde ein und fuhr ohne Licht davon. Erst zwei Kreuzungen weiter schaltete der Fahrer die Scheinwerfer ein und bog ab. Rust begutachtete misstrauisch sein Nummernschild. Es war noch da, verdreckt vom Straßenschmutz. Doch man konnte erkennen, dass darübergewischt worden war. Derjenige hatte es lesbar machen wollen.

10

Dresden, November 1993

»Wie Ihnen schon vorab mitgeteilt, Frau Weber, handelt es sich bei Ihrem heutigen Termin um eine kontrollierte Akteneinsicht«, erklärte die Frau hinter dem Schreibtisch, ohne eine Miene zu verziehen. Sie war um die fünfzig oder älter, und Ricarda konnte sich des Eindrucks nicht erwehren, dass sie früher vielleicht selbst Mitarbeiterin der Stasi gewesen war. Das wäre zwar ziemlich unverfroren, jemanden mit so einer Vergangenheit bei der Stasiunterlagenbehörde zu beschäftigen, doch wer wusste das schon? Sie schwitzte immer noch und hatte es gerade rechtzeitig zu dem Termin in der Riesaer Straße geschafft, nachdem vier Baustellen auf der Autobahn sie aufgehalten hatten.

Sie holte Kugelschreiber und Notizbuch hervor, und die Frau fuhr fort. »Das heißt aufgrund von Datenschutz- und Persönlichkeitsrechtsbestimmungen wird Ihnen eine persönliche Einsicht nicht gewährt. Ich lese Ihnen die unverbindlichen Passagen vor, Sie dürfen gern Fragen stellen, die ich Ihnen, soweit es mir erlaubt ist, beantworten werde. Haben Sie das bis hierhin verstanden?«

Ricarda atmete durch und nickte. Ihr gefiel der Ton der Frau überhaupt nicht. Diese Frau behandelte sie wie eine Bittstellerin, dabei war sie das Opfer einer staatlichen Überwachung gewesen und noch darüber hinaus.

»Die Akte darf nicht fotografiert werden. Kopien dürfen nur nach Prüfung angefertigt werden. Sie dürfen sich gern Notizen machen. Im Prinzip geht aus Ihrer Akte hervor, dass Sie von Geburt an unter der Beobachtung des MfS standen. Hier sind alle Stationen Ihrer Kindheit aufgezeichnet. Die Kinderkrippe in der Bautzner Straße, Kindergarten Löwenstraße, 104. Polytechnische Oberschule, dann die EOS …«

»Seit meiner Geburt?«, unterbrach Ricarda, der erst jetzt der Inhalt der Worte bewusst geworden war.

Die Frau hinter dem Schreibtisch blickte auf. Es war ihr anzusehen, dass sie nicht unterbrochen werden mochte. Sie nickte nur.

»Hat das etwas mit meinem Vater zu tun? Wurde er beobachtet?«

»Darüber kann ich Ihnen keine Auskunft geben, weil ich Ihnen in die Akte Ihres Vaters keinen Einblick geben darf.«

Ricarda lehnte sich zurück und legte sich das Notizbuch auf die Knie. »Steht etwas von meiner ersten Entbindung in den Akten?«

Die Frau blätterte, las, nickte dann wieder. »Sie erlitten eine Fehlgeburt.«

»Das war keine Fehlgeburt«, entfuhr es Ricarda.

»Verzeihen Sie, da habe ich mich nicht korrekt ausgedrückt. Hier ist die Kopie eines Totenscheins, den müssten Sie damals bekommen haben, außerdem die Kopien einer Sektionskarte, eines Autopsieberichtes und der offizielle Meldeschein über einen Abort, der ordnungsgemäß an das Institut für Sozialhygiene in Berlin weitergeleitet wurde, zu Händen der Fachkommission zur Senkung der Säuglings- und Kindersterblichkeit.«

»Darf ich die sehen?«

»Nein.«

»Und wer hat das ausgestellt?«

»Ein Doktor Kerstens.«

»Dürfen Sie mir sagen, ob der Name meines Vaters in einem der Berichte auftaucht? Oder der Name Krüger?«

»Das darf ich nicht sagen.«

»Was wird als Todesursache genannt? Dürfen Sie mir das wenigstens sagen?«

»Hier steht ›Strangulation durch die Nabelschnur‹. Es liegt des Weiteren der Überweisungsschein an den Bestattungsbetrieb vor, der von Ihnen unterschrieben wurde.«

»Den habe ich nie unterschrieben!«, rief Ricarda aufgebracht. »Kann ich das sehen?«

Die Frau schürzte die Lippen. Dann heftete sie den Zettel aus und hielt ihn Ricarda so hin, dass sie ihn lesen konnte. Sie beugte sich vor. Das schlechte DDR-Papier war völlig vergilbt. Es war ein vorgedrucktes Formular, nur das Bestattungsinstitut, ihr Name, der des Kindes und das Datum waren eingetragen. Die Unterschrift sah tatsächlich nach ihrer aus.

»Sonst steht nichts über das Kind?«

Die Sachbearbeiterin blätterte eine Weile in der umfangreichen Akte. »Nur dass Sie eine Zeit lang im Bekanntenkreis den Verdacht äußerten, man habe Ihnen das Kind weggenommen«, sagte die Frau mit etwas spitzem Mund.

»Steht geschrieben, auf wessen Geheiß mir das Medizinstudium verweigert wurde?«

Die Frau sah auf und nickte.

»Aber Sie können es mir nicht sagen!«, schlussfolgerte Ricarda bitter. »Und wurde ich persönlich überwacht?«

»Ja, es gab mehrere inoffizielle Mitarbeiter des MfS, die ab dreiundsiebzig regelmäßig Berichte über Sie ablieferten.«

»Kann ich deren Namen erfahren?«

»Das muss abgeklärt werden. Jetzt darf ich sie Ihnen nicht nennen. Wir stehen ja noch ganz am Anfang der Aufarbeitung, das müssen Sie verstehen. Da muss man die weitere Entwicklung abwarten. Es müssen viele rechtliche Fragen geklärt werden.« Das erste Mal in diesem Gespräch zeigte die Frau einen Anflug von Mitgefühl und Verständnis. »Es tut mir leid.«

Ricarda schlug das Notizbuch zu. Sie hatte nichts aufgeschrieben. »Es ist frustrierend.«

»Sie können jederzeit wieder nachfragen. Aber vergessen Sie nicht: Sie sind eine unter Zehntausenden.«

»Ich weiß.« Ricarda war frustriert. Für so eine Auskunft hatte sie nun vier Stunden wertvolle Arbeitszeit eingebüßt, die sie nachholen musste. Sie erhob sich. »Ich will eigentlich nur wissen, was mit meinem Kind geschehen ist.«

»Da sind Sie auch nicht die Erste«, sagte die Sachbearbeiterin und verzog etwas abschätzig den Mund.

»Ach, wirklich?«

Die Frau schlug die Akte zu und stand auf. »Es ist doch beerdigt worden. Vielleicht können Sie eine Exhumierung veranlassen.«

Nachdem Ricarda das Gebäude verlassen hatte, wusste sie einen Moment nicht, wohin mit sich. Die unterschiedlichsten Gedanken kamen ihr in den Sinn und lähmten sie. Der ganze Aufwand und die Aufregung erschienen ihr so sinnlos, für die wenigen Informationen, die sie erhalten hatte. Es hatte sich nur mal wieder der Verdacht bestätigt, dass sich alles gegen sie verschworen hatte. Der Obduktionsbericht konnte genauso gefälscht sein wie ihre Unterschrift und jedes andere Dokument. Über ihren Vater bekam sie keine Auskunft, selbst nicht über die Personen, die sie bespitzelt hatten. Vermutlich war ihr eigener Vater ein IM gewesen. Aber die Sachbearbeiterin hatte ihr einen guten Hinweis gegeben.

Wie ging man im Fall einer Exhumierung vor? Sollte sie sich an die Polizei wenden? Oder besser an einen Anwalt? Wer bezahlte das?

Jetzt erst spürte Ricarda den feinen Regen, der langsam stärker wurde. Sie setzte sich in Bewegung, lief aber zuerst in die falsche Richtung. An der Hausecke erinnerte sie sich daran, dass sie ihren kleinen weißen Peugeot auf der anderen Seite des Gebäudes abgestellt hatte. Es war schwer genug gewesen, einen Parkplatz zu finden. Die Straßen waren voll. Scheinbar jeder fuhr jetzt einen Wagen. Gleich nach der Wende waren die Gebrauchtwagenhändler wie Pilze aus dem Boden geschossen. Verkauften aber oft genug nur Schrottkisten.

Als Ricarda wieder am Eingang der Behörde vorbeikam, musste sie ausweichen, weil ein Auto durch eine Pfütze fuhr und das Wasser bis weit auf den Gehsteig spritzte. Dabei stieß sie beinahe mit einer Frau zusammen, die an der Hauswand lehnte, als wartete sie auf jemanden. Sie trug einen grauen Mantel mit einem dunkelblauen Schal.

»Entschuldigung!«, murmelte Ricarda und drehte sich noch mal zu ihr um. Doch die Frau sah demonstrativ weg. Ricarda seufzte innerlich. Die Welt war bunter und freier geworden, aber auch unfreundlicher.

Beim Auto angelangt, schloss sie auf, stieg schnell ein und sackte dann in ihrem Sitz förmlich zusammen. Nun erst spürte sie, wie erschöpft sie war. Alles zehrte an ihr. Dieses frustrierende Gespräch, der neue Arbeitsplatz, niemand hatte ihr gesagt, dass sie ausschließlich in der Beschwerdeabteilung arbeiten würde, wo sie täglich den Frust unzufriedener Kunden zu spüren bekam, die neuen Kollegen, das Hin- und Herfahren am Wochenende, all das Neue, Unbekannte und vor allem die Tatsache, dass sie kaum noch Kontakt zu ihrem früheren Freundeskreis hatte. Jeder war beschäftigt, alles löste sich auf und veränderte sich.

Ricarda riss sich zusammen. Fuhr sie nun zu ihrer Wohnung oder gleich zurück nach Leipzig? Als sie den Schlüssel ins Zündschloss steckte, wusste sie plötzlich, wohin sie fahren würde.

Es dauerte eine Weile, bis sie sich durch den Stadtverkehr gekämpft hatte. An den Elbbrücken staute sich der Verkehr, und überall gab es Baustellen. Ganze Straßenzüge waren aufgerissen worden. Trotzdem sah es aus, als würde es noch Jahrzehnte dauern, bis die Stadt saniert war.

Beim Trinitatisfriedhof war die Parkplatzsituation nicht viel besser. Aber sie hatte Glück, parkte den Peugeot, stieg aus und lief durch den Regen über den dunkel werdenden Friedhof, bis sie am Grab stand.

Verärgert stellte sie fest, dass schon wieder ein neues Blumentöpfchen dastand. Vermutlich stammte es von ihren Eltern. Auch wenn sie sicher war, dass hier kein Kind, vor allem nicht ihr Kind, in dem Sarg lag, so fühlte sie doch eine Mischung aus Eifersucht und Zorn in sich. Wie kamen ihre Eltern dazu, sich als trauernde Großeltern darzustellen und anzubiedern? Am liebsten hätte Ricarda nach dem Blumentopf getreten. Sie sah ihre Mutter direkt vor sich, wie sie geziert die Knie zur Seite drehte, um sich umständlich zu bücken und die Blumen abzustellen. Womöglich sprach sie dabei auch noch zu dem Kind. Ricarda hätte vor Empörung fast aufgeschrien. Ausgerechnet ihre Mutter, die ihr in all den Jahren nie eine Stütze gewesen war und in deren Gegenwart sie sich noch immer klein und unreif fühlte. Ihre Mutter, der man es nie recht machen konnte, selbst Vater nicht. Was war das nur, dass man all die Jahre dieses Gefühl nicht losbekam, dass man immer um dieselben Gedanken kreiste, auch jetzt noch, wo man selbst erwachsen war und Kinder hatte?

Ich bin deine Mutter, wollte Ricarda zu dem Grabstein sagen, ich, nicht diese Frau, die alle paar Wochen den Blumentopf auswechselt. Nicht die Frau, die bedingungslos hinter ihrem Mann steht, ihre Tochter aber im Stich gelassen hat. Aber sie sprach nicht zu dem Grab. Das wäre ein Zugeständnis an ihre Eltern gewesen, eine Niederlage. Ihr Kind lag nicht in diesem Grab, und sie würde es nachweisen. Sie würde dafür sorgen, dass man diesen Sarg aushob und ihr zeigte, was sich darin befand.

Natürlich hatte sie Angst davor. Das Herz schlug ihr jetzt bis zum Hals. Was, wenn sie doch nicht recht hatte? Sie würde es nie herausfinden, wenn sie nicht bis zum Äußersten ging.

Ricarda fröstelte. Nachdem ihre Wut abgeflaut war, spürte sie, wie kalt ihr war. Sie würde jetzt doch nach Hause fahren. In ihre Wohnung, es sich gemütlich machen, Fernsehen schauen und dann ins Bett gehen. Alles andere wäre unverantwortlich. Sie wandte sich von dem Grab ab und beschloss, direkt zur Straße zu gehen. Als sie den hellen Lichtfleck des Friedhoftores erblickte, war ihr, als hätte sich am Tor etwas bewegt, wie ein Schatten, der sich hinter die Mauer zurückzog. Ricarda schwankte einen Moment zwischen Angst und Neugier, Letzteres siegte. Sie lief schneller, war aber vorsichtig und wollte nicht stürzen, die Absätze ihrer Stiefel gruben sich tief in den weichen Boden. Sie war etwa dreißig Meter von dem Tor entfernt. Vielleicht war ja auch nur ein normaler Passant am Tor vorbeigelaufen. Mit einer Hand hielt sie ihre

Handtasche an die Seite gepresst und mit der anderen ihr Tuch vor dem Hals. Als sie am Tor ankam, warf sie prüfend einen Blick nach links, fand aber den langen Gehweg menschenleer vor. Das wiederum verstärkte ihren Verdacht, denn ein normaler Fußgänger wäre in dieser kurzen Zeit nicht einmal bis zur nächsten Ecke gelangt. Hatte der Schatten nicht genauso ausgesehen wie die Frau vor der Stasiunterlagenbehörde? Dieser Mantel und der dunkle Schal? Misstrauisch sah sie sich um. Jetzt sah sie schon Gespenster. Ricarda ermahnte sich selbst zur Ruhe, als wollte sie sich nicht eingestehen, wie sehr ihr der Schreck in die Glieder gefahren war. Sie schob den Riemen ihrer Handtasche höher. Inzwischen waren die Gaslaternen angesprungen, doch trotzdem war es noch finster hier. War sie doch paranoid, wie ihr Vater immer behauptete? Vielleicht hatten ihre Rechercheversuche die Aufmerksamkeit derer geweckt, die etwas zu verbergen hatten? Vielleicht existierten die alten Stasi-Verbindungen ja wirklich noch? Im Computerzeitalter wäre das durchaus denkbar.

Plötzlich wurde der Drang loszurennen fast übermächtig. Ricarda beschleunigte ihren Schritt, stolperte über die Wurzeln eines Baumes und konnte gerade noch ihren Sturz abfangen. Sie wünschte, sie wäre nicht allein. Was sollte sie tun, wenn sich ihr jemand hier in den Weg stellte? Schlagartig war die Angst von damals wieder da, von den wiederholten Einbestellungen, von den Nächten, in denen die Stasi sie dabehalten hatte, und von dem schrecklichen Gefühl des Ausgeliefertseins. Damals hatten sie sie dann irgendwann in Ruhe gelassen. Würden sie das heutzutage auch machen? Jetzt, da sie alle etwas zu verbergen hatten, wo jeder Verräter mundtot gemacht werden musste.

Wer sollte ihr hier helfen in der Dunkelheit zwischen Friedhofsgelände und verwilderter Brachfläche? Endlich kam ihr

Auto in Sicht. Ricarda sah sich nicht mehr um, sondern schloss hektisch die Autotür auf, startete den Motor und fuhr los, ohne sich anzuschnallen.

»Bitte?«, fragte der Vietnamese auffordernd.

Ricarda schüttelte den Kopf. »Ich schaue nur.«

»Bitte, ja!« Der Vietnamese lächelte, ohne seine Zähne zu zeigen, und ließ seinen Blick nicht von ihr. Ricarda betrachtete die Sachen in der Auslage. Es gab einfach zu viel Auswahl, sie kannte sich nicht aus. Um sie herum war ein beständig hoher Lärmpegel. Sie hatte einen Zwischenstopp gemacht, beim Antonsplatz an der Wallstraße, wo in Sichtweite zum Zwinger gleich nach der Wende ein großer Markt entstanden war, auf dem es neben Eisenwaren, Autopflegemitteln, echter und gefälschter Markenkleidung, Postern und Lebensmitteln alles zu erwerben gab, was der ehemalige DDR-Bürger glaubte, begehren zu müssen. Man konnte zwischen Original, Kopie und Schrott kaum unterscheiden. Echte Werksverkäufer hatten ihre Stände neben Polen, deren Angebot aus neongelben Hosenträgern und raubkopierten Kassetten bestand. Daneben warfen Obsthändler kilogrammweise Bananen und andere Früchte in die Tüten und verkauften sie zu lächerlichen Preisen. Die Vietnamesen verkauften Butterflymesser, Pfefferspray, elektrische Pfeifgeräte und Schreckschusspistolen. Doch hauptsächlich lebten sie wohl vom Schmuggel mit Zigaretten aus dem ehemaligen Ostblock. Ricarda kannte keinen Raucher, der nicht seine Camel oder Marlboro beim Vietnamesen kaufte.

»Ist das alles legal?«, fragte Ricarda und deutete auf das Waffenarsenal.

»Ja. Bitte schön!« Der Vietnamese trug sein Lächeln wie eine Maske. Ricarda bezweifelte, dass er sie verstand.

»Kauf doch nicht bei dem Scheißfidschi!«, fuhr sie da jemand von hinten an. Erschrocken sah Ricarda sich um. Drei glatzköpfige Jugendliche in Bomberjacken und Springerstiefeln schlenderten vorbei, als seien sie auf Patrouille. So schnell waren die Neonazis nach der Wende aufgetaucht, dass man sich fragte, ob es sie nicht auch schon zu DDR-Zeiten gegeben hatte.

»Scheißkanaken!«, rief der eine. »Brauchste gar nicht so blöde zu grinsen. Euch werden wir schon noch los! Wir kommen gleich wieder!«

Der Vietnamese lächelte unablässig weiter und ließ sich nicht beeindrucken.

»Darf man die einfach so kaufen?«, hakte Ricarda noch einmal nach und zeigte auf eine Schreckschusspistole.

»Ja. Bitte!«

»Ich meine, ist das erlaubt?«

»Alles erlaubt, ja! Pitole, Battafly.«

Die Schreckschusspistole sah unhandlich und schwer aus. Wirklich sinnvoll war so etwas nicht, dachte Ricarda.

»Das da.« Sie zeigte auf eine kleine schwarze Spraydose mit tschechischer Aufschrift. »Ist das Reizgas?«

»Zehn Maak, ja!« Der Vietnamese beugte sich vor, nahm die Dose aus der Auslage und reichte sie Ricarda. Sie griff zu, obwohl sie eigentlich nur nachfragen wollte. Der Vietnamese hielt die Dose fest und schüttelte den Kopf. Mit der anderen Hand machte er ein eindeutiges Zeichen. Ricarda holte die Brieftasche heraus und suchte nach einem Zehnmarkschein. Sie zögerte. Zehn Mark waren fast eine Vierteltankladung. Doch nun war es zu spät. Der Mann zupfte ihr den Schein aus der Hand und drängte ihr die Dose auf. In diesem Moment verlor sich auch sein Lächeln.

Es war seltsam, als sie ihr Haus betrat. Es roch wie sonst auch, wenn sie von einem Urlaub wiederkam, wenn die gewohnten Gerüche einem fremd geworden waren. Dabei war sie diesmal nur drei Tage weg gewesen. Jemand hatte die Wände beschmiert, stellte sie fest.

Im dritten Stock ging sie an der Tür des jungen Mannes vorbei, der offenbar den ganzen Tag nur Musik hörte und Computerspiele spielte. Schieß- und Explosionsgeräusche dröhnten heraus. Die arme Frau Schmidt gegenüber musste einiges aushalten. Eine Etage höher lagen vor der Tür ihres Nachbarn wieder die Schuhe kreuz und quer davor. Ricarda seufzte. Zu DDR-Zeiten waren diese Wohnungen noch heiß begehrt gewesen. Jetzt waren sie zum Abstellplatz all derer geworden, die keinen Job mehr hatten oder haben wollten. Wer hierherzog, ins Plattenviertel, dem war alles egal und der war allen egal. Noch einundneunzig hatten sie Fasching gefeiert, unten im Gemeinschaftsraum, und ein Sommerfest draußen vor dem Haus. Nun kannte sie kaum noch jemanden hier und der Gemeinschaftsraum war längst leer und unbenutzt.

Ricarda betrat ihre Wohnung und schloss die Tür hinter sich. Sie würde sich jetzt Tee kochen, vielleicht noch eine Folge der Bill-Cosby-Show sehen, etwas essen und dann schlafen gehen.

Eine halbe Stunde später saß sie in ihrem Sessel, hatte die Beine hochgelegt und sah MTV. Sie mochte diesen Sender. Vielleicht würde Ines auch gerade fernsehen. Der Sender würde ihr jedenfalls gefallen. Ein Impuls ließ sie zum Telefon greifen, aber sie ließ es dann doch bleiben. Ines war bestimmt beschäftigt. Sie stand auf und wollte in die Küche gehen. Da entdeckte sie etwas, das ihr vorher gar nicht aufgefallen war. Aus der untersten Tür ihres Wohnzimmerschrankes, wo sie ihre Papiere aufbewahrte, schaute eine Papierecke hervor.

Sie bückte sich, um die Tür zu öffnen. Ein Blatt Papier, das lose darin gelegen hatte, war heruntergerutscht und von der Tür eingeklemmt worden. Nachdenklich betrachtete Ricarda das Papier, ein harmloses Schreiben, und legte es zurück. Hatte sie das Schreiben so achtlos ins Fach gelegt? Das war gar nicht typisch für sie. Ricarda erhob sich und öffnete auch die anderen Schranktüren. Alles war wie immer, doch jetzt war ihr Misstrauen geweckt. Rasch ging sie ins Schlafzimmer, machte Licht und schob nacheinander alle Schranktüren auf. Dann trat sie einen Schritt zurück. Was sie sah, war ihr bekannt und vertraut. Sauber gefaltete Wäsche. Nach Jahreszeit sortierte Jacken und Kleider an der Stange. Ein Stapel Blusen weckte ihre Aufmerksamkeit. Er lag nicht ganz so akkurat im Schrank wie sonst, oder bildete sie sich das nur ein? Hektisch suchte sie in den unteren Schrankfächern nach ihrem hinter den Hosen versteckten Sparbuch und dem bisschen Bargeld. Alles war noch da. Sie seufzte erleichtert auf, doch ihre Unruhe blieb. Irgendwas war anders in diesem Schrank. Der Hosenstapel wirkte auf den ersten Blick korrekt. Auf den zweiten Blick fiel ihr auf, dass ein Hosenbein ein Stück aus dem Stapel herausragte. Vielleicht war sie in letzter Zeit etwas nachlässiger geworden oder in Gedanken gewesen? Aber eigentlich war sie sich sicher, so hätte sie die Hose nicht in den Schrank gelegt. War jemand hier gewesen? Hier in ihrer Wohnung? Waren *sie* das gewesen? *Sie*?

Ricarda rannte fast zur Wohnungstür und warf einen Blick durch den Spion. Im Treppenhaus war es dunkel. Plötzlich wurde Ricarda von der Angst übermannt, dass jemand hinter der Tür stünde und sie durch das winzige Loch anstarrte. Hastig drehte sie den Schlüssel und schloss zweimal ab.

Auch wenn sie es sich bislang nicht eingestehen wollte, aber es war ihr gerade alles zu viel. Die Ernüchterung über den neuen, aber tristen Arbeitsplatz, der erfolglose Besuch bei der Stasibehörde und diese seltsame Frau, die sie erst auf der Riesaer Straße und dann beim Friedhof gesehen hatte. Und jetzt diese dumpfe Ahnung, jemand könnte in ihrer Wohnung gewesen sein. Das war eigentlich das Schlimmste.

Ein leiser Schrei entfuhr ihr, als das Telefon zu klingeln begann. Wie gelähmt stand sie mit dem Rücken gegen die Tür gepresst, die Hände flach auf dem laminierten Holz. Das Telefon hörte nicht auf zu klingeln. Endlich fand sie die Kraft, ging ins Wohnzimmer und hob ab.

»Hallo?«

»Ricarda? Bist du daheim?«

Das war Steffen. Ricarda war so erleichtert, dass sie nicht wusste, ob sie lachen oder weinen sollte.

»Ricarda?«

»Ja, ich bin daheim. Wieso rufst du denn hier an?«

»Ich wollte gerade in deine Wohnung und habe Licht gesehen.«

»Du bist unten, in der Telefonzelle? Willst du kurz hochkommen?«

»Nee, ehrlich gesagt ...« Steffen schwieg. Hatte er seine Freundin dabei?

»Sag es nur, es ist doch kein Problem.«

»Nee, wenn es nicht nötig ist, muss ich ja nicht hoch.«

»Diese Woche brauchst du nicht mehr kommen. Ich bin am Samstag wieder da.«

»Wie läuft es denn?«, fragte er.

Das war typisch Steffen. Er konnte nichts abschließen. Er hätte sich jetzt verabschieden können. Stattdessen stellte er eine Frage. Genau deshalb mochte ihn Ricarda. Immer noch. Deshalb und wegen einiger anderer Dinge.

»Geht so. Ziemlich unfreundlich alles. Mein Zimmer in Leipzig ist nicht viel besser als das damals im Studentenwohnheim. Es gibt kaum jemanden, mit dem man reden kann. Aber es geht noch. Und du?«

»Nächste Woche läuft mein Vertrag aus. Bestimmt verlängern die noch mal in den Dezember, dann bin ich bestimmt wieder bis April arbeitslos. Ich habe gehört, in der Zigarettenfabrik könnte man ungelernt anfangen. Aber immer Schichtdienst. Ich weiß nicht. Und den Stundenlohn kannst du vergessen.« Steffen schwieg kurz. »Bei Robotron gab es auch wieder Entlassungen. Hab das Gefühl, die von der Treuhand sind erst zufrieden, wenn der letzte DDR-Betrieb komplett beseitigt ist. Die wollen gar nichts sanieren.«

»Sag mal, kennst du einen Anwalt?«, fragte Ricarda, um Steffen auf andere Gedanken zu bringen.

»Einen Anwalt, warum?«

Ricarda schloss eine Sekunde die Augen, die Frage war keine gute Idee gewesen. Sie suchte nach einer Ausrede. Sie wusste, wie sehr Steffen das Thema leid war. Und seit sie beschlossen hatte, nicht mehr über das verlorene Kind zu sprechen, hatten sie sich wieder angenähert, waren sogar zu Freunden geworden.

»Hast du Ärger auf Arbeit?«, kam ihr da Steffen unfreiwillig zu Hilfe.

»Na ja, kann sein.«

Steffen seufzte resigniert. »Ich kenne einen, aber ob der sich mit Arbeitsrecht auskennt?«

»Ich brauche auch mehr einen Rat.« Ricarda biss sich auf die Lippen.

»Ich such dir mal die Nummer raus. Hast du eigentlich

eine Rechtsschutzversicherung? Kann sonst sehr schnell sehr teuer werden.«

»AdvoCard«, sagte Ricarda und musste unwillkürlich lächeln. Plötzlich hatte sie Anwalt Liebling vor Augen, wie sie in seinem Büro stand und um Hilfe bat. Was war das für ein trauriger Tag siebenundsiebzig gewesen, als sie erfuhren, dass Manfred Krug in den Westen gegangen war.

»Ich meine es ernst, Ricarda!«, mahnte Steffen leise. Und Ricarda erinnerte sich daran, dass das genau seine Worte gewesen waren, als er sagte, dass er sich von ihr scheiden lassen wollte.

In der Nacht klingelte es an ihrer Tür. Ricarda fuhr aus dem Schlaf. Noch einmal klingelte es. Sie sah zur Uhr, es war halb drei, in zwei Stunden würde ihr Wecker klingeln. Bestimmt waren das nur irgendwelche betrunkenen Idioten. Ricarda legte sich wieder hin. Schlaf noch, redete sie sich zu. Doch das Herz schlug ihr bis zum Hals. Wenn vielleicht etwas mit Ines war? Ricarda warf die Decke von sich und setzte sich auf. Im Dunkeln tastete sie mit den Füßen nach den Hausschuhen und wartete. Wenn es noch einmal klingelte, würde sie zur Tür gehen. Jetzt war sie wach. Vielen Dank, dachte sie, vielen Dank auch. Sie fuhr zusammen, als es tatsächlich noch einmal klingelte. Sie sprang auf und lief auf Zehenspitzen zur Tür, um einen vorsichtigen Blick durch den Spion zu riskieren. Jetzt, da sich ihre Augen ans Dunkel gewöhnt hatten, erkannte sie das Podest und die Treppe. Aber vor der Tür stand niemand. Sie nahm den Hörer der Sprechanlage ab.

»Was ist los?«, fragte sie betont forsch und lauschte. Aber es kam keine Antwort, man hörte keine anderen Geräusche. Oder atmete da jemand?

»Wenn Sie noch einmal klingeln, ruf ich die Polizei!«, rief

sie und legte auf. Sie schaltete kurz das Licht an und stellte das Gerät auf stumm. Dann löschte sie das Licht und ging ins Bett.

Natürlich konnte sie nicht wieder einschlafen, obwohl ihr die Augen vor Müdigkeit brannten. Ihr Herz schlug noch viel zu schnell, die Oberschenkel taten ihr weh vor lauter Adrenalin. Dann fiel ihr noch etwas auf. Im restlichen Wohnhaus war es absolut ruhig geblieben. Wer auch immer geklingelt hatte, hatte es offenbar nur bei ihr getan.

»Also …« Eric Engelmann schürzte die Lippen. Der Anwalt hatte die Ellbogen auf die Tischplatte gestützt und die gepflegten Hände wie zum Gebet gefaltet. Er war ungefähr so alt wie Ricarda, sehr groß und trug einen modisch geschnittenen, weiten Anzug, wie sie bei der Begrüßung in seinem Büro festgestellt hatte. Nun saß er hinter seinem Schreibtisch und ließ sich ungewöhnlich lange Zeit mit der Antwort.

»Ich sage es Ihnen ehrlich, Frau Weber, das hat wenig Aussichten.«

Ricarda überlegte, wo sie seinen Dialekt einordnen sollte. Hochdeutsch mit einem Hauch Bayrisch vielleicht. Seine Kanzlei befand sich in einer Villa an der Bautzner Straße, war groß und modern eingerichtet. Ricarda war beeindruckt. Wer weiß, wer hier sonst ein und aus ging. Auf dem Grundstück standen ausschließlich Luxuswagen. Sie schämte sich ein wenig, mit ihrem AdvoCard-Versicherungsbeleg in den Händen. Sie holte Luft, um etwas zu sagen, aber ihr fiel nichts mehr ein. Sie hatte alles gesagt, was zu sagen war.

»Dazu müsste ein begründeter Verdacht bestehen und eine Anzeige erstattet werden, wegen Kindesentzug. Das ist ein schwerwiegender Vorwurf. Vor allem, da er sich anscheinend direkt gegen Ihren Vater richtet.«

»Was spricht dagegen?«, fragte Ricarda.

Anwalt Engelmann fuhr sich über die beginnende Glatze und legte dann seine Hände flach vor sich auf den Tisch. »Nun, zum einen die erheblichen Kosten, die ziemlich sicher nicht vollständig von Ihrer Rechtsschutzversicherung abgedeckt sind. Außerdem …« Er schwieg wieder.

»Sie meinen, ich mache mich lächerlich.«

Engelmann wiegte den Kopf. »Das waren nicht ganz die Worte, die ich im Sinn hatte, aber ja, das meinte ich!«

»Glauben Sie, ich habe mich nicht schon lächerlich genug gemacht?«, fragte Ricarda.

Engelmann erwiderte nichts, griff nach dem Telefon, legte jedoch den Hörer wieder auf. Er war unentschlossen, was ihn Ricarda irgendwie sympathisch machte. Genauso gut hätte er sie abweisen oder über den Tisch ziehen können.

»Haben Sie Angst, Sie könnten sich lächerlich machen?«, fragte sie leise.

Engelmann sah sie fast dankbar lächelnd an.

»Nein, wir haben schon die seltsamsten Klienten vertreten, machen Sie sich deshalb keine Sorgen. Wir prüfen nur gern die Erfolgsaussichten. Dies ist ein sehr heikles Thema, das mit aller Vorsicht angegangen werden muss. Ich bin gerade am Überlegen, wen man zu Rate ziehen könnte.«

Bin am Überlegen, wiederholte Ricarda in Gedanken, in der Arbeit, Viertel vor. Allein schon an diesen Formulierungen würde sie einen Wessi erkennen.

»Ich kann das aber ad hoc nicht entscheiden, das muss ich abklären. Wir haben Ihre Telefonnummer?«

»Ja, eine fürs Wochenende und eine für unter der Woche.«

»Sie arbeiten außerhalb? Können Sie denn dann unter der Woche Termine wahrnehmen?«

Ricarda erhob sich. »Das lassen Sie meine Sorge sein. Ich will nur, dass es endlich vorangeht.«

Engelmann war sofort höflich aufgesprungen.

Ob das einer von denen war, die in Barbaras Bar saßen, dachte Ricarda. Am Wochenende ein besorgter Familienvater mit Eigenheim, in der Woche einer, der Frauen abschleppte. Anwalt Engelmann sah eigentlich nicht danach aus. Aber wer konnte das schon so genau wissen?

11

Leipzig, November 1993

»Das hast du ja toll hingekriegt«, wurde Ricarda von Conny vorwurfsvoll im Wohnheim begrüßt. Ohne weitere Erklärung lief Ricardas Kollegin an ihr vorbei und eilte die Treppe hinunter.

Ricarda blieb stehen und sah der jungen Frau verwundert hinterher. »Was ist denn? Conny, warte doch mal.«

Conny reagierte nicht und verschwand durch die verglaste Tür in den Aufenthaltsraum. Ricarda stand unschlüssig mit ihrer Reisetasche in der Hand im Flur. Sie wollte wissen, was los war, doch erst mal musste sie raus aus ihrer Kleidung. Das Wetter war ekelhaft, eine Mischung aus Regen und Schnee, die Fahrt auf der Autobahn war eine einzige Quälerei gewesen.

Conny würde nicht weglaufen, entschied sie und schloss die Tür zu ihrem Zimmer auf. Der kleine Raum war wie ein Hotelzimmer eingeteilt, ein winziger Flur, ein Zimmer mit Bett, Tisch und Stuhl, ein kleines Badezimmer. Ziemlich unwohnlich alles. Es war ihnen nicht erlaubt, irgendetwas in dem Raum zu verändern. Dazu zählten auch Bilder an den Wänden. Was war eigentlich schlimm daran, ein paar Bilder aufzuhängen, damit man sich heimischer fühlte, fragte sich Ricarda jedes Mal, wenn sie den Raum betrat.

Heute aber wanderten ihre Gedanken zu Conny. Sie

mochte die junge Kollegin und fragte sich, was sie verbrochen haben könnte, dass die Frau so verärgert war. Conny war immer bereit, den Dienst mit ihr zu tauschen, wenn sie in der Woche zu einem Termin nach Dresden musste. Schon zweimal hatte Ricarda Anwalt Engelmann unter der Woche aufsuchen müssen, wegen irgendwelcher Unterlagen, die es nachzureichen galt. Nur dafür, dass die Kanzlei ihr nun schriftlich ihr Bedauern ausgedrückt und das Mandat niedergelegt hatte. Das Schreiben war am Samstag im Briefkasten gewesen. Engelmann hatte unterzeichnet. Eine Begründung hatte er nicht hinzugefügt.

Außerdem rückte Weihnachten näher. Sie hatte noch kein Geschenk für Ines, kam wegen der Schichten nicht zum Einkaufen. Ein erster Urlaubsantrag war nicht genehmigt worden. Die Begründung, Urlaub musste am Jahresanfang eingereicht werden, war lächerlich, war sie doch erst seit anderthalb Monaten hier beschäftigt. Wie es aussah, würde sie gerade die zwei Weihnachtsfeiertage daheim sein können.

Ricarda seufzte, stellte ihre Tasche ab und zog sich die Jacke aus. Als sie Schritte im Gang hörte, ging sie zur Tür. Es war einer der Monteure, aus Neubrandenburg, soweit sie wusste.

»Jochen«, rief sie ihm nach. »Was ist denn mit Conny los? Sie ist sauer auf mich!«

Der Mann verzog den Mund. »Diese Idioten«, murmelte er, »sie haben uns das Frühstück gestrichen!«

Herr Stelzel breitete die Hände aus. »Tja«, meinte er zynisch, »wenn Ihnen das Frühstück nicht zusagt, das Ihnen von der Firma gestellt wird, dann bleibt es eben weg.«

Ricarda biss für einen Moment fest die Zähne zusammen. Sie konnte diesen jungen Schnösel nicht ausstehen. Schon von der ersten Sekunde an, als sie das erste Mal sein Büro betreten hatte. Sie hätte ihrem Instinkt trauen und den Arbeitsvertrag nicht unterschreiben sollen.

»Ich hatte doch nur nachgefragt, ob es nicht möglich sei, dass es ein wenig variiert. Es ist jeden Tag dasselbe.« Ein kleines Brötchen, eine Graubrotschnitte, ein kleines Stück Butter, eine Scheibe geschmackloser Käse, eine Scheibe Salami aus der Packung, ein halbes Ei, eine kleine Packung Erdbeermarmelade. Jeden Tag.

»Wie gesagt. Es ist, wie es ist. Dieses Frühstück wird von der Firma gestellt. Ein wenig mehr Dankbarkeit stünde Ihnen allen gut zu Gesicht.« Stelzel lächelte kalt.

Ricarda schnappt nach Luft. Ihnen allen. Damit waren wohl alle Ossis gemeint. Die Empörung schnürte ihr die Kehle zu. Immerhin bezahlte sie für die lieblose Unterkunft, arbeitete oft sechs Tage die Woche für einen Lohn, der kaum mehr war als das Arbeitslosengeld, das sie vorher bekommen hatte.

»Aber warum nehmen Sie dann auch den anderen das Frühstück weg? Ich war es doch, die sich beschwert hat«, presste sie heraus.

»Als Erziehungsmaßnahme.« Stelzel sah Ricarda provozierend in die Augen.

Wie unverschämt und überheblich das war. Ricarda hätte ihm das am liebsten ins Gesicht geschrien. Aber das konnte sie sich nicht erlauben. Eine fristlose Kündigung wirkte sich auf das Arbeitslosengeld genauso aus, als hätte sie selbst gekündigt. Dieser junge Mann wusste ganz genau, wie er sich gab.

Stelzel gewann das stumme Blick-Duell. Ricarda blickte nach unten.

»Ich nehme an, wir sind fertig«, stellte sie fest und wollte aufstehen.

Stelzel hob die Hand. »Da Sie schon einmal da sind«, sagte er und holte einen Zettel heraus. »Mir ist aufgefallen, dass Sie schon des Öfteren Ihren Dienst mit Frau Willem getauscht haben.«

»Ja, ich muss gelegentlich heim, in privater Sache.« Ricarda spürte, wie sie sich innerlich verkrampfte.

»Und was machen Sie da?«, fragte Stelzel.

Das geht dich gar nichts an, sagte sie in Gedanken. »Wie gesagt, in privater Angelegenheit. Wir tauschen einfach nur den Dienst. Ich übernehme dafür meistens Frau Willems Samstagsdienste. Dann kann sie drei Tage bei ihren Kindern sein.«

»Denken Sie eigentlich, wir machen diese Dienstpläne aus Spaß?«, fragte Stelzel und hielt das Blatt vorwurfsvoll in die Höhe.

Ricarda schwieg. Sie hasste Suggestivfragen. Die kannte sie von ihrer Mutter zur Genüge. Solche Fragen dienten nur dazu, sein Gegenüber kleinzumachen. Sie hob entschlossen den Kopf und sah Stelzel unverwandt in die Augen. Vermutlich wäre es besser, sie antwortete ihm. Doch sie wollte dem Typen keinen Zentimeter Boden mehr überlassen.

Dieses Mal gewann Ricarda das Blick-Duell. Stelzel ließ den Arm mit dem Blatt sinken.

»Ab sofort machen Sie Ihren Dienst, wie er auf dem Plan steht, Frau Weber. Wenn Sie Sonderwünsche haben, müssen Sie diese anmelden, bevor der Dienstplan erstellt wird.«

»Das kann ich aber nicht, weil ich das nicht immer vorhersehen kann. Außerdem, Herr Stelzel, ist es doch egal, wer den Dienst macht. Hauptsache, er wird gemacht.«

Aber sie wusste, dass es keinen Sinn hatte.

»Wir entscheiden hier, was egal ist und was nicht. Es ist ab sofort untersagt, den Dienst ohne meine Genehmigung zu tauschen. Frau Willem wird dementsprechend auch noch in Kenntnis gesetzt. Übrigens haben Sie durch unser Gespräch eine halbe Stunde Arbeitszeit eingebüßt, die Sie heute Abend gleich nachholen können! Auf Wiedersehen.«

»Hör mal, Conny, wenn du auf mich sauer bist, dann haben die genau erreicht, was sie wollen. Nämlich, dass wir uns untereinander bekriegen und keiner sich mehr irgendwas zu sagen traut. Dann hat sich ja im Grunde gar nichts geändert!«

Ricarda war froh, dass Conny sie überhaupt in ihr Zimmer gelassen hatte. Nun saß ihre Kollegin auf dem Bett, die Arme vor der Brust verschränkt und weigerte sich, sie anzusehen. Es war Abend, fast schon Nacht.

Ricarda versuchte es noch einmal. »Dir hat doch das Frühstück auch nicht gefallen. Dir hängt es zum Hals raus, hast du gesagt. Wir sollen dankbar sein, hat dieser Schnösel gesagt. Als ob der nur unseretwegen in den Osten gekommen ist, damit wir Arbeit haben.«

Conny seufzte und drehte sich jetzt endlich zu Ricarda um. »Du hast ja recht, aber ich habe schon eine Abmahnung. Ich kann mir nicht leisten, den Job zu verlieren. Karsten ist seit zwei Jahren arbeitslos.«

»Warum hast du denn eine Abmahnung? Meinetwegen?«, fragte Ricarda entsetzt.

»Nein, nicht wegen dir. Ich habe ein paar Pappkartons mitgenommen, für einen Umzug. Die habe ich aus dem Müll geholt. Jemand hat das gesehen und gemeldet. Das ist Diebstahl, haben sie gesagt.«

Ricarda schüttelte den Kopf und setzte sich jetzt dicht neben Conny auf das Bett.

»Ob das jetzt immer so weitergeht?«, fragte Conny müde. »Ich bin so deprimiert. Die behandeln uns alle wie Menschen zweiter Klasse. Karsten war Schichtleiter im Tagebau. Gefeuert. Mein Vater hat bei der Bahn gearbeitet. Gefeuert. Mein Bruder hat einen Klempnerbetrieb seit drei Jahren und rennt jeder Rechnung hinterher. Und bekommt so oft sein Geld nicht. Und wenn der einen Auftrag bekommt, muss er Sicherheiten hinterlegen, anstatt der Kunde. Wie bekloppt ist denn das? Der krebst immer am Existenzminimum herum. Oder meine Mutter: Die ist seit dreißig Jahren Lehrerin, jetzt haben sie an der Schule eine Wessi-Schulleiterin, die ihnen erklärt, wie man Kinder erzieht. Als wären wir alle nichts wert. Und meine Freundin in Magdeburg, die arbeitet als Schreibkraft in einer Immobilienfirma. Was denkst du, was die erzählt? Wer kauft die Häuser hier auf? Das sind alles Wessis. Kein Ossi hat so viel Geld. Schau dich doch um. Magdeburg, Leipzig, Dresden, buchstäblich jedes Grundstück wird an einen Wessi verkauft. Und sieh dir unsere Politiker an, die kommen auch alle aus dem Westen. Ricarda, ich habe mal Biologie studiert in Leipzig, ich wollte neunundachtzig promovieren. Jetzt gibt es meine Fachrichtung gar nicht mehr und ich könnte bestenfalls als Laborassistentin anfangen, wenn ich überhaupt was fände. Und wenn ich auf Lehramt studieren wollte, müsste ich noch mal von vorne anfangen. Stattdessen muss ich mich von den Leuten am Telefon anpflaumen lassen und mich mit so einem Blödmann …«

»Conny, ich weiß.« Ricarda legte einen Arm um die Schulter ihrer Kollegin. »Das wird sich schon sortieren, irgendwann.« Das hoffte sie immer noch. Aber keiner konnte sagen, wie lange das dauern würde.

Eine Weile saßen die beiden Frauen schweigend nebeneinander. Dann fiel Conny etwas ein. Sie sah Ricarda von der Seite an. »Und bei dir, jetzt sag mal, was ist denn rausgekommen?«

Ricarda schüttelte den Kopf. »Nichts. Stimmt, ich wollte noch den Anwalt anrufen«, fiel ihr jetzt ein. »Die wollen den Fall nicht übernehmen.«

Conny zuckte empört zusammen. »Warum denn nicht?«

»Haben sie nicht gesagt.«

»Aber kannst du denn nicht einfach selbst zur Polizei gehen? Dazu brauchst du doch keinen Anwalt.«

Daran hatte Ricarda insgeheim auch schon gedacht. Aber ihr war auch klar, dass das ein Schritt war, der kein Zurück mehr erlaubte.

12

Leipzig, November 1993

Eric Engelmann wand sich hörbar am anderen Ende der Leitung. Das war tröstlich für Ricarda. Ihr war schon klar, dass nicht ganz Westdeutschland aus Abzockern und Geschäftemachern bestand. Im Urlaub in Bayern, aber auch im Hotel auf Fuerteventura hatte sie genügend freundliche, aufgeschlossene Menschen kennengelernt. Wenn ihnen auch eine gewisse Neigung gemeinsam war, den Bürgern der neuen Bundesländer die Welt zu erklären, ohne wirklich zu wissen, wie sich das Leben in der DDR gestaltet hatte. Leider schien keiner der netten Wessis den Weg in den Osten gefunden zu haben. Zumindest hatte Ricarda noch keinen getroffen.

Sie sah sich um, weil sie Schritte vernommen hatte. Es war Conny, die den Raum betreten hatte, in dem das Telefon stand. Ricarda deutete ihr an, dass ihr Telefonat nicht mehr lange dauern würde.

»Sie müssen wissen, das ist nicht meine Entscheidung«, sprach Engelmann weiter. »Herr Schrempp hat bestimmt, dass wir uns aus dieser Angelegenheit heraushalten, ohne Ihnen die Gründe dafür nennen zu müssen.«

Ricarda schnaubte leise. Es wäre immerhin anständig gewesen, sagte sie sich. Doch sie glaubte, den Grund für den Rückzug schon zu kennen: Die Angst vor der Blamage.

Sie schwieg, was das Gespräch für Anwalt Engelmann nicht

leichter machte. »Also, Frau Weber, es tut mir wirklich sehr leid. Ich hätte Ihnen gern in dieser Angelegenheit geholfen. Immerhin konnte ich durchsetzen, dass wir Ihnen die Beratungsstunden nicht in Rechnung stellen.

Ricarda konnte nicht ganz verhindern, dass ihr ein verächtliches Zischen entwich. Sie war drei Mal vorstellig geworden, hatte sich deshalb mit ihrem Vorgesetzten überworfen und war hunderte Kilometer gefahren, um dann eine schnöde Absage ohne Begründung zu bekommen. Sie gab sich alle Mühe, Engelmann nicht dafür verantwortlich zu machen. Doch es fiel ihr schwer, freundliche Worte zu finden.

»Also, wenn Sie …«, begann Engelmann wieder, doch Ricarda unterbrach ihn. Auf irgendeinen gönnerhaften Rat konnte sie jetzt auch verzichten.

»Vielen Dank trotzdem«, sagte sie knapp, »auf Wiederhören!«

»Hier für dich!«, sagte Conny, nachdem sie aufgelegt hatte, und reichte ihr einen Brief. Ricarda nahm ihn und betrachtete ihn nachdenklich. Er war an ihre Arbeitsadresse adressiert, war frankiert und abgestempelt, hatte aber keinen Absender.

»Danke«, murmelte sie, doch ihre Kollegin hatte sich schon den Telefonhörer geschnappt, um eines ihrer Kinder an den Apparat zu bekommen.

Erst auf dem Zimmer wagte Ricarda, sich dem Brief zu widmen. Er war ihr nicht geheuer. Sie hatte keine Ahnung, wer ihn geschickt haben könnte, die Adresse war nicht mit der Hand geschrieben, sondern in Maschinenschrift. Die Briefmarke ergab keinen Anhaltspunkt, auch nicht der Stempel.

Kurzentschlossen riss Ricarda den Brief längs am Falz auf und zog eine Karte heraus. Es war eine Glückwunschkarte zur Geburt eines Kindes. Ihre Finger zitterten unmerklich, als sie die Karte aufklappte. Es stand nichts weiter darin. Noch einmal betrachtete Ricarda die Karte und den Umschlag von allen Seiten, hielt sie gegen das Licht, suchte nach einer versteckten Botschaft. War das nur ein dummer Streich? Von wem? Sie überlegte lange, wem sie so etwas zutrauen konnte. Doch irgendwann legte sie die Karte beiseite. Es hatte keinen Zweck. Vielleicht war es nur eine kleine Boshaftigkeit von einem, der sie nicht leiden konnte und der von ihrem verlorenen Kind gehört hatte. Doch nicht einmal Stelzel traute sie so etwas zu.

In dieser Nacht schlief sie erst sehr spät ein, etwas in ihr war aufgerissen. Ein kleiner Riss nur in dem dicken Betonmantel, den sie sich zugelegt hatte. Aber er war da, und der Druck in ihr wurde stärker.

Ricarda setzte den Blinker, fuhr in die Ausfahrt, bremste ab. Sonst war sie jedes Mal erleichtert, wenn sie die Autobahn verlassen konnte, heute hielt ihre Erleichterung nur wenige Sekunden an. Zwei Lichter waren im Rückspiegel aufgetaucht. Zwei Lichter, die ihr schon gefolgt waren, als sie bei Leipzig auf die Autobahn gefahren war. Natürlich konnte sie sich auch täuschen, denn sie hatte ja nicht die ganze Zeit in den Rückspiegel gesehen. Trotzdem war sie sich sicher. Nun fuhr sie die weite Schleife, bis zur Meißner Landstraße. Dort musste sie an der roten Ampel halten. In der zweiten Spur neben ihr reihten sich weitere Pendler ein. Das Auto hinter ihr hielt einigen Abstand. Ricarda drehte sich um, konnte aber den Fahrer nicht erkennen. Es wurde grün, sie bog rechts ab, um stadteinwärts zu fahren. Ganz entgegen ihrer üblichen Fahrweise fuhr sie zügig, gab Gas und hielt mit dem Auto neben sich Schritt, so dass eine Lücke hinter ihr entstand, in die sofort einige Autos wechselten.

Ricarda überlegte fieberhaft, ob sie unerwartet scharf rechts abbiegen oder besser irgendein anderes Ziel als ihr Zuhause anpeilen sollte. Doch sie wollte unbedingt nach Hause. Sie freute sich auf ihre Wohnung, ihre Musik, ihr Bett. Die nächste Ampelanlage kam ihr unerwartet zu Hilfe. Zwei Autos vor ihr schaltete sie auf gelb, so dass Ricarda beschleunigen und noch über die Kreuzung schießen konnte, während es in ihrem Augenwinkel schon rot wurde. Ihren Verfolger sollte sie abgehängt haben.

Als sie zu Hause war, kamen ihr der Vorfall und ihr Verhalten schon wieder lächerlich vor. Sie stellte ihre Tasche im Flur ab und sog den vertrauten Geruch ihrer Wohnung ein. Ein Schauer überlief sie, ihr war kalt. Sie streifte die Schuhe ab und ging ins Wohnzimmer, um die Heizung aufzudrehen. Dann erst schaltete sie das Licht an, betrachtete ihre Pflanzen, die von Steffen zwar gegossen wurden, aber irgendwie trotzdem unter ihrer Abwesenheit zu leiden schienen. Sie nahm das Blatt der Geigenfeige zwischen die Finger und strich über die Blattspitzen ihres Drachenbaums. Sie hatte Lust, Musik zu hören, und entschied sich nach längerer Überlegung für das letzte Album von Phil Collins. Vielleicht schaffte sie es am nächsten Tag in die Stadt, um sich mal wieder eine neue CD zu kaufen. Die sechzehn Mark sollten es ihr wert sein. Außerdem würde sie sich endlich nach einem Geschenk für Ines umsehen können.

Sie betrachtete den Stapel Zeitungen und Briefe, die Steffen unter der Woche abgelegt hatte. Ob er eigentlich seine Freundin mit in die Wohnung nahm, fragte sie sich. Doch wahrscheinlich würde Steffen das nicht wollen, dass Jacqueline dabei war. Ricarda sah den Poststapel gedankenverloren durch und zuckte zusammen, als ihr der Umschlag ins Auge fiel.

Es war derselbe Umschlag, wie sie ihn schon in der Woche bekommen hatte. Adressiert, frankiert, ohne Absender, ohne einen Hinweis. Wütend riss sie ihn auf und riss dabei die Karte ein, die drinnen steckte. Herzliches Beileid. Es war eine Trauerkarte.

Wütend warf Ricarda sie zu Boden. Sie konnte nicht verhindern, dass ihr die Tränen in die Augen traten. Sie langte nach dem Telefon. Wen könnte sie anrufen? Yvonne oder Conny, oder besser Steffen, damit er herkam, damit sie sich nicht so allein fühlte. Wenn sie wenigstens Eltern hätte, die einem zur Seite stünden. In ihr regte sich Trotz. Sie wollte nicht weinen. Sie brauchte auch niemanden, sie würde gut alleine zurechtkommen. Da hatte es jemand auf sie abgesehen, und sie würde sich das nicht gefallen lassen. Sie hob die Karte wieder auf und suchte die andere Karte in ihrer Tasche. Die Botschaft war eindeutig. Jemand wusste, wo sie wohnte, und kannte beide Adressen, hatte korrekt die neuen fünfstelligen Postleitzahlen verwendet. Derjenige wusste von ihrem Kind und wollte ihr wehtun oder sie provozieren. Sie würde morgen in die Stadt fahren. Aber nicht, um einzukaufen, sondern um zur Polizei zu gehen.

»Warum sind Sie denn hier? Sie hätten sich auf Ihrem zuständigen Revier melden können«, sagte der Polizeibeamte, ein durchschnittlich großer Mann, mit dunklem Haar, das an den Seiten zu ergrauen begann. Er war in ihrem Alter und sein Dialekt verriet ihn als Dresdner. Einer von der alten Garde also, dachte Ricarda grimmig. Der Polizist hatte sie am Eingang abgeholt, nachdem sie sich im Foyer des Präsidiums nicht von dem Mann hinter dem Panzerglas hatte abwimmeln lassen. Dieselbe Frage hatte der Pförtner auch schon gestellt, sie hatte keine Lust, es noch ein zweites Mal zu erklären. Trotzdem schilderte sie dem Kriminalpolizisten noch einmal ausführlich ihre ganze Geschichte.

»Und wie stellen Sie sich das vor?«, fragte der Kommissar. Er betrachtete die beiden Umschläge vor sich, als würden sie ihn anspringen. »Dass wir die ins Labor schicken und morgen wissen, wer der Absender ist?« Er sah sie ironisch lächelnd an. Die Durchgangstür zum nächsten Büro stand offen, dort klapperten zwei Leute auf Tastaturen herum.

Obwohl ihr erster Impuls war, ihn für seine lapidare Frage anzufahren, mahnte Ricarda sich zur Besonnenheit. »Ich weiß nicht, wie das funktioniert, aber vielleicht kann man die Umschläge auf Fingerabdrücke überprüfen oder über den Stempel herausfinden, woher die Briefe kommen.«

»Die Frage ist, möchten Sie Anzeige erstatten? Der Staatsanwalt prüft dann, ob Ermittlungen eingeleitet werden. Danach können wir handeln.«

»Ich vermute mal, der Staatsanwalt wird entscheiden, dass es keiner Ermittlung wert ist, nicht wahr«, sagte Ricarda bissig.

»Sie müssen das verstehen. Es gibt eine Unzahl von Delikten, denen wir nachgehen müssen. Die reichen von Diebstahl bis zum Mord. Wir kommen jetzt schon kaum hinterher.«

»Früher war es da ruhiger, nicht wahr!«, entfuhr es Ricarda.

Der Polizist verzog das Gesicht. Dann stand er auf, um die Tür zu schließen. Jetzt wirkte er auf einmal viel zugänglicher.

»Hören Sie«, sagte er mit leiser Stimme, als er ihr wieder gegenübersaß, »ich weiß, wie das ist. Ich wurde ebenfalls dauerhaft belästigt und bin sogar umgezogen deshalb. Haben Sie sich vielleicht von einem Mann getrennt vor Kurzem oder haben einen Mann zurückgewiesen?«

»Nein, ich habe Ihnen doch erzählt, worum es geht!«

»Es könnte ja trotzdem sein. Aber ich sage Ihnen, das hat gar keinen Zweck. Das Beste ist, man hält das aus, und irgendwann gibt der andere auf.«

»Wenn er aber schon in der Nacht klingelt und mich auf der Autobahn verfolgt! Was soll denn erst noch passieren?«

»Ich weiß. Glauben Sie, ich höre so was zum ersten Mal? Schließen Sie Ihre Wohnung gut ab, lassen Sie Ihre Nummer aus dem Telefonbuch streichen, schaffen Sie sich einen Anrufbeantworter an. Das gibt sich irgendwann, glauben Sie mir.«

»Das ist Ihr Rat?«, fragte Ricarda fassungslos. Was hatte sie eigentlich erwartet? »Was raten Sie mir denn in der anderen Sache?«

Der Polizist atmete tief durch, verzog die Mundwinkel. »Das ist eine heikle Angelegenheit. Es braucht einen wirklich begründeten Verdacht, um eine Exhumierung in Betracht zu ziehen. Immerhin entstehen dadurch Kosten.«

»Kosten sind mir egal!«, rief Ricarda rasch.

»Aber so etwas geht schnell in die Tausende. Ist Ihnen das wirklich egal? Außerdem will ich Ihnen doch nur die Sachlage schildern. Es braucht einen begründeten Verdacht, gegen eine bestimmte Person oder eine Institution. Sie müssten also das Krankenhaus anzeigen, die Hebamme oder Ihren eigenen Vater, wie ich aus Ihren Schilderungen entnehme. Kindesentzug ist ein sehr schwerwiegender Vorwurf. Man könnte ebenso wegen fahrlässiger Tötung ermitteln, jedoch stehen die Chancen meiner Erfahrung nach sehr schlecht, vor allem, da die Sache schon zwanzig Jahre her ist. Und die Frage ist, wollen Sie wirklich Ihren eigenen Vater anzeigen.«

»Gibt es keinen anderen Weg?«

Der Polizeibeamte hob die Schultern. »So ist die Lage. Soweit ich weiß, ist eine andere Frau kürzlich mit einer solchen Klage in Erfurt gescheitert. Ich will Ihnen ja nur unnötige Mühe ersparen.«

Ricarda nickte abwesend. Vermutlich war das auch nur die halbe Wahrheit. Wahrscheinlicher war doch, dass alle Spuren beseitigt waren, dass die alten Netzwerke noch funktionierten, dass man lieber vertuschte, als etwas zuzugeben, und wartete, bis alle Beteiligten aufgegeben hatten oder tot waren.

Der Beamte zog eine Schublade auf und zog etwas hervor. »Vielleicht ergibt sich irgendwann ein konkreterer Hinweis oder ein bestimmter Verdacht, dann melden Sie sich direkt bei mir. Ich gebe Ihnen meine Karte.« Der Polizist erhob sich und reichte Ricarda die Visitenkarte über den Tisch.

Ricarda hatte ihre Hände in ihrem Schoß liegen gelassen und nahm die Karte nicht an. Einen kurzen Augenblick waren beide wie in einer Fotografie erstarrt. Dann setzte sich der Mann wieder.

»Ich habe einen konkreten Verdacht, was die Karten und den nächtlichen Klingelstreich betreffen«, sagte Ricarda nach einer Weile. Ihr Verdacht war zwar absurd, doch sie wusste sich nicht anders zu helfen. Und vielleicht gelang es ihr, gewissermaßen zwei Fliegen mit einer Klappe zu schlagen, ohne jemanden anzuzeigen.

»Ach ja?« Es klang fast wie ein Seufzen.

»Dagmar Krüger.«

»Krüger, ja? Dagmar. Kennen Sie den Wohnsitz?«

»Nein.«

»Und in welcher Beziehung stehen Sie zu dieser Frau?«

»Sie war es, die damals das Kind entbunden hat.«

»Das Kind, das verschwunden ist?«

»Mein Kind, ja!«

Der Polizist drehte sich jetzt zu seiner Schreibmaschine. »Also gut«, sagte er und begann zu tippen.

13

Dresden, März 1973

Wieder war es das Telefon, das ihn morgens aus dem Schlaf riss. Zuerst wollte Rust liegen bleiben. Er war erst spät ins Bett gekommen, hatte ferngesehen bis Sendeschluss, dann noch Musik gehört mit seinen neu erworbenen DK 66 Kopfhörern. Aus dem Krankenhaus hatte es keine neuen Nachrichten gegeben, und das war eigentlich eine gute Nachricht. Heikes Zustand war stabil. Sie musste nur liegen.

Aber dann kam ihm der Gedanke, dass dieser Anruf vielleicht doch vom Krankenhaus sein konnte. Hastig warf er die Decke von sich und sprang aus dem Bett.

»Rust«, meldete er sich.

»Seidel am Apparat«, sagte sein Chef. »Genosse Seidel.«

Rust verkrampfte sich unbewusst. Diese Form der Begrüßung hatten sie ausgemacht, wenn signalisiert werden sollte, dass man nicht allein im Raum war.

»Sie haben gestern Abend einer Frau Krüger einen Besuch abgestattet.«

Das war keine Frage, sondern eine Feststellung und ließ keine ausweichende Antwort zu.

»Ich war da, ja.«

»Und können Sie mir sagen, was der Grund Ihres Besuches war?«

Rust glaubte, heraushören zu können, dass Seidel unter

Druck stand. Offenbar hatte er hohen Besuch in seinem Büro. Noch ehe er antworten konnte, kam Seidel ihm wieder zuvor.

»Sie haben sie über die Vorgänge bei einer Entbindung befragt, bei der es zu einer Totgeburt gekommen war.«

»Richtig. Das habe ich.« Es war völlig unmöglich, irgendwas zu leugnen. Rust wusste das. Die Leute vom Ministerium für Staatssicherheit waren schon an dem Fall dran.

»Genosse Rust, Sie wissen, das ist eine sehr private Angelegenheit. Und zwar für Frau Raspe und ihren Vater, Doktor Raspe. Doktor Raspe ist ein langjähriges Parteimitglied und hat sich äußerst verdient gemacht um den Aufbau des Sozialismus und das internationale Ansehen der DDR.«

Rust kannte seinen Chef gut genug und hatte dessen Gesichtsausdruck vor Augen. Seidel hatte für solcherart Parteigerede nicht viel übrig. Er musste sich gezwungen sehen, so zu reden.

»Ich hatte Frau Krüger nur um ein Gespräch gebeten. Sie ließ mich in ihre Wohnung. Als ihr meine Fragen zu viel wurden, gab sie mir deutlich zu verstehen, dass ich gehen sollte. Das habe ich dann auch getan.«

»Genosse Rust!«, sagte Seidel jetzt leise, aber sehr bestimmt. »Was ich Ihnen jetzt sage, ist rein intern. Frau Krüger steht seit längerer Zeit unter Beobachtung des MfS.« Sein Chef zögerte einen Moment, als müsse er sich erst vergewissern, ob er weitersprechen durfte. »Ihr Mann, Norbert Krüger, ist wegen versuchter Republikflucht inhaftiert. Sie weiß es aber noch nicht. Die Kollegen wollen in Erfahrung bringen, ob sie vom Fluchtversuch wusste und wer noch in die Sache involviert ist. Halten Sie sich also ab sofort fern von dieser Frau. Zur Befriedigung Ihrer Wissbegierde würde ich außerdem empfehlen, einen Gynäkologen aufzusuchen. Haben Sie das verstanden, Genosse Rust?«

»Laut und deutlich, Genosse Hauptmann.«

Rust legte auf. Im Treppenhaus waren Schritte zu hören. Wie laut hatte er gesprochen? Hatte man draußen etwas hören können? Die Schritte verloren sich nach oben. Irgendwann würden die Hausbewohner sowieso erfahren, welchem Beruf er nachging, beruhigte sich Rust, und schließlich war das keine Schande.

Seidel war angespannt gewesen, das war ihm deutlich anzuhören. Er äußerte das nie laut, doch die Kollegen vom MfS waren ihm nicht geheuer. Er arbeitete ungern mit ihnen, nannte sie gelegentlich Schmutzfinken und verpackte das in ein augenzwinkerndes Lächeln. Doch Rust wusste, dass es ihm ernst damit war. Überhaupt war Seidel sehr zurückhaltend, wenn es um die Ergebnisse der Parteitage oder um die vorgegebenen Planungsziele ging. Das war natürlich schon aufgefallen. Schon zwei Mal war er vor einen Parteiausschuss zitiert worden, um sich gegen Vorwürfe zu verteidigen, er würde nicht mit aller Kraft für die Ziele der Partei kämpfen und antisozialistischer Hetzrede in seinem Bekanntenkreis keinen Einhalt gebieten.

Davon abgesehen musste es schon sehr wichtig sein, dass die Stasileute direkt bei ihm vorgesprochen hatten. Rust schauderte bei dem Gedanken, wie er ganz naiv in die Wohnung von dieser Frau Krüger spaziert war, die ziemlich sicher mit Abhöranlagen versehen war. Jetzt verstand er auch das seltsame Verhalten der Frau, die über den Verbleib ihres Mannes keine Informationen hatte.

Rust rief sich selbst zur Ordnung. Lieber sollte er sich auf die Suche nach einem Kinderwagen machen. Ob er doch diesen Steffen Weber noch einmal darauf ansprechen sollte? Rücksichtnahme hin oder her. Er sollte Heike fragen, was sie von der Idee hielt.

Rust sah auf die Uhr, dann suchte er in seiner Brieftasche den Zettel mit der Nummer vom Krankenhaus und griff zum Hörer.

Unentschlossen schob Rust seine Hände in die Taschen seiner Jacke. Eine Zigarette klemmte in seinem Mundwinkel, er hatte sie aber nicht angezündet. Inzwischen war es später Nachmittag geworden. Es war düster in dem Hinterhof. In Steffen Webers Haus brannte kein Licht. Zweimal hatte Rust schon geklingelt, durch die trübe Scheibe der Haustür den Kinderwagen aber nicht erkennen können. Ob er überhaupt noch da war? Er war beinahe erleichtert, denn dann müsste er den Mann eventuell gar nicht nach dem Wagen fragen. Es wäre ihm sowieso lieber, sie warteten noch mit der Anschaffung. Vielleicht meldete sich ja eines der Geschäfte, in denen sie einen Wagen bestellt hatten.

Rust sah auf die Uhr, es war halb sechs. Wieder regnete es leicht, genauso gut könnte Herbst sein, dachte er missmutig. Dann hatte er plötzlich eine Idee. Er könnte nach dieser Barbara suchen und sich über sie an den Kinderwagen heranpirschen. Einen Versuch war es wert. Und er hatte auch eine Ahnung, wo er die Frau antreffen könnte.

Es war noch ein bisschen zu früh für einen Kneipenbesuch. Als er die Tür zum ›Hebeda's‹ öffnete, blickten zwei ältere Herren vom Stammtisch auf. Andere Gäste gab es noch nicht. Aus einem Nebenraum hörte Rust das Klackern von Billardkugeln.

»'n Abend«, murmelte Rust den beiden Männern zu. Die erwiderten den Gruß mit einem Nicken. Aus einer Seitentür kam der Wirt.

»Noch zu früh für Abendküche«, meinte er zur Begrüßung.

»Ein Pils hätte ich gern.«

Der Wirt nahm ein Glas aus der Spüle und begann zu zapfen. »Macht vierzig Pfennig.«

Rust deutete fragend auf einen der Hocker am Tresen. Der Wirt nickte.

»Wo Sie wollen.« Dann legte er einen Pappuntersetzer auf den Tresen und stellte das Bierglas darauf. »Wohl bekomm's!«

Rust legte ein Fünfzig-Pfennig-Stück auf den Tresen, setzte sich, trank aber nicht gleich, sondern sah sich um. Dass Barbara hier arbeitete, hatte er nur vermutet. Wenn hier voller Betrieb war, gab es bestimmt eine Bedienung.

Nach einer Viertelstunde bestellte er sich ein zweites Bier. Zwei weitere Gäste hatten sich am Stammtisch eingefunden, würdigten ihn aber keines Blickes.

Der Laden machte keinen sehr sozialistischen Eindruck verglichen mit den Restaurants in den neuen Wohngebieten. Allein der Billardtisch im Nebenraum, den man von draußen durch die große Scheibe sehen konnte, vermittelte das Gefühl, als sei hier die Zeit stehengeblieben. Und das vermutlich nicht nur in dem alten Gebäude, sondern auch in den alten Köpfen. Rust wollte nicht wissen, wie hier drinnen geredet wurde, wenn die Männer glaubten, unter sich zu sein.

»Sagen Sie, arbeitet hier eine Barbara?«, fragte er den Wirt und legte nochmal eine Münze auf den Tresen, als der das zweite Bier brachte.

»Sie sind wohl ihr neuer Macker?«, fragte der Wirt, als wäre das nichts Ungewöhnliches. »Müsste in zehn Minuten da sein.«

Kurze Zeit später öffnete sich die Tür und Barbara kam herein. Sie wurde von den vieren am Stammtisch lauthals begrüßt und einer langte ihr dabei wie selbstverständlich an den Po. Sie schlug ihm auf die Finger.

»Pfoten weg, so weit sind wir noch nicht!«, lachte sie. »Erst wenn ich Dienstkleidung anhabe!«

»Bärbel!«, rief der Wirt und nickte mit dem Kopf in Rusts Richtung. Sofort verfinsterte sich ihr Gesicht. Nur zögernd ging sie in seine Richtung. Rust versuchte, möglichst offen dreinzublicken.

»Wie komm ich denn zu dem Vergnügen?«, fragte sie leise, als sie vor ihm stand. Rust bemerkte, dass sämtliche anwesenden Männer in ihre Richtung schauten. Als diese wiederum seinen Blick sahen, wendeten sie sich ab.

»Also, es ist mir ein wenig peinlich ...«, begann Rust.

Augenblicklich huschte wieder ein Lächeln über Barbaras Gesicht. »Muss es dir nicht!«, sagte sie und legte ihre Hand auf seine.

Rust entzog ihr die Hand, griff dafür in die Jackentasche, um seine Zigaretten rauszuholen. »Möchten Sie?«, fragte er.

»Gern!« Sie lehnte jetzt entspannt an einem der Tresenhocker und blinzelte ihm verschwörerisch zu, als er ihr mit dem Feuerzeug die Zigarette anzündete. Rust spürte, wie er rote Ohren bekam.

»Brauchst nicht so schüchtern sein. Frag nur. Ich hab den Steffen wirklich nur besucht. Zugegeben: Wir haben was getrunken. Das muss der Alte ja nicht erfahren. Das würde dem gerade so passen.«

»Doktor Raspe?«

Babara nickte eifrig, konnte aber nicht antworten, weil sie die Kehle voll Rauch hatte. Nun stieß sie ihn aus.

»*Doktor* Raspe!« Beinahe abfällig betonte sie den Titel. »Ich meine, in welchen Zeiten leben wir denn? Ist ja nicht so, dass man gleich heiraten muss, nur wenn man mal bumsen will.

Und ausgerechnet der Oberbonze gibt hier einen auf Spießbürger, nur weil der Steffen nicht studiert hat und kein Arzt ist oder so.«

»Eigentlich wollte ich ja fragen …«

»Aber die fühlen sich doch sowieso als Elite, von wegen Arbeiter- und Bauernstaat. Die gucken ganz genau, wer welches Auto fährt und wer eine Datsche hat. Du siehst ja, was der Arbeiter wert ist, wenn sich die eigene Tochter in einen verliebt. Der hat Ricarda angeboten, das Kind wegzumachen, obwohl es schon über der Zeit war, da war sie schon im vierten Monat, oder so. Sie sei ja viel zu jung mit achtzehn, meinte er. Ricarda hat extra gewartet, bis die zwölfte Woche rum war, weil der Abbruch dann nicht mehr erlaubt ist. Aber er hat ihr sogar gesagt, er könnte das mit irgendeiner Diagnose begründen. Aber Ricarda wollte ja gar nicht, das hat er zuerst gar nicht verstanden. Dann ist der wohl mächtig aus der Haut gefahren. Und die Mutter erst, mein Lieber. Ricarda hat sich bei mir nachher ausgeweint.«

Barbara zog an der Zigarette, und ehe Rust einhaken konnte, sprach sie auch schon weiter. »Der Raspe, der tickt doch nicht mehr richtig. Dem haben sie ein Grundstück zugeschustert, sag ich dir, und eine echte Villa, in Radebeul. Da ist gerade erst einer weg in den Westen. Hat bestimmt unter Wert verkauft, war noch voll möbliert.«

»Woher weißt du das denn alles?« Rust war jetzt auch zum Du übergegangen.

Sie zuckte mit den Schultern und klimperte mit den Augenlidern. »Man hört eben dies und das! Und wie gesagt, ich kenne die Raspes ja schon ewig. Unsere Eltern kennen sich. Ich weiß sogar, wo sie jetzt wohnen.« Barbara zog wieder an der Zigarette und blies den Rauch aus den Mundwinkeln.

»Die Raspes?«

»Ja, da würdest du Augen machen. Die haben auch Westgeld. Das hatte Ricarda früher schon. Unsereins bekommt das höchstens mal in einem Westpaket und meist wird da noch rausgeklaut. Von der Post oder von der Stasi.«

Ob die Frau wirklich wusste, mit wem sie hier sprach, oder glaubte sie womöglich, sie hätte ihn mit ihrem Augenklimpern um den Finger gewickelt?

»Als ich dich bei Steffen in der Wohnung antraf, war da vorher der alte Raspe da gewesen?«

Barbara drehte den Kopf leicht zur Seite und musterte ihn misstrauisch. »Woher willst du das denn wissen? Das war lange, bevor du kamst!«

»Was wollte er? Hat er dich gesehen?«

»Also, Moment, Herzchen, was willste nu eigentlich?« Barbara drückte die Zigarette im Aschenbecher aus, obwohl sie noch längst nicht aufgeraucht war.

»Ich weiß auch nicht, mir kommt das alles seltsam vor«, sagte Rust. »Ich will nur wissen, ob alles mit rechten Dingen zugegangen ist. Wieso hat der Raspe denn so viel Westgeld? Und was wollte er bei Steffen in der Wohnung?«

»Der Raspe fährt oft in den Westen. Warum weiß ich auch nicht. Richtige Verwandtschaft haben die da nicht. Der verdient wohl Geld da drüben. Hat, glaube ich, ein Buch geschrieben. Über Frauenheilkunde. Da verdient unser Staat schön mit, und ein Teil vom Westgeld darf er sicher behalten. Ich kann dir sagen, der wird garantiert bespitzelt. Da steht immer ein Auto vor der Haustür, wenn du verstehst, was ich meine. Und Ricarda ruft nie da an, und wenn sie bei ihren Eltern zu Hause war, wurde nur über Alltagszeug geredet. Und was er mit dem Steffen besprochen hat, weiß ich auch nicht. Steffen hat ihn nicht reingelassen und hat die Küchentür geschlossen. Ich konnte nicht verstehen, was sie reden.

Und erzählt hat er es mir natürlich nicht. Vielleicht hat er ihm nur erzählt, was geschehen war.« Barbara tätschelte ganz unvermittelt seine Hand. »So schlimm das alles ist, ich muss jetzt mal. Bald wird sich der Laden füllen.«

Ehe Rust etwas sagen konnte, hatte sie ihn sitzen lassen und war hinter dem Tresen durch die Tür verschwunden. Rust drückte die Zigarette aus und trank von seinem Bier. Er zündete sich noch eine Zigarette an. Inzwischen waren verschiedene Leute in die Kneipe gekommen und begrüßten den Wirt. Darunter waren junge Männer, mit weiten Schlaghosen und mit Haaren bis auf die Schultern. Sie trugen schmal geschnittene Lederjacken und Hemden mit großen Aufschlägen. Es gab auch ein paar junge Frauen. Vermutlich waren sie Arbeiter, die sich nach Feierabend zu Hause umgezogen hatten. Sie wirkten wie Stammgäste, die sich untereinander kannten und auch mit Barbara vertraut waren, die inzwischen ihre Kellnerkluft trug und sich erlauben konnte, zu jedem frech zu sein. Ein paar von ihnen gingen in das Billardzimmer, und kurz darauf erschien ein junger Mann an der Durchgangstür und bestellte mit drei erhobenen Fingern beim Wirt, der die Order abnickte. Rust hatte das beobachtet und hatte den jungen Mann erkannt. Es war Steffen Weber.

Rust drehte sich ein wenig weg und beobachtete vorsichtig, wie Weber seine Getränke bekam und wieder im Billardraum verschwand. Dann rutschte Rust möglichst unauffällig von seinem Tresenhocker und stahl sich ohne Verabschiedung aus der Kneipe.

Hektisch suchte er draußen in seinen Hosentaschen nach Kleingeld und fand schließlich ein paar Groschen. Viel länger noch suchte er nach einer Telefonzelle, die er schließlich an der Bautzner Straße entdeckte.

»Hier ist Rust«, sagte er in den Hörer. »Können wir uns treffen? Morgen früh? An derselben Stelle? ... In Ordnung!«

Er hängte ein, lief dann den weiten Weg zu seinem Trabant zurück und fuhr nach Hause.

Das Wetter hatte sich nicht verbessert am nächsten Morgen. Es war unangenehm kühl, und es wehte ein böiger Wind, der Nieselregen mit sich brachte. Die Elbwiesen waren von Feuchtigkeit gesättigt. Es zog weiter zu, schwere Wolken kündigten starken Regen an.

Trotzdem liefen Rust und sein Begleiter ohne Schirm den Elbweg hinauf. Der Mann war älter als Rust, bestimmt lag eine ganze Generation zwischen ihnen. Er trug einen Mantel, und sein ergrautes Haar war kurz geschnitten. Rust wusste von ihm, dass er Voigt hieß und dass er unter den Nazis im Widerstand gekämpft hatte, im KZ gewesen und nur knapp dem Tode entronnen war. Die Rote Armee hatte ihn und tausende andere befreit, aber viele andere waren ermordet worden.

Die beiden Männer beeilten sich nicht, sie hatten kein besonderes Ziel. Den unteren Abschnitt des Pionierpalastes hatten sie schon passiert. Hinter der nächsten Flussbiegung tauchte das Blaue Wunder auf. Sie waren allein auf dem mit großen Sandsteinen gepflasterten Weg.

»Wir wissen Ihren Einsatz zu schätzen«, sagte Rusts Begleiter nach längerem Schweigen. »Sie möchten also gewissermaßen privat in dieser Sache ermitteln? Ohne offiziellen Ermittlungsauftrag? Habe ich das richtig verstanden? Die Todesumstände des Kindes erforschen?« Sie liefen eine Zeit lang nebeneinander her. »Ich werde Ihren Vorschlag auf jeden Fall ernsthaft in Erwägung ziehen«, begann Voigt wieder. »Zuerst werde ich jedoch die Umstände prüfen lassen müssen. Persönlich möchte ich nur wissen, welche Beweggründe Sie haben. Tragen Sie eine persönliche Fehde aus?«

Rust, der bis jetzt angestrengt auf den Boden gesehen hatte, warf Voigt einen erstaunten Blick zu. Sein Respekt vor dem Mann war zu groß, als dass er gewagt hätte, zu lachen.

»Nein, bis vor zwei, drei Tagen kannte ich noch gar keinen der Beteiligten.«

Voigt blieb stehen und packte Rust beim Ellbogen. »Also, worum geht es Ihnen? Ziehen Sie irgendeinen Vorteil daraus?«

Der Wind blies Rust jetzt direkt ins Gesicht und besprühte ihn mit feinem Regen. Rust blinzelte sich die Tropfen aus den Augen. Er versuchte, in den Augen des Mannes zu ergründen, was dieser von ihm erwartete.

»Ich meine, es ist doch meine Pflicht, oder? Ich habe meinem Staat die Treue geschworen. Es ist meine Pflicht, Vorgängen Einhalt zu gebieten, die dem Aufbau des Sozialismus schaden«, sagte er, und in diesem Augenblick war es ihm vollkommen ernst damit.

Voigt nickte unmerklich. »Und welcher Art, glauben Sie denn, sind diese Vorgänge? Wie fügen sie unserer Republik Schaden zu?«

»Nun, ein Kind, das bei der Entbindung stirbt, wegen irgendeiner Schlamperei, hätte in seinem späteren Leben vielleicht eine wichtige Persönlichkeit werden können. Außerdem sind seine Eltern, nun ja«, Rust hob die Schultern ein wenig und kam sich vor wie ein Schüler, der seinem Lehrer Rede und Antwort stehen musste, »sie sind weniger motiviert, grämen sich, machen womöglich den Staat dafür verantwortlich. Mir wurde mitgeteilt, dass gegen Frau Krüger wegen Beihilfe zur Republikflucht ihres Mannes ermittelt wird. Außerdem habe ich erfahren, dass Doktor Raspe über

Verbindungen zum Klassenfeind verfügt.« Das war ihm gerade erst in diesem Moment in den Sinn gekommen.

Voigt sah ihm noch eine Sekunde fest in die Augen. Dann hob er die Hand und schlug Rust fest auf die Schulter. »Rust, Sie sind ein guter Mann.«

Rust atmete auf und war erleichtert, dass sich die ernste Situation so aufgelöst hatte, und beide Männer gingen weiter.

»Wie, glauben Sie, könnten Sie die Sache angehen?«, fragte Voigt und klang ehrlich interessiert.

»Ich würde versuchen, ein vertrauensvolles Verhältnis zu Frau Krüger aufzubauen. Vielleicht könnte ich ihr dazu ...« Rust wagte nicht, weiterzusprechen.

»Sagen Sie schon, nur nicht zimperlich, wir sind hier unter uns«, ermunterte ihn Voigt.

»Mit offizieller Erlaubnis könnte ich ihr vom Verbleib ihres Mannes berichten. Das bringt sie vielleicht dazu, mir Vertrauen zu schenken, zumal sie offensichtlich weiß, dass sie unter Observation steht. Indem ich mir ihr Vertrauen erarbeite, könnte ich mit der Zeit vielleicht herauskriegen, was im Krankenhaus genau geschehen ist, ob noch jemand an dem Fluchtversuch beteiligt war und in welchem Verhältnis sie zu Raspe steht.«

Voigt schien nachzudenken. Schweigend gingen sie weiter. Auf der Elbe glitt ein Lastkahn an ihnen vorbei.

»Gehen wir zurück!«, bestimmte Voigt unvermittelt und machte auch schon kehrt. »Ich werde Ihren Vorschlag den Genossen übermitteln. Die Angelegenheit muss mit verschiedenen Abteilungen koordiniert werden. Sie warten auf Bescheid, sprechen mit niemandem darüber, auch nicht mit Ihrem Vorgesetzten. Des Weiteren wird Ihr kürzlich gestellter Antrag, ein hauptamtlicher Mitarbeiter des Ministeriums für

Staatssicherheit zu werden, noch geprüft. Üblicherweise suchen wir unsere Kandidaten selbst aus. Inzwischen verfahren wir mit Ihren wöchentlichen Berichten über Seidel weiterhin wie gehabt.«

14

Dresden, Ende November 1993

In der Nacht zum Sonntag schlief sie sehr schlecht. Zwar hatte sie sich mit dem Gefühl hingelegt, alles getan zu haben, was sie hatte tun können. Trotzdem war ihr, als sei das noch nicht genug gewesen. Es war schon hell, als sie aufwachte. Sie war verschwitzt und spürte ein kleines gemeines Ziehen im Unterleib. Sie konnte nicht einmal ausmachen, ob es wirklich ein körperlicher Schmerz war oder nur Einbildung. Eine dunkle Vorahnung beschlich sie. Keine Panik, aber stille Angst. Es kam ihr vor, als habe sie gar nicht geschlafen. Als wäre sie immer wach gewesen und habe mit einem Ohr auf die Geräusche in der Wohnung gelauscht.

Ricarda richtete sich im Bett auf. Eigentlich konnte nichts sein. Sie war sich sicher, abgeschlossen zu haben, außerdem wäre sie garantiert aufgewacht, wenn sich jemand an der Tür zu schaffen gemacht hätte. Sie war nicht die Einzige, die einen Schlüssel zur Wohnung hatte. Steffen und Ines besaßen auch einen. Wenn ihrer aber im Schloss steckte, konnte kein anderer aufschließen. Aber steckte ihr Schlüssel wirklich im Schloss? Beinahe zornig warf Ricarda die Decke beiseite und wollte aufstehen, da überfiel sie ein massiver Schmerz im Unterleib, dass sie sich krümmte und sitzen bleiben musste. Der Krampf war schnell vorbei, doch er hatte Erinnerungen wachgerufen. Erinnerungen an die Zeit kurz nach der ersten Entbindung, in der die Frauenärztin ihr bescheinigt hatte, dass alles wieder in Ordnung sei. Körperlich mochte das zugetroffen haben, doch Ricarda hatte eine Ahnung, woher dieser Schmerz kam. Es war das Gefühl, als wenn jemand in ihr Innerstes gegriffen und etwas herausgerissen hätte. Nein, sie durfte nicht wieder damit anfangen, durfte sich nicht hineinsteigern. Sie musste cool bleiben, wie man heutzutage sagte. Ricarda stand jetzt doch langsam auf und tastete sich in den Flur. Die Tür war abgeschlossen, der Schlüssel steckte, alles war wie immer. Sie ging zurück ins Schlafzimmer und sah jetzt erst auf die Uhr an ihrem Weckradio. Es war schon kurz vor zwölf Uhr mittags. Ricarda stöhnte auf. Das mochte sie überhaupt nicht. Der halbe Tag war vergeudet. Aus dem Frühstück würde ein Mittagessen werden. Und ehe man sich versah, war es schon wieder dunkel. Außerdem telefonierte sie meist am Sonntagvormittag mit Ines. Hatte sie das Telefonklingeln womöglich überhört?

Ricarda zog sich den Morgenmantel über, dabei fiel ihr Blick in den Spiegel. Sie ging näher heran, betrachtete missmutig ihr Spiegelbild, die Schwellungen unter den Augen, und zupfte sich mit dem Zeigefinger die Haut an den Augenwinkeln glatt. Abgenommen hatte sie, auf keine gut Art. Sie sah abgekämpft aus. Dann schob sie sich die Hände ins Haar und versuchte es ein wenig aufzulockern. Als das Telefon zu klingeln begann, ging sie rasch ins Wohnzimmer.

»Na, du!«, begann sie, doch es war nicht Ines, mit der sie sprach.

»Ich bin's, Steffen!«

»Ist was passiert?«, fragte Ricarda sofort, denn es war ungewöhnlich, dass er um diese Zeit anrief, und schon sein Tonfall versprach Ungutes.

»Also, ich weiß nicht, wie ich anfangen soll. Ich habe lange überlegt.«

»Steffen!«, ermahnte ihn Ricarda, sie hasste dieses Herumdrucksen. Etwas Schlechtes wurde dadurch auch nicht besser.

»Also, sag mal, was hast du dir denn dabei gedacht?«, fragte Steffen.

»Wobei?« Ricarda wollte Zeit schinden. Es konnte doch nicht sein, dass er schon von ihrem Besuch bei der Polizei wusste. Oder hatte Yvonne ihm davon erzählt? Die beiden kannten sich doch gar nicht persönlich.

»Die Karten!«, sagte Steffen.

Ricarda wusste nun überhaupt nicht, was er von ihr wollte.

»Ricarda, diese Glückwunschkarte und die Trauerkarte, was soll das? Was ist denn bloß in dich gefahren? Ich dachte, das Thema ist längst erledigt!«

Das Thema, wiederholte Ricarda in Gedanken. Allein diese Formulierung stieß ihr auf. Dann erst realisierte sie, was Steffen gesagt hatte.

»Du hast sie auch bekommen?«, rief sie mit leisem Entsetzen.

»Ich habe mir erst gar nichts dabei gedacht. Ich dachte, das sei Werbung. Und dann dachte ich, es sei eine Verwechslung. Aber dass du deinen Eltern auch welche schickst, …«

»Jetzt halt mal die Luft an!«, unterbrach Ricarda ihn empört. »Ich habe auch welche bekommen. Du selbst hast eine davon aus dem Briefkasten geholt und zur Post gelegt! Glaubst du etwa, ich verschicke so etwas? Bei dir piept's wohl!«

»Wer soll es denn sonst sein?«, sagte Steffen zögernd nach einer Weile.

»Also, sag mal«, fuhr Ricarda auf, »glaubst du im Ernst, ich kaufe solche Karten und schicke sie an dich und meine Eltern …« Ricarda stockte. »Heißt das eigentlich, sie haben dich angerufen deshalb?«

»Na ja …«, druckste Steffen herum.

»Meine Eltern bekommen also solche Karten und vermuten sofort, dass sie von mir sind und rufen dann *dich* an?« Ricarda spürte das Ziehen wieder. Als wäre eine alte Narbe aufgerissen.

»Das ist ja nicht verboten!«, setzte Steffen sich zur Wehr.

Ricarda kannte Steffen seit ihrem siebzehnten Lebensjahr. Seit acht Jahren waren sie getrennt und geschieden, doch diesen Tonfall kannte sie nur zu gut an ihrem Exmann.

»Ihr habt Kontakt, nicht wahr.«

»Das weißt du doch, bei Geburtstagen …«

»Lüg nicht!«, fuhr Ricarda ihn an.

»Na, und? Was ist denn schon dabei?« Steffen hatte jetzt auch die Stimme erhoben, und im Hintergrund sagte jemand etwas. Ricarda verstand es nicht, doch offenbar mischte sich Steffens Freundin ein. »Es ist ja nicht verboten, immerhin sind sie Ines' Großeltern. Wir telefonieren gelegentlich. Das ist doch normal!«, verteidigte sich Steffen jetzt.

»Also, ich habe deine Eltern seit der Scheidung gerade zwei Mal gesehen!« Ricarda hieb sich wütend mit der Faust auf den Oberschenkel. Es hatte sich nichts geändert. Es hatte nichts gebracht, dass sie von dem Streitthema abgelassen hatte. Außer dass sie alle ihre Ruhe gehabt hatten, vor der nervigen kleinen Ricarda mit ihren lästigen Fragen. Die steckten alle unter einer Decke. Die ganze Bagage, Vater mit seinen seltsamen Geschäftsleuten aus dem Westen, diesen CSU-Männern, mit denen er seit Jahren verkehrte. Ihre Mutter, die sich in der Rolle der trauernden Großmutter gefiel, und jetzt auch noch Steffen. War es nicht seltsam, dass ihr Vater das

Grundstück, das er damals fast geschenkt bekommen hatte, auch nach der Wende behalten durfte, obwohl in der Regel jeder ehemalige DDR-Flüchtling sein Grundstück zurückbekam.

»Du glaubst mir nicht!«, zischte sie und bekam vor Wut kaum ihre Lippen auseinander. »Du denkst immer noch, die Karten sind von mir. Warum sollte ich denn so etwas machen? Was soll ich denn davon haben, sag's mir!«

»Wer soll denn überhaupt etwas davon haben?«, hielt Steffen dagegen.

Nun konnte Ricarda ihre Tränen nicht mehr zurückhalten. Sie fühlte sich verraten, gerade von Steffen, der immer so getan hatte, als wollte er den Familienfrieden retten, selbst als sie schon geschieden waren. Steffen, bei dem sie gedacht hatte, sie könnten sich wieder annähern. Aber es war, wie es schon immer gewesen war, sie stand außen vor. Sie war diejenige, die alles kaputt machte.

Sie hätte ihm gerne gesagt, wie sinnlos und enttäuschend das alles war, wie weh ihr das tat, auch noch nach all den Jahren, aber eigentlich war genug gesagt worden, dachte sie, und legte auf.

Sie brauchte ein paar Minuten, um sich zu sammeln. Im Bad warf sie sich kaltes Wasser ins Gesicht und bürstete sich die Haare durch. Dann setzte sie in der Küche Teewasser auf und begann, Frühstück zu machen. Sie hatte keinen Hunger, doch sie musste sich beschäftigen, musste versuchen, dem Tag einen normalen Verlauf zu geben. Dann fühlte sie sich bereit, Ines anzurufen. Sie wollte nichts von dem Streit mit Steffen erwähnen, sie wollte nur reden, normal sein.

Beim ersten Anruf ging Ines nicht ans Telefon. Ricarda sah auf die Uhr. Es war nur ein wenig später als sonst, und sie wusste, Ines ging sonntags um diese Zeit so gut wie nie aus dem Haus. Vielleicht war ihr Freund zu Besuch. Ricarda hatte ihn nur mal auf einem Foto gesehen, obwohl Ines schon ein halbes Jahr mit ihm zusammen war.

Sie versuchte es noch einmal und ließ es lang klingeln, ehe sie wieder auflegte. Das ungute Gefühl in ihrem Magen wurde zu einem schweren, heißen Stein. Sie zwang sich, nicht in Panik zu geraten, normale Gründe zu finden, warum Ines nicht ans Telefon ging. Noch weitere zehn Minuten würde Ricarda warten, bis sie es wieder versuchen wollte. Nach sieben Minuten hielt sie es nicht mehr aus.

Endlich hob Ines ab. »Ja?«, fragte sie leise.

»Meine Güte«, rief Ricarda und überspielte ihre Erleichterung nur schlecht. »Du brauchst aber lange, habe ich dich etwa geweckt?«

»Nein, ich habe nur … Ich konnte nicht.«

»Hast du Besuch?«, fragte Ricarda, doch sie spürte schon an der Art ihrer Tochter, dass etwas anders war als sonst. Wage es nicht, Steffen, dachte sie, wage es nicht, meine Tochter gegen mich aufzuwiegeln.

»Nein, es ist alles okay, Mutti.«

»Bist du krank?«, versuchte Ricarda es auf ein Neues.

»Nicht so richtig.«

»Menschenskind, Ines, was heißt denn das? Musst du zum Arzt? Soll ich mich krankmelden und kommen?« Warum nicht, dachte sie, was für ein Gedanke. Einfach weg hier. Ganz weg, woanders anfangen, wo mich keiner kennt. Nur Ines und ich.

»Nein, Mutti, musst du nicht.«

»Ines, ich höre doch, dass etwas ist mit dir. Willst du das Studium abbrechen? Du weißt, ich würde dich nie zwingen …«

»Mutti, ich werde verfolgt!«

»Wie bitte?«

»Ich glaube, ich werde verfolgt. Nein, ich bin sogar sicher.«

»Hast du etwa auch seltsame Post bekommen?«

»Ja, solche komischen Karten. Du etwa auch?«, fragte Ines verblüfft.

Steffen, du Idiot, triumphierte Ricarda, würde ich meiner eigenen Tochter so etwas antun?

»Ja, ich auch, und Papa und die Großeltern auch. Aber das ist nichts. Ich war bei der Polizei deswegen. Das ist nur ein böser Streich. Eine Gemeinheit. Wirf sie weg. Tu einfach so, als sei nichts passiert.«

»Mutti, da ist ein Typ. Seit ein paar Tagen schon, eigentlich schon vorige Woche. Ich dachte erst, das sei Zufall. Der hat einen Fotoapparat.«

Ricarda konnte vor Schreck zuerst gar nicht sprechen. Dass es jemand auf sie abgesehen hatte, war schlimm genug. Aber wenn der jetzt auch noch Ines belästigte, das ging zu weit.

»Bist du dir wirklich sicher?«, fragte sie, um wenigstens irgendetwas zu sagen.

»Ja, wirklich, Mutti. Er taucht immer wieder auf, so in der Menge, verstehst du. In der Mensa oder im Kaufhaus, an der Bushaltestelle. Ich schätze, der ist so um die fünfzig, übergewichtig, hat eine Glatze, trägt eine verspiegelte Brille und hat eine Kamera mit großem Objektiv umhängen. Ich bin auch nicht die Einzige, die das bemerkt hat.«

Ricarda überlegte fieberhaft. Am liebsten hätte sie gesagt, geh auf den Typen zu, frag ihn, wer er ist, oder schnapp dir zwei, drei Kommilitonen, die den Kerl verdreschen, oder zeig ihn gleich an.

»Bleib in deiner Wohnung. Lass niemanden rein. Hast du einen Fotoapparat? Kannst du ihn fotografieren?«

»Nein, der ist zu weit weg. Außerdem dreht er sich immer weg, sobald ich in seine Richtung sehe, und dann haut er ab.«

»Ich komme zu dir, Ines. Ich lass mich krankschreiben!«

»Nein, Mutti, komm nicht. Ich wollte es dir eigentlich gar nicht erzählen. Bleib in Dresden, okay? Hast doch genug Stress auf Arbeit.«

»Aber ich habe keine Ruhe hier. Wenn dir was passiert …«

»Mir passiert nichts. Ich habe Freunde, die passen auf mich auf. Ich geh nicht mehr alleine irgendwohin, versprochen!«

»Besorg dir Reizgas!«

»Das habe ich schon, Mutti. Du musst dir also keine Sorgen machen. Ich frage mich nur, wer so was macht. Und die Sache mit den Karten, was soll denn das?«

»Ich weiß es auch nicht, Ines.«

Ricarda kniff die Lippen zusammen. Das Ziehen im Unterleib ließ einfach nicht nach. Doch das war nicht der Grund, warum sie mit den Tränen kämpfte. Du hast eh Stress auf Arbeit, hatte Ines gesagt. Woher wusste sie das? Sie hatte ihr das nicht erzählt. Das musste sie von Steffen wissen. Er hatte mit Ines über sie gesprochen, und das erklärte auch Ines' Verhalten gerade eben. Hieß das vielleicht, sie traute ihrer eigenen Mutter zu, dass sie die Karten schickte, dass sie sie sogar überwachen ließ?

War das mein Leben, fragte sich Ricarda und sah sich müde um. Neue Möbel, ein paar CDs und Schallplatten, ein paar hübsche Bilder an der Wand, ein blöder Job, ein wenig Freizeit und gelegentlich eine Urlaubsreise, allein oder mit Yvonne. Das war doch alles nicht mehr als eine schlechte Verpackung aus gebrauchtem Geschenkpapier. Nichts als eine

Aneinanderreihung von kaum beeinflussbaren Ereignissen, dazu ein paar unerfüllte Träume und enttäuschte Hoffnungen, mühsam zusammengehalten von einer beliebig zu mischenden Gefühlspalette. Sie zog scharf die Luft durch die Nase ein. Sie wollte das nicht länger hinnehmen. Bis jetzt waren es die Umstände gewesen, die sie abgehalten hatten vom Handeln. Erst waren es der Staat und seine Helfer gewesen, die sich ihr entgegengestellt hatten. Jetzt waren es andere Gründe, Geldnot und Existenzangst. Doch was hatte sie schon zu verlieren? Die paar Möbel in ihrer Wohnung? Das wenige Geld auf dem Konto? Nein, sie würde sich das nicht gefallen lassen.

Ricarda holte ihre Handtasche und setzte sich dann auf das Sofa, um den gesamten Inhalt der Tasche auf dem Couchtisch auszuleeren. Sie hatte die Visitenkarte schnell gefunden und betrachtete sie einen Moment nachdenklich. Vielleicht war sie ihm gegenüber beim letzten Telefonat etwas ungerecht gewesen.

Sie hatte noch nie die Nummer eines Mobiltelefons gewählt, sie kannte auch kaum Leute, die so etwas besaßen. Die wenigen, die in der Öffentlichkeit damit telefonierten, wirkten immer etwas angeberisch. Sorgfältig tippte Ricarda die lange Nummer ein und lauschte dem Tuten. Erst nach wiederholtem Klingeln ging jemand ans Telefon.

»Ja?«

»Guten Tag, hier spricht Ricarda Weber.«

»Frau Weber!«, sagte Anwalt Engelmann hörbar überrascht.

»Ich hoffe, Sie bekommen jetzt keinen falschen Eindruck von mir. Ich dachte nur … Ich war ja etwas schroff zu Ihnen. Also, ich wollte mich entschuldigen. Und wenn es Ihnen nichts ausmacht … also, wenn Sie Zeit hätten … wenn Sie heute noch nichts weiter vorhaben … Vielleicht könnten wir einen Kaffee zusammen trinken irgendwo?«

Am anderen Ende des Hörers blieb es einige Augenblicke still.

»Natürlich, sehr gern«, sagte Engelmann schließlich. »Wirklich, sehr gern!«

15

Dresden, Dezember 1993

Ricarda tastete mit einer Hand über den Bettrand und zog die Decke wieder über sich. Sie war noch immer außer Atem. Aus ihrem Bad kamen leise Geräusche. Es war nicht ihre Absicht gewesen, mit Eric im Bett zu landen. Aber nachdem sie sich mehrmals getroffen hatten, war es an diesem Abend einfach geschehen. Sie mochte ihn. Sehr sogar. Und er mochte sie auch.

»Schläfst du etwa schon?«, fragte Eric, als er sich wieder neben sie legte.

»Quatsch«, flüsterte Ricarda und schob sich an ihn heran.

»Und? Ist es dir jetzt peinlich, oder so?«, fragte er leise. »Also, du bereust es nicht?«

Ricarda musste grinsen. Irgendwie war er niedlich. Sie schüttelte nur den Kopf. Nein, sie bereute nichts. Im Gegenteil. Letztlich hatte sie es sogar ein wenig forciert, als es so aussah, als wollte er sich nach einem schönen Abend schon wieder auf den Weg in seine kleine karge Wohnung machen, die kaum besser war als ihr Zimmer im Wohnheim. Er schien nicht der abgebrühteste Geschäftsmann zu sein, außerdem hatte sie erfahren, dass er nicht unbedingt freiwillig in den Osten gekommen, sondern einem seiner Chefs zur Unterstützung zugeteilt worden war. Er tat das natürlich nicht umsonst. Sein Zuschlag, allein dafür, dass er hier in Dresden arbeitete, war höher als ihr Monatsgehalt.

Auch Eric war geschieden, hatten sie fast etwas belustigt festgestellt, schon mal eine Gemeinsamkeit. Kinder hatte er keine. Keine, von denen du weißt, hatte sie gescherzt, woraufhin er jedoch ernsthaft den Kopf geschüttelt hatte. Es gab jedenfalls keinen Grund für ihn, am Wochenende nach Hause zu fahren.

»Geht es dir gut?«, fragte Eric. Er wirkte immer noch verlegen.

»Ja, wirklich. Alles ist gut gerade«, antwortete sie. Im Moment fühlte sie sich so gut wie noch nie in den letzten zwei Jahrzehnten. Ziemlich aufgeregt war sie gewesen. Sie hatte seit Jahren keinen Sex mehr gehabt. Doch nachdem die anfänglichen Hemmungen überwunden waren, war alles wie von selbst gegangen. Es war schön gewesen, hatte ihr gutgetan. Eric schien nicht sehr erfahren zu sein, das gefiel ihr.

Nun lag sie entspannt neben ihm und betrachtete seine sportliche Figur. Er sah gut aus, dachte sie. Noch dazu war er Anwalt. Sie lächelte. Es hätte jetzt an der Tür klingeln oder sonst was geschehen können. Jetzt gerade, genau in dem Moment, konnte es nicht besser sein. Noch eine Woche würde sie arbeiten, dann hatte sie vier Tage frei zu Weihnachten.

»Ist denn was mit dir?«, fragte sie ihn schließlich. Es kam ihr vor, als hätte er etwas auf dem Herzen. Hoffentlich sagte er nicht gleich, dass er sie liebte. So weit war sie längst nicht und hätte nicht gewusst, was sie ihm antworten sollte. Eigentlich hoffte sie, es würde so bleiben, wie es war, wenigstens für diese Nacht.

»Ich möchte dir gern etwas sagen. Eigentlich soll ich es nicht.« Eric drehte sich zu ihr auf die Seite, damit er sie direkt ansehen konnte.

»Du hast mir sehr leidgetan. Nein, also nicht du, sondern die Situation. Ich habe bei Schrempp noch mal nachgefragt, denn als ich das erste Mal über deinen Fall sprach, schien er sehr daran interessiert zu sein. Weißt du, das hier ist ein großer Markt, den es zu erschließen gilt, da kann ein spektakulärer Fall mehr Publicity bringen als jede Werbung. Ich habe mich gewundert, warum er schließlich doch ablehnte.« Eric verstummte und kaute an seiner Unterlippe.

Ricarda stützte ihren Kopf in die Hand, sah ihn aufmerksam an.

»Ich will mich da nicht einmischen, ich wollte eigentlich nur sagen, es lag nicht an dir und deinem Fall. Das Problem ist vielmehr eine gewisse Interessensüberschneidung. Dein Vater ist seit vielen Jahren Klient der Kanzlei.«

»Ah!« Ricarda versuchte sich nicht anmerken zu lassen, wie überrascht sie war. »Weiß er denn, dass ich bei euch war?«

»Nein, natürlich nicht.«

»Und darf ich denn wissen, seit wann er Klient der Kanzlei ist, und warum?«

»Nun, solange bin ich auch nicht dabei. Aber offenbar stand er schon vor dem Mauerfall in Kontakt mit der Kanzlei. Es ging wohl um Urheberrechte und um Eigentumsrecht hinsichtlich verschiedener Grundstücke.«

Verschiedener Grundstücke, wiederholte Ricarda in Gedanken. Davon wusste sie gar nichts.

»Hatte er denn Probleme?«, fragte sie leise.

Eric hob die Schultern. »Ich wollte dir das nur sagen, damit du nicht denkst, wir wären alle Idioten!«

»Wen meinst du denn mit ›wir‹? Wessis oder Anwälte?« Sie gab ihm schnell einen Kuss, ehe er ihr noch eine Antwort geben konnte.

»Ich will damit nur sagen, wenn er Ärger hätte, könnte das

vielleicht die nächtliche Klingelei erklären und diese gemeinen Karten.« Davon hatte sie Eric noch nichts erzählt.

Eric hob den Kopf. »Wie meinst du das?«

»Ach, irgend so ein Spinner klingelt ab und zu in der Nacht bei mir. Und jemand hat Karten an mich und meine Familie geschickt, sogar an meine Tochter. Seltsame Geburtstags- und Trauerkarten. Neuerdings klingelt manchmal mein Telefon und niemand sagt etwas, wenn ich rangehe. Ich habe sogar schon einmal mit der Trillerpfeife reingepfiffen.« Sie lächelte verlegen. »Das habe ich mal gelesen, dass man das machen soll. Und Ines, die ist in Freiburg verfolgt worden, von einem Mann mit Fotoapparat. Aber das scheint wohl wieder vorbei zu sein.«

»Ein Mann mit Fotoapparat?«, fragte Eric und runzelte die Augenbrauen. »Konntet ihr etwas über den rausfinden?«

Ricarda schüttelte den Kopf.

»Was sind denn das für Karten? Hast du die noch?«, fragte er weiter. Seine Miene drückte ernsthafte Besorgnis aus.

»Ich habe sie noch, obwohl mir ein Polizist gesagt hat, ich soll sie wegwerfen.«

»Magst du mir die mal zeigen?«

»Nicht jetzt, okay?« Ricarda drückte ihn sanft zurück auf die Matratze. »Morgen. Jetzt ist es gerade so schön, oder?«

Eric sah sie ernst an. »Ich kann dir helfen, wenn du das möchtest.«

»Ach, komm, reden wir morgen darüber!«

Aber Eric ließ nicht locker. »Ich könnte mal einen Blick in die Akten werfen!«

»Eric, nein, dann erwischt dich noch jemand dabei.«

»Na, und? Ich bin Anwalt, das ist doch nicht verboten.«

»Aber dass du mir davon erzählst, vermute ich.« Sie war hin- und hergerissen. Hier öffnete sich ihr gerade eine Tür.

Ein wenig hatte sie sich so etwas gewünscht, sehr sogar, wenn sie ehrlich war.

Eric räusperte sich. Das tat er anscheinend immer, wenn ihm etwas peinlich war. »Ich mag dich sehr, weißt du, Ricarda. Ich mochte dich schon, als du das erste Mal in mein Büro kamst.«

»Ich mag dich auch. Ich würde mich freuen, wenn du hier bleibst über Nacht.«

»Wenn es dir nichts ausmacht.«

»Doch, es macht mir viel aus!« Ricarda gab ihm einen Kuss. »Und?«, fragte sie dann.

»Und?« Eric sah sie fragend an.

Ricarda schob sich zu ihm hoch. »Bist du auch noch nicht müde?«

16

Dresden, Januar 1994

Als sie dieses Mal die Stasiunterlagenbehörde verließ, war alles anders. Sie hatte Informationen gewollt und sie hatte sie bekommen. Eric an der Seite zu haben, hatte sich als nützlich erwiesen, auch wenn er gar nichts weiter gesagt, sich nur als ihr Anwalt vorgestellt hatte. Das Zimmer zur Akteneinsicht durfte er deswegen trotzdem nicht mit betreten.

Weihnachten war Eric nach Hause gefahren, nach Bayreuth, zu seinen Eltern und Geschwistern. Ricarda war das ganz recht gewesen. Heiligabend und den zweiten Weihnachtsfeiertag hatte sie mit Ines verbracht. Silvester war Eric dann zu ihr gekommen. Von ihrem Balkon aus hatten sie die Stadt betrachtet, über deren Dächern tausendfach das Feuerwerk explodierte.

Eric hatte ihr den Termin in der Stasibehörde besorgt. Diesmal hatte die Wartezeit nur zwei Wochen betragen. Er hatte sie genau instruiert, wonach sie schauen und vor allem fragen musste, denn auf die richtigen Fragen kam es an, wenn man die Akten nicht selbst einsehen durfte. Von den verschiedenen Obduktionsberichten ihres angeblich toten Kindes hatte sie nun Kopien bekommen. Und sie hatte noch mehr erfahren. Mehr als ihr recht war. Nun saßen sie bei Eric im Auto. Alles, was sie hatte mitnehmen dürfen, lag auf Erics Schoß.

Ricarda spürte, wie sie schlagartig müde wurde. Wieder einmal war sie von der Arbeit nach Dresden gehetzt, um diesen Termin wahrzunehmen. Sie musste eigentlich heute noch zurück zur Frühschicht morgen.

»Drei IMs?«, fragte Eric und betrachtete die Sektionskarte, den endgültigen Obduktionsbericht und den Meldeschein über die Korrektur der Todesursache. Er verglich die Eintragungen miteinander. »Du meinst richtige Inoffizielle Mitarbeiter für die Stasi?« Er sah sie an.

»IMs hat sie gesagt. Ich habe das aufgeschrieben. Aber nur die Namen, die sie von der Stasi bekommen haben. IM Rauch, IM Quaste und IM Knabe. Frag mich nicht, wer das gewesen sein soll. Angeblich muss erst geprüft werden, ob man ihre Identität preisgeben darf.«

Eric verzog nachdenklich den Mund. »IMs gab es viele. Das weiß ich von unseren Klienten. Kollegen, Kommilitonen, Nachbarn. Man konnte schlecht Nein sagen, wenn die Stasi einen gefragt hat. Viele IMs schrieben Berichte ohne Aussage, da wurden einfach nur Tagesabläufe und alltägliche Belanglosigkeiten aufgeschrieben. So konnte man ihnen nicht vorwerfen, nichts zu tun. Warum hat die Stasi dich denn im Visier gehabt?«

»Anscheinend hatten die mich schon lange auf dem Schirm, weil sie wohl vor allem meinen Vater beobachtet haben, wegen seiner Westgeschäfte. Na ja, und nach der angeblichen Totgeburt dreiundsiebzig bin ich denen auf die Pelle gerückt. Ich habe Eingaben geschrieben. Ans Rathaus, an die Parteileitung, an verschiedene Minister. Ich habe mich über das Krankenhaus beschwert.« Ricarda stockte kurz. »Deswegen hat ja keiner mehr mit mir gesprochen. Ich bin ja meinem eigenen Vater auf die Füße getreten. Das ging so weit, dass sie mir nahegelegt haben, die Ausreise zu beantragen. Sie hätten mich tatsächlich gehen lassen. Mitte der Achtziger war das. Da hatte mich Steffen gerade verlassen.«

»Aber du hast abgelehnt!« In Erics Stimme schwang ein Hauch Verwunderung mit.

Ricarda sah ihn herausfordernd von der Seite an. »Natürlich. Das wäre denen doch nur recht gewesen, wenn ich weg gewesen wäre. Diesen Triumph wollte ich ihnen nicht gönnen. Außerdem hätte ich dann mein Kind im Stich gelassen.«

»Ines?«

»Nein, nicht Ines. Mein erstes Kind. Dieses Kind!« Ungeduldig und beinahe verärgert schlug Ricarda mit dem Handrücken auf die Unterlagen.

Eric nickte betreten und widmete sich wieder der Durchsicht der Papiere. Ricarda lehnte sich zurück und schloss kurz die Augen.

»Denk nicht, wie oft ich mich schon gefragt hab, ob es nicht besser wäre, es einfach zu akzeptieren. Es einfach sein zu lassen. Aber dann würde ich ja genau das tun, was sich alle nur wünschen«, sagte sie leise.

»Also, ich bin da jetzt nicht so firm«, sagte Eric, ohne auf Ricardas Worte einzugehen. »Aber im ersten Sektionsbericht und auch im endgültigen Obduktionsbericht wird eine Strangulation durch die Nabelschnur als Todesursache angegeben. Die Haut des Kindes war blau gefärbt. Hier in der Korrektur, das ist dieses zusätzliche Blatt, zwei Tage später datiert, steht jedoch, dass ein Herzfehler zum Tod geführt hat.«

Ricarda ging die entsprechenden Passagen durch, die Eric ihr zeigte. Die Kopie war sehr schlecht, die Schrift schwach und unscharf, doch trotzdem deutlich genug zu erkennen.

»Und warum sollte man das ändern?«

»Na ja«, Eric räusperte sich, »entweder hat man dies nachträglich als Todesursache erkannt, oder es war schon der erste Versuch, etwas zu vertuschen. Vielleicht die Unachtsamkeit der Hebamme, und dann wollte man sie oder das Krankenhaus vor Sanktionen schützen. Es könnte natürlich auch ein Hinweis auf die Kindesentführung sein.«

»Aber was macht ein Herzfehler besser als eine Strangulation?«

»Ich habe mich in den letzten Tagen ein wenig eingelesen. Sofern die Todesursache natürlich war, und ein angeborener Herzfehler fällt in diese Kategorie, musste der Todesfall nicht der zuständigen Dienststelle der Volkspolizei gemeldet werden. Um das jetzt noch herauszufinden, müsste man die damals anwesenden Schwestern und Ärzte befragen. Zum Beispiel um zu erfahren, ob die Nabelschnur um den Hals des Kindes gewickelt war, ob es wirklich blau angelaufen war, ob es sich noch bewegt hat.«

»Das weiß ich alles nicht. Sie hatten mir vorher eine Spritze gegeben. Ich war ganz benommen und habe das alles gar nicht richtig wahrgenommen.«

»Eine Spritze? Warum? Was sollte das gewesen sein?«

»Das hat mir nie jemand gesagt. Ich habe eine Liste von Personen, die damals Schicht hatten. Ich weiß aber nur von der Hebamme, dass sie anwesend war, Dagmar Krüger. Die wiederum ist nicht aufzufinden, und im Krankenhaus gibt es keine Akte von ihr.«

»Wie meinst du das?«, fragte Eric.

»Ihre Personalakte ist offenbar verschwunden.«

Eric hob das Kinn, seine Augen verengten sich ein wenig. Ricarda kannte diesen Blick. Dieses Schwanken zwischen Skepsis und Glaube, dass die Mächtigen der DDR eine solche Ungeheuerlichkeit geduldet, wenn nicht sogar befohlen hatten. Doch angesichts der Tatsache, dass an der deutsch-

deutschen Grenze Menschen erschossen worden waren, weil sie fliehen wollten, dass man Leute gefoltert und jahrzehntelang eingesperrt hatte, weil sie ihre Meinung sagen wollten, schien auch diese Ungeheuerlichkeit nur ein weiteres schändliches Verbrechen unter vielen zu sein.

»Man müsste mal jemanden fragen, ob ein Herzfehler noch nach zwanzig Jahren erkannt werden kann. Ich denke aber nicht«, sagte Eric nach längerem Schweigen.

»Du meinst, man müsste exhumieren?«, fragte Ricarda leise. Sie gab sich absichtlich naiv. »Wäre das denn möglich, angesichts all der Umstände? Zumindest um zu sehen, ob überhaupt ein Kind in dem Sarg war?«

Eric wiegte den Kopf. »Wie gesagt, kein leichtes Unterfangen. Aber versuchen kann man es.«

»Da!« Ricarda schrie plötzlich auf und zeigte durch die Windschutzscheibe. »Dort! Die Frau! Blauer Schal!«

»Ich sehe nichts!« Eric suchte vergeblich nach einer Frau mit blauem Schal.

Ricarda hatte sie nur kurz gesehen, trotzdem war sie sich sicher. »Die hol ich mir!« Schon hatte sie die Wagentür aufgerissen und rannte los. Sie überquerte die Straße, kaum dass sich ihr eine kleine Lücke im Verkehr auftat. Auf dem Bürgersteig musste sie den vielen Leuten ausweichen, die in Richtung der alten Mälzerei unterwegs waren, in der sich seit drei Jahren ein Kaufhaus befand. Sie merkte gar nicht, dass Eric dicht hinter ihr war. Bald holte er sie ein.

»Wo?«, fragte er atemlos.

»Sie stand da im Hauseingang. Sie ist in diese Richtung!« Ricarda zeigte in Richtung des Straßenbahnhofs Trachenberge. Die Frau war nicht mehr zu sehen. »Zwischen den Autos vielleicht!«, schniefte sie.

Eric beschleunigte und rannte bis zur nächsten Kreuzung,

wo er suchend stehenblieb. Dann hob er die Hände und ließ sie resignierend wieder fallen. Ricarda hatte ihn eingeholt.

»Die ist mir schon zwei Mal über den Weg gelaufen.«

»Ob es die ist, die dich belästigt?«, fragte Eric. Er war kein bisschen außer Atem.

»Aber warum sollte sie mich denn belästigen? Und vor allem: Wer ist sie?«

Eric hob die Schultern. »Diese Frau Krüger vielleicht, die Hebamme? Das finden wir heraus.«

17

Dresden, März 1973

Rust stieß sich von dem Zaun ab, an dem er schon seit einiger Zeit lehnte. Er hatte auf Dagmar Krüger gewartet, die in diesem Moment aus der Haustür trat. Sie ging schnell, als hätte sie einen Termin. Rust wusste es besser. Es war kurz nach halb acht am Morgen, und wenn Dagmar Krüger frei hatte, erledigte sie um diese Uhrzeit immer ihre Einkäufe. Die Frau hielt den Kopf gesenkt, nur an den Kreuzungen verharrte sie, sah kurz nach rechts und links, um dann die Straße zu überqueren. Sie hatte ihn also bemerkt. Er hatte sich allerdings auch nicht extra versteckt, er hatte gewartet. Ob sie auch bemerkt hatte, dass der ewig dort parkende Wartburg verschwunden war?

»Frau Krüger!«, rief Rust halblaut.

»Lassen Sie mich!«, zischte die Frau.

»Ich möchte mit Ihnen sprechen, nur kurz.« Rust holte sie mit ein paar Schritten ein. Er zog die Zigarettenpackung aus der Tasche und bot ihr eine Zigarette an.

»Möchten Sie?«

»Ich rauche nicht. Das sollten Sie eigentlich wissen!«

»Ich gehöre nicht zu denen«, sagte Rust und senkte die Stimme.

Frau Krüger schwieg. Ganz offensichtlich glaubte sie ihm nicht. Die ganze Nacht hatte Rust sich herumgewälzt, nachdem er noch am Abend den Anruf bekommen hatte, der ihm seine Ermittlungen erlaubte. Er hatte nicht schlafen können, grübelte darüber, ob er sich nicht zu weit aus dem Fenster gelehnt hatte. Er würde sich lächerlich machen, gelang es ihm nicht, an die Frau heranzukommen.

»Können wir nicht ein Stück spazieren gehen? Zur Elbe ist es nicht weit.«

Frau Krüger sah ihn an, und Rust weitete bedeutungsvoll die Augen. Aber die Frau verstand ihn nicht oder wollte ihn nicht verstehen.

»Ich muss Besorgungen machen. Ich muss zum Konsum, es soll Letscho geben, habe ich gehört.«

Rust ging nicht darauf ein. »Stehen Sie schon länger unter Stasibeobachtung?«, fragte er leise.

Die Frau stolperte, stürzte beinahe. Rust griff nach ihrem Unterarm, doch sie riss sich los.

»Was wollen Sie von mir?«, rief sie nun unbeherrscht, und Tränen sammelten sich in ihren Augen.

Rust sah sich verstohlen um und trat dann dicht an die Frau heran. »Ich weiß von Ihrem Mann«, raunte er ihr zu.

Die Frau wich einen Schritt zurück und versuchte, in seinen Augen zu lesen.

»Wollen wir nicht ein Stück zusammen gehen?« Rust deutete mit leicht geneigtem Kopf die Richtung an. »Auf den Elbwiesen hat man gute Sicht in alle Richtungen.«

Die Frau traute ihm ganz offensichtlich immer noch nicht, doch die Aussicht, etwas über ihren Mann erfahren zu können, hielt sie anscheinend ab, ihn wegzuschicken. Schließlich nickte sie.

»Was wissen Sie über meinen Mann?«, fragte sie, nachdem sie eine Viertelstunde lang schweigend nebeneinander hergelaufen waren.

»Er wurde festgenommen. Er sitzt in Haft, wegen versuchter Republikflucht. Ich weiß aber nicht, wo. Ich habe nur herausgefunden, dass sie ihn gefasst haben.« Rust beobachtete die Reaktion der Frau aus dem Augenwinkel. Für einen Moment war ihre Miene wie versteinert, ihr Kopf sank nach vorne, als hätte sie keine Kraft mehr, ihn zu halten. Es war nicht herauszulesen, ob sie über die Nachricht der missglückten Flucht so betroffen war oder darüber, dass ihr Mann ohne sie einen Fluchtversuch unternommen hatte.

»Wo wurde er erwischt?«, fragte sie leise.

Cleverer Schachzug, dachte sich Rust, sollte sie von der Flucht gewusst haben.

»Das weiß ich auch nicht. Ich weiß nur, dass er einsitzt. Er hatte keine Chance. Die Stasi wusste von der Aktion.«

»War er allein?«

»Das weiß ich auch nicht.« Entweder war sie schlauer, als es ihr schüchternes, furchtsames Auftreten vermuten ließ, oder sie war naiv. Rust spürte, dass ihn die Situation überforderte. Er brauchte mehr Zeit.

Sie liefen ein paar hundert Meter elbaufwärts.

»Ich könnte versuchen, mehr herauszufinden«, bot Rust an. »Ich muss es nur vorsichtig angehen. Ich will mich ja nicht auffällig machen.«

»Das haben Sie doch schon, indem Sie mit mir sprechen«, erwiderte Frau Krüger.

»Kann es denn sein, dass man Ihnen den Tod von Raspes Enkel in die Schuhe schieben will?«

»Wozu?«

»Wussten Sie, dass Doktor Raspe auch unter ständiger Beobachtung steht? Schon seit Längerem.«

Frau Krüger reagierte nicht, sondern starrte stumm vor sich hin. Rust ärgerte sich über sich selbst. Er preschte immer viel zu schnell vor, erwartete zu viel.

»Gehen wir zurück«, bestimmte er. »Ich will versuchen, etwas herauszukriegen. Wollen wir morgen einen Treffpunkt ausmachen? Hier an der Elbe? Sagen wir um elf am Vormittag.«

Frau Krüger nickte, und schweigend, wie sie hergekommen waren, liefen sie wieder zurück. Gelegentlich sah Rust sich um und glaubte, ein Auto zu erkennen, das ihnen folgte. Es war ein grauer Lada. Das Nummernschild war verdreckt und daher aus der Ferne nicht lesbar.

Frau Krüger blieb stehen. »Welchen Grund haben Sie eigentlich, mir über meinen Mann zu erzählen? Sie wollen mich doch nur ausspionieren, wie alle anderen auch. Ich wusste nicht, dass er in den Westen abhauen wollte.«

»Ich möchte wirklich nur wissen, was mit dem Kind geschehen ist. Ich will verhindern, dass Sie zum Sündenbock gemacht werden, falls es stimmt und Sie tatsächlich nichts von der Flucht Ihres Mannes wussten.«

»Was hat das alles mit dem Kind zu tun?«, presste Frau Krüger hervor. Es war, als ob plötzlich alle angestaute Angst aus ihr herausbrechen würde. Ihre Augen füllten sich mit Tränen, und dann nahm sie schließlich doch seine dargebotene Hand, um sich zu stützen.

»Ich habe es doch schon zu Protokoll gegeben. Es gab Schwierigkeiten bei der Entbindung. Frau Raspes Wehen wurden schwächer, das Kind blieb zu lange im Geburtskanal stecken. Ich schickte Schwester Karin los, um den Arzt zu holen. Ich wollte nicht ohne Raspes Zustimmung die Glocke oder die Zange benutzen. Als Raspe kam, schickte er alle weg, außer mich. Dann fuhr er seine Tochter an, sie müsse pressen. Dabei drückte er von oben gegen das Kind. Als das Kind endlich kam, war es ganz blau. Es atmete nicht. Er hat es genommen und mit ihm den Kreißsaal verlassen.« Dagmar

Krüger hielt kurz inne. Die Erinnerung wühlte sie sichtbar auf. »Ich wartete auf die Nachgeburt und holte noch einen Arzt, um sie von ihm prüfen zu lassen. Doktor Bindig hatte Dienst. Frau Raspes Blutdruck war zwar niedrig, aber sie verlor kein Blut. Sie war sehr erschöpft. Sie wurde dann abgeholt und man kümmerte sich um sie. Ich wusch mich, ging ins Dienstzimmer und schrieb das Protokoll. Den Rest der Schicht geschah nichts weiter. Nichts.« Sie zitterte, ihr Kinn bebte und eine Träne löste sich und rollte über ihre Wange. Aber sie beherrschte sich.

»Er nahm das Kind mit?«, fragte Rust noch einmal nach, um sicherzugehen. Er hatte den Eindruck, die Frau wollte ihm noch etwas sagen. »Raspe nahm das Kind mit?«

Frau Krüger nickte, wischte sich die Träne weg. »Zum Dienstschluss kam dann die Oberschwester, um mir mitzuteilen, dass ich auf Anweisung von oben vorerst vom Dienst freigestellt sei.«

»Was wissen Sie von Doktor Raspe? Warum wird er beobachtet?«, fragte Rust und wusste im selben Moment, dass er sich schon wieder zu weit vorgewagt hatte.

»Gar nichts! Ich weiß gar nichts von ihm!«, erwiderte die Frau hastig. »Jetzt muss ich gehen. Auf Wiedersehen!«

»Wir sehen uns morgen, ja? Um elf an der ausgemachten Stelle«, rief Rust ihr nach. Sie reagierte nicht, lief über die Straße und bog um die nächste Ecke.

Rust wartete eine Weile und zündete sich eine Zigarette an. Er konnte nicht einschätzen, ob die Aktion erfolgreich gewesen war. Sie hatte mit ihm gesprochen und sie hatten ein zweites Treffen vereinbart. Seinen einzigen Trumpf hatte er schon ausgespielt. Immerhin, ein Anfang war gemacht. Morgen würde er es besser wissen, wenn Dagmar Krüger zum Treffen erscheinen würde. Nachdem er sicher war, dass sie nicht noch einmal zurückkam, machte er kehrt und lief denselben Weg noch mal ein Stück zurück. Er hatte sich nicht getäuscht. Hinter der nächsten Kreuzung wartete der Lada. Rust beschleunigte. Er war noch mehr als hundert Meter entfernt von dem Wagen, als er zu seinem Erstaunen sah, dass das Fahrzeug rückwärtsfuhr, sich wieder von ihm entfernte. Fürchteten sie, die Frau wäre noch in der Nähe? Rust sah sich um, doch der Gehweg hinter ihm war leer. Als er weiterlief, wurde es ganz offensichtlich. Der Lada beschleunigte im Rückwärtsgang so stark, dass Rust den Motor mit hoher Drehzahl aufheulen hörte. Zweihundert Meter weiter, an der Kreuzung Niederwaldstraße, wechselte der Fahrer in den ersten Gang, schlug die Räder ein und verschwand aus Rusts Blickfeld.

Rust hatte keine Ahnung, wie er sich verhalten sollte und vor allem, wie er das Verhalten der anderen deuten sollte. Er kannte sich nicht aus mit der Arbeit des MfS. Ihm war bewusst, dass sie ihn beobachteten, sie mussten ihm misstrauen, das gehörte zu deren Beruf. Mit einem seltsamen Gefühl im Bauch kehrte er um.

Er sah auf die Uhr. Es war noch viel Zeit, bis er Heike besuchen konnte. Er würde ihr nichts davon erzählen. Aber alleine sie zu sehen, die Gewissheit zu haben, dass es ihr gut ging, würde ihm wiederum guttun. Aber bis dahin musste er die Zeit herumbringen. Vielleicht würde er in eine Kaufhalle gehen, vielleicht gab es wirklich Letscho. Oder Salzstangen. Die gab es seit Wochen nicht.

18

Dresden, März 1973

Dagmar Krüger kam am nächsten Tag nicht zu dem vereinbarten Treffpunkt. Es war schon weit über der Zeit, und Rust wartete seit geraumer Weile. Um nichts zu verpassen, war er viel zu früh hier gewesen, schon um halb elf. Ihn fröstelte. Er beschloss, noch einmal den Elbabschnitt vor dem Ruderklub entlangzulaufen, in Richtung Blaues Wunder und zurück. Wenn sie bis dahin nicht kommen würde, würde er gehen. Er war wütend auf sich und kam sich wie ein Angeber vor. Mit seinem Übereifer hatte er sich nur lächerlich gemacht. Voigt hatte sich nicht gemeldet bei ihm. Anscheinend war er gar nicht daran interessiert zu erfahren, wie das Gespräch ausgegangen war. Kein Wartburg, kein Lada war zu sehen.

Inzwischen hatte Rust so viele Zigaretten geraucht, dass ihm ganz schlecht war. Unwirsch warf er die letzte halb gerauchte Kippe fort und rammte die Hände in die Jackentaschen. Er hatte genug gewartet. Er kehrte zu seinem Trabant zurück, den er in der Oehmestraße geparkt hatte, und startete den Motor. Dann merkte er, dass er eigentlich gar nicht wusste, wohin er jetzt fahren sollte. Doch auf einmal hatte er eine so einfache wie gute Idee.

Er machte sich keine Mühe, den Trabant in der Seitenstraße zu verstecken. Er würde sowieso auffallen, denn gerade mal drei Autos parkten außer ihm noch in der Straße. Er hielt also direkt vor dem Haus, in dem Frau Krüger wohnte, und warf einen Blick nach oben. Alle Fenster waren geschlossen. Kurzentschlossen marschierte er zur Tür und klingelte energisch bei Meyer. Es rührte sich nichts. Er klingelte noch einmal und glaubte dann, im Haus etwas gehört zu haben. Jemand rief etwas. Er drückte die Klinke nach unten. Die Haustür war offen.

»Hallo!«, rief er. »Guten Tag.«

»Wer ist denn da?«, rief Frau Meyer von oben.

»Ich möchte zu Frau Krüger.«

»Sie ist nicht da. Sie müssen später wiederkommen.«

»Warten Sie!« Rust nahm drei Stufen auf einmal und rannte die Treppe hinauf. Oben hatte sich die alte Frau hinter ihre Tür zurückgezogen und lugte nur noch durch einen schmalen Spalt. Rust holte seinen Polizeiausweis hervor. »Ich bin von der Kriminalpolizei.«

Frau Meyer öffnete die Tür wieder ein wenig.

»Wann ist Frau Krüger denn weggegangen?«

»Heute Morgen schon. Ich glaube, sie hat Frühschicht.«

Rust nickte und zögerte. »Hören Sie, ich müsste mal etwas nachsehen«, sagte er dann.

Die alte Frau nickte und gab zaghaft die Tür frei. Rust betrat die Wohnung. Er merkte, dass er schwitzte. So etwas hatte er noch nie gemacht, sich auf diese Art und Weise Zugang zu verschaffen, indem er eine alte Frau überrumpelte.

»Wo ist das Zimmer der Krügers?«, fragte er.

Die alte Frau deutete auf eine Tür. »Die Krügers wohnen seit zwei Jahren da. Die bekommen keine Wohnung. Herr Krüger arbeitet angeblich gerade in Russland, hat Frau Krüger gesagt.«

Rust nickte aus Höflichkeit, öffnete dann die Tür und betrat den Raum, der Wohn- und Schlafzimmer zugleich war.

Ein Sofa diente tagsüber zum Sitzen und konnte nachts zum Schlafen ausgeklappt werden. Es gab einen Esstisch mit vier Stühlen, eine Vitrine und einen Kleiderschrank. An den Wänden hingen einige Drucke. In der Zimmerecke stand ein hellgrüner Kachelofen. Rust schauderte bei dem Gedanken, sich dieses Zimmer mit noch einer weiteren Person und die Wohnung samt Küche und Bad mit der alten Frau teilen zu müssen.

Frau Meyer war an der Türschwelle stehengeblieben. Rust sah sich um, fand aber nichts offensichtlich Auffälliges. Er müsste eigentlich in den Schränken nachsehen. Vor allem musste er sich beeilen. Immerhin bestand die Möglichkeit, dass Frau Krüger jederzeit zurückkehren könnte.

»Hat sie etwas mitgenommen? Eine große Tasche, einen Koffer?«

»Ich schlief noch, als sie ging. Ich wachte auf, als sie die Wohnungstür zuzog. Ich habe sie aber nicht mehr gesehen.«

Rust nickte. »War sonst noch jemand hier?«

Frau Meyer überlegte und schüttelte dann den Kopf.

»Vielen Dank. Wenn Sie mich jetzt bitte meine Arbeit machen lassen könnten?« Dabei lächelte er freundlich. Bestimmt würde sie Frau Krüger erzählen, dass jemand da gewesen war. Ob sie aufgrund der Beschreibung erkennen würde, dass er es gewesen war? Und ob gerade jetzt jemand hörte, was er sagte?

Frau Meyer zog sich zurück und Rust wartete, bis sie in der Küche war. Dann zog er die Zimmertür zu. Unschlüssig stand er im Zimmer. Die Zeit saß ihm im Nacken, denn er wollte nicht von Frau Krüger ertappt werden. Zuerst zog er eine Schublade nach der anderen auf, schaute aber nur hinein und hob nur gelegentlich etwas an. Ebenso sorgsam sah er in die Schränke. Er fand die üblichen Dokumente, blätterte sie vorsichtig durch und legte alles wieder zurück. Schließlich kniete er sich hin, um unter das Sofa sehen zu können. Es war nichts zu entdecken. Dann fuhr er mit den Fingern in die Sofaritzen und drückte prüfend auf das zusammengelegte Bettzeug. Dann hatte er das Zimmer durchsucht und nichts gefunden. Was ihn nicht wirklich enttäuschte. Wusste er doch gar nicht, wonach er eigentlich suchen sollte. Sein Blick fiel auf den Kachelofen. Auf dem Blech davor lag ein wenig Asche. Rust kauerte sich davor und öffnete erst die obere, dann die untere Klappe. Er zog den metallenen Schieber heraus. Es befand sich lediglich Asche darin, allerdings war klar zu erkennen, dass etwas Viereckiges darin gelegen hatte. Eine Zigarrenkiste vielleicht. Frau Krüger hatte also etwas versteckt, und damit war sie nun offensichtlich verschwunden.

Rust warf noch einen prüfenden Blick auf das Zimmer, dann ging er in den Flur zurück. »Ich bin schon fertig«, rief er, woraufhin Frau Meyer aus der Küche kam. »Vielen Dank, Frau Meyer. Ein Telefon haben Sie nicht zufällig?«

»Nein, Schütts in der achtzehn haben eines. Der Mann ist Abschnittsbevollmächtigter.«

»Wäre es möglich, dass Sie mich anrufen, wenn Frau Krüger wieder daheim ist? Haben Sie Stift und Zettel, um sich das zu notieren?«

Frau Meyer holte wortlos etwas zu schreiben.

»Es ist wichtig, verstehen Sie?«

Die Frau nickte beinahe ängstlich, doch Rust wusste nicht, ob sie ihn wirklich verstanden hatte.

19

Dresden, März 1973

Ein Klingeln weckte ihn. Rust taumelte hoch. Er hatte schlecht geschlafen und vor allem schlecht geträumt. Er war im Traum immer im Kreis gerannt, zur Elbe und zum Krankenhaus, wo Heike völlig verschwitzt in ihrem Bett lag und ihm etwas sagen wollte. Er war direkt erleichtert, jetzt endlich wach zu sein. Doch es dauerte eine Weile, bis er zu sich kam. Benommen zupfte er am Stoff seines verschwitzten Schlafanzuges, der ihm am Leib klebte. Wieder schrillte es, doch diesmal war es nicht das Telefon. Es klingelte an seiner Wohnungstür.

Jetzt erst sah Rust auf die Uhr, es war halb acht Uhr morgens. Er sprang aus dem Bett und lief in den Flur.

»Ja, bitte?«, fragte er durch die geschlossene Wohnungstür.

»Genosse Rust, öffnen Sie!«, sagte eine ihm unbekannte Männerstimme.

»Wer sind Sie?«

»Nun machen Sie schon auf!«, forderte der Fremde energisch.

Rust zögerte, doch er wollte nicht auffallen im Haus und er wusste, er würde sich sowieso nicht widersetzen können. Er drückte die Klinke nach unten und öffnete die Tür.

Vor ihm standen zwei Männer, in ziviler Kleidung, mit akkuratem Haarschnitt. Sie waren etwa in seinem Alter, der eine mit Oberlippenbart, der andere rasiert. Sie machten keine Anstalten, seine Wohnung betreten zu wollen, zeigten aber auch keine Ausweise vor.

»Ziehen Sie sich an!«, befahl der mit dem Bart.

Rust fragte nicht nach. »Ich brauche eine Minute.«

Die Männer warteten an der Tür, bis Rust sich angekleidet hatte. Er hatte sich die Zeit genommen, sein Gesicht zu waschen und das Haar zu kämmen. Allerdings sich noch zu rasieren, das hatte er dann doch nicht gewagt.

»Wir können«, sagte er und wusste dabei, dass er nur vor sich selbst versuchte, den Anschein zu wahren, er habe eine Wahl. Sorgfältig schloss er die Tür hinter sich ab. Die Männer ließen ihm nur so viel Platz, dass er zwischen ihnen hindurchgehen musste. Dann folgten sie ihm die Treppe hinunter, immer eine Stufe hinter ihm. Unten im Treppenhaus wartete ein dritter Mann, der sich ihnen stumm anschloss, vorausging und die Haustür öffnete. Als Rust auf dem Gehweg unschlüssig stehenblieb, deutete der Mann nach links auf einen hellgrauen Barkas mit Kofferaufsatz. Er öffnete die Autotür und bedeutete Rust, in den fensterlosen Kastenwagen einzusteigen und den angewiesenen Platz einzunehmen. Der Mann setzte sich nach vorn, die beiden anderen setzten sich Rust gegenüber. Der Kleintransporter fuhr los. Die drei Männer verzogen keine Miene.

Rust hätte zu gerne gefragt, was denn los sei, wo sie hinfuhren und was er eigentlich verbrochen haben soll. Doch er traute sich nicht. Er wollte auf keinen Fall als Feigling dastehen. Er wollte zeigen, dass er Manns genug war, das hier durchzustehen.

Die Fahrt dauerte lang, und Rust versuchte darauf zu achten, wohin sie fuhren. Manchmal glaubte er zu wissen, wo sie sich befanden, und zwischendurch erkannte er, dass sie über die Brücke der Einheit fuhren.

Unzählige Gedanken gingen ihm durch den Kopf. Ob ihn im Haus jemand gesehen hatte? Vermutlich schon, denn die Menschen sahen immer, wenn einer geholt wurde. Ob er heute Nachmittag wieder draußen sein würde? Er musste doch Heike besuchen. Auch wenn er es sich nicht eingestehen wollte, ahnte er, dass er so schnell nicht wieder heimkommen würde. Am liebsten hätte er seinen Bewachern zugerufen: »Ich bin doch einer von euch! Ich habe nichts Unrechtes gemacht!« Doch dann fiel es ihm siedend heiß ein. Er war in der Wohnung von der Krüger gewesen. Er hatte sich Zutritt verschafft. Das hatten sie ihm nicht erlaubt. Das war sein Vergehen gewesen. Er zwang sich, ruhig zu atmen, sich gelassen zu geben. Die beiden Männer ihm gegenüber starrten ihn regungslos an.

Nach ungefähr einer halben Stunde bremste der Wagen scharf ab und Rust hörte Geräusche von einem sich öffnenden Tor. Der Wagen fuhr wieder an, hielt erneut, das Tor schien sich zu schließen. Dann öffnete sich ein nächstes Tor, wieder fuhr der Wagen, um dann endgültig anzuhalten. Zwei der Männer stiegen aus und Rust folgte ihnen unaufgefordert.

»Da lang!« Einer der beiden zeigte auf eine Blechtür. Rust wagte einen Blick um sich herum. Er stand in einem kleinen Hof, umgeben von hohen Mauern und zwei geschlossenen Toren. Der Gang, den er jetzt betrat, war schmal und mit vergitterten Lampen beleuchtet. Alle Türen rechts und links waren metallen und verschlossen. Es war wie ein Gefängnis, schlicht und grau und ohne jede Aussicht auf Entkommen. Rust wusste, hier führten sie die Leute entlang, die verdächtigt wurden für den Klassenfeind zu arbeiten, gegen den Sozialismus, die zersetzen und sabotieren wollten, die Spionage betrieben für den kriegstreibenden imperialistischen Feind. Ich gehöre nicht zu denen, wollte er sagen. Doch er merkte, er würde kein Wort herausbringen, ohne nicht dabei in Tränen auszubrechen. Was bist du nur für eine Memme, beschimpfte er sich und schaffte es gerade so, durch den Gang und die nächste Treppe hinaufzugehen. Niemand hielt ihn fest, er trug keine Fesseln. Trotzdem fühlte er sich wie ein Schwerverbrecher. Jeder Schritt war eine Qual. Das Ambiente in den oberen Stockwerken glich mehr einer normalen Behörde, die Türen waren aus Holz, es roch nach Linoleumboden und Kaffee. Das half ihm, sich etwas zu fangen.

Im zweiten Obergeschoss wies man ihm den Weg in einen Gang. Inzwischen folgte ihm nur noch einer der Männer. Eine der Türen auf dem Gang stand offen und Voigt kam heraus. Er nickte dem Mann hinter Rust zu, woraufhin dieser sofort kehrtmachte.

»Kommen Sie, setzen Sie sich«, befahl Voigt wenig herzlich und ließ sich mit ernster Miene hinter seinem Schreibtisch nieder. Rust setzte sich zaghaft und wagte sich umzusehen. Er saß in einem normalen Büro, mit hölzernen Aktenschränken, einem schlichten Schreibtisch und einem Porträt von Mielke an der Wand. Honecker, auf den so viele Hoffnungen setzten, weil er jünger war als Ulbricht und einen höheren Lebensstandard versprach, fehlte.

Ohne Umschweife kam Voigt zur Sache. »Was haben Sie Frau Krüger bei Ihrem vorgestrigen Treffen gesagt?«

»Nichts, was ich nicht hätte sagen dürfen«, erwiderte Rust, und sein Blick traf auf die versteinerte Miene des Offiziers. »Dass ich ihr helfen möchte, den Vorwurf der fahrlässigen Kindstötung zu entkräften. Dass ich weiß, dass ihr Mann inhaftiert ist. Ich versprach ihr, für ein zweites Treffen mehr Informationen über ihn zu beschaffen.«

»Wo hätten Sie die herkriegen wollen, Genosse?«

»Ich hätte …«, Rust zögerte, »ich hätte gelogen. Es ging mir darum, ihr Vertrauen zu gewinnen.«

»Zum gestrigen Treffen erschien sie dann aber nicht«, sagte Voigt und sah Rust unverwandt in die Augen.

»Jawohl«, erwiderte Rust.

»Was meinen Sie, hat sie Ihnen nicht geglaubt? Hat sie sich versteckt? Wohin könnte sie gegangen sein?«

Wissen Sie das denn nicht, wollte Rust zurückfragen, doch er hielt sich zurück. Hier stellte nicht er die Fragen. »Es könnte natürlich sein, dass sie mir nicht vertraute. Sie war von Anfang an sehr abweisend. Dass ihr Mann versucht hat, zu flüchten, zeugt doch schon von der Einstellung, die sie dem Staat gegenüber haben. Ich meine …«

Rust verstummte, weil Voigt genickt hatte. Doch der schwieg jetzt und sah Rust unverwandt an, und zwar so lange, dass Rust sich fragte, ob es an ihm war, etwas zu sagen. Doch er wagte es nicht.

»Sie haben sich ohne Rücksprache mit mir Zutritt zu dieser Wohnung verschafft!«, polterte Voigt los.

Rust schluckte schwer, öffnete den Mund, wollte sich erklären, ohne sich schuldig zu bekennen. »Jawohl!«

»Sie haben damit eindeutig Ihre Kompetenzen überschritten und sich maßgeblich in unsere Ermittlungen eingemischt.«

So hatte Rust Voigt noch nicht kennengelernt. Bisher war er ihm immer als zugänglich erschienen, empfänglich für neue Ideen. Zeigte er jetzt sein wahres Gesicht?

»Ich muss zugeben, darüber habe ich in diesem Moment nicht nachgedacht. Ich war nur enttäuscht und hätte Ihnen gern Ergebnisse geliefert, mich als guten Soldaten für den Sozialismus erwiesen. Als Frau Krüger nicht zum vereinbarten Treffen kam, wollte ich sie zur Rede stellen und hoffte, sie daheim anzutreffen. Als Frau Meyer mir erzählte, Frau Krüger habe schon früh das Haus verlassen, fürchtete ich, sie würde verdächtiges Material beiseiteschaffen wollen.«

Voigt, der bis jetzt regungslos zugehört hatte, hob jetzt den Kopf. »Sie haben etwas beiseitegeschafft.«

Sie hat, verbesserte Rust in Gedanken, doch dann erst verstand er. »Ich?«

Voigt sah ihn nur an und verzog keine Miene. Und Rust wagte kaum zu atmen, überlegte fieberhaft, was er sagen sollte, ob er weiter seine Unschuld beteuern sollte, oder ob es besser war, einfach zu schweigen. War das eine Prüfung? Vielleicht eine Art Aufnahmeritual der Stasi?

Nach einer gefühlten Ewigkeit lehnte Voigt sich auf seinem Stuhl zurück. »In einer Blechkiste bewahrte Frau Krüger eine große Menge Westmark auf. Wenn sie aus dem Haus ging oder nicht heizte, versteckte sie diese Kiste im Ascheschieber ihres Ofens. Wir wollen herausfinden, woher das Geld ist und wofür sie es bekam. Klar ist nur: Nun ist es weg. Samt der Kiste. Und Sie, Rust, waren gestern in der Wohnung. Sie haben den Ofen geöffnet, den Schieber herausgenommen und wieder hineingeschoben.«

Also wurde die Wohnung wirklich abgehört, sie mussten die Geräusche vernommen und gedeutet haben. Oder sie hatten gleich selbst nachgesehen, kaum dass er die Wohnung verlassen hatte.

»Ja, jawohl, aber er war leer. Ich habe gesehen, dass darin etwas Eckiges gewesen sein muss. Ich hielt das für ein Indiz, dass sie weggegangen war. Sie muss die Schachtel mitgenommen haben. Ich war das nicht. Sie können das prüfen, Sie können meine Wohnung durchsuchen, das Auto, den Keller.«

Voigt hob die Hand und Rust verstummte. Wieder senkte sich Schweigen über den Raum. Und Rust wusste nicht, was ihm mehr Sorgen machen sollte, dass er den Offizier enttäuscht hatte oder dass man ihm diesen Diebstahl unterstellte oder dass er seinen Vorsatz gebrochen hatte, Stärke zu zeigen.

»Ich habe meinen Eid auf unseren Staat geschworen«, begann Rust schließlich und fasste Mut, als Voigt ihn nicht sofort unterbrach. »Ich will alles tun, für den Frieden und den Sieg des Sozialismus. Die Faschisten und die englischen und amerikanischen Imperialisten haben das Land zerstört und Millionen Menschen auf dem Gewissen. Ich bin in den Trümmern aufgewachsen, ich habe mir geschworen, ich will alles tun, dass dies nie wieder geschieht. Ich war Pionier und FDJler. Dafür bin ich Polizist geworden und deshalb habe ich mich zum Dienst beim Ministerium für Staatssicherheit beworben.«

Nun nickte Voigt, und Rust glaubte, in dessen Augen ein Lächeln zu erkennen. Oder war es nur sein Wunsch, der ihn das sehen ließ?

Als das Telefon auf dem Schreibtisch klingelte, war es, als hätte Voigt nur darauf gewartet, so schnell griff er zum Hörer. Er sprach nicht, sondern hörte nur zu. Dann legte er auf und erhob sich. Automatisch erhob sich Rust mit ihm.

»Sie wollen doch ein Soldat sein? Wollen kämpfen für Frieden und Sozialismus?«, sagte Voigt. »Kommen Sie!«, befahl er dann und wies Rust den Weg.

Es war ein schmuckloser Raum, kaum mehr als eine Garage, eine Art Abstellraum mit Betonfußboden und speckig glänzenden Lackwänden. Zwei große Glockenstrahler, die an der Decke hingen, leuchteten viel zu hell. Rust wollte instinktiv zurückweichen, kaum dass er einen Fuß in den Raum gesetzt hatte. Doch Voigt, der hinter ihm war, hinderte ihn daran, allein durch seine Präsenz.

»Sie wurde heute am frühen Morgen aus der Elbe gefischt. Sie hat sich bei Übigau im Gestrüpp festgehakt. Ein Angler hat sie entdeckt«, erklärte Voigt.

Rust zwang sich, näherzutreten. Es war nicht seine erste Leiche, vor der er stand. Er hatte schon einige gesehen, vor allem Gasleichen, deren Tode als Unglücksfälle deklariert worden waren. So viel hatte er schon gelernt: In der DDR brachte man sich nicht um.

Frau Krüger sah nicht aus wie eine Wasserleiche. Sie konnte nicht sehr lange im Wasser gelegen haben. Jetzt lag sie nackt auf dem langen hölzernen Tisch vor ihnen. Rust wunderte sich. Wenn die Leiche am frühen Morgen aufgefunden wurde, von einem Angler, warum war sie nicht bei der Polizei, sondern schon hier, warum war sie bereits identifiziert, aber noch nicht obduziert worden?

»Wie hat Frau Krüger auf die Nachricht von der Inhaftierung ihres Mannes reagiert?«, fragte Voigt.

»Ganz verhalten. Es gab kaum eine Reaktion«, erwiderte Rust, der seinen Blick nicht von der Toten wenden konnte. Ihre Augen waren offen, leicht verdreht nach oben. Keine Würgemale, keine Hämatome, stellte er fest. Die Fingernägel waren zu kurz, um abzubrechen bei einem Kampf. Die Frau war gänzlich unversehrt. »Sie konnte ja nicht ausschließen, dass ich log«, fügte er hinzu.

»Vielleicht vermutete sie ihn tot? Hat sie nichts dergleichen gefragt? Haben Sie dergleichen angedeutet, Rust?«, fragte Voigt, der mittlerweile den Tisch umrundet hatte und sich an der Tischkante abstützte. Sein Gesicht war ins helle Licht getaucht.

Rust schüttelte langsam den Kopf. »Ich sagte, Ihr Mann wäre verhaftet worden, beim Fluchtversuch.«

»Mit ihr ist ein wichtiger Informant weggefallen«, sagte

Voigt und musterte Rust mit ernster Miene. »Ihnen mache ich keinen Vorwurf, Genosse. Mir selbst mache ich den Vorwurf, dass ich dieser Aktion zugestimmt habe.«

Rust nickte, hatte jedoch nur mit halbem Ohr zugehört. Es wollte ihm nicht in den Kopf, dass sich Frau Krüger umgebracht haben sollte. Warum war sie ausgerechnet ins Wasser gegangen? Zu ertrinken war ein grausamer Tod, hatte er sich sagen lassen. Man wusste das von denen, die vor dem Ertrinken gerettet worden waren. Grausam und schmerzhaft. Hatte sie es nicht besser gewusst?

»Gibt es einen Abschiedsbrief?«, fragte er.

»Das wollte ich Sie fragen, Genosse!«

»Sie meinen, ob ich …?« Rust schluckte. »Ich habe nichts gefunden und nichts entwendet«, sagte er mit fester Stimme. »Ich habe das eine Zimmer durchsucht, dann bekam ich Skrupel und ließ es bleiben. Hat Frau Meyer vielleicht einen Abschiedsbrief bekommen und weiß es nur nicht? Hat sie ihn in den Briefkasten getan? Vielleicht taucht er noch auf. Ich kann mir nicht vorstellen, dass sie ohne Nachricht an ihren Mann gegangen sein soll.«

Voigt richtete sich auf. »Das kann ein Hinweis darauf sein, dass sie von seiner Flucht nichts wusste, dass sie sich von ihm verlassen fühlte. Kommen Sie!«

»Was wird mit ihr?« Rust wollte den toten Körper nicht einfach so zurücklassen. Er fühlte sich verantwortlich, auf gewisse Weise.

»Der Leichnam wird den Eltern zugestellt. Selbsttötung aufgrund starker emotionaler Belastung. Sie war den Anforderungen in ihrem Beruf nicht gewachsen. So wird der Befund lauten.«

»Aber …« Rust zögerte noch immer.

»Haben Sie Mitleid, Genosse?«, fragte Voigt und legte fast

väterlich seine Hand auf Rusts Schulter. Rust antwortete nicht und zuckte nur mit den Achseln. Sein Schuldgefühl verschlug ihm die Sprache. Gerade noch hatte sie gelebt, eine junge Frau, am Beginn ihres Lebens, mit Wünschen, Träumen, Hoffnungen. Er war dafür verantwortlich. Er hatte sich eingemischt und nun war sie tot.

»Dieses Mitleid, das müssen Sie bekämpfen, Genosse. Das ist hier völlig fehl am Platz. Ich bin in Spanien gewesen und war unter den Nazis versteckt. Hier in Dresden, jahrelang. Es ging um Leben und Tod, und es geht noch immer darum. Ein Verräter ist ein Verräter. Sie verraten dich und deine Genossen. Schauen Sie sich doch dieses bürgerliche Milieu an, nur ihren eigenen Dünkel haben sie im Kopf, wollen sich bereichern, wünschen sich Wohlstand, verstehen nichts vom Aufbau einer neuen Gesellschaft. Sie wollen es doch gar nicht verstehen. Sie haben nichts falsch gemacht, Genosse Rust. Diese Frau könnte noch leben, hätte sie beim ersten Anzeichen des Verrats Meldung gemacht. Sie wird etwas gewusst haben. Eine Flucht lässt sich nicht ohne seine nächsten Angehörigen planen.«

Rust wollten die Worte Voigts nicht wirklich eingehen. Hatte nicht auch Honecker Wohlstand versprochen? Wer etwas leistete, sollte sich auch etwas leisten können, hatte er gesagt. Das war nicht falsch. Was, wenn Herr Krüger einfach so losgefahren war, einem Impuls folgend? Und was, wenn das noch gar nicht die ganze Geschichte war?

»Und Raspe?«, fragte Rust über die Schulter. Voigt ließ die Hand sinken, die die ganze Zeit auf Rusts Schulter geruht hatte.

»Die Sache mit Raspe geht Sie nichts an. Und Sie tun gut daran, die Sache einfach zu vergessen.«

Mit der Straßenbahn und dem Bus war er zuerst zu Heike ins Krankenhaus gefahren. Sie hatten ein bisschen geplaudert, ganz harmlos, aber Heike hatte ihn mehr als einmal gefragt, warum er so abwesend war. Er hatte die Sache mit dem Kinderwagen vorgeschoben und dass er sich deshalb Vorwürfe machte. Erst beim Verlassen der Station war ihm der Gedanke gekommen, dass die Schwestern und Ärzte hier noch nichts vom Tod der Kollegin wussten. Raspe war nicht zu sehen, obwohl er Dienst hatte. Ihm hätte er gern in die Augen gesehen.

Nun stand Rust im Flur seiner Wohnung und hatte den Schlüssel auf die Ablage an der Garderobe gelegt, als er stutzte. Etwas war anders. Er konnte es nur noch nicht benennen. Vielleicht war es eine Nuance im Geruch? Er lief in das Wohnzimmer, betrachtete die Kissen auf der Couch, die kleine Falte in der Tischdecke. In der Küche war die Besteckschublade nicht ganz geschlossen, ein Zentimeter etwa stand sie offen.

Da wusste Rust: Sie waren hier gewesen. Sie hatten seine Wohnung durchsucht. Waren in jedem Zimmer gewesen. Hatten angefasst, abgehoben, aufgezogen, umgedreht. Rust wollte sich nicht setzen, er spürte die Unruhe in sich. Alles hatten sie berührt. Die Bücher standen nicht mehr in derselben Ordnung. Die Schallplatten waren nicht sauber zurücksortiert worden. Die Fotoalben hatten sie in der Hand, haben sich die Bilder angesehen, nicht nur seine, sondern auch Heikes. Sie hatten auch Heikes Kleidung durchsucht. Was glaubten sie eigentlich zu finden? Die Blechkiste?

Wie, fragte er sich, konnte es denn sein, dass Frau Krüger aus der Wohnung ging, ohne dass es bemerkt wurde. Sie stand doch unter Beobachtung. Hatten sie nicht aufgepasst? Warum nur war die Frau ins Wasser gegangen?

War es nicht für zwei, drei Männer ein Leichtes, eine Frau

zu überwältigen, sie an der Kleidung zu packen, so dass keine blauen Flecken blieben, ihr die Arme auf den Rücken zu drehen und sie unter Wasser zu drücken. Rust hielt den Atem an, wollte nicht weiterdenken. Sie war nackt gewesen auf dem Tisch, hatte man ihm die Kleidung absichtlich nicht gezeigt? Weil sie zerrissen war? Wieso war sie so früh gefunden worden, von einem Angler. Wer war der Mann, wo war er jetzt?

Rust setzte sich auf den Stuhl am Esstisch. Er musste nachdenken.

Er hatte nicht viel Zeit und sah auf die Uhr. Trotzdem musste er sich besinnen. Dabei suchte er mit den Augen das Zimmer ab, blieb am Radio hängen, am Wohnzimmerschrank, an der Deckenlampe.

Schließlich ging er zum Plattenspieler, wollte eine Platte auflegen, überlegte es sich dann aber anders und schaltete Radio DDR 1 ein. Dann ging er zum Kühlschrank, holte eine Flasche Coschützer Pils heraus, öffnete sie geräuschvoll und ließ sich in den Sessel fallen. Als im Radio die Gruppe *Wir* angespielt wurde, mit ihrem Lied ›Soll das alles sein‹, drehte er den Ton lauter, nahm die Bierflasche, stellte sie wieder ab. Dann erhob er sich vorsichtig aus dem Sessel, schlich in den Flur, nahm sich so leise wie möglich Jacke und Schlüssel und verließ die Wohnung auf Zehenspitzen. Die Tür verschloss er geräuschlos, indem er mit dem Schlüssel die Türfalle nach hinten drehte und sacht zurückschnappen ließ, nachdem er die Tür geschlossen hatte. Noch auf Socken, mit den Schuhen in der Hand, lief er die Treppe hinunter. Lange sah er durch das Glas der Hintertür und prüfte, ob irgendetwas darauf hindeutete, dass er beobachtet wurde. Das Gelände hinter dem Haus war völlig verschlammt, der nächste Block noch mitten im Bau. Vielleicht hatte er gar keinen Grund, so vorsichtig zu sein, doch er war gewarnt. Sie hatten ihn im Visier. Und offensichtlich scheuten sie keine Kosten und Mühen, jemanden zu überwachen, der ihr Interesse geweckt hatte.

Erst als er auf halbem Weg zu seinem Trabant war, die Schuhe schon völlig verdreckt, wurde ihm klar, dass er das Auto nicht benutzen konnte. Dann ging er direkt zur Straße. Er würde mit dem Bus fahren müssen.

»Keine da?«, fragte Rust und bemerkte, wie er im Sitzen nervös mit dem Bein wackelte. Er legte seine Hand auf das Knie, sah sich zur Tür um. Jederzeit würde jemand hereinkommen können, der ihn schon einmal gesehen hatte.

»Das ist seltsam, wirklich.« Die Frau aus der Verwaltung starrte auf den Dokumentenschrank. Er hatte sie, wie erhofft, kurz vor Feierabend erwischt. Sie musste etwa so alt wie seine Mutter sein, und es tat ihm leid, sie so belügen zu müssen.

»Vielleicht ist sie falsch einsortiert?«, half Rust nach.

»Und wer will die Patientenakte noch mal haben?«

Rust blies Luft aus und hob theatralisch die Hände. »Irgendjemand aus der Klinikverwaltung. Es geht um eine Prüfung. Dringend haben sie gesagt. Irgendwas muss da vorgefallen sein. Deswegen haben sie mich ja jetzt noch geschickt.« Inzwischen überlegte er schon, wie er aus der Sache wieder herauskam. Aber wie es aussah, war es schon zu spät dafür.

»Ist sie vielleicht schon archiviert?«, schlug er vor.

»Auf keinen Fall«, die Frau schüttelte den Kopf und schürzte die Lippen. »Wie war der Name noch mal?«

»Raspe. Ricarda.«

»Raspe. Wie Doktor Raspe?«

»Ja, es ist doch seine Tochter, deswegen ja die Hektik!«

Die Frau riss die Augen auf. »Ach, seine Tochter lag hier?«

»Hat sie vielleicht Doktor Raspe selbst mitgenommen?«

»Wenn sie ausgegeben wurde, müsste es quittiert worden sein. Hier steht aber nichts davon. Sie muss also da sein. Vielleicht versehentlich unter Q oder S einsortiert. Sie können ja mitsuchen, wenn Sie mögen!«

Rust wollte erst ablehnen, er wollte ja eigentlich längst wieder weg sein. Wer weiß, fragte er sich, wie lang sich die Genossen von der Stasi an der Nase herumführen ließen und wie schnell sie darauf schließen konnten, wo er hingefahren war. Wenn sie es nicht schon längst wussten. Trotzdem erhob er sich von seinem Stuhl.

Sie fanden die Patientenakte nicht. Rust schüttelte den Kopf, er hatte sowieso nicht mehr daran geglaubt. »Na prima«, murmelte er. Dann schlug er sich an die Stirn, als wäre ihm etwas eingefallen. »Ach, die Personalakte von Dagmar Krüger soll ich noch holen.«

»Die arme Daggi, die wird doch wohl keinen Ärger bekommen?«

»Keine Ahnung«, flüsterte Rust und konnte der Frau nicht in die Augen sehen.

»Personalakten finden sie hier nicht, die sind im Verwaltungsgebäude. Da dürfte aber jetzt niemand mehr sein.«

20

Dresden, Januar 1994

»Sie ist tot?«, fragte Ricarda. »Schon lange?«

Eric nickte. Sie saßen in Ricardas Wohnzimmer auf der Couch. Draußen hatte es begonnen, heftig zu schneien. Ricarda war noch kurz vor dem Schneechaos heimgekommen. Es graute ihr bei dem Gedanken, am Dienstag wieder nach Leipzig fahren zu müssen. Doch nun war erst mal Wochenende.

»Na, sag schon!«, drängte Ricarda. Eric sah aus, als wolle er es nicht aussprechen.

»Man fand sie am fünfzehnten März dreiundsiebzig.«

»Drei Tage, nachdem mein Kind verschwand!« Ricarda sah ihn fassungslos an. »Selbstmord bestimmt!«, mutmaßte sie sarkastisch.

Eric verzog den Mund zu einem unglücklichen Lächeln. »Sie hat sich in der Elbe ertränkt. Ziemlich gruselig, muss ich zugeben. Aber grundsätzlich muss man den Unterlagen erst mal Glauben schenken. Und angeblich ist keine Akte von ihr da, weder im Krankenhaus noch im Archiv, nirgends!«

Ricarda schüttelte ungläubig den Kopf. »Und über meinen Vater konntest du nichts herausfinden? Du hattest es doch angeboten.«

Eric wiegte bedächtig den Kopf. »Das geht nicht so einfach. Das könnte mich meinen Job und die Karriere kosten, wenn ich da so auffällig nachhake. Er hat ein paar Fachbücher veröffentlicht und es gab einige Lizenzverkäufe. Ein oder zwei westdeutsche Verlage haben seine Bücher gedruckt. Deshalb verfügte er über ein gewisses Kontingent an Devisen, der Rest wurde in DDR-Mark umgetauscht. Außerdem durfte er für Vorträge und Fachseminare nach Westdeutschland reisen. Möglicherweise hatte er Kontakt zu einem Pharmakonzern. Aber, Ricarda, ich kann da nicht einfach hingehen und die Akten durchblättern.«

Ricarda nahm sich zurück. »Ja, entschuldige. Lassen wir es vorerst gut sein.« Sie lehnte sich an ihn und legte die Beine hoch.

»Wie gefällt es dir denn?« Eric deutete mit dem Kopf Richtung Stereoanlage, die gerade George Michael spielte. Eric hatte ihr das Album ›Listen without Prejudice‹ zu Weihnachten geschenkt.

»Wunderschön! Ich habe sie mir schon auf Kassette gespielt und hör sie im Auto rauf und runter. Ich finde sie sogar besser als die davor.«

Eine Weile lauschten sie gemeinsam, und draußen wirbelte dichter Schnee. Es war dunkel geworden, und es versprach, ein gemütliches Wochenende zu werden.

Doch Ricarda fand einfach keine Ruhe. »Und du hast noch nichts gehört, oder?« Sie spürte, wie Eric tief durchatmete, und bereute ihre Frage. Er hätte es ihr schon gesagt, natürlich, was musste sie so dumm fragen?

»Ich habe dir doch gesagt, es wird sich hinziehen. Sie werden es rauszögern, solange sie können. Wenn es um Exhumierung geht, schrecken alle zurück. Ricarda, bitte, lass uns aufhören, über dieses Thema zu reden. Am Montag ist der Termin im Krankenhaus. Bis dahin wollen wir einfach mal das Wochenende genießen.«

In Ricarda regte sich Protest. Als ob es so einfach wäre, nicht daran zu denken. Doch Eric hatte ja recht, und er war nicht Steffen. Er half ihr, und sie mochte ihn. Nicht nur deswegen.

Als der Montag da war, der Tag, von dem sie so viel erwartete, schlug ihre ungeduldige Hoffnung schnell in schwere Enttäuschung um. Ricarda lehnte sich auf ihrem Stuhl zurück und signalisierte damit, dass sie sich nicht nur physisch, sondern auch psychisch zurückzog. Ohnehin hatte sie Eric zuliebe nur die Rolle einer Beobachterin eingenommen. Er war es, der das Gespräch mit den Leuten vom Krankenhaus führte. Mit ihnen am Tisch saßen der Chef der juristischen Abteilung des Krankenhauses, ein Anwalt mit schwäbischem Dialekt, der zusätzlich eingeschaltet worden war, der Geschäftsführer und ein vom Krankenhaus einberufener Gutachter. Ricardas Gedanken schweiften ab. Sie betrachtete die moderne Einrichtung des Zimmers. Nichts war mehr geblieben vom einstigen DDR-Ambiente. Gepolsterte Stühle, bunte Kunstdrucke an der Wand, die aussahen wie von Kindern gezeichnet, ein riesiger Glastisch und ein wulstiger PC-Monitor. Die neue Zeit hatte in Windeseile alles verändert. Zumindest was Äußerlichkeiten, Materielles anbelangte. Aber der Mensch und der Geist kamen da nicht so schnell mit. Der konnte die Vergangenheit nicht vergessen machen. Der Mensch stagnierte. Und ebenso stagnierte ihr Gespräch hier, das Eric seit einer halben Stunde vergeblich in ihrem Sinne zu führen versuchte. Nichts bewegte sich da, nichts ging voran. Aus Sicht ihrer Gegenüber war natürlich alles logisch und klar. Letztlich würde sie wieder diejenige sein, die für Unruhe sorgte, die Forderungen stellte und im Schlick der DDR-Vergangenheit stocherte, was von keinem hier gewünscht war.

Sie hatte nichts anderes erwartet.

Der Gutachter hatte die Echtheit der Obduktionsberichte bestätigt, hielt sie für professionell und glaubwürdig und für zu detailliert, um gefälscht zu sein. Doch es bewies nicht, ob nicht ein Gynäkologe oder irgendein anderer Fachmann den Bericht auf Geheiß angefertigt hatte.

»Dass der erste Bericht eine Strangulation des Kindes durch die Nabelschnur als Todesursache erklärt, ist leicht nachvollziehbar und scheint auch am naheliegendsten. Das Kind war vollständig ausgebildet und augenscheinlich gesund, die blaue Färbung der Haut wies auf Sauerstoffmangel hin. Dass dieser Befund später korrigiert wurde, ist ein ganz normaler Vorgang. Es ist letztlich sogar Beleg dafür, dass man die Untersuchung sehr ernst genommen und sachgemäß ausgeführt hatte. Ein Herzfehler, wie er bei dem verstorbenen Kind diagnostiziert wurde, könnte ebenfalls Ursache für die blaue Färbung der Haut gewesen sein. Der Herzfehler selbst wurde dann bei der Sektion erkannt. Der sonst gute Verlauf der Schwangerschaft, wie von Ihnen beschrieben und auch von Ihrem damaligen Arzt protokolliert, ist kein Beleg für eine Fehldiagnose oder eine Fälschung der Akten, wie Sie behaupten. Herzgeschädigte Kinder wachsen im Mutterleib oft ganz normal heran. Der Stress, den das Kind beim Geburtsvorgang erleidet, führt dann bei einigen noch während der Geburt zum Herzstillstand. Die hier geschilderten Komplikationen beim Geburtsvorgang haben die Sache noch verschlimmert. Verzeihen Sie mir die drastischen Erläuterungen, ich schildere dies nur, um deutlich zu machen, was tagtäglich in den Kreißsälen geschieht. Obduktionen wurden damals bei jedem Patienten durchgeführt, der im Krankenhaus verstarb. Mangels besserer Mittel wollte man so der Todesursache auf den Grund gehen, um bakterielle Infekte auszuschließen, die möglicherweise noch mehr Todesopfer fordern könnten. Der logistische Aufwand, der so eine Tat erforderte, die Fälschung der Unterlagen, die Erpressung oder Bestechung aller Beteiligten, wäre doch viel zu groß gewesen, als dass man einem Funktionär mit Kinderwunsch nicht ein ganz normal zur Adoption freigegebenes Kind hätte vermitteln können«, setzte der Anwalt des Krankenhauses zur Erklärung an. Er tat es in einem Tonfall, der deutlich machte, wie logisch und selbstverständlich das alles war und wie dämlich man sein musste, um an eine Verschwörung zu glauben.

»Es müssen nur zwei gewesen sein«, mischte sich Ricarda nun doch ein. »Es müssen nur zwei Leute damals beteiligt gewesen sein.«

Eric presste unter dem Tisch sein Bein fest an ihres. Vielleicht steckte auch dahinter ein Kalkül, dass der Tisch gläsern war, denn alle vier Männer mussten das gesehen haben.

»Wie soll ich das verstehen?«, fragte der Anwalt.

Eric ging schnell dazwischen. »Frau Weber meint, es waren ihrer Meinung nach nur zwei Personen im Kreißsaal anwesend, ihr eigener Vater und die Hebamme.«

»Und die ist tot. Sie starb drei Tage später!«, warf Ricarda ein und hörte selbst den zynischen Tonfall in ihrer Stimme. Eric legte nun bedächtig seine Hand auf ihren Oberschenkel. »Und ihre Akte ist verschwunden. Sie wurde beseitigt!«

Der Anwalt sah nach links und rechts, dann holte er tief Luft. »Über die Umstände von Frau Krügers Ableben sind wir leider nicht informiert, doch da einen Zusammenhang herstellen zu wollen, klingt für meine Ohren schon sehr abenteuerlich und ist vor allem unbewiesen und unbelegbar. Sie sollten sich überlegen, ob Sie mit solcherart Andeutungen ein konstruktives Gespräch weiterführen wollen. Frau Krügers Akte ist tatsächlich verschwunden, wie auch immer Sie davon Kenntnis bekommen haben.«

Ricarda wollte auffahren, doch Eric war schneller. »Sie können sich vorstellen, dass seit diesem Ereignis kein Tag vergangen ist, an dem Frau Weber nicht darüber nachdenkt. Der unaufgeklärte Verlust ihres Kindes beeinflusst ihr Leben maßgeblich. Es ist also verzeihlich, wenn sie impulsiv reagiert.«

Ricarda mochte es nicht, wie Eric über sie sprach und sie mit seinem festen Griff in Schach hielt. Als könnte sie nicht selbst für sich reden. Doch sie zwang sich zur Zurückhaltung und zu der Überzeugung, dass er auf ihrer Seite war.

Der gegnerische Anwalt nahm den Kopf in einer fast verzweifelten Geste hoch und blickte sie an. »Der Tod des Kindes ist doch aufgeklärt, Frau Weber. Es fällt Ihnen offenbar nur sehr schwer, dies zu akzeptieren. Das eigentliche Problem ist, dass zu dieser Zeit in der DDR, und auch in der BRD, wie ich betonen möchte, nach heutigen Maßstäben recht rücksichtslos mit dieser Art von Verlust umgegangen wurde. Es fehlte jegliche Trauerarbeit, es gab keine psychologische Unterstützung, den Betroffenen wurden die verstorbenen Kinder nicht gezeigt, auch nicht auf deren Bitten hin. Wir sind gern bereit, Frau Weber eine psychologische Betreuung …«

»Das hätten Sie wohl gern!«, fuhr Ricarda auf.

»Ricarda!«, ermahnte Eric sie.

Doch wütend entfernte sie seine Hand von ihrem Bein. »Was ist mit den Unterlagen, die ich unterschrieben habe?«

»Wir wissen von keinen anderen Unterlagen, außer dem Überstellungsbescheid des Leichnams an das Bestattungsinstitut. Den haben Sie unterschrieben!«

»Das behaupten Sie. Ich war doch völlig benommen, weil man mir irgendetwas gespritzt hatte.«

»Das könnte, Ihrer Krankenakte nach, ein harmloses Beruhigungsmittel gewesen sein. Oder Oxytocin, das gespritzt wurde, um entweder Wehen auszulösen oder die Ablösung der Plazenta zu beschleunigen. Außerdem wird Ihr körperlicher Zustand sich auf Ihre geistige Aufnahmefähigkeit ausgewirkt haben.«

Da war es wieder. Wie immer. Sie war die Verrückte. So einfach war das. Sie wollte es nicht, doch Tränen schossen ihr in die Augen und rollten ihr über das Gesicht. Wenn sie den Mund jetzt öffnete, würde sie jede Zurückhaltung verlieren.

»Ricarda, bitte!« Eric nahm ihre Hand.

Die vier Männer schwiegen betreten. Sie alle hatten ihrem Alter nach vor zwanzig Jahren noch nichts mit der Klinik zu tun gehabt. Der gegnerische Anwalt war ja nicht einmal ein ehemaliger DDR-Bürger. Welchen Grund hatten diese Leute hier, über Menschen und deren damalige Entscheidungen zu urteilen? Sahen sie nicht, was sie damit anrichteten?

Eric räusperte sich. »Wären Sie bereit, uns weiteren Zugang zu allen noch vorhandenen Unterlagen in diesem Fall zu gewähren?«

»Ich muss Sie etwas fragen!«, unterbrach Ricarda, noch ehe er Antwort bekommen hatte. Die Blicke aller richteten sich auf sie. »Was hindert Sie daran, das Grab zu öffnen? Das kann doch keine große Sache sein. Wir schauen nach, ob da ein Kind drin ist. Das dauert keine zwei Stunden und dann habe ich Gewissheit und gebe Ruhe.«

Das wusste der Anwalt sofort zu beantworten. »Frau Weber, zuerst einmal gibt es Vorschriften. Die vorsätzliche Störung der Totenruhe ist nach deutschem Strafrecht ein Tatbestand, der mit bis zu drei Jahren Freiheitsentzug bestraft werden kann. Wem wollen Sie das zumuten? Und überlegen Sie, welches Signal wir damit senden. Jeder, der nur entfernt anzweifelt, dass sein Angehöriger auf natürlichem Weg ums Leben kam, wird darauf bestehen, dass dieser exhumiert wird. Das hätte zur Folge, dass Krankenhäuser und Kliniken Armeen von Anwälten bezahlen müssten und in einem Wust juristischer Streitereien erstickten. Ärzte und Personal werden vor jeder schwierigen Entscheidung zurückschrecken.«

»Dann mache ich es selbst!«, bestimmte Ricarda. »Ich grabe es aus. Sollen sie mich einsperren dafür!«

»Und dann?«, fragte der Anwalt. »Dann finden Sie Gebeine und behaupten, es wären die einer Katze. Oder ein anderes Kind.«

»Vielleicht kann man einen DNS Test machen, so was ist doch möglich heutzutage.«

Der Anwalt verzog das Gesicht. »Ich weiß nicht, wo Sie das gelesen haben, aber das ist ein höchst komplizierter Vorgang, der, wenn es überhaupt machbar ist, Monate dauert und extrem kostenintensiv ist.« Nun zögerte er kurz, versicherte sich wieder mit einem Blick nach rechts und links. »Außerdem glauben wir, dass Sie auch dieses Ergebnis nicht anerkennen würden, sofern es nicht Ihren Wunschvorstellungen entspricht.«

Eric schüttelte ungehalten den Kopf. »Das zu sagen, war vollkommen unnötig, Herr Kollege.«

Der Anwalt sah ihn emotionslos an. »Zumindest ist Frau Weber kein unbeschriebenes Blatt. Soweit ich in Kenntnis gesetzt wurde, hat sie sich in den Siebzigerjahren mehrfach auf illegalem Wege Zutritt zu den Verwaltungsbüros des Krankenhauses verschafft, hat dabei ihre eigene Krankenakte entwendet und sich Einsicht in Akten anderer verschafft. Außerdem hat sie in den folgenden Jahren einige Mitarbeiter mit anhaltenden Besuchen, ständigen Anrufen und wiederholten Briefen so unter Druck gesetzt, dass sie um Versetzung in andere Krankenhäuser baten und ihren Wohnsitz ändern mussten. Als Psychoterror würde man das heutzutage bezeichnen.

Kann es sein, dass Ihnen Ihre Mandantin das bisher verschwiegen hat?«

Sie hatten das Gespräch irgendwie zu Ende gebracht, sich mit ein paar Höflichkeitsfloskeln verabschiedet und hatten seitdem kein Wort mehr miteinander gesprochen. Nun saßen sie in seinem Auto und fuhren schweigend und ohne Ziel auf der B 170 in Richtung Dippoldiswalde. Die Scheibenwischer kämpften gegen die graue Gischt an. Der Schnee taute schon wieder ab und hinterließ dreckigen Matsch. Die Stadtgrenze lag längst hinter ihnen. Ricarda sah Eric von der Seite an.

»Sag endlich was, Eric!«, drängte sie schließlich.

Eric sah unverwandt nach vorn. Dann räusperte er sich. »Du hättest mir das sagen müssen.«

»Was hätte ich denn tun sollen? Es war mein Recht, verstehst du das nicht? Niemand wollte mir die Wahrheit sagen.«

»Aber du hättest es mir sagen müssen. Ich setze mich für dich ein und kenne aber nicht alle Hintergründe. Wie stehe ich denn dann da? Ich war nicht vorgewarnt in diesem Moment. Und konnte dem dann auch nichts entgegensetzen.«

Ricarda schnaubte. »Ihr seid doch sonst nicht auf den Mund gefallen!«

Eric drehte ihr kurz den Kopf zu. »Wer ist ihr? Wessis? Anwälte?«

»Es tut mir leid!« Ricarda ballte die Fäuste. »Hörst du? Es tut mir leid, Eric, bitte!«

Eric schwieg.

»Weißt du, ich fühle mich genau wie vor zwanzig Jahren. Das ist wie ein Déjà-vu! Alle sagen dasselbe. Niemand will mit der Wahrheit herausrücken!«

Eric zögerte und räusperte sich leise. »Aber vielleicht ist es ja die Wahrheit.«

»Verdammt noch mal, Eric, ich denke, du bist auf meiner Seite!« Ricarda schnappte empört nach Luft. Genauso hatte Steffen immer gesprochen.

Eric antwortete nicht gleich, konzentrierte sich auf den Verkehr und fuhr dann rechts ran, um auf dem Seitenstreifen zu halten.

»Ich bin auf deiner Seite, das solltest du gemerkt haben. Aber du musst auch diese Möglichkeit ernsthaft in Betracht ziehen. Es kann durchaus sein, dass alles ganz genau so abgelaufen ist, wie dir erzählt wird.«

»Es war aber nicht so!«, flüsterte sie und wusste, dass sie trotzig und stur erschien. Doch wenn sie das akzeptierte, würde alles, wofür sie in den zwanzig Jahren gekämpft, wofür sie ihre Ehe und Freundschaften aufs Spiel gesetzt und verloren hatte, nichts weiter als ein Hirngespinst sein. Sie konnte diese Idee nicht so einfach aufgeben.

Eric überging ihre Bemerkung einfach, vielleicht, weil er klug genug war, ihre Gedanken zu kennen. »Du musst mir die Wahrheit sagen. Ich muss wirklich alles wissen, wenn ich mich sinnvoll für dich einsetzen will. Also, bitte, ich höre dir zu.«

Ricarda sah ihn irritiert an. »Was? Jetzt und hier?«

Autos und Laster rauschten dicht vorbei, besprühten das Auto mit dreckigem Nebel, gelegentlich hupte jemand.

»Jetzt und hier«, sagte Eric ruhig, aber bestimmt.

Ricarda überlegte kurz, dann erzählte sie. »Ich habe mir im Krankenhaus Zugang zur Verwaltung verschafft und habe meine Krankenakte herausgeholt. Ich wollte doch nur wissen, was darin stand. Ob es Komplikationen gegeben hat, die mir verschwiegen wurden. Doch da stand nichts. Laut der Unterlagen war ich gesund und das Kind auch. Es war einfach nur eine schwere Geburt. Ich habe sogar noch andere Akten gelesen, nur um einen Vergleich zu haben.«

»War das der Grund, warum man dich nicht Medizin studieren ließ? Weil sie dich dabei erwischt haben?«

Ricarda nickte. »War ja nicht schwer. Die Stasi hat mich überwacht. Hast du eigentlich bemerkt, dass sie in dem Gespräch eben meinen Vater fast gar nicht erwähnt haben? Den großen Herrn Professor, das Aushängeschild der Klinik.«

»Ricarda, lenk jetzt nicht ab, was hast du noch gemacht? Das Personal belästigt?«

»Wie das klingt!« Ricarda schüttelte resigniert den Kopf. »Das war Anfang der Achtziger. Ich kam einfach nicht weiter. Überall nur Schweigen, niemand wollte mir die Akten zeigen, immerzu wurden mir Steine in den Weg gelegt. Zwei Leute habe ich gefunden, die damals Dienst hatten und etwas wissen mussten. Ich habe sie angeschrieben, aber keine Antwort erhalten. Deshalb bin ich zu ihnen nach Hause gegangen. Aber sie wollten nicht reden. Da bin ich natürlich wütend geworden.« Ricarda hob die Schultern.

»Und irgendwann war es deinem Mann zu viel?«

»Er hat akzeptiert, was die anderen sagten, dass das Kind tot war. Irgendwann hielt er mein Nachbohren nicht mehr aus.«

»Und das hat letztlich zu deiner Scheidung geführt?«

»Später, ja.«

Eric sah sie an, nickte und schürzte die Lippen. Dann ließ er den Motor an, legte den Gang ein und nutzte die erste größere Lücke, um wieder in den Verkehr einzuscheren.

Ricarda redete weiter. »Eric, du hast das nicht erlebt. Du weißt nicht, wie es in der DDR war. Wenn du nicht gespurt hast, warst du denen ausgeliefert. Die haben alles bestimmt. Die Stasi hat alles kontrolliert. Und ich wollte einfach nur die Wahrheit wissen. Ich gebe ja zu, dabei habe ich wirklich Mist gebaut. Aber das war es mir wert, verstehst du? Mein Kind war mir das wert. Und selbst wenn du und Steffen und alle anderen recht haben, habe ich dann nicht trotzdem das Recht, nach der Wahrheit zu forschen? Man konnte diesem Staat und seinen Menschen nicht trauen. Man kann es jetzt noch nicht. Du hast es selbst gesehen. Diese Frau, die mich verfolgt, diese Karten, die Klingelstreiche. Und die Anrufe, der Mann, der Ines fotografierte.«

»Ich habe die Frau nicht gesehen«, sagte Eric leise. »Und bisher hat auch noch niemand geklingelt und angerufen, wenn ich bei dir war.«

Ricarda schloss die Augen einen Moment und versuchte, ihren aufflammenden Zorn zu zügeln. »Ist das nicht vielleicht ein Indiz dafür, dass sie mich beobachten? Irgendetwas ist mit meinem Vater. Irgendetwas, das vertuscht werden soll. Wer weiß, wer da noch alles drinhängt.«

Eric schwieg wieder, und sie wusste, was dieses Schweigen zu bedeuten hatte. Er begann zu zweifeln. An der Geschichte und vielleicht auch an ihr. Und dann hätten sie schon wieder gewonnen.

»Du hast aber nicht …«, begann er und verstummte dann.

»Was?«

»Du hast aber nicht vor, dich auf den Friedhof zu schleichen und …«

»Eric, nein!« Ricarda fasste nach seiner Hand, die auf der Gangschaltung lag. »Ich weiß, es klingt alles verrückt, und es stimmt, ich habe dir einiges verschwiegen, aber es ändert nichts an den Tatsachen. Du musst mir glauben und ich möchte dich nicht verlieren. Eric, bitte!«

Er sah nicht zu ihr, obwohl sie gerade vor einer roten Ampel warteten. Als es grün wurde, schob er sanft ihre Hand beiseite, um schalten zu können. »Ich will nur nicht, dass du mich ausnutzt«, sagte er.

»Ich nutze dich nicht aus!«

Eric nickte. »Ich bring dich jetzt heim und fahre dann nach Hause. Ich muss nachdenken.«

Ricarda schritt schnell aus und blickte dabei immer wieder kurz über die Schulter. Sie war noch beim Einkaufen gewesen. Sie hatte nicht einmal eine angefangene Weinflasche zu Hause gehabt. Aber heute brauchte sie einfach Alkohol, um auf andere Gedanken zu kommen. Deshalb war sie noch einmal losgegangen. Nun bereute sie es, in der Dunkelheit ihre Wohnung noch einmal verlassen zu haben. Jemand verfolgte sie. Sie hatte nicht mehr weit bis nach Hause, doch die Angst lähmte sie, machte ihr die Knie steif. In ihrer Verzweiflung hatte sie schon in die Tüte gegriffen und die Flasche am Hals gepackt, fest entschlossen, sich zu wehren.

Schon im Supermarkt war ihr der Mann aufgefallen, weil er einen Einkaufswagen schob, aber nichts hineintat. Als sie nach dem Bezahlen nach draußen ging, hatte sie durch die Scheibe gesehen, wie er den Wagen einfach vor der Kasse abstellte, um ihr zu folgen. Er war mittleren Alters, deutlich größer als sie, sportlich.

Kurz vor ihrer Haustür fragte sie sich, wie sie aufschließen sollte. Bestimmt würde ihr in der Panik der Schlüssel herunterfallen. Da hast du es, Eric, bitte schön, natürlich klingelt niemand, wenn du da bist, dachte sie bitter. Dann fiel ihr das Pfefferspray in ihrer Handtasche ein. Sie ließ die Flasche im Beutel los und kramte während des Gehens hastig in ihrer Tasche nach der kleinen Spraydose. Man konnte gar nichts falsch machen, nur hoffen, dass sie funktionierte. Noch einmal sah sie sich um und stellte entsetzt fest, dass der Mann dicht hinter ihr war.

»Frau Raspe!«, rief er halblaut.

Frau Raspe, so hatte sie schon lange keiner genannt. Die Stasileute, vielleicht. Ricarda wechselte den Beutel in die andere Hand, hielt nun die Spraydose in der rechten, den Zeigefinger auf dem Drücker. In letzter Sekunde erinnerte sie sich an den Sicherungsdeckel und öffnete ihn. Nun hörte sie, wie der Mann rannte.

»Frau Raspe«, rief er wieder. Ricarda drehte sich abrupt zu ihm um, sah ihn keine zwei Meter mehr entfernt, hob die Spraydose und sprühte ihm direkt ins Gesicht. Der Mann stöhnte und sackte augenblicklich zusammen. Er hielt sich die Hände vor die Augen, taumelte und fiel hin. Den Moment nutzte Ricarda, fand endlich den Hausschlüssel in ihrer Tasche, rannte zur Haustür und versuchte hektisch, aufzuschließen. Es gelang ihr erst nach einigen Versuchen. Immer wieder schaute sie zu dem Mann, der noch immer auf dem Gehweg lag und vor Schmerzen stöhnte. Endlich öffnete sich die Tür. Hastig schlüpfte sie ins Haus, drückte die Haustür zu und rannte nach oben.

»Na, wie war's?«, fragte Conny, als Ricarda mit ihrer Tasche zum Aufenthaltsraum ging.

Noch am selben Abend war Ricarda nach Leipzig gefahren. Durch Dunkelheit, Nebelschwaden und Schneeregen. Ihr Verfolger war zwar von der Straße verschwunden, doch sie wollte auf gar keinen Fall allein daheimbleiben. Nicht nach diesem Zwischenfall. Sie hätte die ganze Nacht kein Auge zugetan.

»Nicht so gut?«, fragte Conny.

Sosehr Ricarda ihre Kollegin mochte, jetzt war sie überhaupt nicht in der Stimmung zu erzählen, nicht einmal von dem Überfall.

»Ich pack erst mal aus«, sagte sie und durchquerte den

Gang bis zu ihrem Zimmer. Sie wollte aufschließen, merkte aber, dass die Tür gar nicht abgeschlossen war. Hatte sie das am Freitag vergessen? Augenblicklich spürte sie, wie die Angst sie erfasste. Vorsichtig drückte sie die Tür auf und tastete nach dem Lichtschalter. Sie blickte sich um. Auf den ersten Blick sah alles normal aus. Hatte sich jemand einen Scherz mit ihr erlaubt? Vielleicht hatte sie es auch nur eilig gehabt am Freitag. Aber eigentlich war sie immer umsichtig und überprüfte alles zweimal. Misstrauisch untersuchte sie noch mal das Türschloss. Es war bestimmt ein Leichtes, dieses einfache Bartschloss, das noch aus DDR-Zeiten stammte, mit einem Dietrich zu öffnen.

Sie stellte die Tasche an der Badtür ab, sah sich noch einmal um. Alles schien wie immer. Der kleine Tisch mit der Decke, die Blumenvase, das ordentlich gemachte Bett. Ricarda öffnete die Schranktür und betrachtete die Fächer. Sie wurde das dumpfe Gefühl nicht los, dass jemand hier gewesen war. Dann fiel ihr Blick noch einmal auf das Bett. Es stand mit dem Kopfende nicht ganz an der Wand. Hatte es jemand bewegt?

Ricarda ging zur Tür. »Conny!«, rief sie halblaut in den Gang. »Kannst du mal kommen?«

Die jüngere Frau schien schon darauf gewartet zu haben, denn sie stand fast unmittelbar vor ihr.

»Was ist denn?«, fragte sie.

»War hier vielleicht jemand drin?«, flüsterte Ricarda. »Der Hausmeister?«

Conny schüttelte nach kurzem Überlegen den Kopf. »Nicht, dass ich wüsste.«

»Hat denn noch jemand Schlüssel für die Zimmer? Es war nicht abgeschlossen.«

»Bestimmt gibt's noch Zweitschlüssel. Fehlt denn was?«

Ricarda lachte abschätzig auf. Viel hatte sie hier nicht, das sich zu stehlen lohnte. Die beiden Frauen schwiegen ratlos.

»Was ist denn nun dabei rausgekommen?«, fragte Conny neugierig.

Ricarda zuckte mit den Schultern. »Nichts, wie immer. Ich habe gesagt, dass ich das Grab öffnen und nachsehen möchte.« Ricarda stellte ihre Tasche auf das Bett und begann, die frische Wäsche im Schrank einzusortieren.

Conny setzte sich auf die Bettkante. »Und?«

»Du hättest sie hören sollen! Von wegen vorsätzlicher Störung der Totenruhe und welches Signal ich damit senden würde. Als ob dann jeder plötzlich ein Grab öffnen lassen wollte. Ich habe das Gefühl, die stecken nach wie vor alle unter einer Decke. Die Stasi, die Leitung vom Krankenhaus, die Politiker. Wer weiß, welche Machenschaften noch ans Tageslicht kommen.«

»Glaubst du wirklich, die decken sich gegenseitig? Jetzt noch? Aber denen aus dem Westen könnte es doch egal sein. Die haben doch keinen Grund, etwas zu verbergen. Im Gegenteil, die könnten sich noch profilieren, wenn sie ein paar von den alten Seilschaften auffliegen lassen.«

Ricarda stand jetzt mitten im Zimmer, ein Paar Socken in der Hand. »Ich glaube, da liefen noch ganz andere Sachen. Denk mal an den Strauß und seine Geschäfte mit dem Schalk-Golodkowski. Wer weiß, in welche Geschäfte mein Vater verwickelt war. Klar, dass die jetzt nicht wollen, dass das ans Tageslicht kommt.«

Ricarda räumte jetzt weiter ihre Sachen in den Schrank. »Ich sage dir, das alles hängt zusammen: Die Karten, die Anrufe, dass ich verfolgt wurde auf der Autobahn.«

»Meinst du?«, fragte Conny und sah Ricarda zweifelnd an.

»Conny, vorhin in Dresden, da hat mich einer verfolgt, dem musste ich Pfefferspray ins Gesicht sprühen!«

Conny hielt sich entsetzt die Hand auf den Mund. »Was? Wirklich?«

»Psychoterror ist das! Die wollen mich kirre machen!« Ricarda ging ins Bad, schaltete das Licht an.

»Aber wäre es nicht besser, du hättest die Polizei gerufen?«, fragte Conny. Doch Ricarda hörte ihr nicht mehr zu. Sie starrte auf die Toilette, deren Deckel offenstand. Im Wasser schwamm ein Puppenkopf.

»Meinen Sie nicht, dass Ihnen da jemand einen gemeinen Streich gespielt hat?«, fragte der uniformierte Polizist. »Gibt es Auseinandersetzungen oder Konflikte mit Kollegen?«

»Ich habe es Ihnen doch schon gesagt.« Ricarda bemühte sich um einen moderaten Tonfall. »Ich war schon in Dresden bei der Polizei, aber offenbar nimmt das niemand ernst. Soll ich erst warten, bis wirklich was passiert?«

»Sagten Sie nicht, es sei eine Weile Ruhe gewesen?«

»Ja, aber mit der Ruhe ist es ja nun wohl vorbei. Es geht nicht allein um den blöden Kopf da. Jemand war in meinem Zimmer, in meiner Abwesenheit. Und wenn er wiederkommt? Vielleicht wenn ich schlafe?«

»Ich kann eine Anzeige gegen unbekannt aufnehmen, wegen Einbruchs, aber ich sagen Ihnen gleich …«

»Können Sie nicht Fingerabdrücke nehmen? Jemand muss doch die Tür und den Klodeckel angefasst haben«, fragte Ricarda. Der Beamte vor ihr war garantiert auch schon zu DDR-Zeiten Polizist gewesen, nur dass seine Uniform anders ausgesehen hatte. Auch einer von denen, dachte sie sich.

Der Polizist nickte, und sein Kollege, der im Flur gewartet hatte, lief los.

»Das hat aber wenig Zweck, das sage ich Ihnen.«

»Was soll das denn heißen? Soll ich es einfach geschehen lassen?«, fragte Ricarda angriffslustig.

Der Polizist schnaufte ergeben. »Nein, natürlich nicht.«

»Weißt du, wer jetzt noch helfen kann?«, flüsterte Conny. Es war spät in der Nacht. Die Polizisten, die die Fingerabdrücke genommen und den Puppenkopf aus der Toilette gefischt hatten, waren längst wieder weg. Auf dem Gang hatten sich einige Schaulustige versammelt und sich in wilden Spekulationen ergangen. Aber keiner hatte etwas gesehen oder bemerkt. Nun saßen die beiden Frauen noch zusammen, weil Ricarda nicht schlafen konnte und Conny ihr Gesellschaft leistete.

»Wer denn?«, fragte Ricarda müde.

»Die Presse.«

»Du meinst, ich soll mit meiner Geschichte zum Fernsehen oder zur Zeitung gehen?«

»Wenn die etwas vertuschen wollen, dann ist es doch das Beste, du gehst an die Öffentlichkeit! Was sollen sie dann machen? Dann fühlen sie sich in die Ecke gedrängt. Wer um seinen guten Ruf bangt, muss handeln.«

Ricarda zögerte. »Ich weiß nicht.«

»Eine Freundin von mir arbeitet als Schreibkraft bei einer Presseagentur. Soll ich sie mal fragen, ob sie einen Journalisten kennt, der sich das mal anhören mag? Man kann ja erst mal nur reden.«

Ricarda merkte jetzt, wie müde sie war. Sie musste dringend ins Bett. Sie hob die Schultern und nickte. Schaden konnte es vermutlich nicht.

21

Leipzig, Februar 1994

Es war ein Gespräch, wie sie es sich seit zwanzig Jahren gewünscht hatte. Da gab es jemanden, der ihr einfach zuhörte, der sich Notizen machte, der fragte, hinterfragte, ohne zugleich alles in Zweifel zu stellen. Und sie brauchte niemanden, der ihr sagte, wie es nicht gewesen sein konnte, sondern der herausfand, was wirklich geschehen war. Das hatte noch keiner wirklich versucht, selbst Eric nicht. Einen Privatdetektiv einzustellen, hätte sie sich niemals leisten können. Darüber nachgedacht hatte sie schon seit der Wende. Doch was sie jetzt hatte, war viel besser.

Markus Burgkhardt hieß der Mann aus Hamburg, war seit dreißig Jahren Journalist, arbeitete für Zeitungen und Fernsehen und war schon vor der Wende als Reporter in der DDR gewesen, um über die Zustände hier zu berichten. Er war fast so groß wie ihr Vater, mit einem Gesicht, in das sich tief die Falten eingegraben hatten, wie bei einem Seemann. Eigentlich war er ihr nicht sympathisch, aber warum sollte ein Journalist unbedingt sympathisch sein.

Das Treffen mit ihm in einer dunklen Kneipe in Leipzig hatte einen geheimen Charakter. Vor ihm auf dem Tisch lagen ein Diktiergerät, ein modernes Funktelefon und ein Notizblock. Ricardas Kaffeetasse war längst leer. Der Journalist hatte sich einen Cappuccino bestellt, doch nur zur Hälfte getrunken. Vorher hatte er sich erst seinen und noch ihren Zucker hineingerührt.

»Von Ihrem Vater habe ich schon gehört«, sagte er.

»Wirklich?«, fragte Ricarda verblüfft.

Er ließ sich Zeit, zu antworten, das schien seine Masche zu sein.

»Er hat Kontakte zu Politikern in der BRD gepflegt, natürlich mit Wohlwollen der DDR-Regierung, sonst wäre er sofort weg vom Fenster gewesen. Und ein paar von denen gehören zur Pharmalobby. Durchaus möglich, dass er irgendein Produkt aus der DDR-Forschung verkauft hat. An Bayer oder Hoechst. Natürlich für die DDR. Es ging der DDR-Regierung hauptsächlich um Devisenbeschaffung. Er hatte auch Kontakt zu einer Firma namens Intrac. Die gehörte zum Außenhandelsministerium. Die waren in alle möglichen Geschäfte verwickelt. Auch in den Menschenhandel mit politischen Gefangenen.«

Ricarda schauderte. Der Mann kannte sich offenbar aus.

»Dass das nun rauskommt, kann keinem recht sein«, fuhr er fort. »Vor allem nicht einer bestimmten Gruppe um einen ganz bestimmten CSU-Mann.«

Meine Worte, dachte Ricarda und klemmte sich vor Aufregung die Hände zwischen die Oberschenkel, als sei ihr kalt. Doch sie brauchte Druck, sonst würde sie zerspringen.

»Die Bundesrepublik verfügt natürlich nicht über so einen Apparat wie die Stasi, um jemanden kaltzustellen. Doch es ist eine beliebte Methode, jemanden als geistig unzurechnungsfähig zu erklären oder ihm das Leben anderweitig schwerzumachen. Nur wenn einer gar nicht mehr mitspielen will, wird er beseitigt. Barschel ist ein gutes Beispiel.«

Ricarda hörte dem Mann gebannt zu. »Können beziehungsweise wollen Sie mir denn helfen?«

Wieder ließ er sich Zeit mit der Antwort. »Helfen ist vielleicht zu viel gesagt«, meinte er schließlich. »Ich kann meine Fühler ausstrecken. Dazu brauche ich aber alle Informationen. Und wir müssen ein paar Fotos machen. Von Ihnen.«

»Wirklich? Heute?«, fragte Ricarda, in einem leisen Anflug von Panik. Darauf war sie nicht vorbereitet.

»Ja, nichts Besonderes, nur damit ich weiß, womit ich arbeiten kann. Da machen wir später noch mal richtige. Einverstanden?«

»Und? Was hat der Typ gesagt?«, fragte Conny, als Ricarda wieder zurück war. Es war schon spät. »Kann er helfen?«

»Ich denke schon. Ich weiß nur noch nicht so genau, was er letztlich mit den ganzen Informationen macht.« Darüber hatte sich Ricarda auf der Rückfahrt zum Wohnheim einige Gedanken gemacht. Nachdem die erste Euphorie über das Treffen abgeflaut war, hatte sich ein mulmiges Gefühl eingeschlichen, spätestens in dem Moment, als er die Fotos erwähnte. Dass der Mann Bilder brauchte, leuchtete ihr ein. Sie würden trotzdem in jedem Fall neue machen müssen, bessere, als es wohl heute geworden waren.

»Der macht das ja nicht umsonst. Der will eine Story haben und an eine Zeitung verkaufen oder ans Fernsehen.« Plötzlich wurde ihr fast übel bei dem Gedanken daran. Alle würden davon erfahren. Nicht nur die, die glaubten, sie hätte sich mit der Situation abgefunden, sondern auch ihre Nachbarn daheim, die Kollegen hier, alle, die bisher noch nichts von ihr wussten. Sie alle würden sie sehen. Und würde es dabei bleiben? Wer würde sich angegriffen fühlen, was würde man von ihr denken? Galt sie dann als eine Nestbeschmutzerin?

Conny sah ihr offenbar an, was sie gerade dachte. »Bleib

locker. Erstens ist noch gar nichts passiert. Zweitens kann es dir doch nur recht sein. Mitten ins Gesicht, sag ich nur. Auf uns nimmt doch auch niemand Rücksicht, oder? Und bestimmt bist du nicht die Einzige. Wer weiß, wie viele sich melden werden, denen es genauso ging.«

Connys Optimismus und ihr Zureden taten gut. Ricarda nahm ihre Freundin dankbar in den Arm. Sie hatte recht. Sie wollte vorwärtskommen und das musste zwangsläufig zu Konfrontationen führen. Das musste sie aushalten.

»Du sollst übrigens mal eine gewisse Yvonne zurückrufen. Die hat vor zirka einer Stunde angerufen und nach dir gefragt. Klang ziemlich aufgeregt.«

»Was ist denn los, Yvonne?«, fragte Ricarda besorgt. Sie hatte sofort zum Hörer gegriffen, um ihre Dresdner Freundin anzurufen. Doch sie hörte nur ein Schluchzen. »Ist etwas? Brauchst du Hilfe? Wirst du belästigt? Soll ich die Polizei rufen?«

»Nein!«, schrie Yvonne da plötzlich ins Telefon.

Ricarda nahm den Hörer erschrocken vom Ohr weg. »Was ist denn?«, fragte sie noch einmal und eine dunkle Ahnung stieg in ihr hoch.

»Gekündigt bin ich, das ist!«, fuhr Yvonne sie an. »Die haben mir nachgewiesen, dass ich an den Dokumenten war. Ich bin fristlos entlassen. Hörst du? Fristlos gekündigt. Ich krieg nie wieder einen Job!«

»Doch, Yvonne, das wirst du. Ich helfe dir dabei.«

»Wie denn?«, kreischte Yvonne in Wut und Panik. »Du hast doch selbst nur den beschissenen Job in diesem Callcenter.«

»Yvonne, ich sag's noch einmal: Ich helfe dir. Und Eric wird bestimmt auch etwas tun können!«

»Ach ja? Das kann er sich sparen. Da gibt's keine Chance.

Die haben doch selber ihre Anwälte. Der Fall ist ganz eindeutig. Unbefugtes …« Yvonne brach wieder in hemmungsloses Schluchzen aus. Ricarda wusste darauf nichts zu sagen. Aber eine andere Stimme hörte sie in ihrem Kopf. Die ihrer Mutter. Du manipulierst die Menschen, hatte sie gesagt, schon als Ricarda noch ein Kind gewesen war. Du bringst sie dazu, Dinge zu tun, die sie normalerweise nie tun würden.

»Ich hab nie irgendetwas Böses gemacht. Nie, hörst du?«, schniefte Yvonne. »Und du hast gesagt, du wärst meine Freundin, aber du hast mich nur benutzt. Und jetzt, wo du mit deinem Anwalt zusammen bist, brauchst du mich nicht mehr.«

»Yvonne, bitte beruhige dich. Ich bin dir für alles dankbar, was du für mich gemacht hast. Und ich verspreche dir: Ich werde immer für dich da sein. Aber jetzt erzähl mir bitte, wie sind sie auf dich gekommen?«

»Ist das nicht egal?«, fragte Yvonne konsterniert. »Irgendjemand hat uns zusammen gesehen, und du warst mit Eric im Krankenhaus und du hast etwas erzählt, das du nicht hättest wissen dürfen. Die brauchten sich doch nur durchzufragen.«

»Das ist ihr System, Yvonne. Verstehst du? So machen sie es. Sie versuchen, mich kaputtzumachen, und meine Freunde, mein ganzes Umfeld. Wir müssen da stark sein!«

»Wir? Wieso wir? Es geht doch nur um dich!«, zischte Yvonne und legte auf.

22

Leipzig, Februar 1994

»Auf Wiederhören!« Ricarda legte auf. Diese Woche schien nicht vergehen zu wollen, dachte sie. Zwar war schon Freitag, doch morgen hatte sie noch einmal Dienst, danach erst konnte sie heimfahren. Sie musste sich um Yvonne kümmern, auch wenn sie noch gar nicht wusste, wie. Sie sah zu Connys Arbeitsplatz, der dem ihren gegenüber war. Conny wiederholte ihre Worte gerade zum dritten Mal. Dabei bemerkte sie Ricardas Blick, erwiderte ihn und verdrehte die Augen. Schon klingelte Ricardas Telefon wieder.

Ricarda ließ es zweimal klingeln, nahm ab. »Möbelhaus H…«

»Friedrich hier, aus der Zentrale. Ein Telefonat für Sie, Frau Weber, es scheint dringend, ich stelle durch!«

Es tutete kurz im Hörer, dann hörte Ricarda ein leises Geräusch. »Ja?«, fragte sie misstrauisch.

»Ricarda?« Es war die Stimme ihrer Mutter, die so unheilvoll klang, dass klar war, etwas Schlimmes musste passiert sein. Lass es nicht Ines sein, flehte Ricarda in Gedanken.

Ihre Mutter atmete schwer und suchte nach Worten. »Du bist wohl von allen guten Geistern verlassen«, hauchte sie dann mit zitternder Stimme.

»Warum?«, fragte Ricarda, doch im selben Augenblick wusste sie, was geschehen war.

»Du fragst noch? Schäm dich, sag ich dir, schäm dich! Glaubst du, dein Vater hätte damals nicht gelitten? Und nie gibst du Ruhe, immer und immer wieder fängst du von vorne an, als ob es nicht schwer genug für ihn war. Schäm dich, sag ich nur, schäm dich!« Dann tutete es in der Leitung. Ihre Mutter hatte aufgelegt.

Ricarda drückte auf die Gabel, wählte die Null vor und tippte Steffens Nummer. Er ging nicht ans Telefon, wahrscheinlich war er arbeiten. Kaum hatte sie aufgelegt, klingelte es wieder. Sie nahm ab. Ihre Fingerspitzen waren taub.

»Möbelhaus H…«

»Noch mal Friedrich, noch ein Telefonat für Sie. Gibt es Probleme, Frau Weber?«

»Nein, keine, nichts«, brachte Ricarda hervor.

»Gut, ich stelle durch.«

»Mutti!« Es war Ines. »Mutti, ist das dein Ernst?«

»Ines, was denn?«

»Ich denke, mich trifft der Schlag vorhin. Mensch, was denkst du dir denn? In der Bild-Zeitung!« Es hörte sich an, als ob Ines weinte.

»Bist du in Dresden?«, fragte Ricarda, hin- und hergerissen zwischen Unglaube und Entsetzen.

»Was? Nein, ich bin hier, in Freiburg.«

In Freiburg. Es stand also nicht nur etwas in der Dresdner Ausgabe, sondern deutschlandweit. »Ines, ich kann jetzt nicht darüber reden. Ines, ich muss!« Ricarda legte auf und erhob sich. Beinahe wären ihr die Beine weggeknickt. Als Conny sah, wie sie sich auf der Tischplatte abstützte, stand sie auf und kam um den Tisch.

»Mir ist übel, ich muss kurz raus!«, keuchte Ricarda.

»Ich komme mit!« Es klingelten beide Telefone.

»Nein, bleib!« Ricarda wollte Conny abwehren.

»Red doch nicht!« Conny griff ihr unter den Arm.

Schon kam Stelzel aus seinem Büro. »Was machen Sie denn da?«

»Ihr ist nicht gut! Wir gehen raus. Ist das ein Problem?«, fuhr Conny ihn an. Beinahe erschrocken schüttelte er den Kopf und ging dann mit ihnen mit, um die Tür zu öffnen.

»Was ist denn?«, fragte Conny draußen.

»Wo krieg ich eine Zeitung her? Jetzt sofort. Eine Bild-Zeitung!« Ricarda lehnte sich schwer atmend an die Wand.

»Ach, du Heiland.« Conny griff sich an die Stirn. »Die Leute im Lager! Soll ich eine holen?«

Ricarda nickte schwach, dann lehnte sie ihren Kopf zurück und schloss die Augen.

Es dauerte eine halbe Ewigkeit, bis Conny wiederkam. Ricarda wartete solange mit geschlossenen Augen. Sie hörte, wie Kollegen sich näherten und kurz zögerten. Doch niemand sprach sie an. Wagten sie es nicht, wollten sie nicht? Was wussten sie bereits aus der Zeitung? Schon wieder war sie betrogen worden. Gab es nichts, worauf man sich verlassen konnte, nichts und niemanden?

»Ricarda«, sagte Conny leise. Ricarda drehte den Kopf und sah sie an. Conny war kreideweiß im Gesicht und hielt die zusammengerollte Zeitung in der Hand. »Wir gehen in den Pausenraum.«

»Was steht drin?«

»Komm!«

Der große Raum war grau und leer und erinnerte einmal mehr an eine Gefängniskantine. Conny setzte sich an den erstbesten Tisch und wartete, bis auch Ricarda sich gesetzt hatte.

»Es tut mir leid«, flüsterte sie, »das habe ich nicht geahnt, dass du an so einen gerätst!« Jetzt legte sie Ricarda die Zeitung hin.

Das Erste, was Ricarda sah, war ihr eigenes Gesicht auf dem Titelblatt. Es war ein schreckliches Bild, das direkt vor der Kneipe in Leipzig gemacht worden war. Ihr Mund stand halb offen. Sie hatte in dem Moment gesprochen, das wusste sie noch, doch auf dem Bild sah es aus, als heulte sie. Die Schatten unter den Augen schienen nachträglich eingefügt zu sein. Mit tauben Fingern klappte sie die untere Zeitungshälfte aus. Sie hob die Hand zum Mund. Das blanke Entsetzen packte sie.

Die Schlagzeile lief in großen Lettern quer über die ganze Seite: *Die DDR hat mir mein Kind gestohlen. Eine Frau klagt an. Mein eigener Vater hatte seine Hände im Spiel.*

»Ich muss mich übergeben!«, stöhnte Ricarda auf. Doch ihr war eher, als müsste sie ohnmächtig werden.

Conny berührte unbeholfen ihre Schulter, nahm die Hand aber gleich wieder weg, weil Ricarda heftig den Kopf schüttelte und sich ihr entzog. Seite drei, stand ganz klein neben der Schlagzeile, und Ricarda machte Anstalten, die Zeitung aufzuschlagen.

Conny legte schnell ihre Hand auf Ricardas. »Lies das nicht!«, bat sie inständig.

»Ich muss«, stöhnte Ricarda und schlug die Zeitung auf.

Sie fühlte sich wie betäubt, als sie in das Büro zurückging. Der Gang vor ihr schien sich endlos zu dehnen, die Wände verschwammen vor ihren Augen. Ganz plötzlich waren die Schmerzen im Unterleib wieder zurück, als bohrte sich ein glühender Haken in sie. Es hatte einfach alles in dem Artikel gestanden, wer ihre Eltern waren, in welchem Krankenhaus sie entbunden hatte, ihre ganze Geschichte, ihre Hoffnungen, ihre Enttäuschungen, all die Zweifel und Mutmaßungen. Es stand sogar da, in welchem Viertel in Dresden sie wohnte und wo sie arbeitete. Ricarda krümmte sich und wehrte ab, als Conny ihre Hilfe anbot. Mehrere Telefone klingelten im Hauptbüro, doch niemand nahm ab. Alle sahen sich nach ihr um. Sie wissen es, dachte Ricarda. Diese Gesichter, diese unbeteiligten Augen, die nicht wussten, wie es wirklich war. Was man ihr entrissen hatte. Ein Kind. Ihr Kind.

Langsam ließ sie sich auf ihren Stuhl gleiten. Die Telefone schrillten unablässig. Das Geräusch zerfetzte ihre Nerven.

»Will denn keiner rangehen?«, rief sie. Nur damit es aufhörte zu klingeln. Sie griff selbst nach dem Hörer, unterbrach die Verbindung aber sofort, um Erics Nummer zu wählen. Während der Rufton ertönte, schloss sie die Augen und bedeckte ihr Gesicht mit einer Hand. Es war, als stürze sie in einen dunklen Schacht, als hätte sie endgültig den Halt verloren. Dass sie so auf den Mann hereingefallen war!

Am anderen Ende nahm jemand ab. Die Sekretärin.

»Weber«, sagte Ricarda leise.

»Ich verbinde Sie«, sagte die Frau, ohne nachzufragen, wen sie sprechen wollte. Das war kein gutes Zeichen. Ganz und gar nicht. Endlich war Eric am Apparat. Er sagte kein Wort.

»Eric«, presste Ricarda heraus. Sie wollte nicht weinen. Nicht hier, vor allen Leuten. Sie hörte Eric atmen. Da wusste sie endgültig, er hatte es schon gelesen.

»Du musst mir glauben, Eric, so war das nicht geplant. Ich habe dem Mann vertraut. Ich dachte, er hilft mir!«

»War dir meine Hilfe nicht genug?«, fragte Eric.

»Doch, Eric, doch. Aber ich konnte doch nicht wissen …«

»Hat er dir nicht gesagt, für wen er arbeitet?«

»Nein.« Und sie hatte auch nicht gefragt. Sie hatte dem Mann vertraut. Sie war so voller Hoffnung gewesen.

»Aber warum hast du mich denn nicht gefragt? Du hättest mich nur anrufen müssen.«

Ricarda schwieg. Sie wusste, was dann gewesen wäre. Er hätte es ihr ausgeredet und sie hätte ihn gehasst dafür. Obwohl er recht gehabt hätte. Und jetzt war es zu spät.

Eric wartete nicht auf ihre Antwort. »Gleich heute Morgen rief das Krankenhaus an. Sie wollen klagen. Gegen dich, wegen Verleumdung, wegen Diebstahl und Datenmissbrauch. Und gegen die Kanzlei wollen sie auch klagen.«

»Aber warum?« Sie spürte, wie ihr die Tränen zwischen den Fingern hindurchliefen.

»Weil sie glauben, ich hätte die Kampagne veranlasst.«

»Aber du warst es doch nicht. Ich kann das beschwören, ich …«

»Das ist nicht nötig«, sagte Eric leise. Für Ricarda hörte es sich an wie »Du machst es nur noch schlimmer«.

»Hier rufen Fernsehsender an und der ›Stern‹ und der ›Spiegel‹. Schrempp hat schon ein Meeting einberufen. Kaleschke und Heinze sitzen schon im Flieger nach Dresden. Es geht um meinen Job.«

»Eric«, sie suchte nach Worten, »darf ich zu dir kommen? Bitte! Jetzt.«

»Ricarda, ich muss das jetzt hier klären. Komm nicht. Mach deinen Dienst. Und vielleicht …«

»Sag das jetzt nicht!«, fiel ihm Ricarda ins Wort.

»Ich meine, vielleicht ist es besser …«

»Nein, bitte, Eric, sag es nicht.«

»Ricarda, ich kann dich jetzt nicht sehen. Nicht heute und nicht dieses Wochenende. Mach's gut Ricarda.« Eric legte auf.

»Nein, die arbeitet hier nicht!«, hörte Ricarda Conny, die wieder an ihrem Arbeitsplatz saß, gerade sehr deutlich ins

Telefon sagen. Ricarda konnte ihren entschuldigenden Blick nicht ertragen. Sie erhob sich.

»Ich fahre jetzt nach Hause, nach Dresden«, sagte sie.

»In dem Zustand? Mach keinen Quatsch. Du gehörst ins Bett!« In Connys Stimme schwang Besorgnis mit.

»Ich muss zu Eric. Ich muss ihn sehen. Ich kann ihn nicht verlieren. Ich habe schon Steffen verloren deswegen.«

Conny schüttelte den Kopf. »Lass ihm etwas Zeit, heute wenigstens. Und schlaf dich aus. Du wirst sehen, so schlimm wird das am Ende gar nicht.«

»Ricarda?«, rief ein Kollege und hob seinen Telefonhörer hoch, die Hand auf die Sprechmuschel gepresst. »Da will einer mit dir sprechen!«

Ricarda schüttelte nur den Kopf, wodurch ihr nur noch schwindliger wurde. »Ich muss an die Luft!«

Conny wollte aufstehen.

»Nein, bleib hier. Ich muss allein sein. Ich schaff das schon.«

Als es laut neben ihr hupte, lenkte sie hastig wieder nach rechts. Aber die Autobahnauffahrt war hier zu Ende, deshalb fuhr sie auf dem Standstreifen weiter. Hektisch sah sie immer wieder über die linke Schulter, um den richtigen Moment zum Einfädeln zu erwischen. Ein Laster betätigte die Lichthupe. Ricarda verschaltete sich, der Motor heulte auf, und der Laster näherte sich von hinten. Endlich gelang es ihr, den vierten Gang einzulegen und zu beschleunigen. Sie wischte sich mit der flachen Hand über die Wangen. Es war dumm, was sie tat, doch unter all den dummen Dingen, die sie gemacht hatte, war das noch eine Kleinigkeit.

Sie musste Eric sehen, wollte ihm sagen, dass es ihr leidtat, und beteuern, dass sie ihn nicht nur ausgenutzt hatte. Und

Yvonne wollte sie besuchen, auch auf die Gefahr hin, dass sie nichts von ihr wissen wollte.

Sie hatte Angst vor diesen Begegnungen. Was, wenn Eric sie nicht sehen wollte? Ihr vielleicht die Tür vor der Nase zuschlug? Und wenn schon, dachte sich Ricarda, und beschleunigte noch einmal.

Die Autobahn war nass, und die Laster zogen weiße Schleier hinter sich her, die sie beim Überholen für kurze Zeit blind fahren ließen. Immer wieder näherten sich größere Wagen von hinten, bedrängten sie mit Lichthupe und Blinker und zwangen sie zurück auf die rechte Spur, zwischen Sattelzüge oder Lastwagen.

Dann soll er mich doch verlassen, sagte eine innere Stimme zu Ricarda. Ich komme schon allein zurecht, schon seit Langem. Ohne zu blinken zog sie wieder auf die Überholspur. Sie würde sich nicht mehr vertreiben lassen. Sollten sie gefälligst warten in ihren blöden Karren, bis sie überholt hatte. Und ihre Mutter sollte sich schämen! Überhaupt sollten sich ihre Eltern mal fragen, was sie falsch gemacht hatten. Sollten sie ruhig ein bisschen Angst haben, dass es ihnen jetzt an den Kragen ging. Vielleicht fragte ja doch mal jemand nach, was der feine Herr Professor Raspe für Geschäfte gemacht hatte. Es konnte ihr egal sein.

Schon wieder näherten sich Lichter von hinten und schlossen schnell auf. Egal, jetzt fuhr sie hier.

»Ach, sei still!«, fuhr Ricarda das Autoradio an, denn George Michael sang, und das konnte sie jetzt überhaupt nicht gebrauchen. Sie wollte nicht, dass Eric sie verließ, sie wollte, dass er ihr glaubte, anstatt vor seinen Chefs zu Kreuze zu kriechen. Die dachten wohl, in einer besseren Gesellschaft zu leben, nur weil man nicht vor der Stasi und den Leuten mit der Parteinadel kuschen musste. Was für ein Irrglaube, wenn doch jeder seinem Vorgesetzten in den Hintern kroch und nur etwas galt, wenn man ein dickes Auto fuhr und einen Haufen Geld besaß. Wütend hieb Ricarda auf die Auswurftaste des Kassettendecks. Hinter ihr hupte es. Das Gerät warf die Kassette aus und Ricarda schleuderte sie auf den Beifahrersitz.

Ein Stoß ließ ihren Kopf an die Kopfstütze prallen. Jemand hatte sie gerammt. Ihr Peugeot drehte sich nach links und schlug in die Mittelleitplanke. Ricarda verstand gar nicht so schnell, was los war, und wollte die Richtung korrigieren. Sie kurbelte am Lenkrad, doch dann stellte sich das Auto quer und die Räder verkanteten sich. Sie bemerkte noch, wie der Wagen abhob, spürte die Beschleunigung, als er sich zu überschlagen begann. Dass sie morgen Dienst hatte, war das Letzte, was sie dachte, da war sie mit dem Kopf schon drei, vier Male gegen die Scheibe geschlagen. Dann verlor sie das Bewusstsein.

23

Was war geschehen? Schmerzen, Schwäche. Sie fühlte sich selbst nicht mehr, alles war dumpf. Stimmen, laute Stimmen, doch sie schienen weit weg zu sein. Diese Schmerzen. Die machten alles taub. Das Licht war zu grell, sie konnte die Augen nicht öffnen. Sie wollte etwas sehen, doch die Augen waren ihr wie zugeklebt. Die Stimme.

»Pressen, Sie müssen pressen! In den Schmerz hinein!«

Schmerz, da war nur Schmerz. Etwas hatte sich in ihren Unterleib gebohrt, dehnte sich aus, zerdrückte ihre Organe, ließ ihr die Adern schwellen, dass sie gleich platzen mussten. Sie hatte keine Kraft mehr, konnte sich nicht mehr bewegen, nicht einmal den Kopf heben. Sie war vollkommen erschöpft. Viele Stunden schon lag sie so. Sie hatte Durst, ihr Rachen war ausgetrocknet, die Zunge, die Lippen wie Pergament. Es war, als wäre alles aus ihr herausgeflossen, alles Leben. Und als sie glaubte, es könnte nicht schlimmer werden, rollte eine neue Welle heran, erfasste sie, ein Krampf, der ihren Leib zusammenpresste. Sie wollte das nicht, doch ihr Mund öffnete sich, die trockene Haut platzte, ihre Kehle war wie Stacheldraht und sie schrie dagegen an.

Jemand packte sie an den Schultern. »Nicht schreien! Du vergeudest Atem!«, donnerte eine Stimme. Diese Stimme. Jetzt öffnete sie qualvoll die Augen und blickte hinein in das grelle Licht. Sie suchte nach dem Gesicht, zu dem die Stimme gehörte. Sie sah nichts, ihre Augäpfel verdrehten sich.

»Fassen Sie hier an! Ziehen! Ziehen Sie!«

»Wir müssen …«

»Wir haben keine Zeit mehr. Ricarda, reiß dich zusammen. Pressen. Es muss kommen! Jetzt!«

Sie presste, auch wenn es sie fast zerriss. Irgendetwas war nicht richtig. Diese Panik in den Stimmen. Was war los? Sie presste alles aus sich heraus, presste, dass ihre Zähne knirschten und das Blut aus den zersprungenen Lippen tropfte. In ihren Ohren rauschte es und gleich würde ihr der Körper zerspringen. Sie würde sterben. Und sie war so einsam mit diesen Gedanken.

»Jetzt. Ziehen Sie!«, befahl die Stimme. Das war ihr Vater.

»Schere! Dalli!«

Ricarda spürte plötzlich, wie der Druck nachließ, wie sie leicht wurde und alles von ihr abfiel. So leicht war sie plötzlich, dass sie sich am Bett festkrallte, um nicht loszufliegen. Der Schmerz ließ nach, verlor sich so schnell, dass es ihr vorkam, als sei er nie da gewesen. Nun spürte sie den Schweiß am ganzen Leib, roch all die Gerüche, die sie umgaben, nun spürte sie die Kälte auf ihrer Haut. Jemand legte eine Decke über sie. Ihre Lider schlossen sich, doch sie wollte sehen, wollte dabei sein. Sie riss die Augen auf. Sie hörte jemanden atmen. Erschöpfung. Angst. Erleichterung. Ansonsten Stille. Die Schwärze kam wie ein Schwarm schwarzer Käfer, wie eine Wolke, die sie umhüllte, summend, sirrend. Ricarda versuchte, die Augen wieder zu öffnen. Jemand berührte sie. Ihre Stirn. Ihr Handgelenk. Vertrieb die Dunkelheit. Doch kaum ließ sie los, kehrte sie zurück. Dann legte man ihr etwas um den Arm, ganz eng. Ricarda stöhnte leise.

»Ich messe nur Blutdruck«, flüsterte jemand.

»Warten Sie noch ein wenig mit der Nachgeburt, wenn sich aber in den nächsten zehn Minuten nichts tut, helfen Sie nach«, erteilte jemand Anweisungen. Noch einmal fühlte sie einen Schmerz, einen kleinen Stich im Arm. Dann war da wieder diese surrende Dunkelheit, hüllte sie ein. Sie hatte es überstanden, dachte sie und ließ sich endlich von der Müdigkeit überwältigen.

Sie lag lange in diesem Zustand zwischen Schlafen und Wachen. Die Augen geschlossen, nahm sie alle Geräusche wahr. Rascheln. Leises Flüstern. Gelegentlich klapperte etwas. Es hatte eine Zeit gebraucht, bis sie verstand, wo sie war. Die Wöchnerinnenstation. Doch alles war träge in ihr, ihre Gedanken tropften zäh. Sie wagte nicht, in sich hineinzuhorchen. Sie lebte. Sie wünschte sich, ewig so liegen bleiben zu können. Ewig im Nichts. Keine Gedanken. Keine Gefühle.

Doch dann näherten sich Schritte, Metall quietschte leise. Ricarda öffnete vorsichtig die Augen, wollte sie sich mit der Hand abschirmen und merkte, dass in ihrem Handrücken eine Infusionsnadel steckte, an der ein Schlauch hing. Sie blinzelte und richtete sich ein wenig auf. Die Bewegung verursachte wieder Schmerzen, wie ein Muskelkater am ganzen Körper.

Sie lag in einem Zimmer mit fünf weiteren Frauen, die alle Säuglingsbetten neben sich stehen hatten. Die Vorhänge der beiden großen Fenster waren aufgezogen. Draußen wurde es bereits hell, doch die großen Deckenlampen waren noch angeschaltet. Eine der Frauen hatte Ricarda vorher schon mal gesehen, gestern hatten sie sich ein Zimmer geteilt.

Plötzlich öffnete sich die Tür und fünf Schwestern kamen herein, mit jeweils einem fest eingewickelten, schlafenden Säugling auf dem Arm. Sie gingen an ihrem Bett vorbei und legten den anderen Frauen jeweils ihr Kind in die Arme. Ricarda beobachtete die Szene wie hinter einem Schleier. Die

Erinnerungen, die sich in so weiter Ferne befunden hatten, kamen mit aller Wucht zurück. Wie nahe war sie gestern Nacht dem Tod gewesen? War jede Entbindung so? Warum hatte ihr das keiner gesagt, warum hatte sie keiner gewarnt? Ricarda sah zur Tür, wo blieb die Schwester mit ihrem Kind, wollte sie fragen, wagte es aber nicht. Es herrschte so eine andächtige Stimmung im Raum, voller Ehrfurcht und stiller Freude. Bestimmt würden sie ihr das Kind gleich bringen.

»Frau Raspe, kommen Sie bitte?«

Ricarda fiel es schwer, ihren Blick auf die Schwester zu fokussieren, die nun auf der anderen Seite an ihrem Bett stand.

»Ich?«

Wo ist denn mein Kind, wollte sie fragen. Mein Kind, wieso bringen Sie es mir nicht?

»Können Sie aufstehen? Ich helfe Ihnen. Wir müssen Ihren Kreislauf in Schwung bringen.«

Ricarda nickte der Frau zu, die sie freundlich ansah, aber keinen Widerspruch zu dulden schien. Mühsam stemmte sie sich hoch, ließ sich von der Krankenschwester helfen, schob ihre Beine über die Bettkante.

»Wohin muss ich denn?«, fragte sie. Eines der Neugeborenen begann in den Armen seiner Mutter mit noch schwacher Stimme zu schreien. Ein zweites setzte ein. Eine Schwester erteilte den frischgebackenen Müttern gleich einen Rat und zeigte ihnen, wie man dem Kind den kleinen Finger zum Nuckeln anbieten konnte.

»Kommen Sie, Doktor Liebig möchte Sie sprechen.« Die Schwester löste den Infusionsschlauch von der Nadel, hängte ihn über das Gestell.

»Ich weiß nicht, ob ich stehen kann.« Es fühlte sich an, als sei ihre Zunge taub, als wäre sie geschwollen. »Haben Sie keinen Rollstuhl?«

»Sie sind nur geschwächt, Frau Raspe. Aber keine Sorge, das wird schon. Sie werden sehen!« Die Schwester half ihr, die Füße in die Pantoffeln zu schieben, griff ihr dann unter den Arm. Ricarda kam auf die Beine und sah an sich herab. Sie trug nur einen Krankenhauskittel.

»Sie können sich gleich umziehen. Zuerst gehen Sie auf die Toilette, dann waschen Sie sich. Ich bleibe bei Ihnen, keine Sorge.«

Ricarda nickte und wagte vorsichtig ein paar Schritte. Als sie sich in der Tür noch einmal umdrehte, sahen sie alle an.

»Frau Raspe«, empfing sie der Arzt mit ernstem Gesicht und deutete auf den Stuhl vor seinem Schreibtisch. Er war ein älterer Mann, älter als ihr Vater, nicht sehr groß, mit akkurat gekämmtem Haar. In seiner Kitteltasche steckte eine zusammengeklappte Brille.

»Ist mein Vater nicht da?«, fragte Ricarda leise.

»Seine Schicht ist vorüber. Frau Raspe, wie geht es Ihnen?«

»Ich fühle mich sehr schwach. Aber das ist nicht so wichtig. Ich möchte wissen, wo mein Kind ist.«

Doktor Liebig nickte. Er hatte die Arme auf den Tisch gestützt und die Handflächen aneinandergelegt, als wollte er beten.

»Bei der Entbindung Ihres Kindes letzte Nacht kam es leider zu Komplikationen. Laut dem ersten Befund, hatte sich die Nabelschnur um den Hals des Kindes gewickelt. Ich muss Ihnen leider mitteilen, dass es noch während des Geburtsvorganges verstorben ist.«

»Warum sagen Sie das?«, fragte Ricarda. Das betraf sie doch gar nicht. Gestorbene Kinder gingen sie nichts an. Sie wollte ihr Kind sehen. Ihr Baby.

»Frau Raspe, manchmal passiert so etwas. Da sind auch wir Ärzte machtlos.«

»Aber mein Vater war doch da ... und ich war da ... ich habe dieses Kind geboren ...« Sie verstand einfach nicht, was hier gerade passierte. Ihr war schwindlig. Bestimmt hatte sie viel Blut verloren, und sie konnte sich daran erinnern, dass man ihr eine Spritze gegeben hatte.

Der Arzt hatte jetzt seine Hände vor sich auf dem Tisch liegen. »Frau Raspe, es ist, wie es ist. Das Kind ist gestorben. Das ist eine schlimme Sache, mit der Sie lernen müssen, umzugehen.«

»Es ist tot?«, hauchte Ricarda. »Aber mein Vater hat es gleich mitgenommen.«

»Wir haben versucht, es wiederzubeleben, doch der Geburtsvorgang hat zu lange gedauert und die Nabelschnur hatte sich, wie gesagt, mehrfach um den Hals gewickelt. Es ist tot. Und es ist besser so. Selbst wenn es überlebt hätte, wäre es wegen des minutenlangen Sauerstoffmangels im Gehirn schwer behindert gewesen.«

»Was?« Ricarda sah Doktor Liebig verständnislos an. Seine Worte reihten sich aneinander, hörten sich sinnvoll an, doch sie ergaben keinen Sinn. »Ich habe es doch in mir getragen, die ganze Zeit.«

»Frau Raspe, es ist nicht leicht, aber mit der Zeit werden Sie das akzeptieren. Ich muss Sie bitten, mir das hier zu unterschreiben.«

»Unterschreiben?« Ihr Blick begann zu verschwimmen. Mit zittrigen Fingern griff sie nach dem Stift. Der Arzt schob ihr ein Formular zu, ein gelbliches Blatt Papier.

»Dort müssen Sie unterschreiben.«

»Was ist das?« Sie las ihren Namen, der Rest der Schrift verschwamm.

Der Arzt erklärte ihr etwas, das sie nicht verstand. Sie unterschrieb automatisch und starrte immer wieder den Arzt an. Es musste eine Verwechslung sein. Ihr Vater war doch Arzt, er war doch dabei gewesen. Wie konnte etwas Derartiges passieren?

»Wo ist mein Kind?«, fragte sie mitten hinein in Liebigs Ausführungen.

Der Arzt stockte. »Gleich nach der Entbindung haben wir es obduzieren lassen. Das ist ein üblicher Vorgang.«

»Wo ist es jetzt?«, fragte Ricarda. Sie konnte sich nichts darunter vorstellen. Es war ihr unmöglich, die Worte des Arztes mit sich in Verbindung zu bringen. Sie war gesund und ihr Kind ebenso.

»Es befindet sich noch in der pathologischen Abteilung, bis alle Untersuchungen abgeschlossen sind. Dann wird es dem Bestattungsinstitut überwiesen.« Der Arzt nahm den Zettel.

»Ich möchte es sehen«, flüsterte Ricarda.

»Bitte?«, fragte der Arzt.

»Ich möchte es sehen«, wiederholte Ricarda leise.

»Also, Frau Raspe, das ist keine gute Idee. Ich empfehle Ihnen, das alles schnell zu vergessen. Sehen Sie es sich gar nicht erst an, das verschlimmert nur Ihr Leid. Glauben Sie mir. Das Beste ist, in die Zukunft zu blicken. Sie werden noch mehr Kinder haben. Sie sind noch sehr jung. Jetzt scheint es Ihnen vielleicht unmöglich zu sein, aber Sie verkraften das!«

24

Dresden, Mai 1994

Langsam bewegte sie sich. Ihr war schlecht, sie spürte Schmerzen im Rücken. Sie wollte die Augen öffnen, doch es fühlte sich an, als drücke ihr jemand die Lider zu. Lass das, wollte sie sagen, doch da war etwas in ihrem Mund. Sie begann zu würgen.

»Ruhig, Frau Weber, bleiben Sie ganz ruhig. Keine Angst!«, sagte eine Frauenstimme. Eine Hand legte sich auf Ricardas Kopf. »Hol die Dengelmann«, sagte die Stimme zu jemanden.

Ricarda versuchte mit aller Kraft, die Augen zu öffnen. Doch grelles Licht blendete sie und sie schloss sie sofort wieder.

»Versuchen Sie es noch einmal, ich schirme Ihre Augen ab«, sagte die Frau neben ihr. Ricarda registrierte den Schatten durch ihre Augenlider, öffnete noch einmal die Augen. Zuerst sah sie nur dunkles Blau und etwas weißes Licht.

»Geht es?«, fragte die Frau. »Sie müssen sich nur wieder daran gewöhnen.«

Ricarda wollte etwas sagen, konnte aber nur krächzen. Wieder würgte es sie.

»Ganz still, Sie sind intubiert, wir nehmen den Schlauch gleich heraus.«

Ricarda hörte schnelle, sich nähernde Schritte. Sie konnte

den Würgereflex nicht mehr unterdrücken, ihr Körper wehrte sich gegen den Schlauch in ihrem Hals.

»Frau Weber«, sagte jetzt eine zweite Frauenstimme, »ganz ruhig. Wir helfen Ihnen.«

Jemand schob eine Hand unter ihren Nacken, hob sie ein wenig an. Sie konnte ihren Kopf nicht alleine halten, so kraftlos war sie. Plötzlich fuhr ihr etwas durch die Kehle, doch ehe sie erbrechen konnte, war es schon vorbei. Zurück blieben ein leichter Halsschmerz und der Geschmack von Plastik und Blut.

Ricarda holte tief Luft. Ihr war, als sei sie gerade aus tiefem Wasser aufgetaucht.

»Frau Weber, ich bin Doktor Dengelmann«, sagte die zweite Frau. »Sie befinden sich auf der Intensivstation. Sie hatten einen schweren Unfall. Können Sie sich erinnern?«

Ricarda blinzelte, sah nach rechts und links und erkannte die Umrisse von Gesichtern. Sie musste sich anstrengen und nachdenken. Ein Unfall. Sie sah wieder die Welt, wie sie sich drehte, wie sie sich überschlug, wieder und wieder, der Himmel einmal oben und einmal unten. Sie nickte. Es war nur ein Zucken, zu mehr war sie nicht in der Lage.

»Sie sind sehr schwer verletzt. Wir mussten Sie in ein künstliches Koma versetzen, um Ihrem Körper die Gelegenheit zu geben, sich zu stabilisieren und regenerieren. Heute haben wir Ihnen Medikamente verabreicht, um Sie aus dem Koma zu holen. Wir haben Sie mehrmals operieren müssen. Sie hatten schwere Brüche an den Beinen, an der Hüfte. Und Ihre Leber und die Nieren wurden geschädigt. Aber Sie hatten großes Glück. Wirklich großes Glück. Es wird noch viel Arbeit auf Sie zukommen, Frau Raspe. Aber nun ruhen Sie sich erst mal aus.«

Ricarda nickte wieder. Langsam wurde ihr Blick klarer. Die

beiden Frauen an ihrem Bett trugen Masken vor Mund und Nase und Einweghauben über den Haaren.

»Welcher Tag ist heute?«, fragte sie.

»Frau Weber, es ist der zwölfte Mai. Sie haben fast vier Monate im Koma gelegen«, erklärte die Ärztin.

Ricarda zitterte. Mai, dachte sie. Mai. Die Schwester strich ihr mit der behandschuhten Hand wieder über den Kopf.

»Bitte regen Sie sich nicht auf. Alles ist gut. Sollen wir Ihre Familie verständigen? Ihre Tochter zuerst? Möchten Sie sie sehen? Und Ihren Exmann?«

»Jetzt?«, krächzte Ricarda und ihr Blick verschwamm unter ihren Tränen. Verzweiflung übermannte sie auf einmal. Was musste Ines ausgestanden haben? Was hatte sie ihr angetan?

»Ja, die beiden warten schon seit Stunden! Aber es dauert ein paar Minuten, sie müssen sich erst umziehen.«

Ricarda nickte und fühlte die Tränen, die ihr über das Gesicht liefen. Die Schwester sah es und tupfte sie weg. Ricarda schloss die Augen. Sie hatte Angst. Davor, dass man ihr vielleicht nicht die ganze Wahrheit gesagt hatte. War sie gelähmt? Verstümmelt? Ihr ganzer Körper fühlte sich taub an. Als sie versuchte, ihre Füße zu bewegen und den Widerstand der Decke an ihren Zehenspitzen fühlte, entfuhr ihr ein Stöhnen der Erleichterung.

In diesem Moment konnte sie nur ahnen, was es bedeutete, vier Monate im Koma gelegen zu haben. Vermutlich würde sie erst wieder laufen lernen müssen. Sie würde ganz von vorn anfangen müssen.

»Frau Weber, wir müssen es langsam angehen«, sagte die Krankenschwester. »Ich gebe Ihnen jetzt ein Schmerzmittel. Morgen werden Sie verlegt. Sie werden sich bald aufsetzen können, dann werden wir mit der Reha beginnen. Aber immer ein Schritt nach dem anderen. Jetzt kommt Ihr Besuch!«

Ricarda wollte ihrem Besuch entgegensehen, aber es war nicht möglich, den Kopf nur ansatzweise anzuheben. Sie musste warten, bis Ines an ihrem Bett stand. Auch sie trug Kittel, Kopfbedeckung und Mundschutz. Sie erkannte ihre Tochter nur an den Augen.

»Mutti!«, schluchzte Ines und beugte sich zu ihr hinunter. Vorsichtig, als sei sie aus dünnem Glas, berührte sie Ricardas Wange mit der Hand. Doch dann konnte sie sich nicht mehr zusammenreißen und alle Angst und Sorgen der vergangenen Monate brachen aus ihr hervor. Sie weinte hemmungslos.

»Es tut mir so leid«, flüsterte Ricarda heiser. Mit aller Kraft hob sie einen Arm, der sich anfühlte, als wöge er eine Tonne, und streichelte das Haar ihrer Tochter. Sie zog Ines' Kopf zu sich herab und tätschelte ihn kraftlos.

»Es tut mir wirklich leid«, wiederholte sie noch einmal. Sofort begann einer der Monitore neben ihr zu piepsen, woraufhin die Schwester kam und Ines sacht von ihrer Mutter zu lösen versuchte.

»Sie darf sich nicht so sehr aufregen«, mahnte sie.

Ricarda spürte selbst, wie ihr Herz raste und das Piepsen immer hektischer wurde. Die Schwester stellte rasch den Warnton ab.

Ricarda hob eine Hand.

»Es ist nicht wegen Ines«, krächzte Ricarda, »mir ist nur …«

»Sprechen Sie nicht so viel! Dafür ist noch genügend Zeit.«

»Wo bin ich denn?«, hauchte Ricarda. »In welchem Krankenhaus bin ich?«

Die Krankenschwester zögerte kurz. Sie wusste Bescheid, ahnte Ricarda. Und dann war alles wieder da, die ganze Last der Vergangenheit, die furchtbaren Erlebnisse, die falschen Entscheidungen. Wie sollte sie nur den Elan finden, je wieder aufzustehen, weiterzumachen, überhaupt an die Zukunft zu denken.

»Im Universitätsklinikum«, antwortete die Schwester.

Ricarda stöhnte auf. Ausgerechnet.

Die Schwester nahm Ricardas Hand. »Es ist alles gut, wir passen auf Sie auf!«

Ricarda öffnete die Augen und blinzelte in die Nachmittagssonne. Das Aufwachen war immer das Schlimmste. Da hatte sie nun so lange geschlafen, monatelang, und doch könnte sie immerzu weiterschlafen. Ihr Körper war schwach, die geringste Belastung erschöpfte sie aufs Äußerste, auch wenn es nur wenige Schritte an den Stangen waren, kurze Gespräche, wenn Ines und Steffen zu Besuch kamen, das Essen, das sie zu sich nahm. Nur langsam kehrte ihre Kraft wieder zurück. Das Personal war freundlich, und fast kam es ihr vor, als bemühten sie sich alle nur deshalb so um sie, weil sie ihr beweisen wollten, dass sie keine schlechten Menschen waren.

So war der Winter ins Land gegangen und ließ die Wunden heilen. Doch das Unglück war deswegen noch nicht aus der Welt und irgendwann würde sie sich dem stellen müssen.

Es klopfte an ihrer Tür. Sie kannte dieses Klopfen schon. Es war Ines.

»Komm nur rein!«, rief Ricarda und schob sich im Bett hoch. Sie versuchte, ihre Haare etwas zurechtzuzupfen. Sie hatte es sich kurz schneiden lassen müssen, kürzer als es jemals gewesen war. Inzwischen hatte sie sich so daran gewöhnt, dass sie es vielleicht beibehalten würde.

Ines betrat zögernd das Zimmer. Wie immer, als erwartete sie schlechte Neuigkeiten. Steffen folgte ihr und hatte frische Blumen in der Hand. Beinahe täglich besuchten die beiden sie im Krankenhaus. Ines hatte dafür sogar ihr Studium zurückgestellt und wohnte seitdem in Ricardas Wohnung, um jederzeit für ihre schwer verletzte Mutter da sein zu können.

»Wie geht es dir heute?«, fragte Ines und umarmte sie, während Steffen sich um die Blumen kümmerte.

»Bin heute ein paar Schritte getippelt, wie eine alte Oma.« Ricarda lachte kurz auf, und Ines, die jetzt auf der Bettkante saß, hatte sofort Tränen in den Augen.

»Du bist gelaufen?«, fragte sie.

»Ganz wenige Schritte nur. Das mache ich schon seit einer Woche. Ich dachte, ich kann euch damit überraschen irgendwann, doch ich fürchte, es dauert noch Wochen, bis ich ohne Hilfe überhaupt stehen kann.«

»Aber du bist gelaufen!«, sagte Ines bestimmt, und Ricarda nickte lächelnd und rieb ihrer Tochter die Schulter. Ines konnte ihre Erleichterung und Freude nicht verbergen. Ricarda hielt das für einen günstigen Moment.

»Sagt ihr mir jetzt einmal, was geschehen ist?«, bat sie. Dieses Thema hatten sie bisher gemieden. Nun aber fühlte sie sich bereit.

Ines blickte hilfesuchend zu ihrem Vater. Steffen hatte sich auf das Fußende des Bettes gestützt. Er seufzte leicht.

»Also gut, Ricarda. Soweit die Polizei ermitteln konnte, bist du damals auf der linken Spur gefahren. Auf der Höhe der Abfahrt Nossen wechselte ein anderes Fahrzeug von der rechten Spur auf die Überholspur, übersah dich und rammte dich am rechten Hinterrad. Anscheinend hast du versucht, dagegenzulenken, bist in die Mittelleitplanke gefahren und bist dann wieder auf die rechte Fahrbahnseite katapultiert worden. Dabei hast du einen LKW gestreift, dein Auto hat sich quer gestellt und nach Zeugenangaben dann mehrfach in der Luft überschlagen, ehe du in den Graben geflogen bist und zwischen den Bäume liegengeblieben bist. Das andere Auto ist unter den LKW gekommen und mit ihm zusammen in den Graben gestürzt. Der LKW-Fahrer war nur leicht verletzt, die Frau, die das andere Auto fuhr, hat ebenfalls schwer verletzt überlebt. Sie heißt Kerstin Walters und ist so alt wie du. Eine Zeit lang lag sie sogar hier auf derselben Station. Ihr Becken war zertrümmert. Sie war bei derselben Versicherung wie du, und die haben das alles intern geklärt. Die Polizei sagt, dass das ein typischer Unfall bei so einem Wetter war. Unter den Autofahrern, die angehalten haben, um zu helfen, war ein Arzt. Mein Gott, Ricarda, du hast so viel Glück gehabt, eigentlich …« Steffen beendete seinen Satz mit einem knappen Schulterzucken. Das war seine Art, seine Gefühle zu zeigen. Ricarda kannte ihn nur zu gut. Sie sah ihm an, wie sehr ihn seine eigene Erzählung gerade mitgenommen hatte.

Ines dagegen konnte gar nicht mehr aufhören zu weinen und schüttelte immer wieder den Kopf. Beruhigend strich Ricarda ihr immer wieder über Schulter und Arm. »Erzähl weiter, Steffen, was ist noch geschehen?«

»Das müssen wir doch jetzt nicht besprechen, oder?«

»Irgendwann müssen wir es. Warum nicht jetzt?«

Steffen seufzte wieder unwillig, sah sich nach einem Stuhl um und zog ihn heran. »Was möchtest du wissen?«, fragte er, nachdem er sich gesetzt hatte.

»Alles. Alles, was ich verpasst habe.«

Steffen holte tief Luft. Dann setzte er ein beinahe verzweifeltes Lächeln auf. »Ich kann dir sagen, das waren Wochen, die ich nicht noch einmal erleben möchte. Mal ganz abgesehen von deinem Unfall und deinem Zustand. Du kannst froh sein, dass du das nicht miterlebt hast.« Er sah Ricarda entschuldigend an, doch sie nickte ihm nur auffordernd zu.

»Wer auch immer jemals etwas mit dir zu tun gehabt hatte, den haben sie angerufen.«

»Wer ist ›sie‹?«

»Die Presse, Fernsehen, Radio. Mein Telefon stand nicht mehr still. Ich musste meine Nummer wechseln. Die haben im Krankenhaus angerufen, deine ehemaligen Kollegen, deine Kollegen in Leipzig, deine Eltern, Ines. Buchstäblich jeden. Die Polizei hat angeraten, dass du deinen Wohnsitz wechselst. Wir wollten aber warten, ob du einverstanden bist damit. Wir haben Hassbriefe bekommen, Morddrohungen. Ich weiß gar nicht, warum. Aber auch Briefe von anderen Frauen, die sagen, sie hätten auch so was erlebt.«

Bei diesem Satz wollte Ricarda sofort einhaken. Doch Ines hielt sie zurück.

»Warte, Mutti!«, bat sie.

Ricarda riss sich zusammen. »Ihr habt sie gelesen?«, fragte sie nur.

Steffen verstand das offenbar als Vorwurf. »Das mussten wir! Wir wollten dich damit in deinem Zustand nicht konfrontieren. Wir haben aussortiert. Da waren Sachen dabei, die musst du nicht lesen.«

Ines nickte bestätigend.

Steffen fuhr fort. »Die Briefe der Frauen kannst du haben. Lies sie dir durch, aber du wirst sehen, keine weiß mehr als du. Sie alle haben eine Geschichte, die deiner ähnelt.«

Das war noch nicht alles, spürte Ricarda, da war noch mehr. Doch sie hielt an sich. Sie durfte sich nicht zu sehr belasten. Schon jetzt war das Gespräch anstrengend genug gewesen. Und vor allem durfte sie Steffen nicht zu sehr drängen, sonst würde sie heute nichts mehr erfahren.

»Was ist mit meinen Eltern? Und mit Yvonne?«

»Sie haben dich besucht auf der Intensivstation. Zwei Mal. Sie waren besorgt, das ist ja normal. Wir haben nicht über das Thema gesprochen. Sie würden dich gern besuchen, wollen aber warten, bis du bereit dazu bist.« Steffen sah sie unsicher an.

Was hielt er vor ihr zurück, fragte sich Ricarda besorgt. Etwas Entscheidendes war noch nicht ausgesprochen.

»Ich bin noch nicht bereit«, erwiderte Ricarda schnell. »Und Yvonne?«

Steffen schüttelte nur den Kopf.

Das tat Ricarda weh, aber es war nun mal ihre Schuld. Sie durfte es Yvonne nicht übel nehmen. Sie würde sich darum kümmern, sobald sie in der Lage dazu war. »Weißt du etwas von Eric?«

Steffen schnaubte ein leises Lachen. »Die meisten Blumen sind von ihm!«

»Ach, so? Und warum meldet er sich nicht?«

»Er hat ein schlechtes Gewissen, sagt er. Er fühlt sich für den Unfall verantwortlich.« Steffen zuckte ratlos mit den Schultern.

Ricarda schüttelte den Kopf.

»Soll ich ihm sagen, dass er dich besuchen darf?«, fragte Ines.

Ricarda dachte kurz nach. »Richte ihm doch bitte aus, dass ich noch eine Weile warten möchte, bis wir uns sehen. Ich will laufen können und nicht mehr aussehen wie ein Zombie. Und sag ihm, dass er nichts dafür kann und … na ja …, dass es mir leidtut. Haben sie ihn denn eigentlich entlassen?«

Steffen winkte ab und lachte verächtlich auf. »Wie ich das sehe, hat seine Kanzlei nur Profit daraus geschlagen. Ich wette, er ist sogar befördert worden.«

»Also er ist noch in Dresden, ja?«

»Ja, na klar«, Steffen stand von seinem Stuhl auf. »Der schlimmste Medienrummel ist auch überstanden. Die haben neue Sachen gefunden, über die sie berichten können. Die Polizei hat noch geraten, dass du deinen Namen ändern sollst. Zumindest solltest du deinen Mädchennamen annehmen und am besten umziehen und dir eine neue Telefonnummer zulegen.« Er hob wieder die Schultern. »Ist doch eigentlich genug für heute, oder? Du siehst schon ganz müde aus.«

Aber Ricarda hatte noch eine Frage. »Steffen, was ist mit dem Klinikum? Wie haben sie reagiert?«

Noch einmal seufzte Steffen schwer.

»Zuerst haben sie eine Anzeige gegen dich erstattet und wollten eine Klage anstrengen. Beides haben sie aber nach einigen Tagen zurückgezogen. Außerdem haben sie …«

Steffen sah zu Ines, hob fragend die Augenbrauen. Sie nickte.

»Was denn? Jetzt rede endlich, Steffen!« Ricarda sah ihm die Furcht an, die ihn daran hinderte, weiterzusprechen. Er fürchtete sich vor ihr, vor ihrer Reaktion.

»Also, um allen Vorwürfen zu begegnen, die gegen die Klinik erhoben wurden, du weißt ja, die Presse ist da nicht zimperlich, wenn es darum geht, auf die DDR einzudreschen … Also, sie haben einer Exhumierung schließlich zugestimmt.« Steffen schloss den Mund und sah sie prüfend an.

Ricardas Herz machte einen heftigen Sprung, doch sie versuchte, sich nichts anmerken zu lassen. Steffens Miene verriet nichts und konnte doch alles bedeuten. Und schon spürte sie dieses Gefühl wieder in sich, diesen unterschwelligen Zorn, der sie schon so oft zu Dummheiten angestachelt hatte. Das hatte also erst passieren müssen, dachte sie, ein Unfall, schwerste Verletzungen, Angst vor schlechter Presse, dass sie dem endlich zustimmten. Warum hatten sie es nicht gleich tun können? Doch sie wollte nicht in ihr altes

Muster verfallen. Auch wenn sie sich kaum beherrschen konnte.

»Und? Haben sie es durchgeführt? Was ist dabei herausgekommen?«

Steffen nickte und Ines nahm die Hand ihrer Mutter. Sie erbarmte sich schließlich und nahm ihrem Vater die Aufgabe ab.

»Mutti, es war ein Kind im Sarg. Also, die Überreste eines Kindes. Eines Neugeborenen. Schädel, Knochen. Alles sehr eindeutig.«

Ricarda wollte die Worte wirken lassen. Sie sah ihrer Tochter und ihrem Exmann ins Gesicht. Tausend Fragen schossen ihr durch den Kopf. Wisst ihr das sicher? War es auch das richtige Grab? Waren es wirklich die Knochen eines Kindes?

»Mutti, vertrau uns. Wir waren dabei. Wir haben es beide gesehen.«

War in ihrem Gesicht so leicht zu lesen wie in einem Buch, fragte sich Ricarda. War so offensichtlich, was sie dachte? Vielleicht waren Ines und Steffen und all die anderen es auch nur gewöhnt, dass sie automatisch alles in Frage stellte, nichts glauben wollte und von vornherein ablehnte. Die wirkliche Botschaft gelangte nur langsam an Ricarda heran. Mit all ihrer Bedeutung. Denn wenn es stimmte, was sie gerade erzählt bekam, dann hatte sie die ganzen Jahre über umsonst gekämpft, war umsonst gegen Mauern angerannt und hatte die Menschen verprellt.

Langsam, ganz langsam sank Ricarda in das Kissen zurück. So viel Lebenszeit hatte sie investiert und nun sollte alles vorbei sein? Plötzlich war da eine unglaubliche Leere in ihr.

Ines räusperte sich. »Es tut mir sehr leid, Mutti, wirklich! Aber es war eindeutig. Man konnte alles noch erkennen, den kleinen Schädel, der war, also man hat ihn …« Ines schwieg hilflos. »Aber du solltest jetzt froh sein! Wir sind es auch. Jetzt haben wir doch Gewissheit, oder?«

Ricarda nickte geistesabwesend. Gewissheit.

Ines redete schnell weiter, um die Stille zu durchbrechen. »Es hat übrigens eine gewisse Monika angerufen. Schwester Monika. Sie habe noch einmal darüber nachgedacht, soll ich dir ausrichten. Sie hätte gar kein Auto mit Berliner Kennzeichen gesehen, sondern es hätte sie nur jemand gefragt damals, ob sie eines gesehen habe.« Ines hob fragend die Schultern. Sie wusste nicht, was Schwester Monika damit wirklich gemeint hatte. Sie hatte die Nachricht nur weitergeben wollen.

Ricarda nickte wieder. Genau das hatte sie immer haben wollen. Danach hatte sie gesucht all die Jahre. Nach einem eindeutigen Beweis. Und nun hatte sie ihn. Ihr Kind war tot. Ricarda verdeckte ihre Augen mit den Händen. Sie hatte sich verrannt in eine Idee, nur weil sie die Wahrheit nicht akzeptieren wollte. Das Kind war tot und ihr Vater war dabei gewesen, hatte sein eigenes Enkelkind sterben sehen, hatte vergeblich versucht, es zu retten.

Sie stöhnte auf. Aber eine Frage war immer noch offen. Warum hatten sie es ihr nicht wenigstens gezeigt? So viel Leid wäre dadurch allen erspart geblieben.

»Es ist nur ...«, schluchzte sie jetzt unter Tränen, »... ich wollte doch nur die Wahrheit wissen.«

»Aber man hat dir die Wahrheit gesagt, wir alle, immer wieder.« Steffen stand jetzt dicht an ihrem Bett. »Du hast sie nur nicht hören wollen.«

Ricarda hielt weiter ihre Augen mit der Hand bedeckt. Zu viel stürzte plötzlich über sie herein.

»Mutti, wir haben es einäschern lassen. Damit es seine Ruhe hat. Und wir auch. Wir alle.«

Jetzt hob Ricarda den Kopf und schaute Ines mit tränenverschwommenem Blick an. »Es tut mir so leid, Ines«, sagte sie leise. Jetzt, in diesem Moment der Klarheit, wo sie ihr Kind endgültig begraben und verabschieden konnte, wurde ihr bewusst, was sie Ines angetan hatte. Sie nahm ihre Tochter in die Arme. »Ines, glaub mir: Du warst nie nur das zweite Kind, ich habe dich immer geliebt und akzeptiert. Verstehst du?«

»Ich weiß das schon, es hat sich nur nicht immer so angefühlt«, schluchzte Ines. »Ich war doch selbst noch ein Kind. Ich habe das doch alles nicht verstanden. Immer war von diesem anderen Kind die Rede. Es kam mir immer so vor, als sei ich dir nicht genug!«

»Das warst du aber. Immer! Das musst du mir glauben!«

Ines machte sich von Ricarda los und wischte sich die Augen.

»Und dann plötzlich liegst du hier, und sie sagen, du könntest sterben. Sie haben wirklich damit gerechnet, sie haben uns auf das Schlimmste vorbereitet!« Ines schluchzte wieder auf, und Ricarda berührte sie leicht am Unterarm, zu mehr war sie gerade nicht in der Lage. Ines schluchzte noch einmal, zwang sich dann aber zu einem Lächeln. »Ich war wohl auch manchmal ganz schön fies zu dir deshalb«, sagte sie lachend und schluchzend zugleich. »Aber nun wird alles gut, oder?!«

Ricarda nickte.

Ines stand von der Bettkante auf. »Gut, okay, ich geh mal kurz raus. Ich muss mal Luft schnappen.«

Ricarda sah ihrer Tochter nach, bis diese das Zimmer verlassen hatte. Steffen stand verlegen neben dem Bett.

»Habt ihr oft über mich gesprochen, all die Jahre?«, fragte Ricarda ihn. Steffen zuckte mit den Achseln und nickte gleichzeitig.

»Ja, das kann man schon so sagen. Ohne dich hätten wir

vielleicht gar nichts zu sprechen gehabt.« Es sollte wohl ein Witz sein, aber Steffen verzog das Gesicht, als sei ihm übel. »Glaube nicht, dass ich nicht auch ein schlechtes Gewissen habe. Aber es gab diesen Moment, weißt du, da war mir alles zu viel. Da habe ich dir gesagt, dass ich mich scheiden lassen will. Ich dachte, das bringt dich zur Vernunft. Hat wohl nicht funktioniert«, murmelte er. Er hob hilflos seine Hände und ließ sie wieder fallen. »Du weißt schon, wie ich das meine.«

Ricarda lächelte unglücklich, sie kannte sein Unvermögen, seine Gefühle und Gedanken in richtige Worte zu fassen. Das hatte sie früher mal sympathisch gefunden, wenn er wie ein kleiner Junge zu stammeln anfing, sobald es um Gefühle ging, wenn sie ihm mal ein »Ich liebe dich« ins Ohr murmelte. »Du weißt schon«, war schon immer seine liebste Floskel gewesen, mit der er sich aus solchen Situationen manövrierte. Was hatte sie nur alles kaputt gemacht.

»Stand es wirklich so schlimm um mich nach dem Unfall?«

Steffen nickte und sah zur Seite. Er hatte die Hände in die Hosentaschen geschoben, kniff fest die Lippen zusammen, starrte zum Tisch und wagte nicht zu blinzeln. So hatte er schon als ganz junger Mann ausgesehen.

»Ach, Steffen!«, sagte Ricarda und streckte ihm die Arme entgegen. Nach kurzem Zögern stand er dicht bei ihr am Bett, beugte sich zu ihr hinunter und nahm sie das erste Mal seit vielen Jahren fest und innig in die Arme.

Nach einer kleinen Ewigkeit entließ Ricarda ihn. Steffen aber kniete weiterhin neben dem Bett, sah sie nicht an und wischte die feuchten Wangen an seinen Oberarmen trocken.

»Weißt du noch, wie ich von der Fahne auf Urlaub kam und wir gleich am nächsten Tag an die Ostsee getrampt sind?«

Ricarda nickte.

»Und in Coswig, die Puhdys? Wie voll das war, und wir mussten nachts den ganzen Weg zurücklaufen, und dann haben uns die Vopos die letzten Kilometer noch gefahren!«

Ricarda lachte los. »Ja, die waren nett.« Muss ja niemand wissen, hatte der eine gesagt und ihnen zugezwinkert. Sie waren so jung gewesen und alles lag noch vor ihnen. Wie schade, dass man nicht an diesen Punkt in der Vergangenheit zurückkehren und dann alles richtig machen konnte. Ricarda streckte die Hand aus und Steffen legte seine Hand in ihre. In diesem Moment musste nichts gesagt werden. Gerade war alles gut, wie es war.

»Soll ich dir die Briefe bringen?«, fragte Steffen nach langer Pause des Schweigens.

Ricarda sah ihn fragend an.

»Die Briefe von den anderen Frauen?«, ergänzte er.

Ricarda schüttelte müde den Kopf. Sie war erschöpft, doch das erste Mal seit zwanzig Jahren fühlte sie sich frei.

»Nein, lass sie. Oder besser noch: Wirf sie weg!«

25

Dresden, März 1973

Sein Herz schlug laut, als er wieder draußen war. So etwas hatte er noch nie getan. Jetzt hatte er wirklich Gesetze gebrochen. Warum eigentlich, fragte er sich. In seiner Situation wäre es doch viel besser gewesen, sich unauffällig zu verhalten. Dass Dinge geschahen, die ihn nichts anzugehen hatten, wusste er. Die DDR war ein kleiner fragiler Staat, ein Dorn im Auge der Westmächte, dieser Kriegstreiber und Imperialisten. Er musste sich mit allen Mitteln verteidigen. Dabei gab es viel wichtigere Leute als ihn, die sich darum kümmern sollten. Männer mit Macht und Entscheidungsgewalt. Sein Führungsoffizier zum Beispiel, Voigt. Doch ebendieser Mann, auf den er so große Stücke gehalten hatte, hatte sich gerade als hartherzig und mitleidlos gegenüber einer jungen, verzweifelten Frau erwiesen, die jetzt nackt und tot in einem Keller der Stasizentrale aufgebahrt lag. Zeichnete dies einen großen Strategen aus, oder hatte er angesichts seiner großen Aufgaben einfach nur seine Menschlichkeit verloren? War die DDR nicht ein Staat, der seine Bürger zu schützen versprach? Galt das nur für die, die sich anpassten? Offenbar gab es hier keinen Spielraum. Aber wollte nicht jeder einfach nur zufrieden leben?

Voigt hatte mit seinem Verhalten etwas in Rust ausgelöst, das ihn nicht zur Ruhe kommen ließ, das sein ganzes Weltbild erschütterte. Der Tod dieser jungen Frau, der eindeutig höheren Stellen von Nutzen sein sollte, konnte nicht einfach hingenommen werden. Das durfte er einfach nicht akzeptieren.

Die Abenddämmerung hatte schon eingesetzt und mit ihr der Feierabendverkehr. Busse und Bahnen waren voll, die Autos, Wartburgs, Trabants, einige Ladas und neue Dacias aus Rumänien, ratterten über das Kopfsteinpflaster und stauten sich vor den Ampeln. Blaue Abgase mischten sich mit feuchter kalter Luft. Rust sah sich um. Jeder da draußen konnte bei der Stasi sein. Der Mann an der Haltestelle, der nicht in den Bus gestiegen war. Der Raucher an der Mauer vor dem Klinikgelände. Die Frau auf dem Beifahrersitz des geparkten Skoda. Die Straßenbeleuchtung schaltete sich ein, das gelbe Licht verschwamm im feuchten Dunst. Rust schüttelte sich und spürte die Angst, die sich leise einschlich. Was war das für ein Leben? Wenn man hinter jedem Fremden und jedem Bekannten einen Spitzel vermutete? Wenn man sich niemandem mehr anvertrauen konnte? Wenn sie jederzeit in deine Wohnung kommen konnten, deine Briefe lasen, deine Gespräche belauschten? Heute war er noch als einer der ihren in der Stasizentrale empfangen worden. Doch man hatte ihm deutlich gemacht, was ihn erwartete, wenn er die Seiten wechseln würde.

Rust steckte die Hände in die Jackentaschen und ging los. Dagmar Krügers Akte hatte er unter seiner Jacke versteckt. Sie war nicht sehr dick, er spürte, wie die Pappe an seinem Pullover rieb, und er hielt sie durch den Stoff der Jacke fest, damit sie nicht herausrutschte. Sollte er nach Hause gehen? Dann würde er sich demnächst wieder aus der Wohnung schleichen müssen. Es sei denn, sie waren ihm sowieso längst auf den Fersen. Rust sah sich um, obwohl er sich geschworen hatte, das nicht zu tun. Er wollte sich geben wie jemand, der nichts zu verbergen hatte. Doch als ihn nur Sekunden später ein Radfahrer von hinten eilig überholte, spürte er die Angst wieder. So war das also, es konnte einen mürbe machen. Wie lang hielt man das aus? Und noch ein Gedanke schlich sich ein, den er kaum wagte, zu Ende zu denken: War das nicht dasselbe wie unter den Nationalsozialisten? Diese Angst vor der geheimen Polizei, die ständige Angst vor Denunzianten? Die Angst, über Nacht abgeholt zu werden? Sollte das der Kitt sein, der dieses Land zusammenhielt?

Als er schon bei der nächsten Kreuzung angelangt war, fiel ihm die Gaststätte ein, in der er schon einmal gewesen war. Dort würde er abwarten und beobachten, ob ihm jemand gefolgt war.

Er wartete etwa zehn Minuten, dann erst wagte er, seine Jacke zu öffnen. Die Kellnerin brachte ihm ein Kännchen Kaffee, beachtete ihn aber sonst nicht weiter. An den anderen Tischen war nicht viel los, ein paar ältere Damen tranken Kaffee und aßen Blechkuchen. Rust nahm die Akte hervor, legte sie auf den Stuhl neben sich. Er gab Kaffeesahne in seinen Kaffee, rührte und kostete. Noch immer geschah nichts weiter, niemand kam herein, und alle anderen Gäste waren schon vor ihm da gewesen. Nachdem er sich etwas beruhigt hatte, wagte er, die Akte herauszuziehen und aufzuschlagen.

Es war eine ganz normale Kaderakte, die weniger Informationen preisgab als erhofft. Dagmar Krüger war etwas älter gewesen als er, war seit zwei Jahren mit Norbert Krüger verheiratet und hieß mit Mädchennamen Schulze. Mehrmals hatte sie einen Antrag auf Versetzung gestellt, dem jedoch nicht stattgegeben worden war. Der Grund ihrer Versetzungsgesuche war nicht angegeben. Enttäuscht ließ Rust die Akte sinken. Die ganze Aufregung war umsonst gewesen. Er war zu keinem Ergebnis gekommen.

»Na, keine Lust zum Lernen?«, fragte die Kellnerin.

Rust fuhr zusammen. Er hatte sie nicht kommen sehen. Hastig schaute er auf die offene Akte.

»Ökonomie, oder?« Die Kellnerin warf einen halb belustigten, halb neugierigen Blick auf die Blätter.

Rust seufzte und nickte, wenn er jetzt hastig den Hefter zuschlagen würde, machte er sich nur verdächtig.

»Habe ich auch zu studieren begonnen. Bin aber geext worden.« Sie setzte sich ganz ungeniert ihm gegenüber.

»Ach, ja?«, fragte Rust und nutzte die Gelegenheit, die Mappe beiseitezuräumen.

»Ich habe wohl zu oft kritische Fragen gestellt. Dabei sollte man doch Fehler ansprechen dürfen, damit sie behoben werden, oder?«

»Allerdings«, erwiderte Rust so neutral wie möglich. Er traute der Situation nicht. Suchte sie nach Anschluss oder gehörte sie zu denen? Das war absurd.

»Dabei habe ich es wirklich gut gemeint. Ich habe mich gefragt, wie eine Planwirtschaft funktionieren soll, wenn die Betriebe und Kombinate nicht mal ausreichend mit Materialien versorgt werden können. Ich war zur praktischen Arbeit in verschiedene Betriebe delegiert, und egal wo, immer wieder standen die Maschinen still. Keine Kohle, kein Zement, kein Granulat, keine Muttern. Und sobald es hieß, es gäbe irgendwo etwas im Laden, rannten sowieso alle vom Arbeitsplatz weg. Musstest du noch nicht in die Produktion?«

Rust schüttelte den Kopf. »Habe gerade angefangen. Bin erst von der Fahne zurück.«

Die Kellnerin stöhnte auf. »Warst du etwa drei Jahre?«

Rust nickte. Er wusste, es war von großem Vorteil, sich freiwillig drei Jahre zur Nationalen Volksarmee zu verpflichten, statt der üblichen anderthalb Jahre, um einen guten Studienplatz zu ergattern.

»Na ja, nun mach ich das.« Die junge Frau sah an sich herab und lachte. Rust fand sie hübsch und nett, aber er hatte momentan andere Sorgen. Doch ihre Worte hatten ihn noch nachdenklicher gemacht. Offensichtlich hatte er sich ein ganz anderes Bild von dem sozialistischen Staat gemacht, dem er seine Treue geschworen hatte. Wie konnte er so blind gewesen sein. Was hatte er sich immer gedacht, wenn er die verfallenen Altbauviertel sah? Jeder wusste, wie schwer es war, an eine Wohnung zu kommen. Radeberger Pilsner bekam man allenfalls einmal im Jahr, der Kaffee war gestreckt, und wenn das Auto kaputt war, musste man in der Werkstatt darum betteln, dass sie ein Ersatzteil besorgten. Und dann wurde jeden Abend in der ›Aktuellen Kamera‹ im Fernsehen von der Übererfüllung der Pläne und den gebrochenen Normen berichtet, wo doch der alltägliche Mangel so offensichtlich war. War es vielleicht das, was seinen Chef Seidel so zynisch gemacht hatte?

»Na, ich lass dich mal«, sagte die Kellnerin und erhob sich wieder.

»Ich möcht gleich zahlen.« Rust hatte beim Gedanken an Seidel eine Eingebung gehabt.

»Dann kriege ich achtzig Pfennig.«

Rust kramte eine Mark hervor und schob sie über den Tisch.

»Vielleicht kommst du ja mal wieder. Bin fast immer da«, sagte sie und zwinkerte ihm aufmunternd zu.

»Bestimmt«, log Rust, zog sich die Jacke über und steckte die Akte ein.

An der Fritz-Reuter-Straße stieg Rust aus der Straßenbahn. Es war nun fast dunkel. Unauffällig sah er sich um und blieb deshalb unter der Bahnunterführung stehen. Über ihm bremste eine S-Bahn mit schrillem Kreischen. Da ihm kein Verfolger auffiel, ging er in die Hechtstraße, in der, laut Akte, Dagmar Krügers Eltern wohnten.

Bei einer großen blechernen Mülltonne, die in einem offenen Hauseingang stand, hielt er an, öffnete den Deckel und warf die Akte hinein. Sie nützte ihm nichts mehr, und er wollte nicht, dass sie bei ihm gefunden wurde. Er fühlte sich zwar befreiter, trotzdem scheute er die Begegnung mit Dagmar Krügers Eltern. Langsam ging er weiter. Ein lachendes Kind auf dem Fahrrad kam ihm entgegen, verfolgt von weiteren Kindern zu Fuß. Ein Mann trat aus einem Hauseingang, er hatte lange Haare, wie eine Frau. Die Hauswände waren grau und mit Kreide bekritzelt. Unkraut wuchs aus den Gehwegritzen und am Bordstein. Vor einem Gemüseladen hatte sich eine lange Schlange gebildet. Rust ging an der Reihe geduldig wartender Leute vorbei, zögerte am Eingang, um durch die offene Tür zu sehen, was es denn gab.

»He, nicht vordrängeln!«, rief jemand.

»Die machen eh gleich zu. Ist kurz vor sechs«, murrte ein anderer.

Rust ging weiter, ohne erkannt zu haben, was im Laden angeboten worden war. Vermutlich aber waren es Bananen. Eine junge Frau mit einem großen Schäferhund kam ihm entgegen. Das Tier zerrte an der Leine und die Frau musste sich weit nach hinten lehnen, um den Hund zu zügeln. Aus dem nächsten Hauseingang rollte ein Gummiball. Eine Junge kam ihm nachgelaufen, blieb unsicher stehen, als er Rust erblickte, dem der Ball bis vor die Füße gerollt war. Rust schoss ihn mit dem Fuß zurück. Der Junge nahm den Ball auf und eilte ohne Dank ins Haus zurück.

Rust fiel auf, dass er hier in einer völlig anderen Welt war.

Weiter oben in der Hechtstraße wurde es ruhiger. Ein Blick auf die Hausnummern zeigte Rust, dass er sich verschätzt hatte. Die Hechtstraße war sehr lang, das Haus, in dem Schulzes wohnten, musste an der Hansastraße liegen. Er hätte mit dem Bus ganz anders fahren können, doch nun hatte er den halben Weg schon zu Fuß zurückgelegt.

Die Straßenbeleuchtung wurde immer schlechter, je näher er der Adresse kam. Die Gaslaternen spendeten kaum Licht. Doch noch war es nicht ganz dunkel, über dem Himmel lag ein grauer Schimmer. Der Häuserblock, in dem die Schulzes wohnten, war dreistöckig. Zu jedem Hauseingang gehörten je sechs Wohnungen. Rust hatte bisher noch kein verdächtiges Auto entdecken können, doch eigentlich war zu erwarten, dass die Eltern der Hebamme auch observiert wurden. Den Stasileuten würde auffallen, dass jemand klingelte. Rust hoffte, dass er in der Dunkelheit nicht erkannt wurde. Ob sie inzwischen wussten, dass er nicht mehr zu Hause war und dass sie eine leere Wohnung bewachten?

Im Hauseingang hatte Rust Mühe, die Klingelschilder zu lesen. Er nahm sein Feuerzeug zu Hilfe und fand den richtigen Namen. Bevor er klingelte, probierte er die Haustürklinke aus. Die Tür ließ sich öffnen. Jetzt klingelte er und lauschte in das dunkle Haus hinein. Irgendwo oben hörte er die Klingel schrillen, doch niemand reagierte, nichts geschah. Rust betrat das Haus und schloss die Haustür lautlos. Dann tastete er sich im Dunkeln voran. Er schlich sich das Treppenhaus hoch, las in der ersten Etage wieder mit Hilfe des Feuerzeuges die Namensschilder. Bei Schulze klopfte er und lauschte an der Tür. In der Wohnung war es still. Auch durch die Ritzen der Briefklappe war kein Licht zu erkennen. Stattdessen waren jetzt aus der Nachbarwohnung Geräusche zu hören. Rust gab auf und eilte die Treppe wieder hinunter.

Er kam sich vor wie ein Dilettant, als er wieder auf der Straße stand. Er wollte Kriminalpolizist, wenn nicht gar Agent sein und stellte sich an wie ein Anfänger. An der ersten verschlossenen Tür musste er bereits aufgeben und wusste nicht weiter. Stattdessen hatte er sich selbst in Gefahr gebracht. Lächerlich. Er rammte wütend die Hände in die Jackentaschen und ging Richtung Hansastraße und dem Friedhof, der sich hinter der Mauer auf der anderen Straßenseite befand.

Der Gehweg war unbefestigt und wurde immer schmaler, je weiter er ging. Der letzte Häuserblock endete, dahinter befand sich nur noch verwildertes Gelände. Ein Trabant schepperte an ihm vorbei, viel zu schnell auf dem feuchten Pflaster. Von der Hansastraße war beständiges Verkehrsrauschen zu hören.

Rust glaubte, Schritte hinter sich zu vernehmen, sah sich um. Tatsächlich schloss eine Person eilig zu ihm auf. Rust zog die Schultern hoch und wich nach links aus. Vielleicht hatte es der andere nur eilig. Trotzdem fühlte er sich nicht wohl mit dem Unbekannten im Rücken. Er blieb stehen, um ihn passieren zu lassen, und nahm sich derweil eine Zigarette heraus.

Der Schlag traf ihn am Kopf, in dem Moment, als er sich umdrehen wollte. Rust taumelte rückwärts und stieß gegen einen Zaun, der brach und mit ihm ins Gebüsch kippte. Rust sah den nächsten Schlag kommen, schützte sich mit den Armen. Der Angreifer war kräftig und behände.

»Schweine! Verdammte Schweinehunde!«, keuchte dieser, während er weiter auf Rust einschlug. Zwar fing dieser die meisten Schläge ab, doch zum Gegenangriff war er noch nicht gekommen. Als der Gegner anfing, nach ihm zu treten, wich er zur Seite aus, kam auf die Füße, ging zwei, drei Schritte zurück, um dann gegen den Fremden anzurennen. Wie ein Ringer packte er ihn tief um die Hüfte, hob ihn aus und wollte ihn herumwerfen. Der andere aber drehte sich geschickt in der Luft, riss Rust mit sich, so dass beide auf die Straße stürzten.

Sofort warf sich der Angreifer wieder auf Rust, wälzte sich auf ihn und begann, mit beiden Fäusten wild auf Rusts Kopf einzuschlagen.

»Ihr Schweinehunde!«, zischte er und keuchte vor Anstrengung. Rust wusste sich nicht anders zu helfen, riss den Mann am Jackenaufschlag und zerrte ihn zu sich herunter. Dann packte er ihn mit einer Hand im Genick und presste ihm zwei Finger in die Rippen.

»Ich habe eine Pistole, ich schieße!«, drohte er und schmeckte Blut im Mund.

Der Angreifer hörte augenblicklich auf zu schlagen.

»Geh runter von mir!«, befahl Rust und schob den Mann mühsam zur Seite. Der verharrte kraftlos auf den Knien und Rust konnte aufstehen.

Er klopfte sich die Hosen ab, fühlte, wie nass er geworden war. Bestimmt war die Jacke völlig verdorben, so wie sie sich im Schlamm gewälzt hatten. Der andere kniete noch immer, mit einer Hand hielt er sich das Gesicht.

»Wer sind Sie?«, fragte Rust und blieb aber in sicherem Abstand. Ein Auto bog weit vorn in die Straße. »Wollen Sie nicht aufstehen?«

Das Auto näherte sich, dem Geräusch und der Form der Scheinwerfer nach war es ein Trabant. Schon hatte sein Scheinwerferlicht Rust und den Fremden erfasst. Das Auto bremste kurz ab, beschleunigte dann, lenkte dabei weit auf die andere Straßenseite und verschwand. Rust aber hatte im Licht gesehen, dass der andere weinte.

»Sind Sie Herr Krüger? Dagmar Krügers Mann?«, fragte Rust. Eigentlich war das eher unwahrscheinlich, doch anders konnte sich Rust es nicht erklären.

»Ihr wisst doch genau, wer ich bin!«, schniefte der andere.

Rust griff ihm unter die Achsel und half ihm, aufzustehen.

»Ich gehöre nicht zu denen«, sagte er.

»Du hast doch gesagt, dass du 'ne Knarre hast.«

»Ich bin Polizist, aber ich bin nicht von denen. Also, sind Sie Herr Krüger?«

»Ich bin Dagmars Bruder! Schulze. Waldemar.« Der Mann löste sich aus Rusts Griff und zog ein Taschentuch heraus, um sich zu schnäuzen. »Wenn Sie nicht von denen sind, was wollen Sie dann hier?«

»Können wir in Ruhe reden? An einem Ort, wo keiner zuhört?«, flüsterte Rust.

»Dir trau ich keinen Meter!«

»Ich weiß, dass Dagmars Mann beim Fluchtversuch verhaftet wurde und im Gefängnis sitzt. Vielleicht sogar auf der Bautzner.«

Der Mann schwieg. Rust konnte sein Gesicht nicht erkennen in der Finsternis.

»Ich weiß nichts darüber!«, sagte er leise, doch ihm war anzuhören, dass die Nachricht ihn getroffen hatte.

»Wissen Sie …« Rust zögerte. »Wissen Sie, dass Ihre Schwester tot ist?«

Schulze gab einen erstickten Laut von sich. Rust glaubte zu erkennen, dass er nickte.

»Glauben Sie, Dagmar hat sich deshalb umgebracht? Wegen ihres Mannes?«, fragte Rust.

»Niemals!«, schniefte der Mann. »Niemals würde sie sich umbringen.«

Rust trat jetzt näher an ihn heran. »Es ist etwas geschehen, und ich möchte das gern verstehen. Ich war heute Morgen in Dagmars Wohnung. Sie wollte sich eigentlich mit mir treffen, doch sie kam nicht. Ich weiß, etwas war im Ofen versteckt, aber es war verschwunden. Was war das?«

»Hör mal, denkste, ich bin dumm? Denkste, ich weiß nicht, dass du mich auch nur aushorchst?« Schulze stieß Rust beiseite und wollte gehen, doch Rust hielt ihn am Arm fest.

»Ich weiß, es ist schwer, mir zu trauen. Ich bin Polizist und ich stand auch mit der Stasi in Kontakt. Nur so konnte ich von Dagmar erfahren. Ich will gar nichts wissen über sie. Mich interessiert Doktor Raspe, Dagmars Chef.«

Rust war sich bewusst, wie weit er sich hier aus dem Fenster lehnte vor einem Fremden, von dem er nicht einmal wusste, ob es wirklich Dagmars Bruder war. Er hatte es mit einem Geheimdienst zu tun, und genauso arbeiteten Geheimdienste, mit Tricks, Lügen und Fälschungen.

Doch er spürte, dass der Name Raspe bei dem Mann etwas ausgelöst hatte.

»Vor einigen Tagen starb ein Kind bei der Geburt. Es war das Enkelkind von Raspe. Er selbst war dabei, doch irgendwas stimmt nicht an der Geschichte.«

Der Mann zögerte noch und schwieg. »Kann ich mal Ihren Ausweis sehen?«, fragte er plötzlich.

»Meinetwegen.« Rust langte in seine Jacke und holte aus dem Portemonnaie seinen Personalausweis und die Dienstmarke heraus, um sie Schulze zu zeigen. Der betrachtete beides kurz im Schein eines Feuerzeugs, sah dann prüfend nach rechts und links.

»Ich weiß, wo wir hingehen können, aber wir müssen ein Stück laufen.«

Schweigend liefen sie nebeneinander her. Rust hatte nicht gefragt, wohin Schulze gehen wollte. Sie waren Richtung Hansastraße gegangen, vorher aber links in einen schmalen Weg abgebogen, der parallel zu der großen Hauptstraße verlief und zu einer Kleingartenanlage führte. Dahinter musste sich das Stadion der Bauarbeiter mit seiner Radrennbahn befinden, wenn sich Rust richtig erinnerte. Am Tor der Kleingartensparte sah Schulze sich noch einmal um und kletterte dann darüber. Rust folgte ihm. Sie liefen weiter, kletterten wieder über ein Tor, in einen der Gärten hinein. Es war stockdunkel und sie mussten sich vorsichtig den schmalen gepflasterten Weg zu der Gartenlaube vortasten. Dort suchte Schulze den Boden ab und fand unter einem großen Blumentopf den Schlüssel.

»Wegen der Russen«, erklärte Schulze ungefragt. »Die kommen und brechen in die Lauben ein. Wenn sie den Schlüssel leicht finden, machen sie wenigstens die Schlösser nicht kaputt.« Er schloss die Tür auf, winkte Rust hinein und schloss hinter sich wieder zu.

»Arme Schweine, die Soldaten, die klauen nur Essen und Steppdecken. Radios und anderes Zeug lassen sie stehen.«

Rust wusste davon. Manchmal folgten sie mit Hunden der Spur der Einbrecher, und immer endete die Suche vor den Kasernentoren der Sowjetarmee.

Es war kalt und dunkel in der Laube und roch muffig, nach feuchtem Holz, alten Polstern, Teerpappe und verbranntem Laub.

»Die Laube gehört einem Freund von mir. Wir können kein Licht machen, aber ich habe eine Elektroheizung.«

»Das geht schon so.« Rust tastete nach einem Stuhl und setzte sich. Die Sitzfläche war unangenehm kalt. Auch Schulze setzte sich.

»Seit einem Jahr geht das so«, begann Schulze.

»Alle möglichen Dinge wurden Dagmar in die Schuhe geschoben. Immer wenn etwas schiefging, hatte sie Schuld. Dumme Gerüchte wurden gestreut. Sie würde klauen auf Arbeit, sie wäre nicht geeignet für ihren Beruf. Das kam alles von außen.«

»Wie meinen Sie das?«

»So arbeiten die, wenn sich einer unbeliebt gemacht hat und sie ihn nicht wegen irgendwas drankriegen können. Die Stasi. Die diffamieren und lügen. Damit wollen sie einen vom Kollektiv ausgrenzen. Dagmar und Norbert hatten sie schon lange auf dem Kieker gehabt. Aber dass der Norbert versucht hat, abzuhauen, hätte ich nicht gedacht. Die hatten doch schon einen Antrag auf Ausreise gestellt. Warum sollten sie auch länger hierbleiben? Er durfte nicht studieren, eine Wohnung bekamen sie auch nicht. Es wundert mich nicht, dass die Stasi das ausgenutzt haben soll, dass der Dagmar ein Kind bei einer Geburt gestorben ist.«

»Was ist mit Doktor Raspe?«, fragte Rust direkt.

»Sie hat mal erzählt, dass der häufiger in den Westen darf. Und dass er ein großes Grundstück bekommen hat. Der ist ja ein Experte für irgendwas. Dem müssen sie schon was bieten, damit er hierbleibt, in der DDR. Einmal durfte Dagmar mal mit ihm auf Dienstreise. Also, sie war delegiert. Seitdem hängt ihr die Stasi an der Hacke.«

»Sie durfte mit?«

»Ja, nach Hamburg. Anscheinend hat sie dort irgendwas mitbekommen. Etwas, das sie wohl nicht sehen sollte. Ich weiß nicht, was das war. Aber eines ist sicher: Da läuft was auf höherer Ebene. Die Regierung, die macht doch Geschäfte mit denen da drüben.«

»Warum sollte sie das tun?« Mit dem propagierten Klassenfeind? Trotz aller Zweifel, fragte sich Rust, was das für einen Sinn machen würde.

»Mach doch die Augen auf!« In seiner Empörung war Schulze wieder ins Du gewechselt. »Ohne den Westen und ohne die Sowjets könnte dieses Land doch gar nicht existieren. Und denen da drüben ist das doch nur recht. Sie machen Geschäfte und sichern den Bonzen hier die Existenz. So ist das. Das soll bloß keiner mitbekommen. Und genau deshalb haben sie Dagmar jetzt aus dem Weg geräumt.«

Es war zu dunkel im Raum, als dass Rust das Gesicht des Mannes genau erkennen konnte. Er versuchte sich an Voigt zu erinnern, dessen mitleidslose Miene, die kalten Worte. Aber hatte Voigt den Eindruck gemacht, dass er sich verantwortlich fühlte für den Tod der Frau? Nein, entschied Rust.

»Das glaube ich nicht.«

»Ach, nein?«, fuhr Schulze auf, und Rust wich instinktiv ein wenig zurück. »Denkste, sie erfährt, dass ihr Mann beim Fluchtversuch verhaftet wird und bringt sich als Nächstes um? Warum sollte sie das tun? Sie ist meine Schwester, ich weiß, sie macht das nicht! Frag dich lieber, wem das denn dienen soll!«

Rust wiegte nachdenklich den Kopf im Dunkeln. Nicht nur einmal hatte er es mit Selbstmördern zu tun gehabt, und immer sagten die Verwandten, dass sie niemals damit gerechnet hätten. Zwar waren Rust selbst ja auch Zweifel gekommen, dass Frau Krüger sich umgebracht hat, doch die Vorstellung, dass Voigt den Befehl gegeben haben soll, Frau Krüger umzubringen, erschien ihm dann doch zu ungeheuerlich.

»Die Stasi hat doch ihre Methoden, Gegner aus dem Verkehr zu ziehen. Dafür gibt es Gerichte und Gefängnisse.«

»Gegner! Wie du redest!« Schulze zischte zynisch. »Wo lebst du denn? Gegner! Die wollten nur eine Wohnung und leben, wie sie leben wollten. Aber Leute wie du sehen überall Feinde, Spione und Faschisten, das ist doch vollkommen bescheuert. Das sind normale Menschen. Die wollen arbeiten und was kriegen dafür. Die Verrückten sind doch die Regierung und die Stasi. Die haben dich so eingelullt, dass du das nicht kapierst.« Schulze war nicht mehr zu stoppen. »Denkst du wirklich, die da drüben werden alle nur ausgebeutet? Wieso fahren die denn alle Autos und machen Urlaub in Italien oder Spanien? Ich frage dich: Wieso können wir nirgendwo hinfahren? Dagmar war doch drüben. Klar, da sieht man auch mal Obdachlose, aber den allermeisten geht's gut und Assis haben wir hier auch! Mag sein, dass da drüben das Geld regiert und ein paar Leute arbeitslos sind, aber hier bestimmen andere, was aus dir wird. Und wenn du nicht spurst, dann wirst du eingeschüchtert. Erst die Arbeit, dann die Freunde, dann die Familie, bis du allein dastehst. Und wenn das alles nichts geholfen hat, dann gehst du in den Bau oder sie machen dich kalt. So läuft das! Mach die Augen auf, Mensch!« Schulze hieb die Faust auf den Tisch, und Rust spürte, wie seine Wut den ganzen Raum ausfüllte, dass der Mann in diesem Moment zu allem bereit schien.

»Hat sich der Raspe denn daran beteiligt, Dagmar auszugrenzen?«, fragte er nach längerem Schweigen.

»Einmal hab ich Dagmar nach Radebeul gefahren«, begann Schulze unvermittelt zu erzählen. »Vor ein paar Wochen war das. Die musste da was mit dem Raspe klären. Das hat ewig gedauert. Als sie wiederkam, wollte sie nichts erzählen. Das machte sie sonst eigentlich schon. Wir hatten immer ein gutes Verhältnis. Aber an diesem Tag war sie anders, so schweigsam. Und ich weiß, sie hatte etwas in der Manteltasche. Das hat sie versucht, vor mir zu verbergen. Ich hab getan, als hätte ich es nicht bemerkt.«

»Könnte es sein, dass es ein Bündel Geldscheine gewesen war? Westgeld!«

Schulze schwieg und überlegte. »Vielleicht war sie in irgendwas verwickelt. Vielleicht wurde sie bestochen? Oder erpresst. Das ist ja beinahe dasselbe«, mutmaßte er. »Dieser Besuch dort war mir eh nicht geheuer. Mir war es zu langweilig im Auto, deshalb bin ich ausgestiegen und ein bisschen spazieren gegangen. Um das Grundstück herum. Als ich an der Einfahrt vorbeikam, standen da ein Auto und zwei Kerle. Die sahen wie Leibwächter aus und hatten garantiert Wummen unter der Jacke.«

»Pistolen?«

»Ja, die haben gewartet. Ich bin schnurstracks vorbei und hab mich wieder ins Auto gesetzt.«

»Und das Auto? War das ein Moskwitsch? Mit Berliner Kennzeichen?«

Schulze hob den Kopf. »Woher weißt du das?«

Rust zögerte kurz, doch sie hatten schon so viel gesagt, es kam nun darauf nicht mehr an. Deshalb begann er zu erzählen.

»Kennst du die Adresse von dem Fahrzeughalter?«, fragte Schulze leise, nachdem Rust mit seiner Geschichte zu Ende war. Aber Rust schwieg dazu. Er hatte die Nummer des Autos überprüfen lassen und den Halter ermittelt. Den Zettel trug er seitdem mit sich herum.

»Du weißt es! Hab ich recht?«, schlussfolgerte Schulze aus dem Schweigen. »Und dir hängt die Stasi jetzt auch an? Dem Raspe waren sie ja auch auf die Pelle gerückt. Das weiß ich von Dagmar. Und ich glaube, vor dem Haus vom Raspe stand damals auch ein Wartburg mit Insassen. Aber wer waren denn dann die Kerle mit dem Moskwitsch?«

Rust zuckte mit den Schultern.

Schulze dachte weiter laut nach. »Vielleicht macht der Raspe Geschäfte mit dem Westen? Entweder aus eigenem Antrieb oder auf Befehl von oben. Vielleicht hat Dagmar Schweigegeld bekommen? Ich habe da mal was von medizinischen Versuchen läuten hören.«

»Was für medizinische Versuche?«, fragte Rust leise.

»An Menschen. Die testen hier Medikamente für Westfirmen.«

Rust stöhnte auf. Das kam ihm alles viel zu abwegig vor. Wer setzte eigentlich immer solche Gerüchte in die Welt? Weshalb sollte man das eigene Volk für den Klassenfeind solcher Experimente unterziehen?

Schulze hatte da seine eigene Meinung. »Den Schweinen traue ich alles zu. Buchstäblich! Auch das mit dem Kind! Ich kenne welche, die sitzen im Bau, denen hat man die Kinder weggenommen und anderen Leuten gegeben. Verstehste? Zwangsadoption. Die sind weg! Und wenn der Raspe sowieso nicht scharf auf das Kind war, wieso soll er es nicht seiner Tochter weggenommen haben?«

Rust sagte nichts dazu. Es arbeitete in ihm. Er war in einer Stadt aufgewachsen, die wegen der Faschisten und Imperialisten noch fast dreißig Jahre nach dem Krieg halb in Trümmern lag. Eine neue Gesellschaftsform sollte daraus erwachsen, ein Staat für die Arbeiter und Bauern, die bisher immer nur die Unterdrückten waren. Klar, dass nicht alle davon profitierten, die Großgrundbesitzer, die Bourgeoisie, die Gestrigen, die Industriellen, die Bürgerlichen. Rust wusste, dass vieles nur Fassade war. Doch musste dieser Staat schon solche Methoden anwenden, um das eigene Volk zu unterdrücken? Wenn er jetzt alles aufgab, woran er noch vor ein paar Tagen geglaubt hatte und wofür er bereit war zu kämpfen, wirklich bereit war, was würde das für ihn bedeuten? Sollte er werden wie sie? Die immer ankämpfen mussten gegen den Druck, die sich nie sicher sein konnten, wem sie vertrauen durften?

»Pass auf«, sagte Schulze. »Du nimmst meine Karre. Ist 'ne ES 250, schon über zwölf Jahre alt, aber funktioniert einwandfrei. Du fährst nach Berlin, nur, um mal zu sehen, was los ist. Was sind das für Leute? Warum sind sie in Dresden gewesen, im Krankenhaus? Waren das Ärzte?

Rust sah auf. Er hatte auch schon darüber nachgedacht, dorthin zu fahren. Aber Schulze wusste nicht alles über die Leute in Berlin, denen das Auto gehörte.

»Die Karre ist außerdem gar nicht meine, läuft auf 'nen Kumpel. Aber der ist bei der Fahne, der braucht sie jetzt nicht. Du bist mir das schuldig. Ernsthaft. Guck, was da läuft.«

»Und dann?«

Schulze antwortete nach kurzem Zögern. »Ich kenne einen Weg, Informationen in den Westen zu bringen. Gegen die Presse dort drüben können sie hier nichts ausrichten. Da steht es dann schwarz auf weiß geschrieben und jeder sieht, was das für Schweine sind.«

Rust atmete tief durch. So etwas in der Art hatte er befürchtet. Das war was ganz anderes, als einem Verbrechen nachzugehen. Das war Verrat. Spionage. Sabotage. Fahnenflucht. Dann wäre er ein Überläufer. Ein Agent für den Feind. Das wollte er nicht sein. Er wollte der DDR dienen, er hatte einen Eid geschworen. Aber er wollte wissen, was es mit dem Kind auf sich hatte, warum die Hebamme plötzlich tot war und warum die Stasi den Doktor im Visier hatte. Das war er Dagmar Krüger schuldig, denn für ihren Tod fühlte er sich mitverantwortlich.

»Also gut, ich fahre dorthin und sehe mir das an. Mehr aber nicht. Vielleicht spreche ich dann mit meinem Chef darüber.«

Diese Aussage befriedigte Schulze nicht, das spürte er an dessen zurückhaltender Reaktion.

»Was erhoffst du dir denn?«, fragte Rust deshalb nach. »Wieso vertraust du mir so plötzlich?«

»Ich erhoffe mir gar nichts, im Gegenteil. Und ich habe ganz und gar kein Vertrauen zu dir. Wahrscheinlich bist du ja einer von denen. Aber ich mache mir nichts vor. Ich komme hier nicht weg. Wenn ich zur Polizei gehe und behaupte, es war Mord, lachen die mich nur aus. Irgendwann werden sie dem Norbert sagen, was mit Dagmar geschehen ist, und dann wird er einknicken und denen erzählen, was sie hören wollen. Und dann werden sie mich holen. So wird das sein. Also, machst du das?«

»Es macht sie aber nicht wieder lebendig.«

»Mensch, natürlich nicht, ich bin doch nicht blöd«, ereiferte sich Schulze. »Aber soll ich stattdessen hier sitzen und nichts tun?«

Rust holte tief Luft. »Ich muss vorher noch mal heim. Ich brauche Kleidung und Geld. Und ich muss meiner Frau Bescheid sagen.«

»Nee, nee, so geht das nicht, du hast doch selbst gesagt, die beobachten dich. Wenn du erst heimgehst, sind sie wieder an dir dran. Ich habe einen Helm. Du kannst doch Motorrad fahren als Bulle, oder?«

Rust nickte. Schulze beugte sich vor und packte ihn fest an der Schulter. »Mach das für Dagmar. Bei dir ist noch nicht alles verloren.«

Rust nickte, doch es gefiel ihm nicht, wie der Mann mit ihm sprach, als ob er sich sicher glaubte, auf der richtigen Seite zu sein. Er wollte sich selbst ein Bild machen.

»Ich habe gesagt, ich fahre, aber ich mache es auf meine Weise. Ich gehe jetzt nach Hause und schlafe mich aus. Morgen fahre ich mit meinem Auto. Und ich sage meiner Frau Bescheid. Schließlich habe ich nichts zu verbergen.«

Sie hatten nicht vor seinem Wohnblock gestanden, weder am Abend, als er heimgekommen war, noch am Morgen, als er losfuhr. Rust war erleichtert. Er schraubte den Tankdeckel zu, klappte die Motorhaube herunter und ließ sie einrasten. Dann ging er in die Tankstelle, um zu bezahlen.

Eigentlich bereute er es bereits, versprochen zu haben, nach Berlin zu fahren. Aber er hatte es sich nun mal vorgenommen und er würde es tun, wenn auch nur in der Hoffnung, dass sich alles als ein dummer Spuk entpuppte. Übermorgen würde er wieder seinen Dienst antreten. Und in einem Monat würde Heike hoffentlich ein gesundes Kind kriegen. Dann würden sie Eltern sein. Man konnte sich nicht mit jedem Elend dieser Welt auseinandersetzen. Das hatte ihm Seidel schon geraten, als er vor einem Jahr dessen Abteilung zugeteilt worden war. Und dass es Dinge gab, in die man sich einfach nicht einmischen sollte.

Es konnte doch durchaus sein, dass sich Dagmar Krüger umgebracht hatte. Aus Schulzes Reaktion konnte man schließen, dass sie von dem Fluchtversuch gewusst hatte, er jedenfalls schien es gewusst zu haben. Vielleicht hatte ihr Mann das Westgeld selbst mitgenommen?

Rust schob sich im Autositz zurecht. Es herrschte viel Verkehr auf der Autobahn, und er hatte sich nur mit Mühe einfädeln können. Jetzt beschleunigte er auf Achtzig, viel mehr war bei diesen Witterungsverhältnissen nicht aus dem Auto herauszuholen. Eine Weile lauschte Rust besorgt dem hellen Geknatter des Motors, der in letzter Zeit immer wieder Probleme gemacht hatte. Doch das befürchtete Stottern blieb aus und die Maschine lief einwandfrei.

Nun hatte er drei Stunden Zeit, sich zu überlegen, wie er vorgehen sollte. Bis auf diese eine Adresse in Berlin hatte er nichts. Er konnte also nur dorthin fahren, sehen, um was für Leute es sich handelte, und beobachten, was sie taten.

Die Räder des Wagens rumpelten über die Platten der Autobahn, ein W50 vor ihm stieß beständig eine schwarzgraue Dieselabgaswolke aus, warf Gischt auf, die sich als grauer Film auf die Frontscheibe legte. Rust schaltete die Scheibenwischer ein, ließ das Gaspedal los und vergrößerte so den Abstand wieder ein wenig. Der Laster schien ohne Ladung zu fahren. Es war unmöglich, ihn auf gerader Strecke zu überholen. Deshalb fuhr er weiter hinter ihm her und folgte ihm auch auf die Überholspur, um an einem Wartburg mit Anhänger vorbeizuziehen.

Fast erschrak er, als er im Rückspiegel plötzlich ein weiteres Auto entdeckte. Er scherte rasch wieder nach rechts ein, der Wartburg hinter ihm beschleunigte nur kurz und hielt dann aber die Geschwindigkeit neben ihm. Rust sah vorsichtig hinüber, konnte aber kaum etwas erkennen. Er sah zwei Leute im Wagen sitzen. Der Beifahrer gab ein Zeichen.

Wie ein elektrischer Schlag durchfuhr es Rust. Wie naiv war er eigentlich? Hatte er wirklich gedacht, sie ließen sich so leicht abschütteln? Anscheinend hatte er nicht schnell genug reagiert, deshalb näherte sich der Wartburg plötzlich seitlich und drängte ihn über den Seitenstreifen. Schon ratterten die Räder über den Dreck. Rust bremste ab und sah im Rückspiegel, dass ein zweites Fahrzeug hinter ihm so dicht aufgefahren war, dass die Lichter schon nicht mehr zu sehen waren. Der erste Wartburg setzte sich jetzt vor ihn, und der Beifahrer gab ihm ein Zeichen, er sollte folgen.

Der Wartburg fuhr noch einige hundert Meter in immer langsamer werdendem Tempo und hielt dann an einer Stelle, wo der Seitenstreifen etwas breiter und das Gelände daneben, bis auf eine niedrige Böschung, flach und dünn bewaldet war. Die Beifahrertür öffnete sich und eine Person stieg aus, die Rust sofort als seinen Führungsoffizier vom MfS erkannte. Voigt trug seinen langen Mantel, stand jetzt bewegungslos neben dem Auto und starrte Rust auffordernd an. Rust stellte den Motor ab und stieg aus.

Als Rust sich dem Offizier näherte, wandte sich dieser ab und kletterte über die Böschung in das angrenzende Wäldchen. Der Verkehr rauschte vorbei, es roch nach Treibstoff, Ozon und moderndem Laub. Rust folgte dem Mann und sah sich noch einmal um. Die anderen Männer waren auch alle aus ihren Fahrzeugen gestiegen.

Schweigend stapften Voigt und Rust über den sandigen Waldboden. Tief im Wald, die Autobahn war schon nicht mehr zu sehen, blieb Voigt unvermittelt stehen. Seine Hände steckten in den Manteltaschen. Irritiert sah sich Rust noch einmal um und entdeckte die anderen Männer, die in einigem Abstand hinter ihnen blieben.

»Was haben Sie vor, Rust?«, fragte Voigt und sah ihn grimmig an.

»Ich fahre nach Berlin«, antwortete Rust wahrheitsgemäß.

Voigt kam einen Schritt näher heran und zog seine rechte Hand aus der Manteltasche. Er hielt eine Pistole darin.

»Was soll ich von Ihnen halten, Rust? Verraten Sie es mir!«

Rust dachte eine Sekunde nach. Mit Ausflüchten und Ausreden würde er bei so jemandem wie Voigt nicht weiterkommen. »Ich ermittle weiterhin im Fall Krüger«, erwiderte er.

Voigt kam jetzt noch näher an ihn heran. So nah, dass Rust schon seinen Atem spürte.

»In wessen Auftrag?«

»In meinem eigenen Auftrag, sozusagen. Mich lässt einfach

nicht los, dass die Frau sich umgebracht haben soll.« Rust sah dem Mann in die Augen. Nun galt es zu beweisen, aus welchem Holz er wirklich geschnitzt war. Sich selbst zu beweisen. Der Schwur, sein Leben einzusetzen, galt erst wirklich in dem Moment, da er eingefordert wurde.

Voigt trat noch dichter an ihn heran. »Wollen Sie damit sagen, die Frau wurde umgebracht? Von wem? Von uns?«

Rust wich nicht zurück. »Ich habe nur Zweifel, die ich beseitigen möchte«, sagte er leise und hoffte, dass man nicht das Beben in seiner Stimme hörte.

»Denken Sie, Ihr gestriges Treffen mit einem Staatsverräter blieb uns verborgen? Was hat er Ihnen erzählt? Hat er vielleicht sogar das Geld von seiner Schwester gestohlen? Wissen Sie, was er ist? Ein asoziales Element, arbeitsscheu, faul, schiebt seine Religion vor, um den Dienst an der Waffe zu verweigern. Einer wie der ist unserer Gesellschaft nicht würdig. Haben Sie sich überzeugen lassen von ihm? Sind Sie so leicht beeinflussbar und wankelmütig! Wie schwach sind Sie eigentlich?«

»Ich bin nicht schwach!« Rust blickte dem Führungsoffizier fest in die Augen und staunte fast über sich selbst und seine forsche Reaktion. Aber Voigt hatte nichts von seinem Eindringen in die Personalabteilung des Krankenhauses erwähnt. Sie wussten also doch nicht alles.

»Nein? Beweisen Sie das, erklären Sie mir, was Sie vorhaben! Und bitte schlüssig. Wissen Sie, was das ist?« Voigt drückte ihm die Pistole gegen die Nieren. Rust ahnte, dass das keine rhetorische Frage war, dass er eine Waffe hatte, war ja eindeutig.

»Meine Dienstwaffe?«, vermutete Rust.

»Wir haben uns dem Sozialismus verschrieben, all die Opfer, die gebracht wurden von unseren Brüdern und Genossen, die sollen nicht umsonst gewesen sein. Verstehen Sie das, Rust?«

»Ich verstehe!« Das war eine Drohung. Sie konnten ihn umbringen und würden es wie einen Selbstmord aussehen lassen. Ein Überläufer, ein Verräter, der mit seinem Gewissen nicht mehr auskam. »Ich weiß, dass Raspe vom MfS beobachtet wird, ich habe von Schulze erfahren, dass Frau Krüger etwas über Raspe gewusst haben muss. Raspe scheint etwas zu verbergen, das mit seinen Reisen in die BRD zu tun hat, deshalb wird er doch von Ihnen überwacht, oder? Ich musste schnell handeln gestern und konnte Sie nicht informieren. Ich habe eine Adresse von dem Halter eines Fahrzeugs, das zweimal aufgetaucht ist. Ein Moskwitsch mit Berliner Kennzeichen. Es war in der Nacht im Krankenhaus, als Raspe sein Enkelkind verlor, und es stand, laut Schulzes Aussage, einige Zeit davor bei Raspe auf dem Grundstück.«

»Zeigen Sie!«, befahl Voigt und streckte eine Hand aus.

»Was?«

»Die Adresse! Oder haben Sie die nur im Kopf?«

Rust holte seine Brieftasche heraus und gab Voigt den Zettel mit der Adresse. Der las ihn, schnippte mit dem Finger einen seiner Männer heran und zeigte ihm den Zettel. Daraufhin sah dieser Voigt fragend an, verzog unmerklich das Gesicht und nickte.

Voigt überlegte und gab dann Rust den Zettel zurück, indem er ihn mit einer Mischung aus Wut und Unwillen fest an die Brust drückte.

»Weshalb wir gegen Raspe ermitteln, geht Sie nichts an. Aber fahren Sie nach Berlin. Finden Sie heraus, ob und wie Raspe mit diesen Leuten in Verbindung steht. Aber ich will Berichte. Jedes Detail, lassen Sie nichts aus. Verstanden?«

Rust nickte und nahm den Zettel zurück. Voigt packte ihn

am Handgelenk. »Ich will mich in Ihnen nicht getäuscht haben, Rust. Der Feind ist überall. Für ihn sind solche Geschichten überlebenswichtig, sie schaden uns mehr als alles andere. Und Vorsicht, Rust! Wir sind immer da. Denken Sie daran. Keine Sperenzien! Sobald noch mal ein Verdacht auf Sie fällt, kenne ich keine Gnade mehr. Betrachten Sie das als eine Art Prüfung!«

»Zu Befehl!« Rust hob die Hand zum militärischen Gruß, doch Voigt war noch nicht fertig.

»Noch was. Sie handeln auf eigene Gefahr. Wenn Sie jemand fragt: Wir kennen uns nicht. Wir haben uns noch nie gesehen. Ich habe Ihren Namen noch nie gehört! Wenn Ihnen etwas geschieht, sind Sie auf sich gestellt!«

Voigt ließ Rust stehen und winkte seinen Männern, ihm zu folgen.

Rust wartete, bis die Männer gegangen waren. Dann hob er beide Hände und betrachtete seine zitternden Finger. Er hatte schon mit dem Schlimmsten gerechnet, doch das hier eben hatte alles noch mal übertroffen. Voigt war zu allem fähig. Rust konnte ihn sogar verstehen. Immerhin war er bisher so etwas wie ein Schützling des Stasioffiziers gewesen, und nichts war schlimmer, als der Verrat aus den eigenen Reihen. Er durfte sich von nun an keine Fehler mehr leisten.

Er zündete sich eine Zigarette an und ging langsam zu seinem Auto zurück. Noch immer zitterten ihm die Finger. Sie zitterten auch noch, als er die Stadtgrenze Berlins erreichte.

26

Berlin, März 1973

Irgendetwas hatte diese Stadt und ihre Menschen an sich. Eine andere Atmosphäre herrschte hier, wie sie wohl nur in einer Stadt war, in der eine Million Menschen oder mehr wohnten. Schon der Autoverkehr auf den Straßen funktionierte anders. Hier siegte Frechheit und Direktheit, wie die Berliner allesamt auch nicht auf den Mund gefallen waren.

Rust hatte zwar eine Karte von Berlin dabei und hatte sich bei seinem letzten Halt eine Route eingeprägt, die ihn ins Zentrum führen sollte. Doch schon nach dem ersten falschen Spurwechsel hatte er sie verloren. Ihm blieb nichts anderes übrig, als sich am Fernsehturm zu orientieren und immer wieder anzuhalten, um auf der Karte seinen Standpunkt zu finden. Bei einer großen Konsumkaufhalle hielt er noch einmal an, um sich Wasser und etwas zu essen zu besorgen. Und wie immer, wenn er in Berlin war, staunte er über die Auswahl in den Regalen. Hier schien es einfach alles zu geben, wonach man sich in Dresden oder anderswo immerzu anstellen musste. Berlin war eine Weltstadt mit internationalen Gästen, Diplomaten aller Länder und Journalisten aus dem Westen, denen man die Errungenschaften des Sozialismus zeigen musste und wie gut es die Bürger der DDR hatten. Kein Wunder also, dass hier die modernsten Gebäude standen, die größten Museen und Warenhäuser, in denen man

Auswahl hatte und nicht kaufen musste, was gerade geliefert worden war.

Rust schlich mit leichter Wehmut durch die Regalreihen, vermisste seine Lebensfreude und seinen naiven Glauben an den Sozialismus, der ihm in den letzten Tagen verlorengegangen war. Manchmal überlegte er, was er wohl für eine Einstellung hätte, wenn seine Eltern nicht SED-Mitglieder der ersten Stunde und Verfolgte des Nationalsozialismus gewesen wären? Wenn sie vielleicht aus dem bürgerlichen Milieu stammten, mit anderen Ansichten und vielleicht sogar mit einem christlichen Glauben?

»Na, wat denn nu?«, fragte eine ältere Dame und schob sich ungeduldig an ihm vorbei. Rust griff nach einer Packung Hansa-Keks und nahm sich noch eine Tafel Puffreisschokolade. Aus der übernächsten Regalreihe holte er sich eine Konservenbüchse mit Bockwürsten. Ein Brötchen würde er sich bei einem Bäcker holen. Mit den wenigen Sachen und noch zwei Flaschen Wasser im Henkelkorb ging er zur Kasse. Er entdeckte Gewürzgurken und Rondo-Kaffee. Hierher müsste er mal mit Heike fahren, dachte er sich. Die würde bestimmt noch einiges finden.

Wenig später hatte er die besagte Adresse, Unter den Linden 50, gefunden, stellte den Trabant abseits davon am Straßenrand ab und blieb erst mal sitzen, während der Verkehr weiter an ihm vorbeirauschte. Das Gebäude, ein Neubau, war groß wie eine moderne Schule, sechs Stockwerke hoch, mit schnörkelloser gläserner Fassade. Es war ein Ministeriumsgebäude. Doch das hatte Rust von Anfang an geahnt, spätestens seit der Reaktion von Voigt und dessen Untergebenem. Auf den Gehwegen beiderseits der Straße sah er Polizeistreifen. Die Kollegen in Uniform schlenderten entspannt, die Hände auf dem Rücken verschränkt, auf und ab. Rust stieg aus, schloss den Trabant ab und ging los. Er lief die Straße hinab, erst mal weg von dem Gebäude und betrachtete scheinbar interessiert die Architektur der berühmten Straße. Möglichst unauffällig suchte er dabei den Parkplatz nach dem Moskwitsch ab. Allerdings ohne Erfolg. Nach hundert Metern wechselte er auf die andere Seite und spazierte zurück. Als er an dem Gebäude vorbeiging, las er das Schild im Eingangsbereich und schloss erschrocken für eine Sekunde die Augen. Es war das Ministerium für Außenhandel. Mit klopfendem Herzen und eiskalten Fingern kehrte er zu seinem Auto zurück und setzte sich auf den Fahrersitz. Wo war er da nur hineingeraten? Er stellte seine Lehne ein wenig zurück und kurbelte das Fenster einen Spalt herunter. Nun konnte er nur noch warten. Und tatsächlich wünschte er sich, er würde hier sitzen bis in alle Ewigkeit und nichts würde geschehen. Wenigstens so lang, bis er ruhigen Gewissens heimfahren und behaupten durfte, er habe nichts erreicht.

Wenn Raspe mit Leuten aus diesem Ministerium zu tun hatte, welches sicherlich ebenfalls unter Kontrolle der Stasi stand, dann war Voigts Reaktion gut nachzuvollziehen. Da wollte er sich nicht selbst die Hände schmutzig machen, so dass es ihm ganz recht sein konnte, wenn sich ein kleiner dummer Kriminalpolizist aus Dresden für ihn die Finger verbrannte. Rust war sich sicher, sie beobachteten ihn, auch wenn er niemanden gesehen hatte.

Eine knappe Stunde hielt er durch, ehe ihm die Augenlider schwer wurden. Er sah nach jedem Wagen, der vor dem Gebäude hielt, versuchte das Kennzeichen zu erkennen, beobachtete die Männer, die das Gebäude betraten oder verließen. Die meisten stiegen in ein Fahrzeug, das auf der Straße oder auf einem Parkplatz neben dem Gebäude geparkt war, doch keines war ein Moskwitsch. Rust sah immer wieder auf die Uhr, zündete sich eine Zigarette an, um nicht einzuschlafen. Schließlich beschloss er, seiner Müdigkeit nachzugeben. Vermutlich war er sowieso zur falschen Zeit hier. Er sollte auf den Feierabend warten. Ihn fröstelte vor Kälte und Erschöpfung. Er rückte sich im Sitz zurecht, verschränkte die Arme und lehnte den Kopf gegen die Scheibe.

Irgendwann wachte Rust auf. Jemand hatte gegen seine Scheibe geklopft. Er zuckte zusammen und erkannte dann den graugrünen Mantel einer Polizeiuniform. Schnell kurbelte er die Scheibe nach unten.

Der Polizist grüßte. »Ihren Ausweis, Bürger, und Ihre Fahrerlaubnis. Gibt es einen Grund, warum Sie hier im Auto sitzen?«

Rust gab ihm seinen Dienstausweis.

»Ich bin dienstlich hier«, antwortete er. Der Polizist verzog keine Miene, reichte ihm den Ausweis umgehend zurück, grüßte und ging kommentarlos weiter.

Rust war beinahe dankbar für diese Aufmunterung. Auch hatte ihm der kurze Schlaf gutgetan. Er griff nach den Keksen, riss die Packung auf und steckte sich einen in den Mund. Als sich auf der Gegenfahrbahn plötzlich ein dunkelgrauer Moskwitsch näherte, verschluckte er sich fast an dem Bissen. Das Auto hielt ungefähr hundert Meter von ihm entfernt vor dem Ministeriumsgebäude. Ein großer, etwas übergewichtiger Mann stieg aus und lief schnellen Schrittes in das Ministerium. Der Fahrer blieb sitzen. Rust war hin- und hergerissen, ob er aussteigen sollte, um das Nummernschild lesen zu können. Der Fahrer des Wagens hatte lässig seinen Arm über die Lehne des Beifahrersitzes gelegt und schien zu rauchen.

Rust beschloss sitzenzubleiben und zu warten. Schon kam der andere Mann wieder aus dem Gebäude und stieg in das

Auto ein. Der Wagen sank unter seinem Gewicht ein Stück in die Federung. Als der Moskwitsch losfuhr, startete auch Rust den Motor. Hektisch sah er sich nach einer Möglichkeit um, aus der Lücke zu fahren und gleichzeitig zu wenden. Als das Auto an ihm vorbeifuhr, starrte er auf das Kennzeichen und erschauderte, als er es erkannte. Es war tatsächlich dasselbe Fahrzeug, das er bei der Klinik gesehen hatte. Rust konnte nicht mehr warten. Er scherte aus der Parklücke aus, drückte auf das Gas, um sich in den fließenden Verkehr einzuordnen, wechselte ohne zu schauen die Spur und wendete mit hektischen Lenkraddrehungen bei der nächsten Gelegenheit. Der Moskwitsch war schon fast außer Sicht, und Rust beschleunigte, was sein Trabant hergab, um das Auto einzuholen.

Er entdeckte ihn an der übernächsten Kreuzung, sah sich jedoch gleich wieder gezwungen die Spur zu wechseln, um ebenfalls links abbiegen zu können. Schon schaltete die Ampel gelb. Rust schoss über die Kreuzung und ordnete sich einige Fahrzeuge hinter dem Moskwitsch ein.

Nachdem sie die ganze Stadt durchquert hatten, begann Rust sich langsam Sorgen zu machen, wie lange der Tankinhalt wohl noch reichen würde. Die Fahrt nach Berlin hatte wahrscheinlich schon drei Viertel des Zweitaktgemischs verbraucht. Noch mehr Sorgen bereitete ihm allerdings, dass er längst schon die Orientierung verloren hatte, eigentlich schon ab dem Moment, als er den Fernsehturm aus den Augen verloren hatte. Die spärliche Beschilderung verriet Rust nicht viel. Er würde irgendwann anhand der Straßennamen seinen Standort auf der Karte finden müssen. Jetzt aber galt es, dranzubleiben.

In einer Gegend, die fast schon ländlich erschien, jedoch noch zum Stadtgebiet zählen musste, beschleunigte der

Moskwitsch dann auf einer Allee so sehr, dass Rust den Anschluss verpasste. Sein Trabant konnte das Tempo nicht mithalten und er wollte auf unbekanntem Terrain und nasser Fahrbahn nicht Kopf und Kragen riskieren. Irgendwann geriet der Moskwitsch ganz außer Sicht.

Rust fuhr die Straße weiter und hoffte, das Auto vielleicht an einer Ampelkreuzung wieder einzuholen oder in einer Seitenstraße zu entdecken. Schließlich sah er ihn vor einer Gaststätte parken. Er fuhr zuerst vorbei, wendete auf der nächsten Kreuzung. Da es ihm zu langweilig war, noch länger im Auto zu sitzen, und er außerdem Hunger hatte, überraschte er sich ein weiteres Mal, indem er kurzerhand beschloss, anzuhalten und essen zu gehen. Er parkte am anderen Ende des Parkplatzes und schlenderte zur Gaststätte.

Drinnen umfingen ihn sofort intensive Küchengerüche, was seinen Magen noch mehr zum Knurren brachte. Der Eingangsbereich war nicht vielversprechend, kühl mit blankem Terrazzoboden, und der Gastraum unterschied sich nicht von den meisten Kantinen, die Rust schon kennengelernt hatte. Die schlichten Tische waren etwa zur Hälfte besetzt, und er entdeckte die beiden Männer aus dem Moskwitsch sofort.

Sie hatten jeder ein Bier vor sich und ein leeres Schnapsglas. Aus der Nähe betrachtet, kamen sie ihm älter als erwartet vor. Der Blonde war bestimmt schon an die vierzig, der andere noch ein wenig älter.

Rust blieb an der Eingangstür stehen. Er wollte unauffällig bleiben, noch hatte ihn niemand beachtet. Eine Kellnerin kam von der Küche und balancierte vier Essen, die sie an einen Tisch am Fenster brachte. Auf dem Rückweg ging sie am Tisch der Männer vom Ministerium vorbei und beugte sich zu ihnen hinunter. Rust verstand nicht, was sie sagte, doch ihr Verhalten zeigte, dass sie mit den Männern vertraut war. Schließlich kam sie auf Rust zu und sah ihn fragend an.

»Wo …«, wollte Rust fragen.

»Wo frei ist«, schnitt sie seine Frage ab und steuerte die Küche wieder an.

Rust konnte sich nicht gleich entscheiden und setzte sich dann an den übernächsten Tisch, der im Rücken der zwei Männer stand.

Eigentlich hätte er vorher die Toilette aufsuchen müssen, traute sich jetzt aber nicht, solange die Kellnerin noch keine Bestellung aufgenommen hatte. Doch die ließ auf sich warten. Rust übte sich in Geduld, studierte die Karte und überlegte, welches Gericht wohl am wenigsten Zubereitungszeit in Anspruch nehmen würde. Er wusste, mit Gaststättenpersonal sollte man es sich nicht verderben. Währenddessen versuchte er unauffällig aus dem Gespräch der Männer etwas herauszuhören. Sie unterhielten sich über belanglose Dinge. Der Fahrer schien sich gerade eine Garage bauen zu lassen und es ging nicht so voran wie gewünscht. Der andere, den Rust für den Vorgesetzten der beiden hielt, nickte beiläufig. Er wirkte müde. Beide trugen gute Anzüge und Krawatten mit Parteinadeln. Rust trug seine Nadel nur zu besonderen Anlässen. Er wollte damit weder auffallen noch Vorzugsbehandlung genießen. Bei den beiden schien die Nadel zur alltäglichen Arbeitskleidung zu gehören.

»Ist das Protokoll für nächste Woche fertig?«, fragte der Vorgesetzte jetzt und leerte sein Bier in einem Zug.

Der Blonde nickte und sagte leise etwas.

Der Chef setzte das Glas ab. »Das soll deren Angelegenheit sein. Ich habe nicht vor, mich mit Klein-Klein abzugeben. Das will der Alte auch nicht.«

Rust zwang sich, nicht ständig zu den Männern hinzusehen. Er wurde langsam nervös. Wenn die beiden schon bestellt haben sollten, würde er kaum Gelegenheit haben, zu bestellen und zu essen. Doch die Kellnerin ließ sich einfach nicht mehr blicken. Ganz schön unverschämt, dachte Rust verärgert, zumal sie ihn ja schon gesehen hatte.

Endlich kam die Bedienung wieder aus der Küche und brachte den beiden jeweils noch ein Bier.

»Willst du dich nicht um die Kundschaft kümmern?«, fragte der eine, und Rust fürchtete, dass er errötete, denn damit war eindeutig er gemeint. Die Kellnerin sah zu Rust und verzog abschätzend das Gesicht. Dann kam sie schließlich doch an seinen Tisch.

»Na?«, fragte sie unverschämt.

Rust kannte das zur Genüge, aber er ließ sich seinen Ärger nicht anmerken. »Eine Limonade hätte ich gern und den Kasslerbraten.«

Die Kellnerin verzog den Mund. »Muss ich sehen, ob noch welcher da ist«, meinte sie und ging.

Rust wartete noch einen Moment, dann stand er auf, um die Toiletten zu suchen.

Er stand noch am Urinal, als die Tür hinter ihm aufging und der Blonde die Toilette betrat. Er stellte sich einen Meter entfernt neben Rust.

»Dienstreise?«, fragte er unvermittelt.

Damit hatte Rust nicht gerechnet.

»Sozusagen«, antwortete er und versuchte verzweifelt, sich eine Geschichte einfallen zu lassen.

»Sie kommen doch aus Dresden. Hört man.« Der Mann grinste. »War vor Kurzem auch da.«

Rust wusste nichts zu sagen. Wurde er hier gerade vorgeführt? Wusste der Mann, wer er war? Vielleicht hatte Voigt sie gewarnt. Schlagartig wurde Rust übel. Er wäre jetzt gerne gegangen, wagte sich aber nicht vom Fleck.

»Was haben Sie denn da gemacht? Urlaub?«, versuchte Rust seine Panik zu überspielen, hörte seine Stimme vibrieren.

Der Mann lachte auf. »Schön wär's. Nein, geschäftlich.« Er schloss die Hose, ging dann zum Waschbecken, ließ Rust aber den Vortritt.

»Wollen Sie sich zu uns setzen? Ich bin mir sicher, dann werden Sie Ihr Essen schneller bekommen.«

Rust wurde schwindlig. Das war doch eine ausgemachte Sache. Er wusch sich die Hände und trocknete sie sich umständlich an dem groben Handtuch ab.

»Also, ich weiß nicht, das wird Ihrem Kollegen nicht recht sein. Sie haben doch sicher geschäftliche Dinge zu besprechen.«

»Ach was, nur nicht so schüchtern.« Der andere hatte seine Hände auch gewaschen und abgetrocknet und klopfte Rust aufmunternd auf den Rücken. Dann schob er ihn zur Tür.

Der andere empfing Rust ohne jegliches Erstaunen am Tisch. Umso mehr war Rust sich sicher, in eine Falle geraten zu sein.

»Er ist auf Dienstreise«, stellte der Fahrer ihn vor. Rust nickte und setzte sich mit seiner Limonade, die schon auf seinem Tisch gestanden hatte, dazu.

»Also, sozusagen«, versuchte Rust zu relativieren.

»Aus Dresden«, ergänzte der Fahrer noch.

Sein Chef musterte Rust mit belustigtem Blick. »Kein Westfernsehen da«, sagte er mit leisem Spott.

»Bitte?«, fragte Rust und versuchte, seine Nervosität in den Griff zu kriegen. So ausgeliefert hatte er sich noch nie in seinem Leben gefühlt. Ihm fiel auf, dass sich beide Männer nicht vorgestellt hatten.

»Na, Westfernsehen. Ist doch nicht, oder?«

»Nein.« Rust schüttelte ernst den Kopf. »Ich hätte auch kein Interesse.«

»Ach, was«, winkte der Chef ab. »Wo geht's denn hin?«

Rust wollte gerade ansetzen, seine eben erst ausgedachte Geschichte zu erzählen, da hatte er eine andere Idee.

»Also, ehrlich gesagt bin ich einer Annonce gefolgt. Meine Frau ist schwanger und liegt im Krankenhaus, und wir benötigen einen Kinderwagen. Leider war der schon weg. Jetzt wollte ich etwas essen und wieder heimfahren.« Rust hob sein Glas und führte es zum Mund. Er wagte es nicht, einem der Männer ins Gesicht zu sehen.

»Immer dasselbe«, brummte der Chef.

»Ja, aber das wird noch«, beschwichtigte der Fahrer.

Nun sah Rust doch auf. Keiner der beiden verzog eine Miene. Der Chef wiegte den Kopf.

»Ja, aber ist doch klar, dass alle meckern. Immer fehlt was. Hier in Berlin bekommt man wenigstens was, aber in Dresden ist doch alles mau.«

Rust wusste nicht, woran er war. Machten sie sich lustig über ihn oder meinten sie es ernst? In welcher Position waren sie, dass sie es wagen durften, so offen über den Mangel zu sprechen? Der Name Raspe lag ihm auf der Zunge. Sollte er es wagen, ihn zu nennen?

»Wie ist denn die Stimmung da so?«, fragte der Chef.

»In Dresden?« Rust zuckte mit den Achseln. »Gut, meine ich.«

»Natürlich, die Stimmung ist überall gut«, der Mann zwinkerte.

Endlich kam die Kellnerin und brachte tatsächlich alle drei Essen. »Guten Appetit«, wünschte sie noch.

»Bring mal noch drei Korn!«, sagte der Chef.

Rust hob abwehrend die Hände. »Für mich nicht, danke!«

Aber der andere nickte der Kellnerin auffordernd zu und winkte sie weg. »Einer geht immer!«, lachte er und nahm sein Besteck.

»In welcher Branche sind Sie denn beschäftigt?«, fragte Rust nach einer Weile so beiläufig wie möglich.

»Im Handel, kann man sagen«, erwiderte der Chef, ohne zu zögern. »Kann man das so sagen, was meinst du?«, fragte er den Fahrer. Der schob nur die Unterlippe vor und nickte.

»Und Sie?«

»Busfahrer«, antwortete Rust automatisch. Er quälte sich inzwischen mit dem Essen. Der Hunger war ihm längst vergangen, die Aussicht auf den Schnaps war ein Albtraum, er würde sich übergeben müssen. Nie wieder würde er sich so etwas antun. Er wünschte, er wäre wirklich Busfahrer.

»Auch ein schöner Beruf«, der Chef nickte anerkennend. »Muss man nicht so viel nachdenken. Nicht zu unterschätzen.«

Damit endete die Konversation. Stumm aßen sie ihre Teller leer, bis die Kellnerin mit einem kleinen Tablett und den Schnapsgläsern kam.

»Zum Wohl.« Der Chef hob das Glas.

Der Fahrer und Rust taten es ihm gleich, und Rust sah sich gezwungen, das Getränk hinunterzustürzen. Es brannte sauer in seiner Kehle und er musste sofort aufstoßen.

Der Chef langte nach seiner Brieftasche. »Das geht auf mich!«, bestimmte er und deutete auf Rusts Teller. Rust hob die Hände abwehrend, doch er brachte den Mund nicht auf für einen Protest.

Der Mann nahm einen Schein heraus und legte ihn auf den Tisch. Es war Westgeld. Zwanzig Mark. »Der Rest ist für dich!«, rief er der Kellnerin zu. Dann standen er und sein

Fahrer auf. Er wandte sich noch mal an Rust und deutete sogar eine leichte Verbeugung an.

»Es war uns ein Vergnügen!«

Rust blieb sitzen, bis die Männer gegangen waren. Er war fix und fertig. Die Übelkeit nahm langsam ab, doch zurück blieb die vage Angst, die Männer könnten jeden Moment zurückkehren und dem Spaß ein Ende bereiten, indem sie ihn wirklich zur Rede stellten. Doch nichts dergleichen geschah. Endlich erhob er sich, sah aus dem Fenster. Der Moskwitsch war offenbar weggefahren. Trotzdem warf Rust noch einen vorsichtigen Blick zur Tür hinaus. Erst als er sich vergewissert hatte, dass der Wagen wirklich weg war, ging er zu seinem Trabant. Er startete den Motor, wendete und bog rechts ab, dahin, wo er den Moskwitsch vermutete.

Er beschleunigte, fuhr schneller als erlaubt und entdeckte den Wagen bald vor sich. Er folgte ihm in großem Abstand. Nach etwa einer Viertelstunde fuhr der Moskwitsch in eine gepflasterte Nebenstraße. Die Gegend war waldig, ab und an schimmerte silbern ein See zwischen den Kiefern. Schließlich bog der Moskwitsch in eine kleine Siedlung ein, die am Rand eines Sees lag. Rust hielt neben der Straße. Er konnte es nicht riskieren, durch den Ort zu fahren.

Er stieg aus, ging zu Fuß weiter, eng an die Hecken gedrückt. Als er schließlich den Moskwitsch vor einem großen Grundstück entdeckte, kehrte er um. Er musste warten, bis es ganz dunkel war, auch wenn das noch Stunden dauern würde.

Er versteckte den Trabant in einer Waldschneise und machte es sich so bequem wie möglich. Ab und an aß er einen Keks, trank einen Schluck Wasser und döste vor sich hin. Irgendwann verbot er sich, auf die Uhr zu schauen. Stattdessen begannen seine Gedanken zu kreisen. Ob er seinem Chef davon erzählen sollte, dass er für die Stasi Berichte über ihn schrieb? Bestimmt wusste Seidel das längst oder ahnte es wenigstens und war deshalb so reserviert.

Irgendwann aber fielen ihm die Augen zu, so müde war er, und trotz der schleichenden Kälte schlief er ein.

Es war dunkel, als er erwachte. Mit Hilfe seines Feuerzeugs las er die Uhr. Es war fast zwanzig Uhr. Zeit zu handeln. Er streckte seinen schmerzenden Rücken durch und stieg aus dem Trabant. Leise drückte er die Tür zu und schloss ab. Dem Forstweg folgend ging er Richtung Landstraße und bog dann zur Siedlung ab. Am Ortseingang spendeten zwei trübe Straßenlaternen Licht. Rust hielt sich im Dunkeln. Hunde bellten in weiterer Entfernung. Ansonsten war es ruhig.

Der Moskwitsch war verschwunden. Auf dem Grundstück stand jetzt ein anderes großes Auto. Rust konnte die Marke nicht erkennen. Er ging an der Einfahrt vorbei zum Eingangstor und las im Schein seines Feuerzeuges das Namensschild. *Fam. Schmitgau* stand auf der Messingplatte. Rust probierte die Klinke des Tores, es quietschte leise in seinen Angeln, als er es aufschob. Er zwängte sich durch den Spalt. Leises Plätschern wurde vom Wind herangetragen. Zwischen dem Auto und der Hecke zum Nachbaranwesen schlich er sich in Richtung des Sees. Rust zitterte vor Kälte und Aufregung. Dabei wollte er einfach nur einen Blick ins Fenster werfen.

Unbemerkt gelangte er bis auf Höhe des Hauses. Nun konnte er den See erkennen und hörte die flachen Wellen in kurzem Rhythmus ans Ufer schwappen. Auf dem nächsten Grundstück begann ein Hund zu kläffen. Rust duckte sich tief hinter die hölzerne Brüstung der großen Terrasse. Ein Fenster vom Nachbarhaus wurde geöffnet.

»Aus!«, brüllte der Besitzer, und der Hund verstummte schlagartig.

Rust wartete noch einige Augenblicke in seiner Deckung, schlich sich dann näher zum Haus, wo er aber feststellen musste, dass die Fenster zu hoch lagen, um einfach hineinsehen zu können. Er musste also auf die Terrasse, um durch die Verandatür zu blicken, deren Lichtschein die ganze Terrasse erhellte. Er drückte sich dicht an die Hauswand und schob sich an ihr entlang. Dabei stieß er trotz aller Vorsicht mit dem Fuß gegen einen Gegenstand. Er griff schnell zu, doch es war zu spät. Etwas fiel mit lautem Poltern um. Es war ein Rechen, dessen Stiel auf eine hölzerne Wandverkleidung schlug. Schnell sprang Rust zur Seite, huschte geduckt in die Deckung eines Rhododendrons.

»Ist da wer?«, rief jemand vor dem Haus. Nebenan begann der Hund wieder zu bellen. Rust hielt den Atem an.

»Was ist denn?«, fragte eine Frauenstimme.

»Weiß nicht. Es hat gepoltert.« Rust erkannt die Stimme. Es musste der Vorgesetzte sein.

»Der Wind vielleicht?«, fragte die Frau.

»Kann sein.« Die Skepsis war deutlich zu hören. Rust blieb still, bewegte sich nicht, auch als der Mann sich ins Haus zurückzog. Erst nachdem sich minutenlang nichts getan hatte, wagte er sich wieder hervor. Diesmal schlich er sich noch bedächtiger an und hoffte, der Wind drehte nicht wieder, damit der Hund nebenan nicht erneut zu kläffen begann. Ohne weitere Zwischenfälle erreichte er die Terrasse, schlich geduckt unter einem dunklen Fenster entlang zur Verandatür und warf einen vorsichtigen Blick ins Wohnzimmer.

Er konnte zwar nur den halben Raum einsehen, erkannte aber eine große Schrankwand, eine Couch und eine Sesselgarnitur. Da sich nichts bewegte, wagte Rust, auf die andere

Seite der Tür zu huschen, um auch den Rest des Zimmers sehen zu können. Nun konnte er eine Stehlampe erkennen, eine Pflanzenbank und einen Esstisch mit sechs Stühlen. Die Einrichtung machte einen wohlhabenden Eindruck, der Fernseher war ein westdeutsches Modell, ebenso die Musikanlage. Aber nichts deutete auf die Anwesenheit eines Neugeborenen hin. Das musste jedoch nichts bedeuten. Dann aber betrat die Frau das Wohnzimmer. Sie trug ein Kleid, wie Heike es nur zu besonderen Anlässen anziehen würde. Rust zog sich ein wenig zurück, wechselte wieder auf die andere Seite der Tür, als die Frau zur Schrankwand ging. Sie öffnete eine Klappe, hinter der sich eine Bar befand, und nahm Gläser und eine Flasche heraus. Sie machte keineswegs den Eindruck einer Frau, die sich um ein Baby kümmern musste. Seine letzten Zweifel verflogen, als plötzlich ein Kind von vielleicht acht Jahren im Schlafanzug in der Wohnzimmertür stand, sich die Augen rieb und etwas sagte.

Rust zog sich weiter zurück. Er hatte genug gesehen. Er hatte keinen Grund mehr, hier zu sein. Gerade als er die Terrasse verlassen wollte, hörte er, wie sich auf der Straße ein Auto näherte und hart bremste. Die Reifen rutschten ein Stück über das feuchte Pflaster. Rust reagierte schnell und warf sich über die hölzerne Brüstung in Deckung. Im Haus ertönte die Klingel. Schon öffnete sich die Haustür. Schmitgau musste den Fahrer angerufen haben.

»Hinter dem Haus«, verstand Rust. »Geh du da lang, ich auf der anderen Seite!«

Rust zog sich in Richtung See zurück. Zweifelsohne würden sie ihn entdecken, wenn er nicht sofort handelte. Ohne weiter nachzudenken stieg er ins Wasser, das an der befestigten Uferkante schon knietief war. Langsam, damit es nicht zu sehr plätscherte, bewegte er sich auf das Nachbargrundstück zu und erreichte das trockene Schilf gerade in dem Moment, als die Männer sich hinter dem Haus auf der Terrasse trafen.

»Bist du dir sicher?«, fragte der Blonde. Schmitgau grunzte nur und beugte sich über die Brüstung. Der Strahl seiner Taschenlampe huschte übers Wasser und am Ufersaum entlang. Rust hockte sich tief ins Schilf und saß dabei halb im Wasser. Lange würde er so nicht sitzenbleiben können. Es war bitterkalt, nur wenige Grade über null. Und wenn er hier raus war, würde er so schnell wie möglich ins Warme kommen müssen.

»Ruf doch die Polente«, schlug der Fahrer vor.

»Das klären wir allein«, knurrte Schmitgau. »Klingeln wir bei den Nachbarn. Geh rüber zu den Piotrowskis, ich geh zu Werner.«

Rust fluchte stumm. Damit waren ihm beide Wege abgeschnitten. Einfach durch Schmitgaus Grundstück zu verschwinden, war zu riskant. Jetzt aber kam ihm der Nachbarshund zu Hilfe, der wieder wild zu bellen begann.

»Aus!«, brüllte der Nachbar kurze Zeit darauf.

»Werner, ich bin's!«, rief Schmitgau zur anderen Seite und beide Männer wendeten Rust den Rücken zu.

Er nutzte den Moment, stieg aus dem Wasser und hastete, ohne sich weiter um Deckung zu bemühen, über das Grundstück. Er rannte durch das Gartentor, vorbei an dem dort geparkten Moskwitsch.

Rust war schon an dem Wagen vorbei, da hielt er an. Etwas war ihm aufgefallen. Er lauschte, hörte den Hund weiter kläffen und Schmitgau mit dem Nachbarn reden. Geduckt kehrte er zum Moskwitsch zurück, auf dessen Rückbank etwas Helles lag. Es war eine kleine Decke. Rust warf einen prüfenden Blick über das Dach des Wagens hinweg. Dann probierte er das Türschloss, doch die hintere Tür war verriegelt. Mit noch immer tropfnassen Hosen schlich er sich um das Auto herum und versuchte sein Glück bei der Fahrertür. Sie war offen. Er langte zwischen den Vordersitzen nach hinten und angelte nach der Decke. Instinktiv roch er daran und glaubte, einen Geruch wahrzunehmen, wie er für ein Krankenhaus typisch war. Die Decke war gerade groß genug, ein Neugeborenes darin einzuwickeln.

Plötzlich knackte hinter ihm etwas. Rust sah sich hektisch um. Er konnte niemanden erkennen, trotzdem warf er die Decke zurück ins Auto und schloss leise die Tür. Dann hastete er davon.

Als er ohne weitere Zwischenfälle bei seinem Auto in der Forstschneise angelangt war, fror er erbärmlich. Am liebsten hätte er sich die Hose vom Leib gerissen, doch er hatte nichts anderes dabei. Also setzte er sich, so wie er war, in den Trabant und war schon froh, nicht mehr dem kalten Wind ausgesetzt zu sein. Er startete den Motor vorerst nicht, sondern wartete ab.

Fast eine halbe Stunde später bewegte sich endlich etwas auf der Straße. Durch die Bäume sah er Lichter, die sich von der Siedlung näherten. Er wartete, bis sie die Einfahrt zur Schneise passiert hatten. Dann warf er den Motor an und fuhr ohne Licht zur Straße, bog links ab und folgte dem Moskwitsch, weiterhin unbeleuchtet.

Diesmal hatte der Blonde offenbar keine Eile. Ganz gemächlich bog er auf die Hauptstraße ab, die weiter von Berlin wegführte. Rust fuhr ihm nach, warf prüfende Blicke in den Rückspiegel und hoffte, dass sich ihm nicht ein Auto von hinten näherte. Er hatte Mühe, den Weg zu erkennen, nur ab und an beleuchtete das Mondlicht die Straße. In der nächsten Ortschaft verschwand der Moskwitsch in einer Seitenstraße. Rust folgte ihm, hielt jedoch gleich an, als er etwa hundert Meter vor sich die Lichter des Wagens verlöschen sah.

Angespannt wartete er. Es war kaum etwas zu erkennen auf diese Entfernung. Nach einigen Minuten öffnete er die Tür und schauderte angesichts der Kälte draußen. Steifbeinig, weil ihm der nasse Stoff unangenehm auf der Haut klebte, eilte er die schmale Straße hinunter bis zu dem parkenden Auto. Schnell überprüfte er die Lage. Auf einem verschlammten Grundstück stand ein neu erbautes Haus. Die Giebelseiten waren eingerüstet. Die Garage, der das Dach noch fehlte, befand sich links davon. Einzig ein provisorisch aus Platten gelegter Weg führte direkt zur Haustür. Das Haus selbst lag still und dunkel.

Rust überlegte. Sobald er die Deckung des Wagens verließ, musste er selbst im Dunkeln für jeden sichtbar sein. Dann aber fiel es ihm auf. Er ging in die Hocke, dabei quietschte das Wasser in seinen Schuhen, um sich die Spuren im Sand näher anzusehen. Es war eindeutig: Hier hatte jemand einen Kinderwagen entlanggeschoben. Rust fühlte sein Herz bis zum Hals schlagen. Das war der Beweis. Mit einem Mal sah er alles klar vor sich. Und es war ungeheuerlich! Nicht allein, dass dieses Kind gestohlen worden war, es war auch der Beweis, dass die Hebamme wirklich umgebracht worden war. Diese Männer waren bereit, über Leichen zu gehen. Und hatte nicht Schmitgau gerade eben auf seiner Terrasse gesagt, er wollte das allein klären? Das war eine Sache, die bis ganz nach oben gehen würde, wenn er sie meldete. Bis zu Mielke oder sogar bis zu Honecker.

Rust wurde regelrecht übel. Alles konnte geschehen. Dass er belobigt oder befördert wurde und einen Orden bekam, oder aber, dass man ihn mundtot machte. Nach allem, was er bisher erlebt hatte, war nichts unmöglich.

Als plötzlich ein Fenster im Obergeschoss aufleuchtete, erschrak er, nutzte dann aber die Gelegenheit, über den gepflasterten Weg zum Haus zu laufen. Wenn drinnen Licht brannte, konnte man nicht nach draußen sehen. Vor Kälte schlotternd und über die Maßen aufgeregt presste er sich neben der Haustür an die Hauswand. Er hörte etwas, ein leises Quäken, doch er musste eine letzte Gewissheit haben, ehe er weitermachen konnte.

Rust stieg unter dem Gerüst hindurch, bis zu der hölzernen Leiter, die im Schlamm steckte und am Gerüst angelehnt war. Er kletterte an ihr hinauf, schwang sich unter der Geländerstange durch und balancierte auf den hölzernen Brettern, die lose nebeneinandergelegt auf den Gerüstrahmen kippelten. Unter seinen vorsichtigen Schritten klapperten sie leise. Mit einer Hand an der Hauswand und der anderen am eiskalten Geländer schob er sich voran, bis er am erleuchteten Fenster angelangt war. Er warf einen vorsichtigen Blick ins Innere und schnappte nach Luft. Auf einem Tisch, der mit Decken gepolstert war, lag ein Säugling, strampelte mit Armen und Beinen und wimmerte, während er von einer Frau gewickelt wurde. Der blonde Mann, der Fahrer des Moskwitschs, stand dabei und berührte die kleine Hand des Kindes. Er lachte auf, als der Säugling seinen Finger ergriff und ihn festhielt. Rust lehnte sich kurz an die Wand und schloss für einen Moment die Augen.

Alle Anspannung war auf einmal verflogen und er war sich aller Konsequenzen bewusst. Raspe, also der Großvater des Kindes, war in die Sache involviert. Außerdem schien Weber etwas gewusst zu haben, war vielleicht beteiligt oder war dazu erpresst worden. Und was wusste diese Barbara, Ricardas Freundin?

Rust kehrte um und balancierte zu der Leiter zurück. Er

hielt es vor Kälte kaum noch aus, seine Beine waren schon beinahe gefühllos. Er rutschte von der drittletzten Sprosse ab, schlitterte den letzten Meter an der Leiter entlang, riss sich einen Holzsplitter in die Hand und versank mit den Schuhen tief im Schlamm. Er schleppte sich mühsam zum Gehweg zurück und lief zur Straße, ohne Rücksicht darauf, ob er Spuren hinterließ, Schuhabdrücke oder Erdklumpen, die von seinen Schuhen und dem Hosensaum abfielen. Als er an der Straße angelangt war, stellte sich ihm eine Gestalt in den Weg. Es war Schmitgau, der ihm den Lauf einer Jagdflinte vor die Brust drückte.

»Umdrehen!«, befahl er. »Zum Haus! Vorwärts!«

»Wer schickt Sie?«, fragte Schmitgau. »Das Ministerium für Staatssicherheit?«

»Nein.« Rust schüttelte müde den Kopf. Sie hatten ihn in die Küche geführt und an den Küchentisch gesetzt. Schmitgau hatte die Fäuste auf den Tisch gestützt. Rechts von ihm stand der Blonde, zusammen mit seiner Frau. Sie musterten Rust mit Abscheu.

»Wir finden es sowieso heraus. Also, in wessen Auftrag sind Sie hier?«, blaffte Schmitgau.

Rust schüttelte wieder den Kopf. Er war noch immer nass und mittlerweile völlig ausgekühlt. Er zitterte am ganzen Körper.

»Können Sie mir etwas geben? Ein Handtuch vielleicht«, bat er. Schmitgau sah zu dem Blonden, der gab seiner Frau einen leichten Stoß mit dem Ellbogen.

»Gib ihm eine von meinen alten Hosen.« Die Frau verließ die Küche und ging die Treppe hinauf.

»Hören Sie!«, begann Schmitgau wieder. »Uns ist klar, dass uns das MfS überwacht, aber unser Chef selbst ist Offizier im besonderen Dienst beim MfS. Also, warum hat man Sie geschickt? Ermittelt man gegen uns und warum?«

Die Frau kehrte zurück und legte ein grobes altes Handtuch auf den Tisch und eine abgetragene Hose.

»Ich bin allein hier, wirklich, glauben Sie mir.« Rust begann sich die nasse Hose von den Beinen zu zerren, Schlamm und Dreck bröselten auf den Boden. Die Frau verzog das Gesicht. Mit dem Handtuch rieb er sich die Beine ab und zog sich dankbar die trockene Hose über.

»Sie kommen aus Dresden. Voigt schickt Sie! Ist es Voigt, ja?«

Rust schüttelte wieder den Kopf, sein Kiefer schmerzte und das Sprechen fiel ihm schwer. »Das hat mit Voigt nichts zu tun. Gar nichts! Ich war nur zufällig im Krankenhaus in Dresden, als ich Ihr Auto sah.«

»Sie waren wegen Raspe da?«

Wieder schüttelte Rust den Kopf. »Nein, ich sag doch, wegen meiner Frau.«

»Sie sind also nicht von der Stasi geschickt?«

»Nein, meine Frau liegt da. Ich wartete draußen auf dem Gang und erfuhr zufällig von einer Frau, die ihr Kind gerade bei der Geburt verloren hatte. Angeblich eine Totgeburt. Ihr Verlobter hat mir das erzählt. Der wartete ja auch und war ganz fertig, als er die Nachricht bekam. Sie durften das Kind nicht einmal sehen. Später habe ich dann Ihr Auto gesehen. Den Moskwitsch mit Ihrem Kennzeichen.«

Schmitgau sah ihn verständnislos an. »Ja? Und?«

»Sie kennen Raspe?«, fragte Rust zurück.

»Ja, aber das geht Sie eigentlich gar nichts an. Was wollen Sie?«

Rust schwieg. Auf einmal erschien es ihm selbst unbegreiflich, wie er auf solche Gedanken kommen konnte.

»Was wollen Sie denn damit sagen?«, fuhr Schmitgau ihn ungehalten an. »Was sollen diese ganzen Fragen und Andeutungen? Können Sie nicht richtig reden, Menschenskind?«

Rust holte tief Lust. »Ich glaube, dass das Kind dieser Frau nicht gestorben ist, sondern dass Doktor Raspe es weitergegeben hat!«

»Mir?« Schmitgau zeigte mit beiden Fingern auf sich.

»Nein, ihm!« Rust zeigte auf den blonden Mann. Schmitgau sah irritiert zu seinem Kollegen und dessen Frau, dann wieder zu Rust. Endlich fand er die Sprache wieder.

»Sind Sie denn von allen guten Geistern verlassen?«, rief er in ehrlicher Entrüstung.

Aber Rust ließ sich nicht verunsichern. »Und die Hebamme, die das Kind entbunden hat, ist tot. Sie hat angeblich Selbstmord begangen.«

»Was heißt denn hier angeblich? Was wollen Sie denn damit sagen?«, entrüstete sich Schmitgau. »Wissen Sie, wer wir sind? Wir arbeiten für das Ministerium für Außenwirtschaft, für den Bereich Kommerzielle Koordinierung. Wir betreiben Außenhandel mit dem westlichen Ausland, für die DDR. Raspe fällt in unsere Zuständigkeit. Wir sind doch keine Verbrecher! Sind Sie verrückt geworden, oder was? Was sollen wir denn mit einem Kind? Warum sollte Martina ein Kind stehlen?« Er blickte zu der Frau, die fassungslos den Kopf schüttelte. »Martina war schwanger und hat vor drei Tagen entbunden. Das wusste hier die ganze Nachbarschaft. Sie können gern auch ihren Arzt fragen und was weiß ich wen noch!«

Rust sah betreten zu Boden.

»Soll ich Ihnen meinen Bauch zeigen?«, fauchte die Frau ihn an. Ihr Mann dagegen wusste offenbar nicht, ob er entsetzt oder belustigt sein sollte.

»Und sind Sie deshalb bei mir ums Haus geschlichen? Dachten Sie, ich habe das Kind?«, fragte Schmitgau weiter, aber man merkte ihm an, dass sein Ärger langsam einer gewissen Erheiterung wich.

Rust nickte stumm.

»Um Himmels willen, ich habe schon drei!«, rief Schmitgau in gespielter Verzweiflung. Er kam um den Tisch herum und packte Rust beinahe väterlich an der Schulter.

»Hören Sie, Ihren Eifer weiß ich zu schätzen. Sie scheinen Ihre Sache ernst zu nehmen. Da gibt's nicht mehr viele heutzutage. Seien Sie nicht enttäuscht. Brauchen Sie etwas? Können wir Ihnen helfen? Benötigen Sie wirklich einen Kinderwagen? Wir können Ihnen einen besorgen. Oder einen Fernseher? Ich könnte einen Farbfernseher beschaffen.«

Rust schüttelte den Kopf. Die Situation war ihm mehr als unangenehm. Er hatte sich komplett lächerlich gemacht. Hatte sich bloßgestellt, im wahrsten Sinne des Wortes. Vor der Frau, den beiden Männern und vor Voigt. Er schämte sich und wäre am liebsten im Erdboden versunken. Und auch wenn Schmitgau und sein Kollege den peinlichen Vorfall für sich behalten würden, diese Scham würde Rust niemals verwinden.

»Ich glaube, es ist jetzt an der Zeit, dass Sie verschwinden. Die Hose können Sie behalten!«, sagte die Frau unfreundlich und verließ demonstrativ die Küche.

»Ich habe das schon in der Gaststätte gemerkt«, mischte sich jetzt der Blonde ein.

»Was?«, fragte Rust heiser. Schmitgau hatte noch immer die Hand auf seiner Schulter liegen.

»Dass Sie etwas von uns wollen. Sie sind Polizist, oder?«

»Woher wissen Sie das?«

Der Blonde lachte. »Hab ich geraten. Stimmt's Jochen?«

Schmitgau lachte mit. »Wollen Sie vielleicht einen Tee?«

Rust schüttelte den Kopf. »Danke, nein, ich fahre nach Hause. Es tut mir wirklich sehr leid.« Dann schaute er explizit den Blonden an. »Bitte sagen Sie Ihrer Frau, dass ich sie um Verzeihung bitte!«

27

Dresden, September 2018

»Tschüüüüüß!« Ricarda winkte vom Balkon im ersten Stock dem abfahrenden Toyota hinterher. Ines' Hand streckte sich noch mal zu einem letzten Winken aus dem Fahrerfenster. Die beiden Enkelkinder warfen ihr von der Rückbank Kusshände zu.

Ricarda sah sich um und seufzte. Es war immer so ruhig, wenn die Jungen nach ein paar Tagen bei ihr wieder abgeholt wurden. Sie tröstete sich damit, dass sie Ines und die Kinder das nächste Wochenende zur Geburtstagsfeier von ihrem Mann schon wiedersehen würde. Und jetzt musste sie erst mal aufräumen. Nach drei Tagen mit Tobias und Benny sah es hier aus wie ein Saustall. Zumindest nach ihren Maßstäben.

Und danach würde sie Yvonne anrufen. Vielleicht hatte sie Lust auf einen kurzen Radausflug zur Elbe. Es war noch immer wie im Hochsommer. Yvonne würde morgen wieder arbeiten müssen, aber sie mussten ja nicht zu lang unterwegs sein. Ricarda ging mit kaum merklichem Humpeln durch das Wohnzimmer. Das Humpeln und ein Schmerz in der Hüfte nach langem Gehen waren ihr von dem Unfall geblieben. Deshalb fuhr sie lieber Rad. Auch weil sie seitdem sowieso jede unnötige Autofahrt vermied. Als Fahrerin wie auch als Beifahrerin.

Wenn Ricarda über ihr Leben nachdachte, dann konnte sie nicht wirklich sagen, dass dies hier ein richtiger Neuanfang war. Es war vielmehr das Ende eines Lebensabschnittes, der sich in den letzten fünfundzwanzig Jahren ganz gut entwickelt hatte. Davon zeugten unter anderem auch die vielen Karten und nunmehr verwelkten Blumensträuße, die sie von den Kollegen bekommen hatte. Dass ausgerechnet Stelzel, der ihr anfangs so viele Steine in den Weg gelegt hatte, beim Abschied Tränen in den Augen hatte, rührte sie noch immer. Sie hatten die letzten fünfzehn Jahre gemeinsam die Personalabteilung der Dresdner Filiale geleitet. Und Ricarda hatte den Eindruck, dass sie für ihn über die Jahre hinweg zu einer Art Muttterersatz geworden war. Sie lächelte. So änderten sich die Dinge manchmal.

Ricarda drehte die Musik ein wenig lauter. Das konnte sie sich in diesem Haus erlauben, ganz im Gegensatz zu der Plattenbauwohnung, wo sie vorher gelebt hatte. Seit drei Jahren wohnte sie nun in einer hübschen kleinen Wohnung in ihrem alten Stadtviertel Pieschen.

Ricarda machte sich ans Aufräumen, entsorgte die welken Blumensträuße und sammelte die Glückwunschkarten ein. Eigentlich müsste sie staubsaugen, dachte sie sich, aber die Versuchung, den Nachmittag ruhig angehen zu lassen und sich einfach auf den Balkon zu setzen und die Beine hochzulegen, war doch zu groß. Sie genoss zwar die Enkelbesuche, aber die beiden lebhaften Jungen kosteten sie viel Kraft. Sie holte sich aus der Küche ein Glas Limonade und ging hinaus auf den Balkon.

Kaum hatte sie es sich bequem gemacht, klingelte es an der Tür. Vorsichtig lugte sie über die Balkonbrüstung. Eine ihr unbekannte Frau stand unten vor der Eingangstür. Wer sollte schon an einem Sonntag etwas von ihr wollen? Ricarda beschloss, nicht zu Hause zu sein, und lehnte sich in ihrem Balkonstuhl wieder zurück.

Es klingelte erneut, und da ihre Balkontür offenstand, musste das Klingeln auch für die Frau unten auf der Straße deutlich zu hören sein. Außerdem war der aufgespannte Sonnenschirm zu sehen. Ricarda traute sich nicht, noch einmal nach unten zu sehen. Sie hatte keine Lust auf unerwarteten Besuch. Als es noch einmal klingelte, gab sie auf.

»Muss das sein?«, flüsterte sie, stand seufzend auf und ging zur Wohnungstür.

»Ja?«, fragte sie in die Sprechanlage.

»Entschuldigen Sie. Sind Sie Frau Raspe? Ricarda Raspe, ehemals Weber?«

»Wer fragt denn das?«

»Also, Sie kennen mich nicht. Ich würde gern …«

»Hören Sie, ich will nichts. Auf Wiedersehen!«, unterbrach Ricarda und legte auf. Was auch immer die Frau wollte, es konnte nichts Dringliches sein. Alles war gut, wie es jetzt war. Als es gleich wieder klingelte, stellte sie die Klingel einfach ab. Sie setzte sich auf die Couch im Wohnzimmer und atmete genervt aus. Mit einem Mal war die ganze schöne Stimmung weg. Jetzt musste sie hier herumsitzen und warten, bis die Fremde sich verdrückt hatte. Das Anliegen der Frau interessierte sie nicht. Und doch wusste Ricarda, dass sie sich ewig fragen würde, was sie gewollt hat, wenn sie ihr jetzt nicht aufmachen würde.

»Frau Raspe, bitte, ich will Sie nur kurz sprechen«, rief die Frau nun von der Straße herauf.

»Das kann ja wohl nicht wahr sein«, sagte Ricarda laut, verblüfft und verärgert zugleich. Sie stand wieder auf und ging auf den Balkon.

»Lassen Sie mich in Ruhe! Ich will nichts wissen!«, rief sie gedämpft nach unten, denn auch auf den anderen Balkonen nebenan und gegenüber saßen Leute. Schon hoben sich neugierig die ersten Köpfe.

»Schauen Sie! Bitte!«

Die Frau vor ihrer Haustür war in etwa so alt wie Ines, Anfang vierzig. Ihr Haar war kurz geschnitten und so schwarz, dass es gefärbt sein musste. Sie trug ein schlichtes Sommerkleid und Turnschuhe. Über die Schulter hatte sie eine Collegetasche gehängt. Mit beiden Händen hielt sie ein bedrucktes Blatt Papier hoch. Ricarda konnte auf die Entfernung zwar nicht erkennen, was auf dem Papier stand, trotzdem wusste sie augenblicklich, um was es sich dabei handelte.

Es war das Titelbild der Bild-Zeitung. Ihr Titelbild, von damals.

»Sind Sie das?«, rief die junge Frau nach oben.

Ricarda schüttelte energisch den Kopf. »Das war ein Fehler damals. Ich will damit nichts mehr zu tun haben. Es ist ewig her und längst vergessen! Ich habe Jahre gebraucht, um alles zu verarbeiten. Es hat fast mein Leben zerstört. Tun Sie mir den Gefallen und lassen Sie mich in Ruhe.« Ricarda stieß sich von der Brüstung ab und ging ins Wohnzimmer zurück. Sie wollte die Tür schließen, doch die Gardine hing davor, die musste sie erst beiseitenehmen.

»Mein Name ist Behling«, rief die Frau wieder von unten hoch. »Claudia Behling. Ich bin durch Zufall auf Sie gestoßen. Es könnte sein, dass ich Ihre Tochter bin.«

Ricarda hatte die Gardine zur Seite geschoben und die Tür schon fast geschlossen. Für ein paar Augenblicke lehnte sie ihre Stirn an den hölzernen Rahmen und schloss die Augen.

Alles war gut, wie es war. Das Kind war begraben. Sie hatte zwei Enkel. Sie verstand sich mit Ines, und mit Steffen verband sie eine Freundschaft, deren Mehrwert sich aus ihrer vergangenen Liebe speiste. Sie hatte Freundinnen, und Yvonne hatte ihr vor vielen Jahren schon verziehen. Mit Conny, die wieder in Magdeburg lebte, traf sie sich regelmäßig. Sogar mit ihren fast greisen Eltern pflegte sie ein zwar distanziertes, doch freundliches Verhältnis. Sie hatte ausreichend Geld und so wenig Sorgen, dass es ihr beinahe langweilig war. Doch das wusste man zu schätzen, wenn man erst genug Sorgen gehabt hatte. Es gab keinen Grund, daran zu rütteln. Keinen Grund, daran etwas zu ändern. Wenn da nicht in der Stimme der Frau diese leise Verzweiflung gewesen wäre, die ihr allzu bekannt vorkam.

Ricarda öffnete die Augen wieder und ging auf den Balkon. Sie blickte kurz über die Brüstung.

»Also gut, kommen Sie hoch!«

»Und dann sind Sie in den Westen gegangen? Ganz allein?«, fragte Ricarda noch mal nach, nachdem sie sich ausführlich Claudias Geschichte angehört hatte, die Kindheit bei den strengen Eltern, den gescheiterten Fluchtversuch über Ungarn, die plötzliche Erkenntnis, dass sie ein adoptiertes Kind war. Die Geschichte klang echt. Claudia Behling wirkte nicht wie eine Lügnerin, doch Ricarda wollte vorsichtig sein. Schon einmal war ihr Vertrauen missbraucht worden. Sie hatte der fremden Frau im Wohnzimmer einen Platz angeboten, seit über einer Stunde saßen sie sich gegenüber und Claudia Behling erzählte.

»Die erste Gelegenheit habe ich genutzt und bin rüber in den Westen. Ich habe gar nicht erst abgewartet, was noch alles geschehen würde. Ich weiß noch: Ich hatte kaum was dabei, ein paar hundert Mark, Ost natürlich, und einen Rucksack mit ein paar Klamotten.« Claudia verstummte und starrte auf Ricardas gläsernen Wohnzimmertisch. Dann sah sie auf. »Ja, ich war allein.«

»Sie müssen mir das alles nicht erzählen«, sagte Ricarda leise.

»Ich weiß. Aber das gehört mit dazu, zu meiner Geschichte. Ich bin dann in so ein Auffanglager gekommen, wo ich mit lauter fremden Menschen in einem engen Bungalow gewohnt habe. Das war kein Leben. Immer dieser Streit und die vielen Kinder, die gar nicht wussten, was mit ihnen geschah. Ich wollte nach Hamburg. Keine Ahnung, warum, aber das hörte sich irgendwie gut an. Weil ich so jung war, kam ich in eine Art Heim. Ich konnte dann mein Abi machen, das war gut, hat mich zwar ein Jahr gekostet, aber es war die beste Entscheidung. Dadurch habe ich eine Ausbildung bekommen als Hotelkauffrau. Ich bin dann durch ein paar Hotels gegangen, habe mich hochgearbeitet. Das war alles okay. Ich hatte Freunde, bin viel verreist. Aber nach ein paar Jahren stellte ich fest, dass ich immer an zu Hause denken musste. Bescheuert, oder? Ich habe meine Eltern immer noch Mutter und Vater genannt. Da sieht man mal, wie sehr sich mir das eingebrannt hatte. Vor allem tat es mir um meinen Bruder Andreas leid, denn der konnte ja nun wirklich nichts dafür. Achtundneunzig beschloss ich dann, mich bei ihnen zu melden. Das war gar nicht so einfach. Ich musste sie erst mal finden. Die hatten ihr Grundstück abgeben müssen, weil es unrechtmäßig angeeignet war.« Claudia unterbrach sich und überlegte. »Komisch, dass man doch immer wieder zurückkehren will, obwohl es keine schöne Zeit gewesen war.«

»Ich kenne das«, sagte Ricarda. Es war seltsam, aber auch sie dachte immer wieder an ihre eigene Kindheit und Jugend zurück, wie an eine schöne Zeit. Vielleicht war es nur die wehmütige Erinnerung an die Jugend, wie sie fast jeder hatte.

Die Suche nach ihrem Kind hatte sie so ausgefüllt, die Zeit so intensiv gemacht, dass die letzten fünfundzwanzig Jahre dagegen wie im Flug vergangen waren. Das waren schöne, beständige Jahre gewesen, aber sie waren kaum von bestimmten Ereignissen geprägt worden. Die Geburtstage ihrer Enkel. Die Hochwasser von 2002 und 2013. Die Trennung von Eric nach zehn Jahren. Das Unwetter im Flugzeug nach Zypern. Ereignisse, die allenfalls kleine Wegmarken waren in einem großen diffusen Zeitraum. Während sie von den Jahren davor scheinbar jeden einzelnen Tag noch im Kopf hatte.

»Jedenfalls hatte ich mir vorgenommen, gelassen zu bleiben«, fuhr Claudia in ihrer Erzählung fort. »Egal, wie sie reagieren, ich wollte mich nicht aufregen. Aber als ich sie wiedersah, war ich entsetzt. Sie wohnten in einer Plattenbauwohnung mitten in Berlin. Beide lebten von staatlicher Hilfe und Arbeitslosengeld. Das Leben hatte sie verändert, und sie waren bitter und böse auf alles und alle. Nur nicht auf sich selbst. Sie besaßen keinerlei Selbstreflektion. Man hatte ihnen das Haus weggenommen, und sie taten so, als sei das meine Schuld. Sie wollten gar nicht kapieren, dass es ihnen gar nicht gehörte. Und natürlich wollte niemand meinem Vater einen Job geben, und meine Mutter war arbeitsunfähig. Selbst dass sie Rente bekamen, genügte ihnen nicht. Was für verbitterte Menschen!« Claudia schwieg wieder und schien sich in ihren Erinnerungen kurz zu verlieren. Ricarda ließ sie und wartete geduldig ab, bis Claudia weiterredete.

»Und Andreas, der war sehr reserviert, regelrecht verschlossen. Er hatte es schwer gehabt in der Schule. Weil er der Sohn von einem Parteibonzen war. Nach der Wende haben alle angefangen, ihn zu mobben. Damals hat man das bloß noch nicht so genannt, aber es muss schlimm gewesen sein für ihn. Wir schreiben uns gelegentlich. Vater wurde dann auch bald krank, er hatte schon immer mit Zucker zu kämpfen gehabt. Aber ich glaube, er hatte zu saufen begonnen. Er starb zwei Jahre später, aber das habe ich auch erst vor Kurzem erfahren.« Claudia zuckte gleichgültig mit den Achseln, doch Ricarda sah ihr an, dass es ihr nicht egal war.

»Sind sie auf die Adoptionsangelegenheit eingegangen?«

Claudia winkte ab. »Es hat auch keiner von denen gefragt, wie es mir ergangen ist. Es hat sich auch keiner entschuldigt oder wollte von sich aus das Thema ansprechen. Die taten einfach so, als sei ich irgendeine alte Bekannte, und mein Besuch war keineswegs willkommen. Als ich mich dann vom ersten Schock erholt hatte, habe ich all meinen Mut zusammengenommen. Ich habe nach den Adoptionsunterlagen gefragt und woher sie mich bekommen hatten und ob sie wüssten, wer meine Eltern sind. Meine Mutter ist völlig ausgetickt. Ob ich denn niemals Ruhe geben wollte, schrie sie mich an, dabei hatte ich nur dieses eine Mal gefragt. Andreas hat später versucht, Unterlagen zu finden, doch die waren allesamt verschwunden. Also, dieser Tag, etwas Deprimierenderes habe ich noch nicht erlebt, nicht einmal, als ich mit zweihundert Ostmark in der Hand im Auffanglager stand.«

»Es wird für sie alle schwer gewesen sein«, versuchte Ricarda zu moderieren. »Ob etwas richtig oder falsch ist, lässt sich von außen immer leichter beurteilen.«

Claudia verzog das Gesicht zu einem traurigen Lächeln. »Das mag sein, aber trotzdem frage ich mich, wie man nur so uneinsichtig sein kann. Ich weiß ja noch nicht einmal, ob sie mich wirklich haben wollten als Kind. Vermutlich wäre das alles gar nicht so schlimm geworden, wäre Mutter nicht mit Andreas schwanger geworden. Ich meine, Andreas kann da ja auch nichts dafür, und irgendwie ist es doch logisch, dass man das eigene Kind lieber hat.«

Ricarda sah das anders, doch sie wusste nichts zu sagen in diesem Moment. Sie fürchtete, Claudia erhoffte sich zu viel von ihr. Außerdem waren sie noch immer Fremde.

»Das ist jedenfalls auch an mir nicht spurlos vorbeigegangen. Anfangs war mir das gar nicht bewusst. Ich habe mich immer nur gefragt, was mit mir nicht stimmte, warum ich immer so voller Zweifel war. Ich habe keine feste Beziehung auf die Reihe bekommen, der Gedanke daran, ein Kind zu kriegen, löste in mir Panik aus. Ich würde gar nicht wissen, wie man damit umgehen sollte.«

»Natürlich wüssten Sie das, glauben Sie mir. Und Sie würden es bestimmt viel besser machen.«

Claudia lachte auf und winkte ab. »Ich weiß nicht. Manchmal glaube ich, ich habe eine richtige Psychose. Ich träume oft von mir. Immer denselben Traum. Ich sehe mich als kleines Kind. Ich weiß gar nicht, wer noch da ist. Ob das meine richtige Mutter ist im Hintergrund oder die Adoptivmutter? Ob es überhaupt jemand ist, den ich kenne. Und ich sehe mir selbst von außen zu. Der Traum kommt immer mal wieder, und ich weiß, ich hatte den auch schon als Jugendliche, eigentlich auch schon als Kind. Ich war mal in psychologischer Behandlung, wo man mir sagte, dass es eine typische Art sei, mit einer traumatischen Situation umzugehen. Dabei tritt der Betroffene aus seinem Körper heraus und betrachtet die Szene und sich von außen, als gehörte er nicht dazu. Das kann bei manchen zu sogenannten dissoziativen Persönlichkeitsstörungen führen. Sie meinten, es könnte vielleicht der Moment gewesen sein, als ich meiner Familie weggenommen wurde. Aber ich weiß nicht, mir kommt das nicht so vor. Also, der Traum ist nicht so dramatisch.« Claudia grinste und wirkte mit einem Mal verlegen. »Jetzt denken Sie bestimmt, womit Sie das verdient haben, dass ich hier meine ganze Geschichte erzähle, und fragen sich, worauf ich hinauswill!«

»Das besprechen wir noch.« Ricarda streckte Claudia die Hand entgegen. »Sagen wir Du. Ich bin Ricarda.«

Claudia nahm ihre Hand und lächelte.

»Wollen wir etwas essen?«, fragte Ricarda. »Ich kann Pizza bestellen.«

»Ich will dir nicht zur Last fallen.«

Ricarda konnte sich das Lachen nicht verkneifen. »Das sagst du jetzt, nach diesem Überfall?«

Claudia wurde rot im Gesicht. »Bitte entschuldige, aber ich bin ziemlich verzweifelt gewesen«, versuchte sie sich zu verteidigen.

»Das habe ich nicht so gemeint. Ich kann mich gut in deine Situation versetzen, ich habe Ähnliches durchgemacht.« Ricarda stand auf, um ihr Smartphone zu holen. Natürlich hatte sie Claudias Geschichte bewegt, doch ihr war bewusst, dass das mit ihrer eigenen Geschichte nichts zu tun hatte. Diese war abgeschlossen, aufgeklärt, zu den Akten gelegt. Nichtsdestotrotz hatte sie sich vorhin dabei ertappt, wie sie nach Gemeinsamkeiten und Ähnlichkeiten zwischen Claudia und Ines gesucht hatte.

Sie zuckte zusammen, als Claudia sie auf einmal beim Handgelenk packte. »Weißt du, als ich in dem Lager ankam, musste ich in die Passstelle. Ich habe viele Anträge ausfüllen müssen, und die Frau, die da saß, hatte bestimmt schon hunderte von Leuten in der Woche vor mir dagehabt und ein paar tausend in dem Monat. Die sah mich an und zog plötzlich ihre Brieftasche raus und drückte mir fünfzig Mark in die Hand. Sie hat gesagt, sie würde mich gern mit zu sich nehmen, aber das dürfte sie nicht. Ich habe das Geld genommen, so verblüfft war ich. Ich dachte erst, das bekommt jeder. Als ich das später endlich kapiert hatte, da war ich so … Also, genau so fühle ich mich jetzt!«

Eine Stunde später waren die Pizzen gegessen und eine Weinflasche geöffnet. Claudia schob den Teller beiseite und zog ihre Unterlagen aus der Tasche.

»Also, es gibt Ämter, die helfen dir bei der Suche. Oft wurden Kinder vom Jugendamt aus desolaten Verhältnissen herausgenommen. Das waren dann Eltern, die als asozial galten, die Alkoholiker waren oder gewalttätig gegen die Kinder geworden sind. Da kam es manchmal durchaus zu Zwangsadoptionen, aber eher selten. Man muss da also vorsichtig sein in seinem Urteil. Es gab auch Zwangsadoptionen, die politisch motiviert waren. Und da wird es schon schwieriger. Du weißt selbst, damals galt man als kriminell, wenn man sich politisch gegen die DDR engagiert hatte oder versucht hatte, zu fliehen. Das gehörte auch zum Konzept der Stasi, die Beschuldigten systematisch fertigzumachen. Zuerst wurden ihnen Fehler oder Faulheit bei der Arbeit unterstellt, dann wurde der Freundeskreis agitiert, bis sich alle abgewendet haben, die gesamte Familie wurde mit hineingezogen, bis wirklich niemand mehr mit dir zu tun haben wollte. Und schließlich, wenn man immer noch nicht eingeknickt war, gingen sie daran, dir die Kinder wegzunehmen. Oder sie haben die Leute verhaftet und die Kinder wurden in Heime gebracht.«

»Warst du denn in einem Heim?«, fragte Ricarda

Claudia zuckte mit den Schultern. »Ich weiß es nicht. Vielleicht als Baby. Aber ich weiß nicht einmal, ob ich nicht vorher in einer anderen Pflegefamilie gewesen bin, ehe ich zu den Behlings kam. Ich war noch ziemlich klein. Es gibt Fotos von mir, da könnte ich zwei oder drei Jahre alt gewesen sein. Ich glaube, da kann man sich an nichts wirklich erinnern.«

»Und hast du irgendwas über deine Herkunft herausfinden können?«

»Das ist ja der Punkt. Ich war auf unzähligen Behörden, und man wollte mir wirklich helfen. Ich war bei Stasiunterlagenbehörden, auf Meldeämtern, Standesämtern, habe Geburtsregister studiert und habe mit verschiedenen Adoptionsvermittlungsstellen in den Jugendämtern gesprochen. Aber ich bin nicht weitergekommen. Andreas hat dann was gefunden, was mir wenigstens einen Hinweis auf das Amt gab, das damals für meine Eltern zuständig war. Und ich habe dann tatsächlich das bekommen.« Claudia öffnete die schmale vergilbte Aktenmappe und schob sie Ricarda zu. »Ich war so froh, weil ich glaubte, endlich auf der richtigen Spur zu sein.«

Ricarda sah sich die Unterlagen an und blätterte in den maschinenbeschriebenen Formularen. »Erklär mir das mal.«

»Das sind meine Adoptionsunterlagen. Mein Name, mein Alter, mein Geburtstag, die Namen meiner Adoptiveltern, deren Geburtsdaten, alles Mögliche. Nur die Namen meiner leiblichen Eltern sind nicht verzeichnet. Schau, hier. Das wurde einfach alles freigelassen. Ich habe dann erfahren, dass meine Adoptivmutter meinen Namen eintragen ließ. Es ist also nicht einmal mein wirklicher Name. Und selbst mein Geburtstag scheint erfunden zu sein, um meine wirkliche Herkunft zu vertuschen.«

Ricarda bemerkte zu spät, dass Claudias Stimmung gekippt war. Gerade noch schien sie voller Eifer zu sein, ihr Schicksal zu erzählen, plötzlich versagte ihr fast die Stimme. »Ich weiß nicht, wer ich bin, verstehst du das?« Fast flehend sah sie Ricarda an.

Ricarda war versucht, die Frau in die Arme zu nehmen. Doch etwas in ihr ließ sie zögern. Auch wenn sie beschlossen hatte, ihr zu vertrauen und ihr zu helfen, war sie einfach noch nicht bereit, sich ganz auf sie einzulassen. Sie legte tröstend ihre Hand auf Claudias Unterarm. Sie selbst hatte Jahre gebraucht, mit ihrem Leben klarzukommen. Die Suche nach dem Kind war der Sinn ihres Lebens gewesen. Als sie schließlich den Tod akzeptiert hatte, gab es diesen Sinn nicht mehr, und eine Leere war entstanden, die sie nur nach und nach füllen konnte.

»Du bist immer du, egal welchen Namen dir deine Eltern mal gegeben haben!«, sagte sie zu Claudia und warf ihr einen aufmunternden Blick zu.

»Ich weiß. Aber kannst du meine Verzweiflung wenigstens verstehen? Alle, die ich traf, hatten irgendwann ihre echten Eltern gefunden. Und auch den Grund, warum sie adoptiert waren. Manche Eltern waren in den Westen gegangen und hatten die Kinder zurückgelassen, manche waren lange im Gefängnis gewesen, manche hatten nach der Entlassung aus dem Knast abgelehnt, ihre Kinder wiederzusehen. Das ist natürlich auch schlimm. Aber ich, ich weiß noch nicht mal, wer sie waren. Ich frage mich immer wieder, warum sie nie versucht haben, mich wiederzubekommen. Durften sie nicht? Wollten sie nicht, oder wussten sie es nicht besser?«

»Wie wollen wir denn anfangen?«, unterbrach Ricarda, um Claudia auf andere Gedanken zu bringen.

Claudia sah auf. »Vielleicht hast du eine Idee? Ich dachte, dass du damit Erfahrung hast. Ehrlich gesagt, ich klammere mich inzwischen an jeden Strohhalm. Als ich den Zeitungsartikel von dir fand … na ja …. also, ich müsste dreiundsiebzig geboren sein …«

Das war genau der Gedanke, dem Ricarda sich bis zu diesem Zeitpunkt des Gesprächs mit aller Macht verwehrt hatte. Der Tod ihres Kindes war bestätigt. Das war amtlich, das war belegt. Ricarda langte nach ihrem Weinglas und trank es in einem Zug aus. Doch obwohl alle Vernunft dagegensprach und sie gar nicht wissen konnte, ob Claudia ihr nicht doch nur etwas vormachte, war dieses Feuer in ihr plötzlich wieder entfacht.

»Also, ich will wirklich nicht unverschämt sein oder dich bedrängen. Verstehe mich bitte richtig, aber heutzutage lässt sich leicht ein DNA-Abgleich machen. Das ist auch gar nicht mehr so teuer.« Claudia sah sie fragend und voller Hoffnung an.

Ein DNA-Abgleich. Ricarda nickte reflexartig. In Gedanken war sie ganz woanders.

28

Dresden, September 2018

Sie hatten sich für den nächsten Tag an der Elbe verabredet, wo sie nun auf einer Bank saßen. Radfahrer und Inlineskater huschten an ihnen vorbei, gelegentlich schlenderte ein Spaziergänger entlang. Fast war es zu warm in der Sonne. Ricarda hatte nicht gut geschlafen, sie war unruhig gewesen und von Rastlosigkeit erfüllt. Außerdem hatte sie immer wieder an Steffen denken müssen.

»Magst du mit nach Berlin fahren?«, fragte Claudia unvermittelt, nachdem sie lange schweigend nebeneinandergesessen hatten. »Andreas rief mich vorhin an. Meine Mutter musste ins Krankenhaus, und er hat die Gelegenheit genutzt, die Wohnung nach Unterlagen zu durchsuchen. Er sagt, er hätte verschiedene Sachen gefunden.« Claudia hielt inne. »Was ist denn mit dir?«

»Ich weiß nicht«, murmelte Ricarda. Sie wusste es wirklich nicht. Es war ein dumpfes Gefühl, wie eine Übelkeit, die vom Magen aus langsam nach oben stieg und gleich ihre Kehle erreichen würde. Während ihrer schlaflosen letzten Nacht war ihr etwas in den Sinn gekommen. Ihr war wieder eingefallen, wie sie damals nach der ersten Woche im neuen Job in Leipzig nach Hause gekommen war und ihr dieser Papierschnipsel aufgefallen ist, der aus ihrer Schrankwand herausgeschaut hatte.

»Steffen, mein Exmann, an den musste ich gerade denken. Immerzu hat er mich gedrängt, die Sache endlich auf sich beruhen zu lassen. Eigentlich schon unmittelbar nach der schrecklichen Entbindung.« Ricarda schüttelte den Kopf, als wollte sie ihre Gedanken wegwischen. Sie durfte auf keinen Fall wieder in ihr altes Denkmuster verfallen. Claudia hatte sie mit ihrer fixen Idee völlig durcheinandergebracht. »Claudia, du musst dir im Klaren sein, dass wir höchstwahrscheinlich zwei verschiedenen Fällen nachgehen. Die Tatsache, dass du dreiundsiebzig geboren bist, hat rein gar nichts zu bedeuten.«

»Na ja, deswegen meinte ich ja … Wir können den Test machen, dann haben wir Klarheit. Das dauert nur ein paar Tage.« Claudia sah Ricarda an, die aber starr geradeaus auf die Elbe blickte.

»Du darfst dir da keine falschen Hoffnungen machen, Claudia.« Ricarda drehte sich jetzt doch zu ihr hin. »Es wäre schön, ja, sicher, irgendwie … wie ein Wunder. Aber Wunder gibt's nicht, verstehst du?«

Claudia wollte ganz offensichtlich widersprechen, dann aber hob sie ratlos die Schultern. »Es kann ja zumindest nicht schaden, sich gegenseitig zu unterstützen.«

Ricarda lächelte traurig. »Nein, ganz sicher nicht. So eine Suche kann ganz schön einsam machen.«

Claudia nickte und schwieg. Eine Weile saßen sie beisammen und sprachen nicht, beobachteten die Leute, Studenten, die Picknick auf den Elbwiesen machten, Hundehalter, die ihre Tiere ins Wasser springen ließen, ein Partyfloß, das die Elbe hinabtrieb.

»Und?«, wandte sich Claudia wieder an Ricarda. »Kommst du nun mit nach Berlin?«

»Heute?«

»Ich kann nicht länger warten, ich will wissen, was Andreas gefunden hat.«

»Mit dem Auto?«, fragte Ricarda und Claudia nickte. Sie ahnte, dass Claudia sie nicht allein als emotionale Stütze brauchte, sondern auch als Rückhalt, falls sie doch auf ihre Adoptivmutter treffen sollte.

Sie atmete tief durch. »Na, gut.«

Zuerst war sie erleichtert gewesen, als sie in Berlin endlich von der Autobahn herunterfuhren, doch angesichts des Verkehrs in Neukölln währte die Erleichterung nur kurz. Wenn sie im Auto saß, hatte sie nach wie vor die Bilder von ihrem Unfall vor Augen, wie sie die Kontrolle verlor und die Welt sich zu drehen begann. Sie schwitzte vor Angst. Erst jetzt bemerkte sie, wie ihre Hand wehtat, so sehr hatte sie sich während der Fahrt am Türgriff des alten A-Klasse Mercedes festgehalten.

»Du schwitzt ja!«, lachte Claudia, als sie an der nächsten Kreuzung halten musste.

Ricarda brachte ein gequältes Lächeln zustande und schaute angestrengt nach draußen. Sie war schon ewig nicht mehr in Berlin, geschweige denn in Neukölln oder Kreuzberg gewesen. Sie waren gerade zur nachmittäglichen Stoßzeit angekommen, und der Verkehr staute sich überall.

Es dauerte noch eine ganze Stunde, bis sie am Haus von Claudias Adoptivmutter ankamen. Der riesige Wohnblock wirkte wenig einladend. Auf Claudias Klingeln hin wurde die Haustür mit einem Summen geöffnet. Der Hausflur bestätigte Ricardas ersten Eindruck. Unter den Briefkästen lagen Stapel von alten Werbeblättern, die seit Ewigkeiten nicht abgeholt worden waren, manche Briefkästen waren kaputt und heruntergerissen, der Fußboden war ungepflegt. Ein enger

Aufzug, der seltsame Geräusche von sich gab, brachte sie in die siebte Etage. Ricarda war erleichtert, als die Tür sich wieder öffnete und sie dem Gestank darin entkommen konnte. Sie folgte Claudia durch einen schmalen Flur. An einer der hinteren Wohnungstüren stand ein Mann und erwartete sie schon. Ricarda wusste, Andreas musste um die vierzig sein, doch er wirkte deutlich älter. Er war sehr groß und hatte ein gepflegtes Äußeres, aber seine Miene war irritierend starr, sie verriet nichts, weder Freude noch irgendeine andere Emotion. Ricarda fiel ein, dass sie gar nicht seinen Beruf kannte. Er könnte alles sein, dachte sie, Finanzbeamter oder Türsteher, man sah es ihm einfach nicht an.

Claudia begrüßte ihn, indem sie ihm über die Schulter strich. »Das ist Ricarda, eine Freundin von mir.«

»Guten Tag«, sagte Ricarda.

Andreas nickte ihr langsam zu. »Du hast gar nicht gesagt, dass du jemand mitbringst.«

»Hat sich so ergeben. Ist sie da?«, fragte Claudia.

Andreas schüttelte den Kopf, und Claudia konnte ihre Erleichterung kaum verbergen. Sie winkte Ricarda in die Wohnung, an Andreas vorbei, der keine Miene verzog. Ricarda fühlte sich nicht wohl dabei.

Im Gegensatz zum Haus war die Wohnung ausnehmend sauber. Die Zeit schien hier stillzustehen. Ricarda bemerkte sofort, dass sämtliche Möbel noch aus der DDR-Zeit stammten, die Schrankwand, die Couch, der verstellbare Couchtisch, der Esstisch, die Stühle. Das Schaugeschirr in der Schrankwand. Die Stereoanlage. Allein der Röhrenfernseher war ein Westmodell, wenn auch mindestens zwanzig Jahre alt. In der Schrankwand fanden sich Bilder und Urkunden aus der DDR, zwei Orden hingen in einem Bilderrahmen. Es sah aus wie in einem Museum. Frau Behling hatte sich sozusagen in ihrer Vergangenheit verkrochen, hatte eine Zeit lebendig erhalten, in der noch alles gut gewesen war.

Als Ricarda zu Claudia sah, bemerkte sie, dass diese sie aufmerksam beobachtet hatte.

»Gruselig, oder?«

»Mutter konnte nie davon lassen«, erklärte Andreas. »Sie redet immerzu darüber, wie man sie um das Haus betrogen hat. Siegerjustiz, sagt sie immer.« Er blieb unschlüssig in der Tür stehen.

»Ich hole mal was zu trinken«, kündigte Claudia an und ließ Ricarda bei Andreas zurück.

»Was sind Sie denn von Beruf?«, fragte Ricarda, um gar nicht erst Verlegenheit aufkommen zu lassen.

»Ich bin in einer Großhandelsgesellschaft. Eigentlich ist ihr Sitz in Hamburg, ich betreue die Zweigstelle in Berlin, so kann ich immer nach Mutter sehen.«

»Und haben Sie Frau und Kinder?«

»Kinder nicht. Hat sich bis jetzt noch nicht ergeben.« Andreas zeigte keine Regung im Gesicht.

Ricarda lächelte verlegen. »Claudia meinte, Sie hätten etwas gefunden …?«, begann sie, um das Thema zu wechseln.

Anstatt zu antworten, ging er ins Nebenzimmer. Ricarda versuchte, neugierig einen Blick durch die Tür zu werfen und erkannte das Fußende eines Bettes, auch das ein DDR-Modell, und einen Kleiderschrank. Den gleichen hatte sie auch schon mal besessen. Andreas kam mit einem Waschkorb zurück, den er auf den Couchtisch stellte. Claudia hatte drei Gläser mit Leitungswasser gebracht und ließ sie sich abnehmen.

»Es ist alles da drin«, sagte Andreas und deutete auf den Korb. Claudia blies die Backen auf, angesichts des Wustes an Papieren.

»Ich hab das im Kleiderschrank und einen Teil da unten in der Schrankwand gefunden. Der Schlüssel zu dem Fach war in einer Dose in der Küche.«

Claudia begann die Papiere zu durchstöbern.

»Mutter wird das nicht gefallen«, fügte Andreas hinzu.

»Was ist denn das hier?«, fragte Claudia und hob etwas Schweres aus dem Korb. »Das ist doch von der Stasi!«

Andreas zuckte mit den Schultern. »Ich hab das nur grob durchgeblättert, ich bin nicht scharf drauf, mir das anzusehen.«

Ricarda sah Claudia über die Schulter. Der prall gefüllte Pappordner war tatsächlich Ernst Behlings Stasiakte.

»Die müssen sie doch geklaut haben!«, keuchte Claudia aufgeregt und trug den Ordner zum Esstisch.

Andreas langte nach einem Blatt, das herausgefallen war, und reichte es Claudia zurück. »Nach der Wende hatte Vater viel Besuch. Ich musste immer aufs Zimmer, aber ich habe gelauscht. Die waren alle sehr aufgeregt und haben geflüstert und diskutiert.«

»Mensch! Die ganze Zeit ist das hier!«, stöhnte Claudia. »Schau dir das mal an. Protokolle ohne Ende.« Claudia blätterte eine Seite nach der anderen um.

»Warte, geh noch mal zurück!«, rief Ricarda, der etwas aufgefallen war. Claudia blätterte zurück.

»Bericht über ein scheinbar spontanes Treffen im Lilienstein«, las sie leise vor und fuhr mit dem Finger über die maschinengeschriebenen Zeilen auf dem vergilbten Papier. »Hier, Dresden, das ist ein großes Hotel auf der Prager Straße gewesen.«

Plötzlich packte Claudia sie fast schmerzhaft am Oberarm. »Da!«, rief sie und tippte auf eine Stelle weiter unten im Text. »Doktor Raspe!«

Ricarda wurde schwindlig.

Claudia las weiter. »Der Inhalt des Gespräches konnte nicht ermittelt werden. IM Finsterwald beobachtete das Treffen von der Bar aus, berichtete, dass das Gespräch sich von einer erst scheinbar freundschaftlichen Zusammenkunft zu einem ernsten Gespräch entwickelte. Wir erhoffen uns weitere Informationen von IM Elbhang und IM Rauch.«

»IM Rauch!«, entfuhr es Ricarda. »Der stand auch in meiner Stasiakte!«

»Und weißt du, wer das war?«

Ricarda schüttelte den Kopf. Dass tatsächlich eine Verbindung zwischen ihr und Claudia bestand, musste sie erst mal verarbeiten. Vor allem aber durfte sie sich nicht hineinsteigern, sie musste sachlich bleiben, einen kühlen Kopf bewahren.

»Vierundneunzig habe ich meine Akte eingesehen, aber da erfuhr ich nur, dass es IMs gab, nicht, wer sie waren«, flüsterte Ricarda, kaum in der Lage, überhaupt etwas zu sagen.

»Das war ja vor über zwanzig Jahren. Das hat sich alles geändert«, kommentierte Claudia.

»Anscheinend waren ein paar IM auf mich angesetzt. An IM Rauch kann ich mich entsinnen und noch andere.«

Claudia blätterte weiter. »Ich weiß aus meiner Akte, dass auf meinen Vater einige angesetzt waren. Unsere Nachbarn zum Beispiel. Die sind extra auf das Grundstück nebenan gezogen, da war ich gerade zehn. Und Kollegen von ihm. Hier, IM Finsterwald, das war Herr Liebschütz.«

»Herr Liebschütz?«, fragte Andreas erstaunt. »Der hat mir immer Matchbox-Autos mitgebracht!«

Claudia verzog das Gesicht. »Und mir einen Walkman. Den musste ich nachher Mutter geben. Vater war bei der KoKo beschäftigt, Kommerzielle Koordinierung. Für eine Firma namens Intrac.«

»Mein Vater durfte auch in den Westen«, sagte Ricarda. »Deshalb wurde er auch von der Stasi überwacht.«

»Lebt dein Vater eigentlich noch?«, fragte Claudia.

»Ja, meine beiden Eltern leben noch. Beide über neunzig. Mein Vater zehrt von seinem vergangenen Ruhm, und Mutter sowieso. Ginge es nach denen, dürfte es die DDR auch noch geben. Es ging ihnen immer gut.« Ricarda schwieg verbittert.

»Du müsstest erneut Akteneinsicht beantragen. Inzwischen kann man das online machen und bekommt sogar ziemlich schnell einen Termin«, sagte Claudia, während sie weiter in dem Ordner blätterte.

»Hier!«, rief sie plötzlich. »Ich hab es ja gewusst. Vater war in Westberlin. Ziemlich oft sogar. Schau mal, davon habe ich gelesen. Die haben anscheinend Westberliner Müll entsorgt und es sich gut bezahlen lassen. Da wurde ja extra eine Müllverbrennungsanlage gebaut. Diese Firma Intrac hat wohl die meisten Geschäfte geregelt, die nicht über den geplanten Außenhandel der DDR liefen. Die haben auch den Verkauf von Häftlingen in die BRD geregelt, soweit ich weiß. Schau dir das an! Vater wird als absolut zuverlässig eingestuft.«

Ricarda schwirrte der Kopf. Davon hatte damals auch etwas in dem Zeitungsbericht über sie gestanden. Dass ihr Vater das Kind womöglich für den Freikauf eines Häftlings hergegeben hätte. Damals erschien das so hanebüchen, so absurd.

Claudia schien von Ricardas Erschütterung kaum etwas mitzubekommen. Sie schüttelte immer wieder fassungslos den Kopf. »Mutter dagegen haben sie als Unsicherheitsfaktor eingeschätzt. *Zeichnet sich durch ihre aufbrausende Art aus*«, zitierte sie, »*ist immerzu darauf bedacht, Beachtung geschenkt zu bekommen, drängt sich sehr in den Vordergrund. Behling selbst vermutet, ihre Unzufriedenheit ist in dem unerfüllten Kinder-*

wunsch begründet. Es wird angeraten, ihr eine Funktion zukommen zu lassen, die sie in ihrer Freizeit ausfüllt.« Sie las den Text stumm zu Ende und blätterte auf die nächste Seite. Andreas sah seiner Schwester über die Schulter. Ricarda hatte sich einen Stuhl herangezogen.

Die nächsten Seiten waren nicht relevant. Offensichtlich war Behling intensiv beobachtet worden. Protokolle verschiedener IMs berichteten detailgenau vom täglichen Leben, von Wochenendausflügen, den Besuchen bei seinen und den Schwiegereltern, Feten mit Freunden und Bekannten, von dem Urlaub im Harz. Dann aber entdeckte Ricarda wieder etwas.

»Hier, wieder IM Elbhang!« Sie deutete auf die entsprechende Stelle. »Ein erneutes Treffen von deinem und meinem Vater. Wieder im Hotel. Sie haben eine Reise nach Hamburg besprochen. Daran kann ich mich erinnern, dass er mal in Hamburg war.«

Claudia stieß Ricarda an. Sie war schon weiter im Text und zeigte auf eine Passage weiter unten.

»*… mit der Maßgabe zur Beschaffung vertraulicher Informationen, ein außereheliches Verhältnis anzubahnen*«, las Ricarda. »IM Elbhang ist eine Frau!«, schlussfolgerte sie und las weiter, »*…spielt in die Hände, dass IM Elbhang sich von Dr. Raspe durchaus angezogen fühlt. Es wird empfohlen, darauf aufzubauen. Inzwischen ist mit der Observierung des Ehepartners von IM Elbhang wie gehabt fortzufahren. Achtung! Weder die Zielperson selbst noch die Drahtzieher des geplanten Fluchtversuches sind festzunehmen, außer bei akuter Fluchtgefahr. Die Operation Brücke darf unter keinen Umständen gefährdet werden. IM Finsterwald begleitet B. und R. als Protokollführer, wird jede Abweichung vom Reiseweg und jegliche ungeplante Treffen mit Dritten über den üblichen Weg melden. Wichtig! IM Finsterwald und IM Elb-*

hang wissen nichts voneinander. Sämtliche Aktionen sind mit den Genossen in Dresden abzustimmen.«

»Was hat denn das alles zu bedeuten?«, fragte Claudia.

»Dein Vater und mein Vater waren neunzehnhundertsiebzig zusammen in Hamburg. Anscheinend war das keine offizielle Delegation, sondern eine richtige Geschäftsreise. Wenn du sagst, Intrac hat solcherart Geschäfte betreut, warum nicht auch den Verkauf von medizinischen Präparaten oder Forschungsergebnissen? Außerdem hatte mein Vater anscheinend ein Verhältnis. Blätter mal weiter!«

Ricarda sah Claudias Bruder an. »Sie wissen nicht zufällig, woher Ihre Eltern diese Akte haben? Die muss ihnen ja zugespielt worden sein.«

Andreas schüttelte den Kopf. »Wie gesagt, es waren Männer da, gleich nach der Wende. Ich war ja noch ein Kind, ich habe mir nicht alles gemerkt. Manche waren Kollegen von früher, andere kannte ich nicht. Mutter war oft sehr wütend. Sie sagte, man hätte die Demonstranten zusammenschießen sollen. Wie in China. Von Claudia hat sie gesagt, sie wäre eine undankbare Göre.« Wieder hob er die Schultern.

»Hat sie das gesagt, ja?«, fragte Claudia und gab sich gelassen. Doch Ricarda sah ihr an, wie die Worte an ihr zehrten.

Andreas nickte. »Sie sagte, du wärst sonst in dem Heim geblieben.«

»In dem Heim?« Claudia sah auf.

Andreas nickte wieder. Er begann, im Wäschekorb nach weiteren Unterlagen zu suchen. Dann nahm er einen Brief mit aufgerissenem Umschlag heraus und gab ihn Claudia. Diese musterte den Brief, als ginge eine Gefahr von ihm aus. Ricarda nahm ihn kurzentschlossen an sich.

»Soll ich?«

»Da steht drin, welches Waisenhaus das war«, erklärte Andreas.

»Andi, warum sagst du das nicht?«, rief Claudia.

»Ich dachte, das wüsstest du schon längst.«

Ricarda las den Brief und hob beschwichtigend die Hand. »Da steht nichts über dich, Claudia, nur dass sie am 30. August '75, um neun Uhr morgens zu einem ersten Gespräch erscheinen sollten. Haus der fröhlichen Kinder. In Königs Wusterhausen.«

»Aber wieso fünfundsiebzig?«, fragte Andreas.

»Das sagte ich ja. Ich muss schon zwei oder drei gewesen sein, als sie mich adoptierten.« Claudia erhob sich.

»Wo willst du denn hin?«, fragte Ricarda.

»Nach Königs Wusterhausen! Die müssen doch Akten haben.«

Ricarda griff nach Claudias Arm. »Lass uns doch erst einmal herausfinden, ob dort jemand ist und ob wir einen Termin bekommen. Morgen vielleicht. Jetzt ist es schon zu spät. Inzwischen können wir die Unterlagen weiter durchgehen.«

»Willst du hier schlafen?«, fragte Claudia.

»Hier wird sich doch ein Hotel finden, wir sind doch in Berlin!«

29

Königs Wusterhausen, September 2018

»Vielen Dank, dass Sie uns so schnell einen Termin geben konnten!« Ricarda reichte der jungen Frau mit dem Rastazopf die Hand. Auch Claudia begrüßte die Frau, aber wirkte dabei nervös und fahrig. Draußen, auf dem großen Gartengrundstück, spielten ein paar Kinder im Kindergartenalter. Zwei Erzieherinnen standen dabei und unterhielten sich. Der Gedanke, dass diese Kinder Waisen waren oder aus anderen Gründen nicht bei ihren Eltern sein konnten, schnürte Ricarda die Kehle ein. Besonders der Anblick eines kleinen Mädchens, das etwas abseits saß und von keinem beachtet wurde, erschütterte sie. Es war nicht vorbei und vermutlich würde es nie vorbei sein. Insgeheim musste sie sich nun eingestehen, suchte sie doch immer noch nach ihrem Kind.

Heute Morgen war sie völlig verwirrt in dem Berliner Hotelzimmer aufgewacht und hatte einige Augenblicke benötigt, sich zu orientieren. Sie hatte seltsam geträumt in der Nacht, ohne sich genau erinnern zu können. Es war nicht leicht, sich keine Hoffnungen zu machen, angesichts der Neuigkeiten, die sie erfahren hatten. Und dass es Claudia ganz genauso erging, hatte sie ihr beim Frühstück angesehen. Aber keiner wagte es, ein Wort darüber zu verlieren.

Frau Schubert, die Leiterin der Einrichtung, kam gleich zur Sache. »Wir haben noch gestern angefangen, die Jahrgänge zweiundsiebzig bis sechsundsiebzig zu sichten. Aber es gibt keine Akte über Sie, Frau Behling, einzig einen Eintrag ins Hausbuch, dass Herr und Frau Behling sich nach einem ersten Besuch im August fünfundsiebzig bereit erklärten, Sie bis auf Weiteres zur Probe mit nach Hause zu nehmen. Sie hätten sich ruhig und artig verhalten, steht da.«

Frau Schubert drehte das Buch zu ihnen um und schob es über den Schreibtisch. Claudia und Ricarda beugten sich beide darüber.

»Und sonst ist nichts zu finden?«, fragte Claudia enttäuscht.

»Nein, wir würden wirklich gern weiterhelfen. Ich darf Sie nicht selbst suchen lassen, aus Datenschutzgründen. Ich bin erst seit zwei Jahren hier Leiterin, davor gab es einen großen Umbau und gleich nach der Wende eine Sanierung. Wer weiß, vielleicht ist ein Teil der Unterlagen verlorengegangen. Es ist sowieso von den Adoptionsbehörden vieles eingesammelt worden, um Daten abzugleichen und einigen Fällen nachzugehen. Ich weiß auch, dass von anderen Einrichtungen Unterlagen für Gerichtsverhandlungen angefordert worden waren. Von sogenannten Zwangsadoptionen, wie Sie es schildern, weiß ich in unserem Haus aber nichts.«

»Aber es heißt doch, ich war hier und bin von den Behlings aufgenommen worden!« Claudia blätterte hektisch in dem Buch hin und her. Ricarda sah Frau Schubert an, dass sie das eigentlich nicht durfte, doch die Frau ließ Claudia gewähren.

»Das heißt es auf jeden Fall. Dass es in den Adoptionsunterlagen keinen Hinweis auf unsere Einrichtung gibt, muss jedoch nicht bedeuten, dass da etwas vertuscht wurde. Es kann einfach ein Formfehler sein oder die Sachlage war nicht geklärt, vielleicht musste es ganz schnell gehen.«

»Aber es könnte doch sein, dass jemand versucht hat, die Spur zu verwischen?«

Frau Schubert warf Ricarda einen kurzen Seitenblick zu. Ricarda spürte, dass sie Claudia in ihrer Not weder enttäuschen noch ihrer verzweifelten Hoffnung Vorschub geben wollte. Wahrscheinlich hatten die Leute sie früher ganz genauso angesehen. Ricarda erschauderte.

»Das könnte natürlich sein«, antwortete die Leiterin vorsichtig. »Aber aus welchem Grund? In der Praxis verhielt es sich so, dass Kinder durch einen ordentlichen Gerichtsbeschluss den Eltern entzogen wurden. Die Begründung war eigentlich egal.« Frau Schubert hob bedauernd die Hände.

Ricarda berührte Claudia leicht an der Schulter. Sie sah ihr an, wie sie gegen Verzweiflung und Enttäuschung ankämpfte, lächelnd, aber mit zitterndem Kinn.

»Immer, wenn ich denke, ich bin einen Schritt weiter, laufe ich wieder nur ins Leere«, flüsterte Claudia.

Frau Schubert nickte verständnisvoll und schob einen Zettel über den Tisch. »Das ist die Adresse von Frau Junghans. Sie war hier Mitarbeiterin und ist vor zehn Jahren in Rente gegangen. Sie kommt aber gelegentlich ehrenamtlich vorbei, hilft bei Feiern und beschäftigt sich mit den Kindern. Sie war seit achtundsechzig hier beschäftigt. Ich habe mit ihr telefoniert. Wenn Sie möchten, können Sie sie jetzt besuchen.«

Claudia streckte die Hand nach dem Zettel aus, aber Frau Schubert hielt ihn noch zurück. »Frau Behling, ich weiß natürlich nicht, woran Frau Junghans sich noch erinnern kann, aber haben Sie bitte keine zu hohen Erwartungen. So viel Zeit ist vergangen, selbst die Wende liegt schon fast dreißig Jahre zurück.« Sie gab Claudia das Papier frei, die es schweigend in ihre Tasche steckte, aufstand und zur Tür ging.

»Sie müssen sie entschuldigen, das alles ist nicht leicht für sie«, bat Ricarda, erhob sich ebenfalls und reichte Frau Schubert die Hand. »Vielen Dank!«

Frau Schubert hielt Ricardas Hand eine Sekunde länger fest, als nötig gewesen wäre. »Es ist für keinen von uns leicht. Weder für uns noch für die Kinder, und auch nicht für die Eltern. Ich wünsche Ihnen beiden viel Glück. Vielleicht geben Sie mal Bescheid, wenn Sie etwas erreicht haben sollten. Wir können hier auch ab und zu mal eine gute Nachricht vertragen.«

»Manchmal frage ich mich, ob ich mehr wüsste, wenn ich damals nicht abgehauen wäre.« Claudia hatte die neue Adresse in das Navi eingegeben und war dabei, sich in den Verkehr einzureihen »Vielleicht hätte ich damals bleiben sollen, mit ihnen reden. So habe ich es ihnen doch nur leicht gemacht.«

»Jetzt mach dir doch keine Vorwürfe!«

»Natürlich mache ich mir die. Sieh dir doch Andreas an, wie kühl er ist, wie alles an ihm abzuprallen scheint.«

»Aber das ist doch nicht deine Schuld. Es ist die Aufgabe der Eltern, das Kind zu erziehen. Du bist doch selbst noch ein Kind gewesen, als du weggegangen bist. Und vielleicht ist es auch einfach sein Naturell, könnte doch sein.«

Claudia nickte und zuckte mit den Schultern. Doch Ricarda ahnte, dass ihre Worte wenig ausrichteten. Was sich einmal in einem festgesetzt hatte, ließ sich nicht so leicht von anderen wegreden.

»Fahr mal nicht so schnell!«, bat sie, denn Claudia fuhr über sechzig, obwohl hier nur dreißig erlaubt waren.

Claudia bremste etwas ab und sah in den Rückspiegel. Einen Moment zu lang blieb ihr Blick dort hängen, und Ricarda bemerkte es sofort.

»Was ist denn?«, fragte sie.

»Ach, nichts!« Claudia winkte ab.

Ricarda gab sich nicht zufrieden mit der Antwort und drehte sich beunruhigt im Sitz um. Die Hüfte schmerzte schon wieder und sie konnte nicht lange so sitzen. Es war nichts zu entdecken. Niemand folgte ihnen. Sie schaute wieder nach vorne, doch ein komisches Gefühl blieb.

Frau Junghans wohnte in einem kleinen Häuschen, das auf einem weitläufigen Grundstück stand. Hühner liefen frei herum und pickten im Gras. Eine weiße Katze erhob sich träge aus der Sonne und gab den Weg frei, als Claudia ihren kleinen Mercedes auf einer freien Fläche abstellte. Anscheinend waren sie schon gesehen worden, denn eine ältere Frau mit weißen, zum Zopf gebundenen Haaren kam ihnen aus einem Gewächshaus entgegen.

»Kommen Sie nur!«, winkte sie Claudia und Ricarda heran.

Sie zog ihre Gartenhandschuhe aus und wischte ihre Hände am Kittel ab. »Sie müssen entschuldigen, ich habe ganz feuchte Hände«, erklärte sie und lachte. »Sie sind Claudia Behling?«, fragte sie. Claudia nickte.

»Raspe«, stellte Ricarda sich vor. »Ich hoffe, wir kommen nicht ungelegen.«

»Ach, i wo, ich freue mich über jede Gesellschaft. Mein Mann ist vor drei Jahren gestorben, da ist es oft mal etwas einsam. Kommen Sie.« Frau Junghans deutete zum Haus und ging voran.

»Hätte ich gewusst, wann Sie kommen, hätte ich etwas zum Mittag gekocht!«, sagte sie, während sie sich in der Küche die Hände wusch. »Möchten Sie etwas trinken? Kaffee, Wasser?«

Claudia sah Frau Junghans ununterbrochen an, als suchte sie in ihren Erinnerungen nach dem Gesicht.

»Wasser wäre schön«, sagte Ricarda für beide.

»Also«, sagte Frau Junghans, nachdem sie drei Gläser und eine Glaskaraffe mit Wasser, in dem ein paar Minzblätter schwammen, auf den Tisch gestellt hatte, »ich kann mir schon denken, dass Sie nicht zum Plaudern hergekommen sind. Und seit mich gestern Frau Schubert angerufen hat, denke ich natürlich darüber nach. Ich will Ihnen ja auch nichts Falsches erzählen. Du lieber Gott, so viele Kinder haben wir dagehabt.«

Ricarda legte unter dem Tisch ihre Hand auf Claudias Knie, weil sie spürte, wie die jüngere Frau vor Anspannung und Ungeduld schier zerspringen wollte.

»Ich sage Ihnen gleich, ich kann mich an keinen speziellen Moment erinnern, auch wenn in meiner Erinnerung dieser Herr Behling ein großer Mann mit tiefer Stimme war.«

»Ja!«, entfuhr es Claudia.

»Aber wirklich, was das betrifft, ich habe keine Einzelheiten im Kopf. Meist bekamen wir die Kinder vom Jugendamt zugewiesen, wenn sie aus ihren Familien herausgenommen worden waren. Da gab es ja schlimme Fälle von Alkoholismus. Aber das Jugendamt war auch immer bemüht, die Kinder wieder in die Familien zurückzubringen. Viele blieben also nur ein paar Wochen oder Monate, und manche von ihnen kamen wieder, wenn es doch nicht funktionierte. Manche gingen zwischendurch zu Pflegeeltern, bis sie wieder zurückkonnten. Erst wenn es gar keinen anderen Weg gab, wurde eine Zwangsadoption angeordnet. Aber die allermeisten Kinder waren von ihren Eltern freiwillig zur Adoption freigegeben oder sie waren Waisen. Die Pflegefamilien bekamen die Kinder zur Probe, und wenn es gut funktionierte, konnten sie bleiben und von den Pflegeeltern auch adoptiert werden.«

»Und wenn es mit den Pflegeeltern nicht funktionierte?«, fragte Claudia ungeduldig.

»Dann nahmen wir sie wieder auf und versuchten es mit neuen Pflegeeltern.«

»War es eine gängige Praxis, die Kinder in SED-Funktionärsfamilien zu stecken?«

Frau Junghans hob die Augenbrauen. »Mag schon sein, dass sie einen gewissen Vorrang hatten. Man wollte ja, dass die Kinder zu sozialistischen Persönlichkeiten heranwuchsen, und das versprach man sich natürlich von diesen Familien. Ich kann mir auch vorstellen, dass manche Funktionäre besonders bevorzugt behandelt wurden. Aber ich möchte darauf hinweisen, dass so etwas in der BRD auch nicht anders gehandhabt wurde. Wir bekamen nach der Wende eine neue Chefin, das weiß ich noch. Sie kam aus dem Westen und blieb auch nicht lang, aber sie hat uns einiges erzählt. Auch in der BRD gab es Zwangsadoptionen.«

»Aber waren die denn politisch motiviert?«, fragte Claudia schroff.

»Also in der BRD vermutlich nicht.«

»Aber in der DDR schon!«, konterte Claudia scharf.

Frau Junghans warf einen fast Hilfe suchenden Blick zu Ricarda. »Ich kann Ihnen das nicht sagen. Wir wussten so etwas nicht. Auch in Ihrem Fall nicht. Das könnte Ihnen nur jemand vom Jugendamt sagen, der damals zuständig war.«

»Habe ich versucht, zu finden. Die Person ist angeblich nicht auffindbar. Sie müssen doch aber gewusst haben, ob meine Eltern zum Beispiel im Gefängnis saßen oder in den Westen geflüchtet oder vielleicht sogar tot waren.« Claudia hatte sich in Rage geredet.

»Claudia!«, mahnte Ricarda leise. »Frau Junghans will uns

helfen!« Langsam fing sie an, Steffen zu verstehen, der irgendwann nicht mehr bereit gewesen war, sie auf diesem Weg zu begleiten und diese Aggressivität auszuhalten.

»Ich weiß«, flüsterte Claudia und sah nach unten. »Entschuldigen Sie. Es ist zum Verrücktwerden. Immer wenn ich einen Schritt vorankomme, muss ich wieder zwei zurückgehen. Ich finde meine Adoptionsakte, doch die Namen meiner Eltern sind nicht eingetragen, ich finde das Kinderheim, in dem ich war, doch es gibt keine Unterlagen von mir, Sie sind Augenzeugin, vielleicht noch die Einzige, und Sie können mir nichts sagen.«

Frau Junghans sah Claudia verständnisvoll an. »Wissen Sie, ich glaube mich an ein Kind zu erinnern, das in einer Pflegefamilie war. Dann kam tragischerweise die Frau ums Leben und der Mann brachte das Kind zurück, weil er es nicht allein großziehen konnte. Ein Autounfall, schrecklich. Damals war das ja noch nicht so mit Gurten. Es könnte sein, dass es sich bei dem Kind um Sie handelte, dass Sie deshalb ins Heim zurückkamen. Vielleicht erklärt das auch, dass in den Unterlagen nichts von den Eltern stand.«

»Aber das hilft mir auch nicht weiter, das macht es eher noch komplizierter«, stöhnte Claudia auf.

»Ich kann Ihren Ärger wirklich verstehen. Ich erzähle Ihnen jetzt etwas, von dem ich nicht weiß, ob es Ihnen weiterhelfen wird. Aber es fiel mir ein, gleich als Frau Schubert gestern Abend anrief. Nach der Wende kamen einmal Gerichtsbeamte, die verlangten die Herausgabe von Akten, das könnte vierundneunzig gewesen sein, weil da die neue Chefin gerade gegangen war und ein paar Wochen lang nur unsere stellvertretende Heimleiterin verantwortlich war. Und Birgit war damals völlig überfordert. Es kann durchaus sein, dass gerade Ihre Akte dabei gewesen war.«

»Das ist alles?«, fragte Claudia enttäuscht. Sie hatte sich mehr erhofft. »Haben die Leute sich ausgewiesen?«

»Ich glaube schon, aber das ging alles so schnell. Die standen plötzlich vor der Tür und haben die Akten verlangt. An den einen kann ich mich noch erinnern, der war dick, hatte Glatze und trug eine dunkel getönte Brille. Dabei war es gar nicht so hell.«

Ricarda durchfuhr es wie ein Schlag. »Wissen Sie noch die Namen?«, fragte sie.

Frau Junghans hob bedauernd die Schultern. »Nein, tut mir leid.«

»Du kennst den Mann?«, fragte Claudia und sah Ricarda forschend an.

»Ich weiß nicht, es wäre schon ein großer Zufall, aber genau so hatte Ines damals den Mann beschrieben, der sie in Freiburg fotografiert hat.«

»Ist das nicht frustrierend?«, fragte Claudia, als sie wieder im Auto saßen und eine ganze Weile unterwegs waren. Claudia war müde, fuhr trotzdem zu schnell oder gerade deshalb. »Wir haben lauter Puzzleteile, die aber immer noch kein Ganzes ergeben.«

»Aber die Leute, mit denen wir geredet haben, haben sich alle bemüht. Sie wollten wirklich helfen. Sie wissen es eben nicht besser. Überleg doch mal, wie lange das her ist.« Ricarda starrte angestrengt auf die Straße und hielt bereits wieder mit der Hand fest den Haltegriff umklammert. Claudia schien ihre Angespanntheit nicht zu bemerken. »Wenn du das mit mir vergleichst: Ich habe jahrzehntelang gar nichts erreicht. Außer, dass keiner mehr mit mir zu tun haben wollte.«

»Aber bist du denn wirklich davon überzeugt, dass du die

Wahrheit jetzt kennst?«, fragte Claudia und warf einen verstohlenen Blick in den Rückspiegel. Doch Ricarda bemerkte es.

»Ich hatte mich damit abgefunden und habe mehr als zwanzig Jahre gut damit leben können«, sagte sie und versuchte, unauffällig in den Seitenspiegel zu schauen. »Die Zweifel hast erst du wieder in mir geweckt.«

Claudia verstand das offenbar als Vorwurf und kniff die Lippen zusammen. »Du siehst doch aber selbst, dass hier irgendwas nicht stimmt.«

»Du musst dich nicht verteidigen. Ich habe nur gesagt, wie es war.«

»Und dieser Dicke mit der getönten Brille? Wer, glaubst du, könnte das sein?«

»Ich habe keine Ahnung. Ich weiß noch, Ines hatte damals richtig Angst. Doch irgendwann war der Kerl wieder weg.«

»Und wenn es nun einer von der Stasi war? Ich wette, die alten Verbindungen haben noch lange gehalten, vielleicht bis heute.« Claudia sah wieder in den Rückspiegel.

»Fahr doch bitte langsamer«, bat Ricarda.

Claudia bremste ein wenig ab und blickte erneut in den Rückspiegel. Ricarda zwang sich zur Ruhe und merkte doch, dass sich die alten Ängste zu ihrem Entsetzen wieder zurückmeldeten. Nervös rutschte sie in ihrem Sitz herum.

»Was hätte denn ein ehemaliger Stasimann davon, meine Tochter zu fotografieren?«, fragte sie und hörte das Zittern in ihrer Stimme.

»Er wollte dir Angst machen. Genauso wie mit den Karten, von denen du erzählt hast. Ängste schüren, das war doch immer deren Methode.«

»Claudia«, schrie Ricarda auf, »du fährst auf dem Seitenstreifen!«

Claudia zog das Auto umgehend und ein wenig zu hastig

nach links, und sie kamen kurz ins Schlenkern. Für Ricarda genügte es, dass ihr fast schwarz vor Augen wurde.

»Verdammt noch mal, Claudia, was schaust du denn dauernd in den Rückspiegel?«, keuchte sie.

»Ich weiß nicht, ich glaube, uns folgt jemand.«

Ricarda versuchte, durch die Rückscheibe zu schauen. »Ich seh nichts.«

»Könnte mich auch getäuscht haben. Er ist abgebogen«, murmelte Claudia. Doch Ricarda sah ihr an, dass Claudia das nur gesagt hatte, um sie zu beruhigen. Im nächsten Moment klingelte Claudias Handy, und Ricarda fuhr vor Schreck zusammen.

»Das Kinderheim!«, sagte Claudia und nahm den Anruf an. »Ja?«

»Schubert hier, aus dem Kinderheim. Gerade eben hat Frau Junghans mich angerufen. Sie ist ganz aufgewühlt wegen Ihres Besuches«, klang es aus der Freisprechanlage. »Sie hat sich daran erinnert, dass früher Bücher geführt wurden, in denen eingetragen wurde, wer, wann, zu welcher Uhrzeit angerufen hat. Ich habe einige gefunden. Wollen Sie sich das ansehen?«

Frau Schubert empfing sie schon am Tor. »Kommen Sie.«

Ricarda und Claudia folgten ihr ins Büro. Leise schloss sie die Tür hinter sich. »Da, bitte schön.« Sie deutete auf den Tisch, wo mehrere pappgebundene Hefte im DIN-A5-Format lagen.

»Sie fangen sechsundachtzig an und wurden bis achtundneunzig geführt. Vielleicht sollten Sie sich auf die Jahre dreiundneunzig, vierundneunzig konzentrieren. Vielleicht hatte sich der Mann, der die Akten damals abholte, ja telefonisch angekündigt. Dreiundneunzig beginnt hier.« Frau Schubert legte ihnen eines der Bücher vor. »Kann ich Sie damit eine Weile allein lassen? Die Kinder kommen jetzt alle aus der Schule und wir müssen Hausaufgaben machen.«

»Ja, natürlich. Vielen Dank!« Claudia nickte ihr freundlich zu.

»Ich finde nichts«, seufzte Claudia einige Zeit später. Sie war die Aufzeichnungen aus dem Jahr dreiundneunzig durchgegangen, während Ricarda sich das Heft von vierundneunzig durchsah. Ricarda rieb sich die Augen. Die meisten Eintragungen waren mit Bleistift gemacht, dünn und manchmal schwer leserlich.

»Wir müssen langsamer machen«, sagte sie.

»Wollen wir mal tauschen?«, fragte Claudia.

Ricarda gab ihr das Heft und schlug das andere auf. Seufzend fuhr sie mit dem Finger die Zeilen ab, blätterte um, las, blätterte weiter. »Wenn man wenigstens wüsste, wonach man suchen soll.«

»Irgendein bekannter Name«, murmelte Claudia.

Ricarda blinzelte. »Wir müssen genauer suchen. Anfang vierundneunzig hat Frau Junghans gesagt.«

Claudia legte ihr Heft zur Seite. »Schau du noch mal. Ich komm hier nicht weiter.«

Ricarda blätterte noch einmal Seite für Seite das Dreiundneunziger-Heft durch. In der Januar-Auflistung stutzte sie. »Walters«, las sie laut. »Frau Walters. Hat drei Mal angerufen. Als Betreff steht hier ›Anfr. Ad.‹.«

Claudia sah sie fragend an. »Und? Kennst du eine Frau Walters?«

»Ich habe den Namen schon mal gehört.« Ricarda starrte auf die Namensliste und suchte ihre Erinnerung ab. Plötzlich fuhr sie hoch.

»Kerstin Walters. Natürlich! So hieß die Frau, die mich damals auf der Autobahn gerammt hat!«

Claudia ließ das Buch auf den Schoß sinken. Sie war auf einmal wieder hellwach. »Das ist doch eine Spur, oder? Immerhin ein Name. Wir müssen herausfinden, wo diese Frau Walters wohnt.«

»Vielleicht ist es nur Zufall! Wie viele Walters wird es wohl in Deutschland geben!«

»Das ist doch jetzt egal. Ricarda, wir haben einen Anhaltspunkt!« Claudia war wie elektrisiert. »Fragt sich nur, wie wir ihren Wohnort herauskriegen.«

»Ich glaube, ich habe da jemanden«, meinte Ricarda zögernd. »Ich muss telefonieren und dann müssen wir nach Dresden fahren. Heute wird das bestimmt nichts mehr. Es ist schon Feierabend.«

30

Dresden, September 2018

Yvonne umarmte Ricarda und reichte Claudia die Hand. Es war Mittag und sie hatten sich ein Café in der Nähe der Klinik als Treffpunkt ausgesucht. Trotz des schönen Wetters hatte Claudia darauf bestanden, sich drinnen hinzusetzen.

»Wir haben dir einen Kaffee und eine Eierschecke mitbestellt«, sagte Ricarda.

»Ich habe nur eine halbe Stunde«, sagte Yvonne und musste dann plötzlich lachen. »Ich kann kaum glauben, dass du mich um diesen Gefallen bittest. Hast du vergessen, dass sie mich damals beinahe rausgeschmissen haben?«

Ricarda wurde rot. Auch nach so vielen Jahren schämte sie sich noch.

»Aber eben nur beinahe«, versuchte sie kleinlaut zu relativieren.

»Nur weil Eric die Kündigung angefochten hat, als du im Koma lagst«, entgegnete Yvonne. Die Erinnerung daran hatte ihre Stimmung von einer Sekunde zur anderen kippen lassen. Aber sie riss sich zusammen.

»Na ja, heute war es nicht so kompliziert«, sagte sie dann versöhnlicher. »Ich konnte die Akte schnell finden. Kerstin Walters, Jahrgang zweiundfünfzig, damals alleinstehend, keine Kinder. Auch sie war schwer verletzt, hatte ein Schädeltrauma, diverse Brüche an Armen und Beinen und musste zwei künstliche Hüftgelenke eingesetzt bekommen. Sie wurde später zur Reha nach Kreischa verlegt. Das hier ist ihre Adresse. Aber ich bin mir ziemlich sicher, dass sie dort nicht mehr wohnt.«

»Wieso?«

»Das waren die Wohnblöcke an der Reicker Straße. Die sind doch von der Stadt verkauft worden an diesen amerikanischen Investor, und der hat alles wegreißen lassen. Ein paar hundert Wohnungen waren das.«

Die Kellnerin kam und brachte Kaffee und Kuchen. Claudia blickte durch die hohen Fenster nach draußen. Plötzlich versetzte sie Ricarda einen Stoß mit dem Ellbogen und deutete nach draußen. Ricarda folgte ihrem Fingerzeig und schnappte augenblicklich nach Luft. Schräg gegenüber vom Café, an der rechten Säule der Haupteinfahrt zum Krankenhaus, stand ein großer älterer Glatzkopf von kräftiger Statur. Scheinbar gelangweilt hatte er die Hände in den Hosentaschen stecken. Weil er eine Sonnenbrille trug, konnte man nicht erkennen, wohin er blickte.

»Kannst du den mit dem Handy fotografieren?«, flüsterte Ricarda. Die plötzliche Anspannung schnürte ihr die Kehle ab.

»Ich mach das«, mischte Yvonne sich ein und stand auf. »Ich geh mal raus.«

»Nein, tu das nicht!«, rief Ricarda und wollte ihre Freundin am Arm festhalten.

»Ich kann doch in der Öffentlichkeit fotografieren, was ich will!« Yvonne grinste und verließ das Café.

Ricarda und Claudia beobachteten, wie sie eilig die kleine Straße überquerte und auf der anderen Seite, scheinbar interessiert, den Eingang des Krankenhausgeländes fotografierte. Sofort drehte der Mann sich weg und schlenderte demonstrativ gelassen aus dem Bild.

Yvonne schoss noch ein paar Bilder und ging dann zurück in das Café.

»Hab ihn erwischt«, rief sie, aber Ricarda sah ihr an, dass ihr doch nicht so ganz geheuer gewesen war. Gemeinsam beugten sie sich über die Fotos auf Yvonnes Smartphone.

»Das ist gut. Da sieht man ihn ganz gut drauf«, sagte Ricarda und deutete auf eines der Bilder. »Schickst du es bitte an Ines und fragst sie, ob das der Typ ist, der sie damals fotografiert hat.«

Yvonne nickte. »Mach ich, aber wollt ihr nicht einfach die Polizei rufen?«

Claudia schüttelte den Kopf. »Nein, da kümmern wir uns besser selbst drum. Ich trau denen nicht über den Weg.«

»Was machen wir denn nun mit Kerstin Walters?«, fragte Ricarda.

»Na ja, ich habe mir da was überlegt. Ich schreibe ihre Krankenversicherung von damals unter einem nichtigen Vorwand an, zur Klärung eines Sachverhaltes, bezüglich einer Revision oder so. Normalerweise erfährt man darüber die Adresse der Versicherungsnehmer.«

»Das würdest du machen?«

»Das würde ich machen«, sagte Yvonne und lächelte. »Aber es geht nicht von heute auf morgen. Das muss euch klar sein.«

»Auf ein paar Tage kommt es jetzt auch nicht mehr an«, sagte Ricarda. »Außerdem haben wir sowieso noch einen Termin. Ich muss mir meine Stasiakte noch mal ansehen.«

31

Dresden, März 1973

Schon wieder gab der Motor des Trabants ein ungesundes Stottern von sich. Rust schwante nichts Gutes, denn das bedeutete eigentlich, dass der Tank fast leer war. Dann musste man mittels eines Griffes tief unter den Armaturen auf Reserve umstellen, was einer akrobatischen Übung gleichkam. Aber er hatte gerade erst getankt, gleich am Morgen, als die Tankstelle öffnete. Deshalb hatte er zuvor vier Stunden im Auto geschlafen, denn mit fast leerem Tank wollte er sich nicht auf die Autobahn wagen. Am Benzin konnte es also nicht liegen. Eine Autopanne hatte ihm gerade noch gefehlt. Nicht nur, dass er sich blamiert hatte und sich Voigt jetzt stellen musste, jetzt machte auch noch das Auto Mucken. Vor allem aber musste er erst mal bis Dresden kommen.

Nur langsam wurde es heller draußen. Rust war übermüdet. Die wenigen Stunden unbequemen Schlafes, die er mit schmerzendem Rücken und vor Kälte zitternd im Auto verbracht hatte, hatten seine Kräfte eher aufgezehrt, anstatt sie zu erneuern. Außerdem fürchtete er, krank zu werden. Das waren keine guten Aussichten. Seine Bronchien fühlten sich an wie Metallrohre, ob er eine Lungenentzündung bekam? Rust wollte nicht darüber nachdenken. Er wünschte, er hätte Zigaretten zur Hand. Vielleicht würde der Rauch etwas Wärme in seine Lungen bringen und das Gift die Bakterien absterben lassen. Er wusste, das war wenig plausibel, aber der Gedanke war irgendwie tröstlich.

Der Hunger meldete sich. Wenigstens hatte er noch Kekse. Er aß sie ganz langsam und konzentrierte sich darauf. Solange er kaute, schlief er nicht ein. Ein Ausfahrtsschild huschte an ihm vorbei. Er hatte nicht darauf geachtet, doch er fuhr schon zwei Stunden. Langsam wurde es Tag. Er musste bald daheim sein.

Dann würde er erst mal schlafen. Einfach nur schlafen, solange wie möglich, egal, wer anrief oder klingelte. Denn danach müsste er sich vorbereiten. Darauf, seinen Mann zu stehen. Ich habe mich geirrt, wollte er sagen. Ich glaube nicht, dass ich in der Lage bin, ein Mitarbeiter des MfS zu werden. Ich will meinem Land weiter als Polizist dienen. Das sollten seine Worte sein. Und dann würde er seinem Chef gestehen, dass er Berichte über ihn geschrieben hat, für das MfS. Sicher hatte Seidel das längst vermutet. Der wusste schon lange, wie das lief in diesem Land.

Endlich tauchten die gelben Lichter der Stadt vor ihm auf. Er war fast da. Von ihm aus konnte der Motor dann vor seiner Haustür verrecken. Das war ihm egal. Er würde die Ausfahrt Altstadt nehmen. Eine halbe Stunde musste er noch aushalten. Doch die Zeit zog sich immer mehr, je näher er seinem Ziel kam. Auf der Höhe der Ausfahrt Dresden Hellerau schossen auf einmal dicht hintereinander drei Autos auf die Autobahn. Sie fuhren ungebremst auf die rechte Spur und schlossen so dicht auf Rust auf, dass dieser fürchten musste, dass sie ihn gleich rammen würden. Bremsen konnte er nicht, dann wäre der andere auf ihn aufgefahren, beschleunigen ging auch nicht, denn mit neunzig km/h war sein Höchsttempo schon erreicht.

Jetzt überholten ihn zwei der drei Fahrzeuge, ein Lada und

ein Wartburg, scherten vor ihm ein und bremsten sofort ab, so dass er jetzt eingekeilt zwischen den drei Fahrzeugen war. Rust klammerte sich ans Lenkrad, alle Müdigkeit war mit einem Schlag verflogen. Wer war das und was wollten die?

Er überlegte fieberhaft, was er machen könnte. Auf seiner rechten Seite befanden sich nur der Seitenstreifen und freies Gelände, dahinter Bäume und eine Böschung. Wenn er ausscherte, würde er sich schlimmstenfalls überschlagen, bestenfalls steckenbleiben. Mit einem Mal wurde ihm bewusst, dass er keine Chance hatte, heil aus der Situation rauszukommen.

Ihm brach der Schweiß aus. Dann sah er, dass der Fahrer vor ihm deutlich nach rechts zeigte, obwohl weit und breit keine Ausfahrt in Sicht war. Rust setzte den Blinker, bemerkte dabei, dass alle anderen Fahrzeuge auf der Spur zurückblieben, keiner überholte oder schloss auf.

Kaum hatte er den Blinker gesetzt, zogen die beiden Fahrzeuge vor ihm leicht nach rechts. Die Reifen knirschten über den schmalen Standstreifen und mit der Beifahrerseite schlingerten die Autos über den Schlamm. Rust musste kräftig in die Bremse treten, denn die anderen Fahrzeuge waren schon fast zum Stehen gekommen.

Rust wollte seine Scheibe herunterkurbeln, doch schon waren sechs Männer aus den Fahrzeugen gesprungen und umstellten seinen Trabant. Einer riss die Fahrertür auf.

»Raus!«, befahl er.

»Was ist denn los?«, fragte Rust und kam sich hilflos und dumm vor.

Er erhielt keine Antwort, sondern wurde augenblicklich aus dem Wagen gezerrt, unter den Armen gepackt und zu dem Lada geschleppt. Er konnte nicht einmal mehr den Schlüssel abziehen oder seine Sachen mitnehmen. Er hörte nur hinter sich die Tür des Trabis zuknallen, schon drückte ihm einer der Männer den Kopf nach unten und stieß ihn in den Lada.

»Hören Sie, ich gehe doch freiwillig mit, Sie müssen nicht handgreiflich werden«, beschwerte sich Rust. Es war nur ein kläglicher Versuch, seine Würde zu bewahren, doch wie sollte man Würde zeigen, wenn man am liebsten laut um Hilfe geschrien hätte?

Niemand antwortete ihm, stattdessen quetschte sich rechts und links von ihm jeweils ein Mann auf die Rücksitzbank. Einer fasste ihm fest ins Genick und drückte ihn nach vorn. Er musste die Hände auf den Rücken legen und spürte das kalte Metall von Handschellen um seine Handgelenke. In dieser Haltung war es ihm unmöglich, ein Wort herauszubringen. Panik stieg in ihm auf, er wollte schreien, er wollte sich wehren, weil er zu ersticken drohte, doch die Männer hielten ihn nur umso fester.

»Keine Luft!«, presste er heraus.

»Still!«

»Ich kriege keine Luft!«, keuchte Rust. »Ich ersticke!«

Endlich zerrten sie ihn wieder hoch. Rust stöhnte erleichtert auf und sog sich die Lungen voll Luft, seine Bronchien schmerzten.

»Hören Sie«, keuchte er, »rufen Sie Genosse Voigt an. Es muss sich hier um einen Irrtum handeln! Sie machen einen Fehler!«

»Ruhe!«, blaffte ihn der Mann von links an. Rust sah zu dem Mann auf der anderen Seite, der sich den Krawattenknoten lockerte und den Schlips unter dem Hemdkragen hervorzog.

»Umdrehen!«, befahl er, und Rust gehorchte. Der Mann legte ihm mit einer raschen Bewegung die Krawatte um den Kopf und zog sie straff über seinen Augen fest. »Ruhe jetzt!«, befahl er noch einmal.

Rust hielt still und ergab sich seinem Schicksal. Es hatte keinen Zweck. Und er versuchte auch nicht mehr, nachvollziehen zu wollen, wohin sie fuhren. Vermutlich würde das Ziel wieder die Stasizentrale in der Bautzner Straße sein. Vielleicht hatte Voigt selbst diese Festnahme veranlasst? Was würde jetzt auf ihn zukommen? Rust hatte keine Ahnung, aber er hatte Angst. Eine Angst, wie er sie noch nie in seinem Leben verspürt hatte. Es ging nicht nur um ihn. Was würde mit Heike und dem Kind sein? Und seinen Eltern und Schwiegereltern, seinen Freunden?

Die Fahrt dauerte an und keiner sprach. Gelegentlich, wenn der Wagen langsamer wurde oder hielt, zog ihn einer der Männer auf die Seite und presste Rusts Kopf auf seine Oberschenkel, vermutlich, damit man ihn von außen nicht gleich sehen konnte. Sobald der Lada anfuhr, konnte er sich wieder aufrichten.

Rust verlor bald das Zeitgefühl, doch irgendwann hatte er den Eindruck, sie verließen die Straße und bewegten sich auf unebenem Gelände. Steine knirschten unter den Rädern. Irgendwann hielten sie. Die Tore der Fahrzeugschleuse vor der Stasizentrale hatte er dieses Mal nicht gehört, sie schienen woanders zu sein.

Die Fahrzeugtüren öffneten und Rust wurde grob unter den Achseln gepackt und nach draußen gezerrt. Unter seinen Schuhsohlen knirschten Steinchen, es roch modrig und feucht. Die Männer führten ihn mit sich. Rust hatte jetzt den Eindruck, ein Gebäude zu betreten, obwohl die Beschaffenheit des Bodens unter seinen Füßen dieselbe blieb, veränderte sich die Akustik.

»Treppe!«, warnte einer der Männer, doch schon stolperte Rust. Die Männer bewahrten ihn vor einem Sturz und trugen ihn beinahe die Treppe hinunter. Ein paar Meter gingen sie noch, dann blieben sie endlich stehen. Unwirsch hantierten sie an den Handschellen, befreiten ihn davon und schoben ihn vorwärts.

»Der Schlips!«, sagte einer von ihnen noch.

Rust riss sich die Augenbinde herunter, die ihm sofort abgenommen wurde. Er fand sich im Dunkel wieder und konnte kaum mehr erkennen als die Umrisse einer Türöffnung. Dann schloss sich die Tür und es wurde völlig finster um ihn herum. Er hörte, wie sich der Schlüssel im Schloss drehte und die Schritte sich entfernten.

Mit klopfendem Herz stand er eine Weile da und wartete. Er lauschte angestrengt in die Dunkelheit, doch es war nichts zu hören. Weder Stimmen noch Schritte noch Fahrzeuge, was auf eine nahe Straße hindeuten könnte. Dem Hall der Schritte nach könnten sie sich in einer alten Fabrikhalle befinden oder in einem leerstehenden Stall. Aber das waren nutzlose Gedanken. Er wusste nur, dass es ein lichtloser Kellerraum war, in dem sie ihn eingesperrt hatten.

Endlich streckte er seinen Arm aus und bewegte sich vorsichtig in die Richtung, in der er die Tür vermutete, bis seine Finger die Tür berührten. Er hatte schon geahnt, dass es eine Stahltür war. Das Geräusch beim Schließen hatte darauf hingedeutet. Auf alle Fälle nichts, was man mit einem kräftigen Fußtritt aufbrechen könnte. Zur Probe drückte er auf die Klinke, doch die Tür war selbstverständlich abgeschlossen, er hatte es ja gehört.

Rust drehte sich einmal um sich selbst und suchte die Finsternis nach Lichtflecken ab. Doch er befand sich in völliger Dunkelheit. Er unterdrückte die aufkommende Panik, atmete bewusst und tief durch. Dann streckte er beide Hände aus und tastete sich vorsichtig voran. Er musste den Raum erkunden, wenigstens eine Sitzgelegenheit finden. Es roch feucht und ein wenig nach altem Öl, und es war kalt. Nicht so kalt wie draußen, doch er wusste, wenn erst einmal alle Wärme aus den Gliedern gewichen war, würde er frieren.

Langsam bewegte er sich vorwärts, tastete mit den Fußspitzen den Boden ab. Er wollte auf keinen Fall irgendwo hineinfallen oder über etwas stolpern. Gelegentlich trat er auf etwas Weiches, konnte es aber nicht näher definieren. Er hoffte, dass es nur Lumpen oder Decken waren, vielleicht Erde, aber hoffentlich keine toten Tiere. Dann stieß er gegen ein waagerecht verlaufendes Rohr, an dem er sich festhielt und fühlte, wie Rost unter seinen Fingern splitterte. Schließlich war das Rohr zu Ende, wie abgesägt, und er tastete sich an der nächsten Wand entlang, traf bald auf eine weitere Wand, und schon wenige Meter weiter fand er sich an der Tür wieder. Nun ging er in die Hocke und fühlte mit den Fingern den Boden ab. Er spürte kalten Beton mit einer öligen Staubschicht. Etwas lief ihm schnell über die Hand. Wahrscheinlich war es eine Spinne oder nur eine Einbildung, aber er erschrak und zuckte zurück. Rasch wischte er sich den Handrücken an der Hose ab.

Er richtete sich wieder auf, tastete sich zur Tür und legte das Ohr ans Metall. Absolute Stille. Probehalber hämmerte er an die Tür, traf dabei aber mit der Handkante etwas Hervorstehendes. Er stöhnte auf vor Schmerz und klemmte sich die Hand zwischen die Knie, verharrte so, bis der schlimmste Schmerz verflogen war. Jetzt war er vorsichtiger, ertastete eingeschweißte Diagonalstreben.

»He!«, schrie er. »Lasst mich raus! So könnt ihr nicht mit mir umgehen. Was seid ihr denn für Leute?« Mit dem Fuß trat er im Dunkeln nach der Tür, doch weder auf das laute Dröhnen noch auf sein Geschrei erfolgte eine Reaktion. Rust lehnte sich erschöpft an die Tür, doch das Metall wurde auf Dauer zu kalt am Rücken. Er wechselte zur Wand, die aber auf Dauer auch nicht viel besser war. Er verspürte einen Druck auf der Blase, aber noch hielt er ihn aus. Noch.

Irgendwann ging es nicht mehr. Er tastete sich wieder an dem Rohr entlang, bis zur nächsten Ecke. Dort erleichterte er sich, kehrte dann zur Tür zurück und hieb mit der Faust dagegen.

»He!«, schrie er. »Hilfe! Lasst mich raus!«

Verzweifelt stemmte er sich gegen die Tür, presste mit aller Kraft, nahm dann Anlauf und warf sich gegen sie. Immer wieder, bis ihm die Schulter unerträglich schmerzte. Es war sinnlos, was er hier tat. Eigentlich wusste Rust das. Doch so schnell wollte er sich nicht geschlagen geben. Er überwand seinen Ekel und begann, auf allen vieren den Boden mit den Händen abzutasten. Vielleicht lag ein Eisen herum, mit dem er die Tür aufstemmen konnte, oder irgendetwas, womit er den Putz um die Tür herum aufkratzen konnte.

Es widerte ihn an, nicht sehen zu können, was er berührte. Immer wieder schüttelte er schaudernd seine Hände ab, aber er gab nicht auf und wollte sichergehen, dass er wirklich den ganzen Boden abgesucht hatte. Schließlich langte er in seinen eigenen längst erkalteten Urin. Er zuckte entsetzt zurück und kroch erschöpft zur gegenüberliegenden Wand. Dort kauerte er im Dreck und wischte sich die Hand an der Hose ab. Inzwischen war es ihm egal. Er wollte nur noch raus. Vielleicht gab es einen Weg nach oben. Er würde versuchen, sich an dem Rohr hochzuziehen. Vielleicht gab es weiter oben einen Schacht, der nur mit einem Blech abgedeckt war. Rust schloss die Augen. Er musste erst einmal zu Kräften kommen, sich ausruhen.

Er schlief nicht wirklich und wachte jedes Mal auf, wenn sein Kopf nach vorne kippte. Seine Beine und sein Rücken schmerzten, es war unmöglich, eine bequeme Haltung zu finden. Er hatte Hunger und er fror. Die letzten Stunden forderten ihren Tribut. Die Kälte. Und die Angst. Bitte nicht, dachte Rust, doch er spürte es kommen. So gut kannte er sich. So lange hatte er es zurückgehalten. Aber jetzt rumorte es in seinem Gedärm. Doch noch war er nicht bereit, seine letzte Würde aufzugeben. Es war jedoch nur eine Frage der Zeit. Nur noch Minuten konnte er es hinauszögern, dann gab er auf. Rust war zornig. Über sich und seinen Körper. Der ihn im Stich ließ, wenn es darauf ankam. Der schmerzte und krampfte. Der ihn nötigte, sich mit heruntergelassenen Hosen in die Ecke zu hocken, sich beschmutzt zu fühlen, sich vor sich selbst zu ekeln.

Doch das war längst nicht alles. Schon meldeten sich Hunger und Durst. Rust wusste, Durst konnte man nicht so lange widerstehen wie Hunger. Es machte ihn rasend, dass er kein Zeitgefühl hatte. Dass er keine Ahnung hatte, wie lange er überhaupt schon hier war. Vielleicht war gerade erst eine Stunde vergangen und er machte sich nur lächerlich mit seiner Panik. Oder trog ihn sein Gefühl nicht, das ihm sagte, er hockte schon seit Stunden hier?

Rust schleppte sich wieder hinüber zu der anderen Wand und lehnte sich an. Ich halte das hier aus, schwor er sich. Für Heike. Und für sein Kind, das er noch nicht kannte. Er war Polizist und bereit, das Vaterland zu verteidigen. Sie konnten ihn nicht einfach hier einsperren und vergessen. Dieser Staat war bürokratisch, schrieb sorgsam seine Missetaten mit, erdachte sich Vergehen, um unliebsame Bürger wegsperren zu können, erzwang Gerichtsverfahren, wenn sie auch oft nur eine Farce waren, fälschte Berichte, machte aus Suizid einen Unfall, aber alles wurde notiert, archiviert, verwaltet, verwahrt. Daran hielt Rust sich fest. Zu viele Leute kannten ihn. In der DDR konnte man nicht einfach verschwinden.

Er fand sich am Boden liegend, als er aufwachte. Er war durchgefroren, schwach und ausgelaugt. Er hatte keine Ahnung, ob Stunden oder nur Minuten vergangen waren, stemmte sich hoch und tastete sich erneut durch den Raum Richtung Rohr. Er wollte es wenigstens versuchen. Nach einer Weile fand er es wieder, fühlte den Verlauf ab, suchte nach Gelenken und Schellen. Er fand eine Stelle, an der das Rohr senkrecht nach oben führte. Beim Versuch, sich dranzuhängen, rutschte er ab und riss das Rohr aus der Wand. Sofort hörte er leise Wasser plätschern, streckte die Hand nach dem Geräusch aus und ließ sie volllaufen. Als er daran roch, fuhr er angewidert zurück. Das Wasser stank grässlich. Niedergeschlagen kehrte er zu der Stahltür zurück und schlug mit flacher Hand immer wieder gegen das Metall.

»Ihr habt gewonnen!«, rief er. »Ich gebe auf!«

Doch niemand antwortete.

32

Dresden, September 2018

Ricarda taumelte leicht, als sie die Stasiunterlagenbehörde verließ. Es war nicht so sehr die spätsommerliche Wärme, die ihr zu schaffen machte, wenn sie auch einen Teil dazu beitrug. Sie fühlte Claudias besorgten Blick auf sich ruhen, wollte sich aber souverän geben. Schweigend liefen sie zum Auto, das sie etwas weiter weg hatten parken müssen. Als sie über einen Bordstein fast ins Leere trat, griff Claudia nach ihrem Oberarm. Ricarda schüttelte den Kopf. Es war zwar schön, nicht allein zu sein in diesem Moment, doch es täuschte nicht darüber hinweg, dass sie ganz allein mit dem klarkommen musste, was sie soeben erfahren hatte.

Der kleine Mercedes hatte in der Sonne gestanden und sich in den letzten vier Stunden ordentlich aufgeheizt.

»Soll ich die Klimaanlage einschalten?«, fragte Claudia.

Ricarda schüttelte den Kopf. Sie bekam Halsschmerzen davon. Sprechen konnte und wollte sie nicht. Noch nicht. Sie musste nachdenken. »Sieh mich doch nicht immer so an«, bat sie schließlich. »Ich bin ja nicht krank oder so.«

»Ich habe ein schlechtes Gewissen«, entschuldigte sich Claudia.

»Du?«, fragte Ricarda etwas zu schrill. »Warum das denn?«

»Na ja, immerhin habe ich dich dazu gebracht, deine Stasiakten noch mal anzusehen.«

Ricarda schüttelte den Kopf und sah die jüngere Frau traurig lächelnd an. »Das ändert ja nichts an dem, was geschehen ist. Ich bin dir sogar dankbar. Irgendwann hätte ich es ja sowieso gemacht.«

»Aber es hat nichts besser gemacht. Eher schlimmer«, sagte Claudia betrübt.

Ricarda winkte ab. Claudia hatte recht. Es hatte sie tatsächlich nicht weitergebracht. Ihr Vater war verdächtigt worden, auf seinen Reisen ins nicht sozialistische Ausland Geschäften nachzugehen, von denen die DDR nichts wissen sollte. Andererseits war er vom Ministerium für Außenwirtschaft, das später Ministerium für Außenhandel hieß, immer wieder angefordert worden. Speziell von einer eigens vom Bereich Kommerzielle Koordinierung gegründeten Firma namens Intrac, die für die KoKo verschiedenste Beziehungen mit westlichen Firmen unterhielt. Die Intrac schloss unter anderem Verträge für Öllieferungen und Entsorgung westdeutschen Sondermülls ab, für die Stromversorgung Westberlins, für Kredite, für den Import von Südfrüchten, aber auch für Freikäufe von Inhaftierten. Welche Rolle ihr Vater da spielte, wem er zum Freikauf verholfen haben soll, oder ob er wirklich nur medizinische Präparate verkaufte, war jedoch nicht auszumachen. Vater hatte offenbar eine Affäre gehabt mit einer jungen Begleiterin, die als seine Assistentin angestellt war und gleichzeitig für das MfS spionierte. Man hatte dieses Verhältnis geduldet oder gar gefördert, um ihn erpressbar zu machen. Doch irgendwas hatte die Stasi dann davon abgehalten, genau das zu tun. Was das war, stand wahrscheinlich in Vaters Akten, vermutete Ricarda. Diese durfte sie nicht einsehen. Was sie wusste, hatte sie sich aus der Akte von Claudias Adoptivvater und aus ihrer eigenen Akte zusammengereimt. Sie hatte Kopien davon dabei, doch viel weiter brachte sie das nicht. Sie hatte also etwas und hatte doch nichts. Ihr einziger Anhaltspunkt war IM Elbhang, die Geliebte ihres Vaters, die ihn gleichzeitig ausspionierte. Sie musste die Identität dieser Person herauskriegen, koste es, was es wolle.

»Und nun? Willst du nach Hause?«, fragte Claudia.

»Nein, wir fahren zu Steffen.«

»Jetzt?«

»Genau jetzt. Er hat Dienst.«

Steffen, der schon seit einigen Jahren im Schichtbetrieb bei einem Sicherheitsdienst arbeitete, hatte seinen Arbeitsplatz im gläsernen Pförtnerhäuschen eines Pharmaziebetriebs an der Leipziger Straße. Seine Aufgabe war es, die Angestellten ein und aus zu lassen, Besucher zu registrieren und die Schranke für Fahrzeuge zu öffnen. Ein schlecht bezahlter, eintöniger Arbeitsplatz, mit dem er die Zeit bis zur Rente überbrücken wollte.

Steffen war von seinem Pförtnerstuhl aufgestanden, als er die beiden Frauen durch die große Glastür kommen sah. Er hatte sich einen Vollbart wachsen lassen und war grau geworden über die Jahre. Er wirkte reserviert, vor allem Claudia gegenüber, die er nicht kannte.

»Ricarda, du kannst nicht einfach hierherkommen. Das ist mein Arbeitsplatz!«, empfing er sie vorwurfsvoll.

Ricarda ersparte sich irgendeine Begrüßung. Sie fiel mit der Tür ins Haus, so wütend war sie. »Steffen, warum habt ihr die Überreste des Kindes im Sarg einäschern lassen?«

Steffen war irritiert. »Was …? Wieso fragst du das?«

»Steffen, warum?«

»Einfach so, ich weiß nicht mehr. Warum fängst du plötzlich wieder damit an? Es war doch alles gut.«

Ricarda schaute ihm unverwandt in die Augen. »Hast du

das gemacht, damit man keinen DNA-Abgleich durchführen kann?«

»Was?«, Steffen riss die Augen auf, sein Blick huschte zwischen ihr und Claudia hin und her. »Wie kommst du auf so was?« Er blickte auf Claudia. »Und wer ist das?«

»Lenk nicht ab. Das ist jetzt unwichtig! Ich will wissen, warum du das gemacht hast!« Ricardas Stimme klang hart und metallisch.

»Ich weiß es nicht!«, fuhr Steffen sie an. Auch er war jetzt wütend. »Einfach so, vielleicht schlug es jemand vor. Ich weiß wirklich nicht. Wir hatten doch ganz andere Sorgen. Dass du vielleicht stirbst, zum Beispiel!«

Ricarda zeigte sich unbeeindruckt. »Steffen, an dem Tag, nachdem ich das Kind verloren hatte, am Morgen, da war mein Vater bei uns in der Wohnung gewesen. Was wollte er?«

Steffen stöhnte auf und ließ sich auf seinen Stuhl sinken. Er schüttelte den Kopf und öffnete dann den Mund. Doch anscheinend erkannte er in Ricardas Gesicht, dass jetzt nicht die Zeit war, sich herauszureden.

»Also gut. Er gestand mir, dass er das Kind nicht hatte retten können. Er sagte, ich sollte mich um dich kümmern.«

»Das hat er gesagt? Sonst nichts?«

»Nein, nichts!« Steffen sah zu Claudia, deren Anwesenheit ihn offensichtlich verunsicherte.

»Hat er dir Geld gegeben?«, fragte Ricarda weiter.

»Er bot mir an, uns zu unterstützen.«

Ricarda legte jetzt beide Fäuste energisch auf den lackierten Holztresen vor Steffen. »Hat er dir Geld gegeben?«, fragte sie.

»Ja. Wir haben später den Kleiderschrank davon gekauft, ich habe dir gesagt, es sei eine Prämie gewesen.«

Ricarda nickte. Sie hatte es ja schon gewusst, aus den Akten, doch sie hatte es sich noch mal aus seinem Mund bestätigen lassen wollen. Sie spürte, wie Tränen, Scham und Wut in ihr aufstiegen.

»Barbara war bei dir gewesen, ihr habt Schnaps getrunken!«, stieß sie hervor.

Steffen seufzte. »Ja, aber das war Zufall. Sie wusste nichts von dem verlorenen Kind, sie wollte dich besuchen. Ich erzählte es ihr, und du kennst sie doch. Sie will immer alles genau wissen, und dann haben wir zusammen was getrunken. Sie meinte, das würde guttun nach so einem Schock. Ich habe es dir damals nur nicht erzählt, weil du auf keine falschen Gedanken kommen solltest. Es ging dir sowieso schon nicht gut.«

Ricarda machte eine ungeduldige Bewegung mit der Hand. »Und ein Mann war auch da gewesen, an diesem Morgen. Wer war das?«

»Ein Mann?« Steffen schien überlegen zu müssen, was Ricarda noch ungeduldiger werden ließ.

»Ein Polizist!«

Jetzt schien Steffen sich zu erinnern. Ricarda war sicher, er spielte das nur.

»Was wollte der? Jetzt rede halt endlich, Steffen. Warum war ein Polizist da?«

»Ach ja, ich erinnere mich. Seine Frau war zur selben Zeit wie du im Krankenhaus. Wir hatten uns draußen getroffen und ich habe ihm von unserem Kind erzählt. Anscheinend wollte er der Sache nachgehen. Keine Ahnung, wie das weiterging. Ich habe ihn nie wiedergesehen! Woher weißt du das alles überhaupt?«

»Ist es wahr, dass du zu meinem Vater gegangen bist und ihn gebeten hast, dafür zu sorgen, dass ich irgendwas studieren darf, nachdem man mich vom Medizinstudium ausgeschlossen hatte?«

»Ich wollte doch nur, dass du etwas zu tun bekommst. Ich hatte Angst, du würdest durchdrehen!« Steffen wand sich unter ihren Vorhaltungen, sie sah es ihm deutlich an. Aber sie konnte keine Rücksicht mehr nehmen.

»Aber du bist hinter meinem Rücken zu meinem Vater gelaufen!«

»Na ja, hinter deinem Rücken, das klingt so …«, wollte er beschwichtigen. Draußen hupte es, und Steffen presste eilig den Knopf für die Schranke.

»Du bist sehr oft bei meinem Vater gewesen. Noch als wir geschieden waren!«

Nun verhärtete sich Steffens Gesicht. »Das ist nicht verboten!«

»Nein, das ist es nicht, aber weißt du, wie sich das für mich anfühlt? Wie Verrat! Ich habe zu dir gehalten, weil ich dich geliebt habe, auch als meine Eltern mich dafür rauswarfen und drohten, mich zu enterben. Ich habe dir erzählt, was ich glaube, was geschehen ist, und du verbündest dich mit meinem Vater.«

»Was heißt hier verbünden? Ich habe dich doch auch geliebt, und ich wollte, dass alles wieder gut wird!«

»Ach ja? Indem du mich an den Mann verrätst, von dem ich glaube, dass er mir mein Kind genommen hat? Gibt's noch etwas, das ich wissen sollte?«

Steffen hob beschwichtigend die Hände. »Hör mal, Ricarda!«

»Nein, ich höre jetzt nicht!«, fuhr sie ihn an. »Ich weiß, dass du dich auch jetzt noch mit Barbara triffst und auch das ist nicht verboten. Aber sie war mal meine Freundin und nicht deine, und ihr scheint ausgiebig über mich zu reden.

Das habt ihr früher schon gemacht. Und du warst nicht umsonst immer in der Kneipe, in der sie damals gearbeitet hat.«

Steffen wollte widersprechen, doch dann sackte er resigniert in sich zusammen.

»Du warst dreiundneunzig in meiner Wohnung, als ich in Leipzig war«, begann Ricarda nun in etwas gemäßigterem Ton, obwohl es ihr alle Beherrschung abverlangte, nicht zu schreien. »Du hast in meinen Unterlagen gesucht!«

Steffen wich ihrem Blick aus und hob erklärend die Hand, doch er schwieg.

»Wer hat die Einäscherung veranlasst? Und wage es jetzt nicht, mich anzulügen!«

»Dein Vater riet mir dazu«, murmelte Steffen. Nun sah er endlich auf und schaute Ricarda ins Gesicht. »Dein Vater war es auch, der den Job in Leipzig vermittelt hat. Er meinte, so kämst du auf andere Gedanken.«

»Auf andere Gedanken!«, fauchte Ricarda. In dem Augenblick betrat ein älterer Mann das Pförtnerhaus und legte Steffen einen Ausweis auf den Tisch.

»Eine Verschwörung ist das. Mein Vater vermittelt den Job, Barbara ruft mich deshalb an. Ihr wolltet, dass ich weg bin aus Dresden, dass ich mich nicht mehr kümmern kann. Ihr alle!«

»Aber alles fing wieder von vorn an!«, klagte Steffen.

Der Mann sah sie irritiert an, nahm wortlos seinen Ausweis wieder an sich und verließ eiligen Schrittes die Pforte.

»Nein, Steffen, es fing nicht wieder an, es hat niemals aufgehört. Nur als ihr mich glauben ließet, es sei vorbei. Da habe ich euch vertraut, dir und auch Ines.«

»Aber da war ein Kinderskelett, Ricarda. Das musst du uns glauben. Ines hat es gesehen. Wir wollten nur, dass der Albtraum aufhört, dass du endlich ein richtiges Leben führen kannst. Niemand hat an irgendwelche DNA-Tests gedacht. Wessen Kind sollte es denn auch sonst gewesen sein in dem Sarg?«

Ricarda wischte auch diesen Satz mit einer Handbewegung fort. »Wer ist IM Rauch?«, fuhr sie ihren Exmann an.

»Was?«, fragte Steffen und reizte Ricarda damit beinahe bis zur Weißglut.

»IM. Ein Inoffizieller Mitarbeiter der Stasi«, erklärte sie sarkastisch. »IM Rauch, weißt du, wer das war?«

Steffen starrte sie fassungslos an und schüttelte dann heftig den Kopf.

»Dann sage ich es dir. Das war Barbara! Sie war IM Rauch. Sie hat Berichte über mich geschrieben. Detailgenau, von dem Tag an, als ich das Kind verlor, bis zur Wende! Ich habe meine Stasiakten eingesehen. Gerade eben. Ich habe sie dabei. Kopien! Hätte ich das nur vor zwanzig Jahren schon so machen können!«

»Barbara?«, fragte Steffen und wurde weiß im Gesicht.

»Ja, Barbara! Wer war IM Quaste?«

Steffen raufte sich die Haare. »Ich weiß es nicht! Wirklich. Ich wusste auch nicht, dass Barbara …«, sagte er und seine Verzweiflung klang echt.

»Und IM Elbhang?«

Steffen riss verzweifelt die Hände hoch. »Hör auf damit, Ricarda! Das weiß ich auch nicht!«

»Und IM Knabe?«, fragte Ricarda unerbittlich weiter.

Steffen wollte sie jetzt an der Schulter fassen, wie er es früher schon immer getan hatte, wenn sie sich seiner Meinung nach in etwas hineingesteigert hatte. Ricarda schlug seine Hand weg und richtete ihren Zeigefinger auf ihn. Ihre Stimme war kalt und tonlos.

»Du warst das! Du warst IM Knabe!«

Den ganzen Weg von der Behörde bis hierher, das gesamte Gespräch über hatte sie sich beherrschen müssen. Jetzt mussten die Worte raus. Doch diesen Verrat so klar beim Namen zu nennen, hatte sie aus der Fassung gebracht. Der Blick verschwamm ihr. Die Gewissheit, dass selbst das, was sie noch an guten Erinnerungen mit Steffen geteilt hatte, alle Erlebnisse, alle schönen Momente von nun an verloren waren, zog ihr einerseits den Boden unter den Füßen weg und schaffte andererseits eine Klarheit in ihr, wie sie sie noch nie zuvor im Leben verspürt hatte. Sie brachte kein Wort mehr heraus und wusste doch, das konnte auch nicht auf später verschoben werden, denn es würde kein Später mehr geben. Sie wischte ihre Tränen nicht weg und schämte sich ihrer auch nicht, als wieder ein Besucher die Pforte betrat und verstört innehielt.

»Komm!«, sagte Ricarda zu Claudia und ging durch die Tür, hinaus ins Freie. Sie atmete tief die frische Luft ein und spürte Claudias Arm, der sich um ihre Schultern legte. Gemeinsam gingen die Frauen zum Auto.

Erst im Auto suchte sie nach einem Taschentuch und presste es sich vor das Gesicht. Sie war wieder dort, wo sie mal angefangen hatte. Und sie konnte nicht einmal dankbar sein für die letzten zwei Jahrzehnte, in denen alles gut gewesen zu sein schien. Denn sie waren ein einziger Betrug, eine Lüge, nichts als eine Verschwörung gegen sie.

»Er kommt her!«, warnte Claudia, doch schon war Steffen an der Beifahrertür. Ricarda versuchte noch, sie zu schließen, doch sie verfehlte den Griff.

»Ricarda«, flüsterte Steffen und kauerte jetzt in der offenen Beifahrertür neben dem Auto. »Du musst das verstehen. Ich hatte doch keine Wahl. Die setzten mich unter Druck. Das war kein Spaß, wirklich. Und lies doch auch mal, was ich geschrieben habe. Nichts. Nur Alltägliches. Irgendwas Unbedeutendes. Irgendwann wollten sie gar keine Berichte mehr von mir.«

Ricarda sah ihn unter Tränen an. »Du hattest immer eine Wahl. Ich war deine Frau. Du hättest Nein sagen können. Andere haben das auch gemacht. Und selbst wenn nicht, du hättest es mir einfach sagen können, anstatt mich ein Leben lang zu belügen! Fahr bitte los, Claudia!«

Claudia startete den Motor und Ricarda zog energisch die Tür zu. Steffen war aufgestanden und zurückgewichen.

»Was hast du denn jetzt vor?«, rief er.

Ricarda ließ das Fenster hinunter. »Ich fahre jetzt zu meinem Vater. Und wage es nicht, ihn vorher zu informieren. Ich will jetzt wissen, was geschehen ist!«

Claudia war aus der Parklücke gefahren und steuerte auf die Ausfahrt zu. Die Leipziger Straße war frei, deshalb gab sie Gas. Doch Steffen lief ihnen noch ein Stück nach.

»Nichts ist geschehen!«, rief er ihnen nach. »Nichts!«

33

Dresden, März 1973

Geräusche weckten ihn auf. Rust öffnete die Augen. Noch immer herrschte Finsternis. Er lag auf den Boden, fror und fühlte sich fiebrig. Seine Kehle war trocken, und es fühlte sich an, als wäre sie mit Reißzwecken gefüllt, als er schluckte. Er wälzte sich herum und zog sich hoch. Da draußen tat sich etwas. Da war jemand im Gebäude. Jugendliche vielleicht, die herumstromerten. Rust wollte rufen, doch außer einem Krächzen brachte er nichts zustande.

Plötzlich wurde ein Schlüssel ins Schloss gesteckt und mit einem Knarren öffnete sie sich. Das Licht einer Taschenlampe drang ein und war so hell, dass Rust die Augen zusammenkneifen und sie mit der Hand abschirmen musste.

»Gut geruht?«, fragte jemand mit leisem Spott. »Schon häuslich eingerichtet, sehe ich!«

Rust wollte wissen, wer da sprach. Voigt war es nicht. Doch er konnte die Augen nicht öffnen. Die Schritte näherten sich, verharrten dicht vor ihm.

»Wie schnell man doch seine Selbstbeherrschung verliert, was? Da bleibt nicht viel Menschliches übrig, nicht wahr?«

Die Taschenlampe war keinen Meter von seinem Gesicht entfernt und das Licht schien sich durch seine Haut brennen zu wollen. Rust hob die Hand wieder, zwang sich, seine Augen ein wenig zu öffnen, sah aber nur grelles Licht. Aber er war sich jetzt sicher, es war die Stimme des Blonden, Schmitgaus Fahrer, dessen Hose er trug.

»Da hat der kleine eifrige Polizist aus Dresden also etwas herausgefunden. Und nun frage ich mich, was stellen wir damit an?«

Nichts, wollte Rust sagen, nur um hier rauszukommen, sich zu retten, ein normales Leben führen zu können. Doch seine Kehle war verklebt.

»Irgendwelche Ideen?«, fragte der Blonde.

Rust krächzte. Wenn er doch wenigstens das Licht wegnehmen würde.

»Ich meine, welches Leben stand dem Kind bevor«, sagte der Blonde. »Ungewollt. Ungeliebt. Bei uns wird es alles bekommen. Bei uns wird es ihm gut gehen.«

Rust drehte sich weg vom Licht, setzte sich und lehnte sich an die Wand. Er versuchte, Speichel in seinem Mund zu sammeln, um schlucken zu können, die Kehle frei zu bekommen.

»Seit Jahren warten wir auf ein Kind, ein Baby, verstehst du? Aber alle Kinder, die sie uns angeboten haben, waren schon zu alt. Die hätten ihr Leben lang gewusst, dass wir nicht ihre leiblichen Eltern sind. Wir wollten eines, das von Anfang an unseres ist, verstehst du? Da habe ich mich eben selbst gekümmert. Das machen nämlich Leute wie ich, sich kümmern. Und dann kamst du!«

Rust öffnete die Augen erneut, blinzelte gegen das Licht, doch hinter dem grellen Lichtkreis war nur Dunkelheit.

»Du könntest natürlich zu deinen Stasileuten gehen, zu Voigt oder wer dein Vorgesetzter ist, könntest erzählen, was du gesehen hast. Aber ich stehe da drüber, verstehst du? Ich spiele da ganz oben mit. Da ist jemand wie Voigt ein kleines Licht. Und jemand wie du, der fällt da erst recht nicht ins Gewicht. Ich habe Zugang zu Mielkes Büro, sogar zu Honecker, die kennen mich. Ich sage etwas und du bist weg vom Fenster. Ich sage, du bist ein Feind. Du arbeitest für die da drüben, bringst die DDR in Gefahr. Kurzer Prozess. Verstehst du das?«

Rust nickte.

»Das ist also eine Sache zwischen mir und dir, oder?«

Rust nickte wieder.

»Und ich meine, deine Frau, die ist doch auch da im Krankenhaus. Du willst doch auch, dass es ihr gut geht, oder? Dass das Kind gesund zur Welt kommt.«

»Was soll das heißen?«, krächzte Rust jetzt.

»Stell dich nicht dumm, du schlauer Polizist. Mein Einfluss reicht weit. Ich habe Ohren und Augen überall, verstehst du. Wenn ich will, kommen Leute und nehmen dich mit und schleppen dich in eine alte Fabrik und sperren dich in einen Keller ein. Die fragen gar nicht, warum sie das machen sollen, die machen das einfach, weil ich es sage. Und wenn ich will, bleibst du hier und wirst vergessen. Und wenn ich will, dann können noch ganz andere Dinge passieren. Unfälle zum Beispiel. Unfälle passieren immer wieder. Verstehst du das?«

Rust nickte wieder.

»Brauchst du noch Zeit zum Nachdenken? Ich bin mir nicht sicher, ob ich deutlich genug war.«

Rust schüttelte heftig den Kopf, doch das Licht der Lampe wich zurück und richtete sich auf die Tür. Rust wusste, er müsste aufspringen, losrennen, dem Mann zuvorkommen. Doch er war zu schwach dafür. Er schaffte es gerade, auf die Beine zu kommen, da war der Mann aus der Tür hinaus und schlug sie hinter sich zu. Rust schleppte sich die wenigen Meter zur Tür.

»Ich habe verstanden!«, krächzte er und riss an der Klinke, doch die Tür war wieder abgeschlossen.

34

Dresden, September 2018

»Was guckst du denn immer?«, fragte Ricarda.

»Ich weiß nicht, der silberne Opel, den habe ich schon bei der Stasiunterlagenbehörde gesehen.« Claudia verzog das Gesicht.

Ricarda drehte sich im Sitz um. »Ich sehe keinen.«

»Der fährt nicht genau hinter uns. Da sind bestimmt fünf Autos dazwischen. Ich glaube, den hab ich schon in Königs Wusterhausen gesehen.«

»Da hast du gesagt, da wäre nichts!«

»Ja, man will ja nicht bekloppt erscheinen.«

»Noch bekloppter als ich kann man wohl nicht erscheinen.« Ricarda sah sich um, reckte ihren Hals. In einer leichten Kurve sah sie dann den Opel. »Kannst du nicht nach der nächsten Kurve schnell rechts abbiegen? Da sind viele enge Straßen.«

Claudia nickte, bog bei nächster Gelegenheit ohne zu blinken ab und an der nächsten Kreuzung sofort wieder rechts. In dieser Straße war es ruhig. Nur ein paar Autos parkten am Straßenrand. Claudia parkte den Mercedes in Deckung eines anderen Fahrzeugs, keine fünfzehn Meter hinter der Kreuzung. Beide Frauen drehten sich um und schauten angespannt durch die Rückscheibe. Nach wenigen Sekunden passierte der silberne Opel langsam die Kreuzung, fuhr jedoch geradeaus anstatt abzubiegen, wie sie es getan hatten. Instinktiv duckten sie sich und der Fahrer, ein älterer Mann mit weißen Haaren, schien sie nicht entdeckt zu haben. Ricarda entfuhr ein Stöhnen.

»Was ist los? Kennst du den etwa?«, fragte Claudia.

»Ich weiß nicht genau, das ist über zwanzig Jahre her, aber ich glaube, der hat mich mal verfolgt und ich habe ihm Pfefferspray ins Gesicht gesprüht!«

»Und der Glatzkopf?«

»Also in dem Auto war der nicht!«

»Und jetzt? Ob der uns vielleicht irgendwo anders auflauert?«

»Am besten du wendest und wir fahren die Straße weiter. Ich kenne noch einen anderen Weg zu meinen Eltern.«

»Ricarda«, staunte ihre Mutter und würdigte Claudia keines Blickes. Dann verfinsterte sich die Miene der alten Dame. »Was willst du?«

»Ich will mit Vater sprechen.«

»Du kannst mit mir reden«, sagte ihre Mutter streng und gab den Weg ins Haus nicht frei.

»Mutter, lass mich rein, sonst stoß ich dich einfach beiseite«, drohte Ricarda.

»Was ist?«, rief ihr Vater aus dem Haus.

»Es ist Ricarda!«, rief die Mutter und verletzte Ricarda damit umso mehr, weil es sich anhörte, als sei damit schon alles gesagt. Sie sah sie vorwurfsvoll an und ignorierte Claudia weiterhin.

Professor Raspe gab keine Antwort, doch den Geräuschen nach kam ihr Vater, auf seinen Stock gestützt, die Treppe herunter.

Endlich war Professor Raspe an der Haustür angelangt. Er

war noch immer ein imponierender großer Mann, wenn auch mit greisen Gesichtszügen und schütterem Haar.

»Ricarda«, sagte er, als würde er einen ungebetenen Gast empfangen.

»Vater, ich möchte gern mit dir allein sprechen.«

Ihr Vater schüttelte den Kopf. »Was du sagen willst, kannst du auch in Gegenwart von Mutter sagen.«

So stand sie also mit ihren fast fünfundsechzig Jahren wieder wie ein kleines Mädchen vor ihren Eltern, als müsste sie sich für etwas rechtfertigen. Diesmal aber wusste sie Claudia hinter sich, die ihr allein durch ihre Anwesenheit eine spürbare Unterstützung war. Ricarda nahm ihren Mut zusammen und begann ohne Umschweife.

»Welche Geschäfte hast du damals mit Ernst Behling gemacht? Wieso hat uns die Stasi überwacht?«

Raspe runzelte die Stirn. Zuerst schien es, als wollte er sich verweigern, doch die Nennung des Namens Behling ließ ihn wohl ahnen, dass Ricarda schon mehr wissen musste.

»Ich weiß nicht, warum du ausgerechnet jetzt mit diesen Fragen kommst«, antwortete er ungewohnt zögerlich, fuhr dann aber fort. »Ich war damals als Sachverständiger und Berater für einige Geschäfte zuständig, die von der Firma Intrac getätigt wurden. Die gehörten zur Kommerziellen Koordinierung des Ministeriums für Außenhandel. Das waren ganz normale legale Geschäfte, das kannst du selbst nachlesen, wenn du dir die richtigen Bücher besorgst. Ich durfte in den Westen fahren, wie du weißt, aber das war nicht so unüblich, wie man heutzutage immerzu meint.«

»Wie kamst du zu dem Grundstück?«

»Ich habe es offiziell erworben. Das ist rechtlich geprüft und wird von niemandem angefochten. Es wird vermutlich irgendwann dir gehören«, sagte er und lächelte leicht.

Darauf ging Ricarda nicht ein. »Wer ist IM Quaste?«

»Soviel ich aus meinen Akten weiß, war das ein Hausmeister im Klinikum namens Wolbert. Seine Aufgabe war, mich zu beobachten, mein Vertrauen zu gewinnen und Informationen zu erschleichen.«

»Und IM Rauch? Weißt du auch, wer das war?«

»Das war deine Freundin Barbara. Sie hat es mir irgendwann mal gestanden, aber ich wusste es vorher schon.«

»Dir hat sie es gestanden?«, fragte Ricarda und musste lachen, weil es so wehtat. »Und vermutlich wusstest du auch von Steffen?« In ihrer Tasche begann ihr Handy zu vibrieren. Ricarda ignorierte es.

Ihr Vater sah sie an und schwieg, doch das genügte ihr als Antwort.

»Was hast du getan, Vater?«, fragte Ricarda. »Was ist damals wirklich geschehen, sag es mir endlich. Was ist mit dieser Hebamme, dieser Krüger?«

Ihr Vater antwortete prompt und ohne nachzudenken. »Dagmar Krüger beging Selbstmord, vermutlich weil sie nicht ertragen konnte, dass sie für den Tod deines Kindes verantwortlich war.«

Ricarda schüttelte den Kopf. »Nein, Vater, du lügst. Da gab es andere Gründe.«

»So sprichst du nicht mit deinem Vater!«, mischte ihre Mutter sich ein und wollte sich zwischen Ricarda und ihren Vater stellen. Doch Ricarda schob sie wortlos beiseite.

»Du hast ihr Geld gegeben. Ein paar tausend D-Mark. Es gab einen Hinweis in meiner Stasiakte. Barbara sollte herausfinden, ob ich etwas davon wüsste. Wofür war das Geld?«

Raspe richtete sich jetzt zu voller Größe auf. Seine zusammengepressten Kiefer mahlten. »Das ist eine alte Sache! Das hat mit deinem Kind nichts zu tun.«

Ricarda stellte unbeirrt die nächste Frage. »Wer ist Kerstin Walters?«

»Wer?«, fragte Raspe, doch Ricarda glaubte für einen Augenblick gesehen zu haben, wie er zusammengezuckt war. Sie hatte eine Idee.

»Vater, wer ist IM Elbhang?«

»Ich weiß es nicht, noch nie gehört«, sagte er, doch er hatte wieder einen Moment gezögert.

»IM Elbhang hat dich auf deinen Reisen in den Westen begleitet. Hilft dir das als Gedankenstütze?«

Nun hatte sich Ricardas Mutter abrupt zu ihrem Mann umgedreht und sah ihn forschend an.

»Mutter, du weißt es doch!«, rief Ricarda aus. »Wer war sie? Lebt sie noch? Wo wohnt sie?«

»Ich weiß es nicht«, sagte ihre Mutter mit eisiger Stimme und blickte sie unverwandt an.

Ricarda tastete jetzt hinter sich und spürte Claudias Handgelenk. Sie zog sie ein Stück heran. »Das ist Ernst Behlings Adoptivtochter. Er bekam sie fünfundsiebzig als Kleinkind, sie ist dreiundsiebzig geboren. Vater, weißt du etwas über sie, über ihre Eltern?«

»Ricarda, was auch immer du in deinen Akten gelesen hast, es hat nichts mit deinem Kind zu tun«, antwortete ihr Vater mit zitternder Stimme.

»Geh jetzt!«, sagte ihre Mutter. »Du hast es gehört, er weiß nichts! Geh endlich!«

Mit mehr hatte sie nicht rechnen dürfen, redete sie sich auf dem Weg zum Auto ein. Doch natürlich hatte sie sich mehr erhofft. Dass ihr Vater sich endlich erweichen ließe. Dass er endlich sagte, was damals passiert war. Es war frustrierend. Und sie wollte nicht weinen, nicht schon wieder. Sie schaute kurz zu Claudia, doch auch Claudia schwieg und war tief in Gedanken. Um sich abzulenken, nahm Ricarda ihr Handy heraus.

»Yvonne hat angerufen, ich ruf zurück«, sagte sie laut.

Yvonne meldete sich schon nach dem ersten Rufzeichen. »Ricarda, ich hab mir schon Sorgen gemacht! Ines hat gerade zurückgeschrieben, sie sagt, es kann durchaus sein, dass das der Mann war, der sie damals fotografiert hat.«

In Ricardas Handy tutete es und signalisierte einen weiteren Anruf. Sie warf einen kurzen Blick aufs Display. »Ines ruft mich gerade an!«

»Ja, warte noch, ich habe die Adresse einer Kerstin Walters. Sie wohnt in Prohlis, im Plattenbau. Hast du was zum Schreiben da?«

»Ja, eine Sekunde!«

Die Fahrt von Radebeul zum Stadtteil Prohlis, genau am anderen Ende der Stadt, dauerte mitten im Berufsverkehr fast eine Stunde. Claudia sah immer wieder nervös in den Rückspiegel, doch sie schienen ihren Verfolger abgeschüttelt zu haben.

In Prohlis, inmitten der unzähligen Plattenbauten, war es nicht leicht, einen Parkplatz zu finden. Sie parkten etwas entfernt bei dem kleinen Einkaufscenter und mussten zur Adresse von Frau Walters die gesamte Prohliser Allee mit ihrer Straßenbahntrasse entlanglaufen. Schließlich standen sie vor einem der schäbigen Gebäude. Die letzte Sanierung musste fast dreißig Jahre zurückliegen. Müll lag auf der vertrockneten Wiese vor dem Gebäude, die Balkons waren von den Bewohnern selbst gestrichen, von Grellgelb über Blau bis Rosa oder Schwarz war alles vorhanden. Dynamo- und Deutschlandfahnen hingen über den Brüstungen, albanische

Fahnen und die Fahne der Russischen Konföderation. In den Erdgeschosswohnungen waren die Fenster verhängt. Kinder verschiedenster Nationalitäten rannten um das Haus und über die Straße. Die meisten Haustüren standen offen, von irgendwo dröhnte laute Technomusik.

»Man kann es nicht glauben, dass die Wohnungen in der DDR mal heiß begehrt waren«, sagte Ricarda, nicht ohne eine gewisse Wehmut.

»Hier?«, fragte Claudia.

Ricarda verglich Straßennamen und Hausnummer auf dem Zettel und nickte. Vor dem Hauseingang studierten sie die angeschmorten Klingelschilder.

»K. Walters«, las Ricarda. Sie wagte nicht zu klingeln. »Soll ich?«

Claudia nickte und Ricarda fasste sich ein Herz. Sie klingelte und wartete. Nichts geschah. Ricarda drückte noch einmal auf den Knopf.

»Geht vielleicht gar nicht«, mutmaßte Claudia.

»Doch, ich hör was!« Ricarda klingelte noch einmal.

»Die ist nicht da!«, rief es plötzlich von einem der Balkone herunter.

Sie traten ein wenig zurück und sahen nach oben. Eine Frau mit Kopftuch lehnte über der Balkonbrüstung.

»Die ist nicht da, Sie brauchen nicht zu klingeln!«, rief sie ungehalten und verschwand vom Balkon.

»Das heißt aber, sie kommt wohl wieder«, sagte Claudia. »Wollen wir ein andermal …?«

»Ich gehe hier nicht weg, wir warten!«, bestimmte Ricarda. »Aber nicht direkt vor dem Eingang. Gehen wir da rüber.« Ricarda deutete auf die gegenüberliegende Straßenseite.

Nach nur kurzer Zeit sahen sie eine alte Frau an Krücken die Straße entlangkommen. Mühsam stieg sie die drei Stufen zum Hauseingang hinauf. Zwei Beutel baumelten an den Handgriffen ihrer Krücken.

»Ob sie das ist?«, fragte Claudia hoffnungsvoll. Sie beobachteten, wie die Frau sich den ersten Treppenaufgang hochquälte.

»Die ist doch viel zu alt«, sagte Ricarda. »Zweiundfünfzig ist doch fast mein Jahrgang.«

»Dann schau dir doch an, wie sie lebt. Sie hat seit dem Unfall zwei künstliche Hüften. Was meinst du denn, wie die nach über zwanzig Jahren aussehen! Los, komm!« Claudia war schon losgelaufen und zwang Ricarda, ihr zu folgen.

»Frau Walters?«, rief Claudia in das Treppenhaus. Niemand antwortete. Schon lief Claudia die Treppe hoch. Ricarda lief ihr mit schnellen Schritten nach und holte sie und die Frau im ersten Stock ein. Die Frau hatte sich zu ihnen umgedreht und die Krücke in einer lächerlichen Drohgebärde erhoben.

»Lassen Sie mich in Ruhe! Was wollen Sie?«, fauchte sie.

»Sind Sie Frau Walters, Kerstin Walters?«

»Gehen Sie weg! Weg hier!« Der Frau fehlten einige Zähne, das Haar war lang, grau und ungepflegt, ihre Haut gelb. Sie war eindeutig eine Alkoholikerin.

Claudia zeigte auf Ricarda. »Das ist Frau Raspe. Sagt Ihnen der Name etwas?«

»Natürlich weiß ich, wer sie ist. Verdammte Diebin, bleibt mir vom Hals!«, kreischte Frau Walters und begann, an ihrem Türschloss zu hantieren, wobei ihr die Krücken und die Beutel, in denen Flaschen klirrten, im Weg waren. Claudia trat näher.

»Hilfe!«, kreischte Frau Walters, doch niemand im Haus reagierte. Nun schob sie sich in ihre Wohnung und versuchte die Tür zuzudrücken, doch Claudia hielt dagegen. Ricarda gefiel das nicht. Sie waren auf dem besten Weg, Hausfriedensbruch zu begehen. Sie mussten das anders angehen.

»Frau Walters«, sagte sie in beruhigendem Ton, »ich will nur mit Ihnen über mein Kind sprechen.«

»Mein Kind«, lallte die Frau, »das ist mein Kind, du verdammte Diebin!«

Ricarda verstand nicht, was sie meinte, vielleicht war sie zu betrunken. »Frau Walters, haben Sie mich damals absichtlich angefahren? Bitte, ich muss das wissen. Kennen Sie meinen Vater, Doktor Raspe?«

»Der ist doch schuld!«, keifte die Frau und kämpfte vergeblich gegen Claudia an, die noch immer die Tür offen hielt. »Der hat mein Kind gestohlen! Aber keiner wollte mir glauben. Reden wollte ich mit dir, du Lügnerin, verdammte Lügnerin. Ich wollte wissen, was du mit meinem Kind gemacht hast. Du hast gelogen in der Zeitung, hast gesagt, es war dein Kind, aber es war meins. Verstehst du? Meins! Aber du wolltest nicht anhalten, ich wollte doch nur reden und wollte wissen, wer mein Kind hat.« Sie hielt erschöpft inne.

»Was?«, fragte Ricarda fassungslos. »Wie bitte, Ihr Kind?«

»Gestorben, haben die mir gesagt! Es ist gestorben!«, schluchzte sie.

»Aber das haben sie mir auch gesagt. Frau Walters, bitte, lassen Sie uns rein! Ich suche mein Kind auch schon seit vierzig Jahren.«

Ricarda drängte Claudia beiseite und griff in den Türspalt, um die Hand der Frau zu packen. Der Gestank, der aus der Wohnung drang, überwältigte sie fast, doch in diesem Moment sah sie nur das Leid in den Augen dieser Frau.

»Frau Walters, bitte, Sie müssen uns helfen!«

Die Frau sackte in sich zusammen, sah zu Boden, dann gab sie nach und ließ die beiden Frauen eintreten.

Ricarda war entsetzt über den verwahrlosten Zustand der Wohnung. Überall standen und lagen leere Bier- und Schnapsflaschen. Auf dem Boden, dem Esstisch, dem Couchtisch, auf der Fensterbank. Es stank nach kaltem Rauch, Urin und gärendem Müll. Der Boden und die Möbel waren mit Flecken übersät, ungeöffnete Briefe stapelten sich auf jeder freien Fläche, alles war mit einer Schicht Asche bedeckt. Es gab nichts, worauf man sich setzen konnte, allein das Wohnzimmer zu betreten und auf dem Teppich zu stehen, kostete sie Überwindung.

»So leben Sie?«, fragte Ricarda entsetzt. Sie atmete nur flach, auch wenn das gar nichts nützte, am liebsten hätte sie sich die Hand vor Mund und Nase gehalten.

»Ich hab nichts!«, krächzte Frau Walters, ließ sich schwer auf die Couch fallen. Sie zündete sich eine Zigarette an. Ihre Finger waren dick und gelb und zitterten. »Seit dem Unfall bin ich arbeitslos, kein Auto mehr, und die Versicherung wollte auch nicht alles bezahlen.«

»Darf ich die Balkontür öffnen?«, fragte Ricarda.

Kerstin Walters winkte ab. »Mach, was de willst.«

Ricarda öffnete die Tür. Die Gardine, die sie dazu beiseitenehmen musste, war gelb und fettig vom Rauch, der Türgriff schwarz. Erleichtert sog sie die frische Luft von draußen ein. Claudia stand noch immer in der Wohnzimmertür, als hinderte sie eine unsichtbare Barriere am Eintreten.

»Sagen Sie«, wandte Ricarda sich an Frau Walters »waren Sie das, die mich verfolgt hat, dreiundneunzig? Die diese Karten verschickt hat? Die angerufen hat bei mir und an der Tür klingelte?«

Die Frau hustete schwer. »Ich wusste doch nicht mehr weiter! Keiner wollte mit mir reden, nachdem ihr mir mein Kind gestohlen habt, du und der feine Herr Vater!«

Ricarda hob die Hand und schüttelte den Kopf. »Bitte, das müssen Sie mir glauben. Ich habe kein Kind gestohlen. Mein Kind ist bei der Geburt gestorben. Das hat mir mein eigener Vater gesagt, er war dabei. Doktor Raspe. Haben Sie all die Jahre geglaubt, ich hätte Ihr Kind gehabt?«

Kerstin Walters rauchte stumm weiter und starrte auf den Tisch.

»Frau Walters, glaubten Sie wirklich, ich habe Ihr Kind? Und mein Vater hätte es mir gegeben?«

Die Frau schwieg immer noch. Tränen sammelten sich in ihren Augen.

Ricarda holte tief Luft und setzte sich dann neben die Frau auf das Sofa. »Das müssen Sie mir glauben. Das stimmt nicht. Auch ich habe mein Kind verloren.«

»Ich dachte doch nur ...« Die Frau wischte sich jetzt mit dem Handballen über die Augen und räusperte sich rau. »Ich hab gesehen, dass du im Krankenhaus warst. Jemand hat mir erzählt, dass du bei der Entbindung dein Kind verloren hast. Und dann war es bei mir so weit. Ich hab mein Kind sogar noch schreien hören. Und ich habe es kurz gesehen. Da lebte es. Plötzlich hieß es dann, es ist tot. Das habe ich einfach nicht glauben können. Ich dachte, der Raspe hat es für dich mitgenommen.«

Ricarda hörte erschüttert zu. »Wann soll das gewesen sein?«

»Ein Montag war's. Der zwölfte März dreiundsiebzig, früh morgens.«

Ricarda wurde fast schwarz vor Augen. In dieser Nacht hatte sie ihr Kind verloren.

»Ich habe ihr Kind nicht, ich schwöre es. Ich habe eine Tochter, Ines, aber die habe ich drei Jahre später bekommen.«

Plötzlich schlug sich die Walters die Hand vor die Brust.

»Das ist noch hier drin, hier drin!« Tränen liefen über ihr faltiges, verhärmtes Gesicht.

»Ich weiß«, sagte Ricarda leise und nickte. »Aber ich verstehe trotzdem gar nichts mehr.«

»Wissen Sie denn, was es war? Ein Junge oder ein Mädchen?«, fragte Claudia, die jetzt mitten im Raum stand. Man sah ihr den Ekel und die Abwehr an. Vermutlich plagte sie der Gedanke, dass ausgerechnet diese Frau ihre Mutter sein könnte.

»Weiß nicht, sie haben es mir nie gesagt. Nie hat jemand was gesagt. Eingesperrt haben sie mich sogar«, rief Frau Walters. »Ich habe vier Jahre im Knast gesessen. Weil ich gegen den Staat geschimpft hab. Mein Leben lang habe ich Klos geputzt. Und nach der Wende wollte ich dann endlich die Wahrheit wissen, aber da wollte auch keiner reden.«

Ricarda stöhnte innerlich auf. Was für ein grausames Schicksal. Dann spürte sie ihr Handy in der Tasche vibrieren und holte es heraus. »Meine Mutter«, raunte sie.

»Geh jetzt nicht ran!«, flüsterte Claudia.

»Warum nicht? Ich habe mir nichts vorzuwerfen!«, sagte sie trotzig und hatte den Anruf bereits angenommen. »Mutter?«

Zuerst hörte sie nur leises Atmen.

»Mutter?«, fragte sie noch mal.

»Ich weiß, wer IM Elbhang war«, sagte ihre Mutter mit heiserer Stimme.

Ricarda schwieg.

»Es war diese Krüger, die sich umgebracht hat. Dagmar Krüger. Die war zweimal mit im Westen, und ich habe geahnt, dass dein Vater was mit ihr hatte. Er wollte es nur nie zugeben.«

»Mutter«, presste Ricarda hervor.

»Und zwei Tage später, nachdem sie sich umgebracht hatte, da kam ein Päckchen mit der Post. Ich nahm es entgegen, aber habe es nicht geöffnet, weil es an deinen Vater adressiert war. Aber ich weiß, dass es ihren Absender gehabt hatte.«

»Mutter, warum … warum konntest du …«

»Ich weiß nicht, was drin war, er hat es mir nicht gezeigt. Aber später fand ich im Tresor Geldscheine, von denen ich nicht wusste, woher sie kamen.«

Ricarda hatte das Gefühl, sie würde gleich ohnmächtig werden.

»Hör zu, Ricarda, dein Kind ist damals gestorben. Akzeptier das. Vater hat mir geschworen, er hätte alles getan, um es zu retten. Er ist sogar zu Steffen am nächsten Tag und hat sich entschuldigt. Es hat ihm keine Ruhe gelassen. Ricarda, dein Kind ist tot, das versuchen wir dir seit vierzig Jahren zu sagen.«

»Aber irgendwas ist doch geschehen. Mit Vater, mit der Hebamme«, presste Ricarda verzweifelt heraus.

»Die beiden hatten eine Affäre und er gab ihr das Geld, damit sie den Mund hielt. Sie brachte sich um, weil er sie abwies und weil sie über das Unglück bei der Geburt nicht hinwegkam. Außerdem hieß es später, ihr Mann sei in den Westen abgehauen.«

»Nein, so einfach ist das nicht, Mutter«, zischte Ricarda.

Ihre Mutter schwieg, und das war für Ricarda der Beweis, dass sie genauso dachte.

»Ich habe doch nach einer Kerstin Walters gefragt. Sie lag am gleichen Tag mit mir im Krankenhaus, und auch ihr hatte man gesagt, dass ihr Kind gestorben sei. Sie sagt aber, es lebte noch, sie hat es gehört und gesehen …« Ricarda unterbrach sich selbst. »Wie hieß die Hebamme?«, fragte sie dann Frau Walters.

Die Frau hob langsam die Schultern. »Weiß ich nicht, ich kann mich nur an den Vornamen erinnern. Dagmar.«

»Hast du gehört, Mutter! Hast du gehört? Die Hebamme hieß Dagmar!«

»Ich habe es gehört«, sagte ihre Mutter leise und legte auf.

Ricarda steckte das Handy wieder ein und schloss die Augen. Das war alles zu viel für diesen Moment. Sie musste sich erst mal sortieren und hatte keine Idee, wo sie anfangen sollte.

Plötzlich sah Claudia hoch, blickte zur Wohnungstür und legte den Zeigefinger auf den Mund. Ricarda stand von der Couch auf.

»Da ist jemand an der Tür!«, formte Claudia fast lautlos mit ihren Lippen. Ricarda schlich auf Zehenspitzen in den Flur, wagte einen Blick durch den Spion und fuhr entsetzt zurück. Der Glatzköpfige stand vor der Tür und ein zweiter Mann.

»Rufen wir die Polizei!«, hauchte Ricarda und nahm ihr Telefon zur Hand. Sie konnte kaum das Display entsperren, so zitterten ihr die Hände.

Claudia aber schüttelte zornig den Kopf und griff in ihre Collegetasche. »Schluss damit! Ich habe es endgültig satt!«, zischte sie und hatte plötzlich eine Pistole in der Hand.

»Claudia!«, keuchte Ricarda entsetzt. »Ist die etwa echt?«

Statt zu antworten, riss Claudia die Tür auf. »Was wollen Sie von uns? Was?«, schrie sie die Männer an. Beide wichen auf dem Treppenpodest erschrocken zurück.

»Pfoten hoch!«, schrie Claudia, und die Waffe zitterte in ihren Händen, ihr Zeigefinger war auf den Abzug gepresst. »Wer sind Sie? Los, raus mit der Sprache, ich hab keine Lust mehr auf diesen Scheiß!«

»Bitte!« Die Stimme gehörte zu einem dritten Mann, der

jetzt die Treppe heraufkam. Auch er war um die sechzig, schmal und mit grauem Haar. Er war der, der sie im Auto verfolgt hatte. Sofort richtete Claudia die Waffe auf ihn.

»Bitte nehmen Sie die Waffe runter, Sie haben von uns nichts zu befürchten, ich kann das erklären. Rust ist mein Name. Thomas Rust. Das sind Waldemar Schulze, Dagmar Krügers Bruder, und Norbert Krüger, Dagmars Ehemann.«

35

Dresden, März 1973

»Was ist denn mit Ihnen passiert?«, fragte Frau Schneider aus dem Erdgeschoss, die am Briefkasten stand und ihn entsetzt ansah. Rust winkte ab.

»Nichts, nur eine Dummheit!«

»Hatten Sie einen Unfall?«

»Wehrsportübung im Betrieb«, erklärte Rust und hoffte inständig, diesem Gespräch zu entkommen. Er konnte kaum noch stehen und wollte nur noch in seine Wohnung, heiß baden, trinken, essen, schlafen. Und zu Heike. Zu Heike musste er.

»Ihr Telefon hat immer wieder geklingelt, drei Tage lang. Zu den unmöglichsten Zeiten!«, rief ihm die Frau hinterher. »Und mit der Hausordnung sind Sie dran!«

Rust nickte nur und schleppte sich die Treppe hinauf.

Auf einmal hatte die Tür von seinem Verlies offen gestanden. Einfach so. Er musste geschlafen haben oder bewusstlos gewesen sein, er hatte jedenfalls nichts bemerkt. Er hatte es für eine Halluzination gehalten, als er diesen schwachen Lichtschein entdeckt hatte. Dann war er die Treppe hochgegangen, hatte sich vielmehr am Geländer hochgezogen und dem Licht entgegengeblinzelt. Er wusste nicht, ob die Sonne gerade auf- oder unterging. Anscheinend hatte man ihn auf einem verlassenen Werksgelände im Wald gefangengehalten.

Über die fast schon zugewachsene Zufahrt war er zur Straße gelaufen und dann einfach nach rechts abgebogen, weil ihm ein Gefühl sagte, dass das die richtige Richtung sei. Ein HO-Laster hatte neben ihm gehalten und ihn mitgenommen. Der Fahrer hatte nicht einmal gefragt, warum sein Auto auf der Autobahn stand, er hatte ihn einfach dort hingefahren. Und der Trabant hatte noch dagestanden, mit dem Schlüssel im Zündschloss, obwohl Rust anscheinend drei Tage lang eingesperrt gewesen war, wie er mit Hilfe des Fahrers hatte rekonstruieren können. Drei Tage, die ihm vorgekommen waren wie dreißig. An die letzte halbe Stunde Fahrt konnte Rust sich schon jetzt nicht mehr erinnern.

Oben in seiner Wohnung riss er sich die Kleidung vom Leib und sank dabei vor Schwäche auf die Knie.

»Oh, Gott«, stöhnte er, »oh, Gott.« Dann aber schleppte er sich ins Bad, trank aus den hohlen Händen, bis ihm der Bauch schmerzte, wusch sich und legte sich hin. Aber vorher stellte er sich den Wecker. Sechs Stunden gab er sich, dann begann die Besuchszeit im Krankenhaus.

»Thomas!«, freute sich Heike, als sie ihn sah. »Hast wohl schlecht geschlafen?«

»Mir war nicht so gut die letzten Tage und ich musste trotzdem auf Arbeit«, versuchte Rust sein mitgenommenes Äußere zu erklären.

»Ich habe angerufen.« Sie sah ein wenig bleich im Gesicht aus, aber es schien ihr gut zu gehen. »Jemand war gestern hier. Den kannte ich gar nicht. Der hat uns einen Kinderwagen dagelassen. Er steht unten im Kinderwagenkeller. Hast du das organisiert?«

»Wie sah er denn aus, der Mann?«, fragte Rust unsicher und vermied es, seiner Frau ins Gesicht zu sehen.

»So ein großer Blonder. Mit Berliner Dialekt. Hat mir alles Gute gewünscht, und schönen Gruß soll ich dir ausrichten.«

Rust nickte. »Ja, das habe ich organisiert«, murmelte er und hoffte, dass das Thema damit erledigt war.

»War denn was auf Arbeit? Eigentlich hattest du doch Urlaub!«, fragte Heike jetzt verwundert.

Rust winkte ab. »Du weißt ja, irgendwas ist immer.«

Als er wieder vor dem Krankenhaus stand, holte er sich eine Zigarette raus, zündete sie an und sog den heißen Rauch ein. Gegenüber aus der Baracke kam der Hausmeister und hob grüßend die Hand. Rust erwiderte den Gruß müde und war froh, dass der Mann in sein Häuschen zurückkehrte und ihm kein Gespräch aufzwang.

Rust rauchte zu Ende und warf die Kippe ordentlich in den nächsten Mülleimer. Dann ging er den langen Weg über das Gelände zu seinem Auto. Auf der Fiedlerstraße, am großen Haupttor, rauschte ein Wartburg an ihm vorbei und bremste scharf. Rust blieb erschrocken stehen. Die Beifahrertür des Wagens öffnete sich und Voigt stieg aus. Mit den Händen in den Manteltaschen gab er Rust mit dem Kopf einen Wink, ihm zu folgen.

Eine Weile liefen die beiden Männer stumm nebeneinander her, bis sie am Friedhof in eine ruhigere Gegend kamen.

»Was wollten die von Ihnen, Rust?«, begann Voigt das Gespräch.

Rust antwortete nicht gleich, sondern sah Voigt an. Er wollte wissen, ob der Mann sich nur ahnungslos gab oder wirklich nichts wusste. Aber Voigt ließ sich nichts anmerken.

»Nichts weiter, ich soll mich nur nicht in Dinge einmischen, die mich nichts angehen«, erwiderte Rust schließlich.

»Das waren doch welche vom Außenhandel, oder? Hatte das mit Raspe zu tun?«

Rust sah seinen Führungsoffizier nur an. Voigt hob jetzt wissend das Kinn.

»Und? Haben Sie in Ihrer Angelegenheit etwas erreicht?«

Rust schüttelte den Kopf. »Waren nur Hirngespinste«, murmelte er.

Voigt schwieg.

»Genosse Voigt«, begann Rust kurz darauf. »Ich glaube, ich bin für die Arbeit im MfS doch nicht geeignet. Lieber möchte ich meinen Dienst am Vaterland weiter bei der Polizei ausüben.«

Voigt blieb stehen und sah ihm streng in die Augen. Doch plötzlich löste sich sein steinerner Blick in einer fast väterlichen Miene auf. Er gab Rust einen vertraulichen Klaps auf die Schulter.

»Nehmen Sie das nicht zu schwer. Ich habe Ihnen ja gesagt, das ist nicht für jedermann«, lachte er.

36

Dresden, September 2018

Langsam und widerstrebend ließ Claudia die Hand mit der Pistole sinken. Rust hatte seine Erzählung beendet, nachdem sie die Männer mit vorgehaltener Waffe in die Wohnung gelassen und sie aufgefordert hatte, die Tür zu schließen. Es gab keinen Grund, ihnen zu vertrauen. Nun standen sie sich ratlos im Flur gegenüber, zwei Frauen und drei Männer.

»Es tut mir leid. Ich war feige«, sagte Rust schließlich und zuckte entschuldigend mit den Achseln.

Dieses Achselzucken löste in Ricarda etwas aus. Ohne darüber nachzudenken verpasste sie dem Mann eine Ohrfeige. Das war nicht gerecht, das wusste sie im selben Moment, als ihre Hand im Gesicht des Mannes landete. Es gab Leute, die diese Ohrfeige eher verdient hatten. Doch Thomas Rust hatte all die Jahre geschwiegen, aus Angst.

Rust rieb sich die Backe und sagte nichts. Er beschwerte sich nicht. Vielleicht wusste er, dass er diese Reaktion verdient hatte.

Claudia sah Ricarda verblüfft an. Keiner sprach ein Wort. Schließlich war es wieder Rust, der zuerst sprach.

»Nach der Wende wurde ich wegen meiner Stasimitarbeit aus dem Polizeidienst entlassen und war eine Weile arbeitslos. Ich begann der Sache nachzugehen, aber meine Informationen waren spärlich. Deshalb zog sich das so lange hin.

Ich wollte Sie auch nicht ängstigen«, sagte er eindrücklich an Ricarda gewandt, »ich wollte reden mit Ihnen, aber wusste nicht, inwieweit Sie in die Geschäfte Ihres Vaters involviert waren und in welchem Verhältnis Sie zu ihm standen.«

Ricarda schwieg und sah ihn herausfordernd an.

»Norbert Krüger war dreiundsiebzig beim Fluchtversuch festgenommen und zu zehn Jahren Haft verurteilt worden. Ende dreiundsiebzig wurde er dann schon von der Bundesrepublik freigekauft. Das erfuhr ich Anfang vierundneunzig. Der Gedanke, dass Ihr Vater darauf Einfluss genommen haben könnte, schien gar nicht abwegig zu sein. Deshalb wollte ich endlich Kontakt zu Ihnen aufnehmen. Das ging leider schief.«

Ricarda nickte und verzog das Gesicht. »Ich habe Ihnen Pfefferspray ins Gesicht gesprüht.«

Rust nickte. »Ich war im Krankenhaus deshalb. Drei Tage lang.« Er lächelte. »Na ja, kurz darauf verlor sich Ihre Spur. Von Ihrem Unfall habe ich erst später erfahren. Dann begann ich, nach Herrn Krüger und Herrn Schulze zu suchen, weil ich hoffte, von ihnen Näheres zu erfahren. Die hatten da schon ihre eigenen Recherchen begonnen. Herr Schulze war in Freiburg gewesen und hat Ihre Tochter fotografiert.« Wieder zuckte Rust mit den Achseln.

Ricarda sah den Glatzköpfigen an. »Wissen Sie überhaupt, was für Angst Sie uns gemacht haben?«

»Das tut mir leid, aber eine Zeit lang glaubten wir, Ihre Tochter sei das verlorene Kind. Das war natürlich ein Fehler.« Schulze sah betreten zu Boden.

Ricarda stampfte wütend auf den Boden. »Und warum fahren Sie uns die ganze Zeit nach und sprechen uns nicht an?«

Verlegen sahen sich die Männer an. »Wir konnten die ganze Zeit über nicht wissen, wie viel Sie von all dem wussten und ob Sie überhaupt davon wissen wollten. Oder ob Sie nicht sogar involviert waren.« Schulze lächelte unglücklich.

Ricarda atmete tief durch. »Und? Was haben Sie sonst herausgefunden?«, fragte sie, um einen moderaten Tonfall bemüht.

»Vieles und auch nichts«, sprach Dagmars Bruder weiter. »Offensichtlich hat Ihr Vater für die Firma Intrac gearbeitet. Dabei ging es wohl um den Verkauf medizinischer Präparate. Wir können jedoch nicht nachvollziehen, was da genau passiert ist. Offensichtlich hatten Ihr Vater und der Firmenvertreter die Provision für einen Geschäftsabschluss in Hamburg nicht gemeldet, sondern das Geld auf einem westdeutschen Konto gelagert. Vermutlich ein hoher fünfstelliger Betrag. Es kam nie in der DDR an, und das war natürlich ein Vergehen, mit dem sich Raspe erpressbar machte. Außerdem hatte Ihr Vater eine Affäre mit Dagmar begonnen.«

Ricarda nickte. »Davon weiß ich.«

»Dagmar und Norbert wollten aber in den Westen abhauen, deshalb wissen wir nicht, unter welcher Prämisse sie die Liebschaft begonnen hat, vielleicht versprach sie sich Hilfe von Raspe, vielleicht hatten sie aber auch schon über die Konditionen eines Freikaufs gesprochen.«

Ricarda atmete tief durch und sah Norbert Krüger an. »Von meiner Mutter erfuhr ich gerade, dass Dagmar Sie wohl verlassen wollte, um mit meinem Vater zusammen zu sein. Scheinbar war sie verliebt in ihn.«

Krüger, der bis jetzt noch keinen Ton gesagt hatte, sprach auch jetzt nicht, erwiderte aber den Blick. Rust übernahm wieder das Reden.

»Wir waren einmal bei Ihrem Vater, woraufhin er die Polizei gerufen und uns wegen Hausfriedensbruch angezeigt hat. Wir wissen aber, dass er erpresst wurde von einem Mann aus dem Außenhandelsministerium, Poppe. Vielleicht wegen der unterschlagenen Provision. Von Poppe glaubte ich erst, er sei nur der Fahrer von Schmitgau gewesen, einem hohen Ministeriumsmitarbeiter, doch offenbar bekleidete er die noch höhere Position und Schmitgau war ihm unterstellt. Poppe und seine Frau waren schon fast vierzig und kinderlos. Jedenfalls hatte Ihr Vater diesem Mann ein Kind beschafft, indem er eine Totgeburt fingierte. Und das war ihr Kind!«

Schulze zeigte ins Wohnzimmer auf Frau Walters, die alles von der Couch aus mitverfolgt hatte. Mühsam erhob sie sich jetzt.

»Das war das Baby, das ich durch das Fenster der Berliner Villa gesehen habe«, sagte Rust. »Dass es Frau Walters Kind war, wissen wir aber auch erst seit Kurzem, nachdem wir alte Krankenakten verglichen hatten. Die ganze Zeit war ich davon ausgegangen, es sei Ihr Kind gewesen.« Rust sah Ricarda bedauernd an. »Und eine Zeit lang glaubten wir auch, Claudia Behling könnte das Kind sein, weil wir herausgefunden hatten, dass Doktor Raspe auch Kontakt zu Ernst Behling hatte, der ebenfalls für das Außenhandelsministerium arbeitete. Deshalb haben wir uns auch vierundneunzig die Unterlagen aus dem Kinderheim besorgt. Das Kind von Frau Walters war übrigens ein Junge.«

»Ein Junge?« Frau Walters war nähergekommen und hielt sich in der Tür fest.

Rust sah sie mitleidig an. »Ja, er ist Maschinenschlosser und arbeitet in der Landwirtschaft. Er ist verheiratet, hat zwei Kinder. Er weiß nichts von alldem. Aber ich kann Ihnen sagen, wo er lebt.«

»Mein Junge, er lebt?«, fragte Frau Walters und die Stimme versagte ihr dabei.

»Wir haben Fotos«, bot Rust leise an. Er ließ sich von

Schulze die Bilder reichen und gab sie der Frau. Die nahm sie mit zitternden Händen und hielt sie ins Licht.

»Aber warum hat sich Dagmar Krüger umgebracht?«, fragte Ricarda.

»Irgendwie war sie in die Sache involviert, nur sie und Doktor Raspe waren bei der Entbindung anwesend. Anscheinend nötigte er sie zu schweigen. Er muss ein Druckmittel gehabt haben. Möglich, dass er von den Fluchtplänen wusste und ihr drohte.«

Norbert Krüger räusperte sich. »Es gab keinen Abschiedsbrief, nicht einmal in den Stasiunterlagen.«

Ricarda schwieg. Wenn es einer wusste, dann ihr Vater. Er hatte das Päckchen von ihr bekommen.

»Und was wird nun? Jemand muss doch zur Rechenschaft gezogen werden«, sagte Claudia. Sie hatte bis jetzt schweigend den Ausführungen zugehört und wirkte niedergeschlagen. All diese Informationen bedeuteten für sie, dass sie bei ihrer Suche wieder von vorne beginnen musste.

Rust war verlegen. »Ich fürchte, das wird kaum möglich sein. Doktor Raspe ist schon sehr alt. Martin Poppe ist vor zwei Jahren gestorben, seine Witwe lebt im Pflegeheim. Wie gesagt, sie waren ja schon weit über dreißig gewesen, als sie das Kind bekamen. Der Sohn wiederum weiß von nichts. Frau Walters muss entscheiden, was geschehen soll.«

Frau Walters sah auf. »Es geht ihm gut, sagen Sie, ja?«

Rust nickte. »Er hat ein kleines Haus bei Berlin, Arbeit und Familie.«

Frau Walters strich sanft mit ihrem Daumen über die Bilder. »Es geht ihm gut. Und ich bin nicht verrückt.« Sie lächelte Ricarda unsicher an. »Er muss das alles nicht wissen, oder? Was will er denn mit einer Säuferin wie mir? Und vielleicht fragt er mich, warum ich ihn all die Jahre nicht gesucht habe?«

»Sie haben ihn ja gesucht, Frau Walters«, sagte Ricarda mitfühlend.

»Aber ich habe ihn nicht gefunden.« Schwerfällig schleppte sich die Frau zurück zum Sofa, setzte sich und versank in Betrachtung der Bilder.

»Es tut mir leid, dass es so lang gedauert hat«, begann Rust. »Aber niemand war bereit zu reden. Und Sie wissen ja, es gab immer andere Dinge zu tun. Die Arbeit. Kinder. Enkel. Aber es hat mich niemals losgelassen. Ich habe nie aufgehört darüber nachzudenken.« Dann fiel ihm noch etwas ein und er wandte sich an Claudia. »Durch unsere Recherchen haben wir übrigens etwas über Sie herausgefunden, Frau Behling. Das ist schon eine Weile her, aber Sie waren ja verschwunden. Erst als Sie sich mit Frau Raspe in Verbindung gesetzt haben, haben wir Ihre Spur wieder aufnehmen können.« Er zögerte. Claudia sah ihn mit großen Augen an. Augenblicklich war alle Farbe aus ihrem Gesicht gewichen.

»Wollen Sie sich setzen?«, fragte Rust vorsorglich.

Claudia setzte sich an das andere Ende des Sofas.

»Ihr Adoptivvater Ernst Behling und seine Frau holten Sie im Mai fünfundsiebzig für eine Probezeit aus dem Kinderheim ›Haus der fröhlichen Kinder‹ in Königs Wusterhausen. Sie behielten Sie dann, und im Mai sechsundsiebzig wurden Sie offiziell adoptiert. Davor waren Sie bei einer anderen Familie untergekommen, doch die Frau starb bei einem Autounfall, weshalb der Mann Sie an das Kinderheim zurückgeben musste. Anscheinend wurden die Angaben zu Ihren leiblichen Eltern entfernt oder bewusst weggelassen, das wissen wir nicht. Wir haben aber die originalen Adoptionspapiere gefunden, und da steht alles drin. Sie müssen jetzt entscheiden, ob Sie es wissen wollen.«

Claudia saß stocksteif auf dem Sofa. Trotzdem nickte sie.

Rust räusperte sich. »Also gut. Ihre Mutter hieß Irina Schüttauf. Sie war alleinstehend. Sie wurden am fünfundzwanzigsten April zweiundsiebzig geboren. Ihre Mutter hat Sie Vera genannt. Zu Ihrem Vater hatte sie keine Angaben gemacht. Irina Schüttauf galt als aufmüpfig und unangepasst. Nachdem sie schon als Jugendliche im Jugendwerkhof gewesen war, wurde sie mehrmals wegen kleinerer Vergehen zu Haftstrafen verurteilt. Sie stellte aus dem Gefängnis einen Antrag auf Ausreise, der ihr irgendwann stattgegeben wurde, das war nicht unüblich. Aber sie durfte nur allein ausreisen. Ab dem Moment verliert sich auch jede Spur von ihr. Wir wissen nicht, wo sie wohnt, ob sie überhaupt noch lebt.«

Claudia hielt sich die Hand vor den Mund. »Sie ist also allein gegangen, ohne mich«, sagte sie tonlos.

»Wir können nur spekulieren, ob sie damit einverstanden war. Vielleicht hatte auch ein Gericht so entschieden, weil sie im Gefängnis war, und sie konnte gar nichts dagegen tun. Der Staat hatte stets Interesse daran, solche Kinder zu sozialistischen Persönlichkeiten heranzuziehen.« Rust fuhr sich über das Gesicht. »Und da ist noch etwas. Es wird Sie vielleicht nicht trösten, aber …« Rust verstummte und gab Claudia ein Papier.

37

Dresden, September 2018

»Da steht jemand vor deiner Haustür«, sagte Claudia zu Ricarda, als sie gerade dabei war, das Auto zu parken.

»Meine Eltern«, seufzte Ricarda und schloss kurz die Augen. Sie wusste nicht, ob sie heute noch Kraft für diesen Besuch haben würde. »Die waren noch nie hier.«

»Na, komm, das schaffen wir auch noch.« Claudia lächelte sie müde an.

»Wie du aussiehst, vollkommen verheult!« Ricarda versuchte es auch mit einem Lächeln, was ihr kläglich misslang.

»Pff, du erst!«

Sie stiegen aus und Ricarda ging ihren Eltern langsam entgegen.

»Vater. Mutter.«

Ihr Vater drehte sich zu ihr um. Anscheinend hatten sie Ricarda nicht kommen sehen. Er sah erschöpft aus.

»Gehen wir hinein?«, fragte er.

»Also?«, fragte Ricarda, nachdem sie sich in ihr Wohnzimmer gesetzt hatten.

Raspe hatte den Stock vor sich gestellt und seine Hände auf den Griff gelegt. Er schürzte die Lippen.

»Ricarda, das wollte ich dir noch mal sagen: Ich habe immer versucht … also, ich habe immer nur versucht, das Beste …«

»Bitte, Vater, dafür hättest du nicht herkommen brauchen«, unterbrach Ricarda ihn barsch.

»Er hat mich erpresst. Dieser Poppe«, sagte ihr Vater und blickte auf seine Hände.

»Wegen der Affäre mit Frau Krüger?«

Ihr Vater holte schwer Luft, dann nickte er wieder. »Aber nicht allein deswegen. Wir haben Geld unterschlagen. Er war beteiligt, und er war in einer viel höheren Position. Direkt unter Schalk-Golodkowski. Der kannte Mielke und Honecker persönlich, ging sogar auf die Jagd mit denen. Er hätte dafür sorgen können, dass wir alles verlieren. Ich hätte ins Gefängnis kommen können, als Staatsverräter. Zwanzig Jahre oder länger noch.«

Dafür hatte es das Leben aber gut gemeint mit dir, vor und nach der Wende, dachte Ricarda bitter.

»Dafür hast du einer Frau das Kind weggenommen«, sagte sie stattdessen.

Raspe nickte und sah dann auf. »Das musst du verstehen, sie war eine Trinkerin. Sie wusste nicht einmal, wer der Vater des Kindes war. Sie wohnte bei ihren Eltern, die selbst Trinker waren. Asoziale. Dass das Kind überhaupt gesund zur Welt kam, war ein Wunder. Es hätte kein gutes Leben gehabt bei ihr.«

Ricarda schnaubte verächtlich. Selbst jetzt konnte er es nicht lassen, sich zu rechtfertigen.

»Herrgott, aber es war ihr Kind!«

»Glaubst du etwa, ich hätte kein schlechtes Gewissen gehabt? Dass dein Kind starb, mein Enkelkind, das war mir wie eine Strafe.«

»Dir?«, fuhr Ricarda ihn an. »Wessen Strafe soll das gewesen sein, Gottes Strafe?« Ihre Stimme überschlug sich fast.

»Nein, ich …« Aber Raspe fand keine Worte mehr.

»Was hat Dagmar Krüger dir geschickt? Es gibt Leute, die wollen das wissen! Ihr Bruder, ihr Mann, sie waren bei dir, du hast sie weggeschickt.«

Raspe suchte nach Worten, nach Ausflüchten.

»Sag es ihr, Eberhardt!«, fuhr seine Frau ihn jetzt an.

»Sie war schwanger. Von mir. Ich habe sie abgewiesen und hatte ihr angeboten, es wegmachen zu lassen. Außerdem gab ich ihr Geld. Schweigegeld sozusagen. In dem Paket, das Mutter damals entgegennahm, waren das Geld und ein Brief von Dagmar. Sie war enttäuscht von mir und sah keine Perspektive mehr. Sie konnte nicht länger mit ihrem Gewissen und ihrer Enttäuschung leben. Deshalb hat sie sich umgebracht.«

»Hast du den Brief noch?«

Raspe schüttelte den Kopf.

»Dann wirst du das den Männern sagen müssen. Und wenn du ehrlich gewesen wärst, mir und Mutter gegenüber, dann wäre unser aller Leben anders verlaufen.«

Raspe erhob sich und stützte sich wieder auf seinen Stock. »Es tut mir leid. Es tut mir wirklich leid«, sagte er.

Ricarda atmete ein und wieder aus. Sie sah ihren Vater an.

Das war nicht viel.

Aber mehr als Ricarda je erwartet hatte.

38

Gera, September 2018

»Ist es hier?«, fragte Claudia nervös. »Ich glaube, ich kann das nicht. Wir hätten vorher anrufen sollen.«

»Komm jetzt! Was soll denn schon passieren? Nur Mut.« Ricarda ging voran. Sie befanden sich in einer kleinen Eigenheimsiedlung am Rande von Gera. Fast zweieinhalb Stunden hatten sie gebraucht, statt der kalkulierten anderthalb, weil Claudia ungewöhnlich langsam gefahren war.

»Hier. Nummer acht.« Ricarda blieb vor der Haustür stehen.

»Lass uns wieder gehen. Ich kann nicht«, flehte Claudia und wollte sich umdrehen. Aber Ricarda hatte bereits die Hand ausgestreckt und auf die Klingel gedrückt.

»Zu spät, ich habe geklingelt.«

»Aber wenn es gar nicht stimmt?«

»Wir werden es sehen.«

Die Tür öffnete sich und ein etwa fünfzehnjähriges Mädchen erschien. Sie hielt ein Smartphone in der Hand, das ihre gesamte Aufmerksamkeit forderte. »Ja?«, fragte sie abwesend und löste gerade mal für eine Sekunde den Blick von ihrem Display.

»Guten Tag, wir suchen Rita Lohse. Wohnt die hier?«, rief Ricarda vom Gartentor aus.

Das Mädchen drehte sich augenblicklich um. »Moooom«,

rief sie in das Innere des Hauses. »Für dich!« Schon war sie verschwunden.

Die Sekunden zogen sich in die Länge. Claudia trat unruhig von einem Bein auf das andere. Sie zupfte Ricarda am Ärmel und wollte schon etwas sagen, da vernahmen sie Schritte im Hausflur. Im Vorraum erschien jetzt eine Frau. Ihr Haar war schulterlang und blond. Vielleicht war sie nicht so schlank wie Claudia, aber davon abgesehen war sie ihr wie aus dem Gesicht geschnitten.

»Silvie, du kannst doch nicht die Tür …« Sie verstummte. Und Ricarda hörte Claudia hinter sich nach Luft schnappen.

»Entschuldigen Sie die Störung«, versuchte Ricarda die Szene aufzulösen. Sie langte nach Claudias Hand und zog sie neben sich.

Die Frau im Hauseingang ließ ihren Blick erstaunt zwischen Claudia und Ricarda hin und her fliegen. Dann schaute sie nur noch Claudia an.

»Ich hab's gewusst«, stieß sie hervor. »Ich habe es mein ganzes Leben lang gewusst!«, wiederholte sie, lachend und weinend zugleich. Und langsam ging sie auf Claudia zu, um die Zwillingsschwester in die Arme zu schließen.